Beginner's Russian

with Interactive Online Workbook

Beginner's Russian

with Interactive Online Workbook

- Learn basic language and start speaking today
- Online activities, videos, and audio bring Russian to life
- Useful lessons cover everyday activities

A Basic Russian Course

Anna S. Kudyma
Frank J. Miller
Olga E. Kagan

Hippocrene Books, Inc.
New York

Companion website: https://ccle.ucla.edu/course/view/beginrussn

Ninth printing, 2018.
Copyright © 2010 Anna S. Kudyma, Frank J. Miller, Olga E. Kagan

Cover photo Moscow Kremlin © Ruiv, Dreamstine.com

Design/Composition: V. Higgins

For information, address:

HIPPOCRENE BOOKS, INC.
171 Madison Avenue
New York, NY 10016

www.hippocrenebooks.com

Library of Congress Cataloging-in-Publication Data

Kudyma, Anna.
  Beginner's Russian with interactive online workbook / Anna Kudyma, Frank Miller,
Olga Kagan.
     p. cm.
  ISBN-13: 978-0-7818-1251-1 (pbk.)
  ISBN-10: 0-7818-1251-8 (pbk.)
 1. Russian language--Textbooks for foreign speakers--English. 2. Russian language--
Grammar. 3. Russian language--Spoken Russian. 4. Russian language--Self-instruc-
tion. I. Miller, Frank J. (Frank Joseph), 1940- II. Kagan, Olga. III. Title.
  PG2129.E5K83 2010
  491.78'3421--dc22

Printed in the United States of America.

Содержа́ние
Contents

Scope and Sequence

Vocabulary and Themes	Phonetics	Grammar

Scope and Sequence

Vocabulary and Themes	Phonetics	Grammar

Scope and Sequence

Communicative situations	Texts	Culture

Scope and Sequence

Scope and Sequence

Vocabulary and Themes	Phonetics	Grammar

Scope and Sequence

Vocabulary and Themes	Phonetics	Grammar

Scope and Sequence

Vocabulary and Themes	Phonetics	Grammar

Scope and Sequence

Vocabulary and Themes	Phonetics	Grammar

Communicative situations	Texts	Culture

INTRODUCTION

Beginner's Russian is an introductory course designed to give the student of Russian skills for basic communication. All conversations, texts, phonetics, and intonation exercises are on the interactive Web site **https://ccle.ucla.edu/course/view/beginrussn/**, which also contains video interviews, audio files, and self-correcting grammar and vocabulary exercises. On this website, students can record themselves and send their recordings to their instructors for oral correction or comments. The large variety of material on the Web site makes this text ideal for the independent learner, the distance learner, or the learner in the traditional classroom.

Beginner's Russian differs from other elementary Russian textbooks in the following ways:

- vocabulary is selected to include only high-frequency items
- grammar is streamlined to avoid constructions that are not needed at the elementary level
- the self-correcting online workbook provides opportunities for the development of all four skills, including speaking
- the online workbook provides versatility and encourages independent learning
- the textbook uses a variety of genres for reading and writing such as e-mails, blogs, Web sites, text messaging, and internet forums
- the textbook can be easily covered in one year of instruction at the rate of one chapter per week
- its task-based approach includes exercises such as designing Web sites, conducting interviews and surveys, and giving English renditions of authentic Internet-based texts
- statistical or survey information is provided in each chapter so that students can analyze real data and then conduct their own surveys
- each lesson contains a short review of phonetics or intonation, and phonetic transcriptions are given for hard-to-pronounce words
- listening, reading, speaking, and writing are integrated to provide an environment that simulates real-life situations
- animations on the Web site teach the correct pen strokes for writing Cyrillic

Vocabulary is based on the lexical-grammatical minimum developed in Russia for the elementary levels. This approach allows students to be tested according to the Russian system of proficiency. The authors have also kept in mind the ACTFL proficiency guidelines to ensure that students should be able to attain the Novice High or Intermediate Low levels of proficiency by the end of the course. The textbook contains approximately 1,000 words and expressions for active use. These words are used in conversations, reading and listening exercises, and each word appears many times in a variety of contexts after it has been introduced. The same vocabulary is also used in grammar exercises and explanations.

Grammar selection is thematically oriented, but at the same time all basic Russian grammar constructions are introduced and practiced. Grammar notes and comments are given in the margins next to the exercises they pertain to. The appendix contains explanations of Russian grammar terminology as well as tables of grammatical forms.

Conversation themes have been chosen to prepare students for study and travel in Russia. After one year of instruction students will be familiar with situations they could encounter in the city (transportation, directions, shopping, restaurants), in Russian homes, and when traveling around Russia. Students will learn to talk about themselves, their interests, their studies, their family, and friends. The textbook not only stresses asking and answering questions, but also provides opportunities for short descriptions and narrations, thus preparing students for the intermediate level. Texts that can serve as models for paragraph building are provided.

Listening exercises are designed to develop aural proficiency. Texts are first introduced in the listening mode and are accompanied by exercises that integrate the grammar and vocabulary of each lesson. All texts are recorded.

Translation is a real-life activity for anyone who knows a foreign language. In every chapter of this textbook there are contextualized E-to-R and R-to-E translations. These exercises teach students to interpret ideas rather than translate individual words.

Graphs and surveys in each chapter represent sociological data published in Russia. Students are asked to discuss and interpret these data and to conduct similar surveys.

The Web site is an integral part of the course. The Student's Corner of the Web site is an interactive workbook. Each chapter contains video interviews and audio material. Homework assignments incorporate all four skills. Reading, writing, and listening exercises are self-correcting, and speaking assignments can be sent to the instructor for correction. There are also self-correcting online quizzes that can be used for preparation or by independent learners for gauging their own progress. The Teacher's Corner contains a database of tests and quizzes with keys that can be given as classroom or computer-based activities. Transcripts of all conversations, translations of all interviews, and keys to Russian-English translation exercises are also included.

The Forums in the Student's Corner and the Teacher's Corner give students and instructors from different programs the opportunity to interact with each other. The Teacher's Forum gives instructors the chance to share their materials, ask questions, and participate in discussions.

Scheduling is simplified by the sample syllabi on the website. Each chapter will take 5-6 hours of classroom instruction or approximately 10-12 hours of study for the independent learner.

Acknowledgments

Like every textbook, *Beginner's Russian* is a collaborative project. We would like to thank many people who helped along the way. We are grateful to Lynn Visson who proposed that we write a first-year textbook. Monica Bentley, our project editor, did an outstanding job going over the manuscript in its final form. We are grateful to her for many valuable suggestions that led to significant improvements in the text and design. Vladimir Paperny and Vera Higgins designed the layout that we believe will make it easy for students to navigate through the textbook. Natalya Petrova painstakingly proofread the manuscript. Generous grants from the UCLA Dean of Humanities office and Columbia University's Harriman Institute helped defray the cost of getting this text to press.

There is a long list of UCLA graduate and undergraduate students who helped us with video and audio recordings. Our special thanks to Marina Feldman, the videographer for the interviews, Oleg Kharitonov, who designed the animations to teach the correct pen strokes, and Nikolay Sivovol, who designed the blogs. Other students we would like to acknowledge are Yuliya Zeynalova, Tatiana Moroz, Yevgeniy Mameev, Anna Dembo, Antanina Sergieff, Larisa Karkafi, Boris Dralyuk, Robert Denis, Andrey Knyazik, Sergey Moudriak, Yevgeniya Mironova, and Yuliya Fradkina.

Annelie Rugg and Ted Liu of the UCLA Center for Digital Humanities provided space on the UCLA server and helped us with designing the Web site.

Our special thanks to Andrew Bunenko, Aleksandra Razor, and Elvira Cardinal, who recorded many of the conversations and exercises that accompany the book.

And finally, we are grateful to Naya Lekht and other UCLA graduate students and students who worked from the textbook in manuscript form and made many helpful comments that improved the text.

Departing from the usual practice of thanking others, we also want to thank each other for the collaboration that made the process of writing the textbook enjoyable and rewarding for the three of us.

A.K. F.M. O.K

Beginner's Russian
with Interactive Online Workbook

РУССКИЙ АЛФАВИТ

The Russian Alphabet

The Russian (Cyrillic) alphabet, which contains 33 letters, has letters from the Greek and Roman alphabets as well as letters found only in the Cyrillic alphabet. Some letters which look familiar in English have different sounds. For example, **B** is a "v" sound, **H** is an "n" sound, and **C** is an "s" sound. Other letters like **K**, **M**, and **T** represent the same sounds as in English.

Printed	Written	Sounds like	Phonetic
А а	*А а*	'a' in father	[á, ʌ, ə]
Б б	*Б б*	'b' in book	[b, b̦]
В в	*В в*	'v' in vote	[v, v̦]
Г г	*Г г*	'g' in good	[g, g̦]
Д д	*Д д*	'd' in day	[d, d̦]
Е е	*Е е*	'ye' in yes	[jé, é, ι, ə]
Ё ё	*Ё ё*	'yo' in yoke	[jó, ó]
Ж ж	*Ж ж*	'zh' in composure	[ž]
З з	*З з*	'z' in zest	[z, z̦]
И и	*И и*	'ee' in meet	[í, ι]
Й й	*Й й*	'y' in yes	[j]
К к	*К к*	'k' in kind	[k, k̦]
Л л	*Л л*	'l' in middle	[l, l̦]
М м	*М м*	'm' in man	[m, m̦]
Н н	*Н н*	'n' in nut	[n, n̦]
О о	*О о*	'o' in for	[ó, ʌ, ə]
П п	*П п*	'p' in party	[p, p̦]
Р р	*Р р*	'r' in rest	[r, r̦]
С с	*С с*	's' in sound	[s, ș]
Т т	*Т т*	't' in title	[t, ț]
У у	*У у*	'u' in tuba	[ú, u]
Ф ф	*Ф ф*	'f' in flower	[f, f̦]
Х х	*Х х*	'ch' in Scottish loch	[x, x̦]
Ц ц	*Ц ц*	'ts' in cats	[ts]
Ч ч	*Ч ч*	'ch' in chair	[č]
Ш ш	*Ш ш*	'sh' in shy	[š]
Щ щ	*Щ щ*	'shsh' in fresh sheets	[šš]
ъ	*ъ*	the hard sign	
ы	*ы*	'ie' in cookie	[í, ɨ]
ь	*ь*	the soft sign	
Э э	*Э э*	'e' in enter	[é, ι]
Ю ю	*Ю ю*	'yu' in Yuma	[jú, ú, u]
Я я	*Я я*	'ya' in yard	[já, á, ι, ə]

1-1. 🎧 📹 **Listen to the interviews and answer the questions.**

Interview 1

1. What is the girl's name?
   a. Tanya
   b. Nina
   c. Olga

2. What is she?
   a. an artist
   b. a student
   c. a journalist

3. Where is she from?
   a. Moscow
   b. St. Petersburg
   c. Washington

Interview 2

1. What is the boy's name?
   a. Ivan
   b. Victor
   c. Sasha

2. What is he?
   a. a businessman
   b. a journalist
   c. a student

3. Where does he live?
   a. Moscow
   b. St. Petersburg
   c. New York

Ру́сские бу́квы: гру́ппа 1 • *Russian Letters: Group 1*

Consonants				Vowels			
Printed	*Written*	*Sounds like*	*Phonetic*	*Printed*	*Written*	*Sounds like*	*Phonetic*
М м	$\mathcal{M}\,\mathit{м}$	'm' in man	[m, m̦]	А а	$\mathcal{A}\,a$	'a' in father	[á , ʌ, ə]
П п	$\mathcal{T}\,\mathit{n}$	'p' in party	[p, p̦]	О о	$\mathcal{O}\,o$	'o' in for	[ó, ʌ, ə]
Т т	$\mathcal{T}\,\mathit{m}$	't' in title	[t, ț]	Э э	$\mathcal{Э}\,\mathit{э}$	'e' in enter	[é, ɪ]
К к	$\mathcal{K}\,\mathit{к}$	'k' in kind	[k, k̦]				

Ру́сские бу́квы: гру́ппа 1
Russian Letters: Group 1

In this section you will learn:
- the consonants **м, п, т, к**
- the vowels **а, о, э**
- the introductory word **ЭТО** *this is, that is, it is, these are, those are*
- the question word **КТО?** *Who?*
- about Russian intonation

1-2. 🎧 Listen and repeat after the speaker.

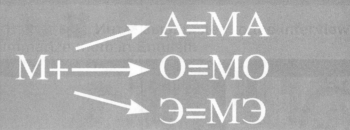

1. **ма – мо – мэ – ам – ом – эм**
   [ma – mo – me – am – om – em]
        ма́ма *Mom*

2. **па – по – пэ – ап – оп – эп**
   [pa – po – pe – ap – op – ep]
        па́па *Dad*

3. **та – то – тэ – ат – от – эт**
   [ta – to – te – at – ot – et]
        Том *Tom*

4. **ка – ко – кэ – ак – ок – эк**
   [ka – ko – ke – ak – ok – ek]
        кот *cat (male)*

1-3. 📖 Read out loud and give the English equivalents. See Comment 1-1.

Comment 1-1

1. There are no Russian equivalents for the English articles **a, an, the**.
2. The position of the stress in words of two or more syllables must be memorized!
3. The present tense form of the verb **to be** is usually omitted.
4. Unstressed '**a**' or '**o**' at the end of a word is pronounced '**uh**' [ə], like the '**a**' in the last syllable of English "momma, papa": **ма́ма** [mámə], **па́па** [pápə], **э́то** [étə], **Эмма** [émmə], **То́ма** [tómə].

1. **Это ма́ма.** This is …
2. **Это па́па.** This is …
3. **Это Эмма.**

4. **Это Том.**
5. **Это То́ма.**
6. **Это кот.**

1-4. Read out loud and give the English equivalents.
See Comment 1-2.

– Кто́ э́то?
– *Who is it? / Who's this?*

1. Кто́ э́то?   Э́то ма́ма.
2. Кто́ э́то?   Э́то па́па.
3. Кто́ э́то?   Э́то кот.
4. Кто́ э́то?   Э́то То́ма.
5. Кто́ э́то?   Э́то Том.
6. Кто́ э́то?   Э́то Э́мма.

Comment 1-2
Intonation

1. When asking special questions
   (**Who? What? Where?** etc.) the
   tone first rises on the question word
   and then falls on the last stressed
   syllable, similar to English.

   Кто́ э́то?   *Who's that?*

2. Affirmative declarative sentences
   are pronounced with a falling tone.

   Э́то ма́ма.

1-5. Look at the picture, ask and answer the question.

Example: – Кто́ э́то?
              – Э́то _____.

Э́мма   **кот**   **Том, па́па, ма́ма**

1-6. Russian bingo. Listen to the speaker and cross out
the words you hear. When you've crossed out all words in
the line, say BINGO; you've won.

B	I	N	G	O
па́па	а́том	кот	ма́ма	Э́мма
кто	Том	э́то	То́ма	там

1-7. Match the printed words with their hand-written
counterparts. Copy the handwritten words.

___ ма́ма	1.	*это*	
___ па́па	2.	*мама*	
___ э́то	3.	*папа*	
___ кот	4.	*кто*	
___ кто	5.	*кот*	
___ Том	6.	*Эмма*	
___ То́ма	7.	*Том*	
___ Э́мма	8.	*Тома*	

5

1-8. ✍️ **Crossword puzzle.**

Across
2. this
3. Tom
5. dad
6. Toma

Down
1. who
2. Emma
4. mom

1-9. ✍️ **Unscramble the following words.**

1. отк _____
2. ток _____
3. аммэ _____
4. амам _____
5. отэ _____
6. мот _____
7. апап _____

1-10. 🎧 ✍️ **Write the dictation.**

1. ма _____
2. па _____
3. ко _____
4. То _____
5. к _____
6. Э _____
7. К _____ э́то?
8. Это _____

@ **Complete exercises on the Web site.**

Chapter 1: 1-1, 1-2, 1-3, 1-4.

Ру́сские бу́квы: гру́ппа 2 • *Russian Letters: Group 2*

Consonants				Vowels			
Printed	*Written*	*Sounds like*	*Phonetic*	*Printed*	*Written*	*Sounds like*	*Phonetic*
Д д	*Дд*	'd' in day	[d, ḍ]	Е е	*Ее*	'ye' in yes	[jé, é, ı, ə]
Н н	*Нн*	'n' in nut	[n, ṇ]	Я я	*Яя*	'ya' in yard	[já, á, ı, ə]
Ч ч	*Чч*	'ch' in chair	[č]				

1-11. 🎧 **Listen and repeat after the speaker.
See Comment 1-3.**

1. да – до – де – дя, да – дя, дэ – де   **Да!** *Yes!*
[da – do – ḍe – ḍa, da – ḍa, de – ḍe]   [da]
2. та – да, тэ – дэ, то – до, тя – дя   **дом** *house*
[ta – da, te – de, to – do, ṭa – ḍa]   [dom]
3. на – но – нэ – не – ня, на – ня,
[na – no – ne – ṇe – ṇa, na – ṇa,
нэ – не, ан – ян, он – эн – ен   **Нет!** *No!*
ne – ṇe, an – jan, on – en – jen]   [ṇet]
4. ма – на, мо – но, ме – не, ом – он
[ma – na, mo – no, ṃe – ṇe, om – on]
5. ча – чо – че   **мяч** *ball*
[ča – čo – če]   [ṃač]
6. тя – чя, те – че, ат – ач,
[ṭa – ča, ṭe – če, at – ač,
от – оч, ет – еч
ot – oč, jet – ječ]
7. па – пя, по – пэ – пе   **Пе́тя** *Peter*
[pa – ṗa, po – pe – ṗe]   [ṗéṭə]

1-12. 📖 **1) Learn the following pronouns.
See Comment 1-4.**

я – *I* [ja]	моя́ – *my* [mʌjá]
он – *he* [on]	она́ – *she* [ʌná] оно́ – *it* [ʌnó]

**Ру́сские бу́квы: гру́ппа 2
Russian Letters: Group 2**

In this section you will learn:
• the consonants **д**, **н**, and **ч**
• the vowels **е** and **я**
• what hard and soft consonants are
• personal pronouns
• how to pronounce unstressed **о** and **а**
• more about intonation
• the question word **ЧТО?** *What?*
• how to say "not" in Russian

**Comment 1-3
Hard and soft consonants**

Most Russian consonants represent sounds that can be pronounced hard or soft. The "hardness" or "softness" of a consonant is most often determined by the vowel that follows it. The consonants **т**, **д**, and **н** are "dental" sounds. The hard consonants in the combinations **та** [ta], **да** [da], **на** [na], are pronounced with the tip of your tongue in the same position as for the English *th*.

You can pronounce these consonants soft, as in the combinations **те** [ṭe], **де** [ḍe], **не** [ṇe], with the tip of your tongue touching (or close to) your lower front teeth and with the mid-part of your tongue touching the ridge above your upper front teeth.

The consonant **ч** [č] (pronounced like **ch** in chair) is one of three consonants that is always pronounced soft (i.e. with the tip of your tongue touching (or close to) your lower front teeth and with the mid-part of your tongue touching the ridge above your upper front teeth).

Note:
а, **о**, **э** indicate that the preceding consonant is hard.
е, **я** indicate that the preceding consonant is soft.
е, **я** are pronounced [je], [ja] after a vowel or at the beginning of a word.

7

Comment 1-4
Pronouncing unstressed O and A

Russian words have only one stressed syllable. An unstressed **O** or **A** at the end of a word (**э́то, ма́ма**) is pronounced '**uh**' [ə], like the unstressed '**a**' in English words like *about, mama, papa*.

O or **A** at the beginning of a word or in the syllable before the stress is pronounced as a weak '**a**' [ʌ].

Examples:
апте́ка – *drugstore*
[ʌpt̻ékə]
окно́ – *window*
[ʌknó]
она́ – *she*
[ʌná]
моя́ – *my*
[mʌjá]

2) Read out loud and give the English equivalents.

– Кто́ это?
– Это па́па, ма́ма, я!

– Кто́ это?
– Это моя́
  ма́ма!
  Это она́.

– Кто́ это?
– Это па́па.
  Это он.

– Кто́ это?
– Это Та́ня.
  Это она́.

– Кто́ это?
– Это Пе́тя.
  Это он.

– Кто́ это?
– Это кот.
  Это он.

1-13. 🎧 Listen and repeat after the speaker. Read and give the English equivalents. See Comment 1-5.

1. – Это па́па.
    – Это па́па?
    – Да, это он.

2. – Это Я́на.
    – Это Я́на?
    – Да, это она́.

3. – Это ма́ма.
    – Это ма́ма?
    – Да, это она́.
      Это моя́ ма́ма.

4. – Это Пе́тя.
    – Это Пе́тя?
    – Да, это он.

5. – Это Ка́тя.
    – Это Ка́тя?
    – Да, это она́.

6. – Это кот.
    – Это кот?
    – Да, это он.

Comment 1-5
Intonation

To ask a question without a question word, raise your voice on the stressed syllable of the word in question. Do not change word order.

Это ма́ма? Это Пе́тя?

Note:
Кто́ э́то? – *Who is it/this?*
(for people and animals)

Что́ э́то? – *What is it/this?*
(for inanimate nouns)

In the word **что** [što], **ч** is pronounced *sh* [š]. To pronounce the [š] sound correctly, point the tip of your tongue to the top of your mouth.

 1-14. Ask and answer questions.

Example:

1. Это па́па.
– Кто́ э́то? Это па́па?
– Да, э́то па́па. Это он.

2. Это ма́ма.
3. Это Та́ня.
4. Это кот.
5. Это Ка́тя.
6. Это Пе́тя.
7. Это Том.
8. Это Эмма.
9. Это То́ма.

1-15. КТО or ЧТО? Read the sentences and ask the questions: кто? or что?

окно́ – *window*
мяч – *ball*
апте́ка – *drugstore*
по́чта – *post office*

Example:

1. Это дом. Что́ э́то?
2. Это Том. Кто́ э́то?

3. Это ма́ма.
4. Это окно́.
5. Это Пе́тя.
6. Это мяч.
7. Это па́па.
8. Это апте́ка.
9. Это Том.
10. Это по́чта.
11. Это Аня.
12. Это кот.
13. Это Та́ня.
14. Это дом.

1-16. КТО? or ЧТО? Read each word out loud and cross out the word in each group that doesn't belong.

1.	кот	по́чта	апте́ка	мяч
2.	ма́ма	кот	мяч	Ка́тя
3.	она́	дом	па́па	Ка́тя
4.	дом	по́чта	Анна	окно́
5.	я	Эмма	Том	апте́ка

1-17. Look at the pictures. Ask and answer the questions. Write down your answers.

Example: – Кто́ это/Что́ это?

                 – Это _____.

1. _____   2. _____   3. _____

4. _____   5. _____   6. _____

1-18. Look at the pictures. Make up your own questions and answer them. See Comment 1-6.

Example: – Это апте́ка?

                 – Нет, э́то не апте́ка, э́то по́чта!

Comment 1-6
Negation

Negation is expressed by placing the particle **НЕ** before the word to be negated. This particle is usually not stressed and is pronounced [ɳɪ]. Pronounce **НЕ** as part of the next word.

Это не Аня. *That's not Anya.*
[étə ɳɪ́ áɳə]

1-19. Russian bingo. Listen to the speaker and cross out the words you hear. When you've crossed out all words in the line, say BINGO; you've won.

B	I	N	G	O
па́па	дом	Аня	окно́	он
кот	я	Пе́тя	по́чта	нет

B	I	N	G	O
она́	Та́ня	апте́ка	моя́	мяч
да	он	я	Ка́тя	ма́ма

1-20. Match the printed words with their hand-written counterparts. Copy the hand-written words.

___ дом	1.	*почта*	_____
___ окно́	2.	*она*	_____
___ по́чта	3.	*окно*	_____
___ она́	4.	*он*	_____
___ он	5.	*дом*	_____
___ я	6.	*нет*	_____
___ да	7.	*мяч*	_____
___ нет	8.	*да*	_____
___ мяч	9.	*аптека*	_____
___ апте́ка	10.	*я*	_____

1-21. Crossword puzzle.

Across

2. dad
5. she
7. he
9. drugstore
10. my

Down

1. yes
3. post office
4. mom
5. window
6. cat
8. no
10. ball

1-22. 🎧 📝 **Write the dictation.**

1. мя _____
2. о _____
3. _____
4. о _____
5. ок _____
6. ап _____ а

7. по́ _____ а
8. А _____
9. Ч _____ это?
10. Э _____ м _____
11. К _____ это?
12. Это Т _____

@ **Complete exercises on the Web site.**

Chapter 1: 1-5, 1-6, 1-7, 1-8, 1-9.

Ру́сские бу́квы: гру́ппа 3 • *Russian Letters: Group 3*

Consonants				Vowels			
Printed	*Written*	*Sounds like*	*Phonetic*	*Printed*	*Written*	*Sounds like*	*Phonetic*
Б б	*Б б*	'b' in book	[b, ḇ]	У у	*У у*	'u' in tuba	[ú, u]
С с	*С с*	's' in sound	[s, ş]	ы	*ы*	'ie' in cookie	[ɨ́, ɨ]
Р р	*Р р*	'r' in rest	[r, ṛ]				
Й й	*Й й*	'y' in yes	[j]				
ь	*ь*	the soft sign indicates that the preceding consonant is soft					

Ру́сские бу́квы: гру́ппа 3
Russian Letters: Group 3

In this section you will learn:
• the consonants **б, с, р** and **й**
• the vowels **у** and **ы**
• the "soft sign" **ь**
• how to say 'hello' and 'good-bye'
• how to say what someone is
• gender and using the pronouns **он, она́**, and **оно́**

Note:
• **а, о, у, э, ы** indicate that the preceding consonant is hard.
• **я, е, ь** (the soft sign) indicate that the preceding consonant is soft.

1-23. 🎧 **Listen and repeat after the speaker.**

1. **ба – бо – бу – бэ – бы – бе – бя,**
[ba – bo – bu – be – bɨ – ḇe – ḇa,
ба – бя, бэ – бе
ba – ḇa, be – ḇe]

   банк *bank*
   [bank]

2. **ба – па, бя – пя, бо – по, бу – пу,**
[ba – pa, ḇa – pa, bo – po, bu – pu,
бы – пы, бе – пе
bɨ – pɨ, ḇe – pe]

3. **са – ся, со – су – сы – се, ас – ась,**
[sa – şa, so – su – sɨ – şe, as – aş,
ос – ось, ус – усь
os – oş, us – uş]

   студе́нт *student*
   [studént]

4. **ра – ро – ру – рэ – ры – ре – ря,**
[ra – ro – ru – re – rɨ – ṛe – ṛa,
ра – ря, рэ – ре, ар – ор – ыр,
ra – ṛa, re – ṛe, ar – or – ɨr,
арь – орь
aṛ – oṛ]

   ру́чка *pen*
   [rúčka]

1-24. Greetings and taking leave. Read and memorize.

у́тро – *morning* [útrə]   день – *day* [ɗeᶇ]

Greetings

До́брое у́тро!
Good morning!
(from 6 A.M. to 12 P.M.)

До́брый день!
Good afternoon!
(from 12 P.M. to 6 P.M.)

Taking leave

Пока́!
Bye! So long!
(informal, for friends)

1-25. 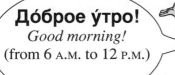 **What would you say: До́брое у́тро or До́брый день if you meet your friend at:**

8 A.M. _____

10 A.M. _____

12 P.M. _____

3 P.M. _____

11 A.M. _____

9 A.M. _____

Learn the following pronouns:

я – *I*
ты – *you (informal)*
он/она́/оно́ – *he/she/it*
мы – *we*

студе́нт [stuḍént] – *student (male)*
студе́нтка [stuḍéntkə] – *student (female)*

1-26. 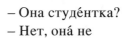 **Read out loud and give the English equivalents.**

– Это Пе́тя?
– Да, э́то он.
– Кто́ он?
– Он студе́нт.

– Это Том?
– Да, э́то он.
– Он студе́нт?
– Нет, он не студе́нт.

– Это Та́ня?
– Да, э́то она́.
– Кто́ она́?
– Она́ студе́нтка.

– Кто́ это?
– Это Ка́тя.
– Она студе́нтка?
– Нет, она́ не студе́нтка.

– Это ты?
– Да, э́то я.
– Кто́ ты?
– Я То́ня.
  Я студе́нтка.

– Кто́ это?
– Это мы!

1-27. **Ask and answer questions.**

Example:

1. **Пе́тя студе́нт. (Да)**
   – Пе́тя студе́нт?
   – Да, Пе́тя студе́нт. Он студе́нт.
2. **Пе́тя студе́нт. (Нет)**
   – Пе́тя студе́нт?
   – Нет, он не студе́нт.

3. **Ка́тя студе́нтка. (Да)**
4. **Анна студе́нтка. (Нет)**
5. **Том студе́нт. (Нет)**
6. **Ко́стя студе́нт. (Да)**
7. **То́ня студе́нтка. (Нет)**
8. **Яна студе́нтка. (Да)**

1-28. Read and write down the gender of the following nouns. See Comment 1-7 and 1-8.

Noun	Translation	Gender
1. банк	bank	masculine
2. брат	brother	
3. день	day	
4. дом	house	
5. доска́	blackboard	
6. Ка́тя	Katya	
7. кот	cat	
8. ко́мната	room	
9. ма́ма	mom	
10. мо́ре	sea	
11. май	May	
12. окно́	window	
13. па́па	dad	masculine
14. ру́чка	pen	
15. секре́т	secret	
16. секрета́рь	secretary	
17. семья́	family	
18. сестра́	sister	
19. соба́ка	dog	
20. у́тро	morning	
21. уро́к	lesson	
22. час	hour	

1-29. Read each word out loud and cross out the word in each group that doesn't belong according to gender.

1.	ма́ма	сестра́	семья́	брат
2.	он	брат	па́па	окно́
3.	она́	брат	день	кот
4.	мо́ре	банк	кот	брат
5.	май	дом	у́тро	час
6.	уро́к	ру́чка	ко́мната	сестра́
7.	соба́ка	она́	секре́т	семья́

Comment 1-7
Grammatical gender

Russian nouns are classified according to grammatical gender: **masculine**, **feminine**, and **neuter**.

Masculine nouns end in a **consonant, -Ь or -Й**:

до**м**
бан**к**
ден**ь**
ма**й**

Feminine nouns end in **-А or -Я**:

ру́чк-**а**
Ка́т-**я**

A small group of feminine nouns also ends in **-Ь**. We will indicate this by (*f.*) after the nouns in vocabulary lists:

мат**ь** (*f.*)

Nouns that end in **-А/-Я** (ex. **па́па, Пе́тя**) and refer to male persons are masculine.

Neuter nouns end in **-О or -Е**:

окн-**о́**
мо́р-**е**

Comment 1-8

Pronounce unstressed **е** in syllables before the stress as the 'ee' [ɪ] in English *tree, see*:

секре́т [sɪkr̩ét]
секрета́рь [sɪkr̩ɪtár̩]
семья́ [sɪm̩já]
сестра́ [sɪstrá]

Comment 1-9

Use **он** when referring to male persons or to masculine nouns.

– Это Пе́тя?
– Да, э́то **он**.
– Это банк?
– Да, э́то **он**.

Use **она́** when referring to female persons or to feminine nouns.

– Это Аня?
– Да, э́то **она́**.
– Это по́чта?
– Да, э́то **она́**.

Use **оно́** when referring to neuter nouns.

– Это мо́ре?
– Да, э́то **оно́**.

1-30.  **Read the questions and answer. See Comment 1-9.**

Example: 1. – Это ба́нк? – Да, э́то он.

2. – Это ру́чка? – Да э́то _____
3. – Это дом? – Да э́то _____
4. – Это окно́? – Да э́то _____
5. – Это сестра́? – Да э́то _____
6. – Это доска́? – Да э́то _____
7. – Это кот? – Да э́то _____
8. – Это соба́ка? – Да э́то _____
9. – Это брат? – Да э́то _____
10. – Это ма́ма? – Да э́то _____
11. – Это апте́ка? – Да э́то _____
12. – Это студе́нт? – Да э́то _____

1-31. **Tonya's Blog. Read and give the English equivalents.**

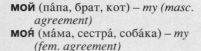

новых блогов и сообществ: 6653
новых записей: 42123

ЭТО Я

Добрый день. Я То́ня.
Кто́ я? Я студе́нтка.

ЭТО МОЯ СЕМЬЯ

Это мой па́па. Это моя́ ма́ма.

Это моя́ сестра́ Та́ня.
Она́ студе́нтка.

мой (па́па, брат, кот) – *my (masc. agreement)*
моя́ (ма́ма, сестра́, соба́ка) – *my (fem. agreement)*

Это мой брат Пе́тя. Он студе́нт.

Это мой кот Том.

Это моя́ соба́ка Бу́ся.

Кто́ это? Это секре́т!

16

1-32. 🎧 Russian bingo. Listen to the speaker and cross out the words you hear. When you've crossed out all words in the line, say BINGO; you've won.

B	I	N	G	O
брат	сестра́	семья́	она́	у́тро
день	ма́ма	па́па	ру́чка	мы

B	I	N	G	O
уро́к	банк	дом	окно́	апте́ка
соба́ка	он	брат	кот	оно́

1-33. ✍️ Match the printed words with their hand-written counterparts. Copy the handwritten words.

____ брат	1.	*собака*
____ соба́ка	2.	*мы*
____ мы	3.	*она*
____ она́	4.	*брат*
____ студе́нт	5.	*урок*
____ сестра́	6.	*утро*
____ семья́	7.	*день*
____ у́тро	8.	*студент*
____ день	9.	*сестра*
____ уро́к	10.	*семья*

1-34. ✍️ Crossword puzzle.

Across
1. cat
3. family
4. pen
5. brother
7. hour
9. blackboard
10. window
11. sea

Down
1. room
2. dad
3. dog
6. bank
8. sister
9. house

1-35. Unscramble the following words.

1. траб _____
2. расест _____
3. еньд _____
4. роут _____
5. мьясе _____
6. кабасо _____
7. танаком _____

1-36. Write the dictation.

1. сест _____
2. м _____ се _____
3. б _____
4. ок _____
5. _____
6. сек _____
7. м _____
8. соб _____
9. До _____ день!
10. До́брое _____!
11. Та _____ студ _____
12. Пе́тя сту _____

1-37. Go over the vocabulary list in 1-38 and select the words that refer to family, city, and classroom. Memorize the words that can be used to describe a family.

Family: _____
_____
_____

City: _____
_____
_____

Classroom: _____
_____
_____

@ Complete exercises on the Web site.

Chapter 1: 1-10, 1-11, 1-12, 1-13, 1-14.

1-38. Слова́рь. Vocabulary.

апте́ка [ʌpt̯ékə] – *drugstore*
банк [bank] – *bank*
брат [brat] – *brother*
да [da] – *yes*
день [d̯eŋ] – *day*
до́брый, -ое [dóbrɨj, -əjə] – *good*
дом [dom] – *house*
доска́ [dʌská] – *blackboard*
кот [kot] – *cat (male)*
ко́мната [kómnətə] – *room*
кто? [kto] – *who*
ма́ма [mámə] – *mom*
май [maj] – *May*
мой/моя́ [moj/mʌjá] – *my*
мо́ре [móɾə] – *sea*
мы [mɨ] – *we*
мяч [m̯ač] – *ball*
нет [ŋet] – *not*
не [ŋe] – *not*
окно́ [ʌknó] – *window*
он [on] – *he*
она́ [ʌná] – *she*
оно́ [ʌnó] – *it*
па́па *(m.)* [pápə] – *dad*
по́чта [póčtə] – *post office*
пока́ [pʌká] – *bye, so long, later (informal, for friends)*
ру́чка [rúčkə] – *pen*
секре́т [şɪkɾét] – *secret*
семья́ [şɪm̯já] – *family*
сестра́ [şɪstrá] – *sister*
соба́ка [sʌbákə] – *dog*
студе́нт [stud̯ént] – *student (male)*
студе́нтка [stud̯éntkə] – *student (female)*
там [tam] – *there*
ты [tɨ] – *you*
уро́к [urók] – *lesson*
у́тро [útrə] – *morning*
час [čas] – *hour*
что? [što] – *what?*
э́то [étə] – *this is, that is, it is, these are, those are*
я [ja] – *I*

Expressions:
До́брое у́тро! [dóbrəjə útrə] – *Good morning!*
До́брый день! [dóbrɨj d̯eŋ] – *Good afternoon!*
Пока́ [pʌká] – *Bye, so long, later* (informal, for friends)

2-1. 🎧 🎥 **Listen to the interviews and answer the questions.**

Interview 1

1. What is the boy's name?
   a. Mark
   b. Tom
   c. Sasha

2. What is he?
   a. a businessman
   b. a journalist
   c. a student

3. Where does he work?
   a. sports club
   b. restaurant
   c. museum

Interview 2

1. What is the girl's name?
   a. Tanya
   b. Nina
   c. Olga

2. What is her nationality?
   a. Russian
   b. American
   c. Czech

3. Does she speak English?
   a. Yes
   b. No

Ру́сские бу́квы: гру́ппа 4 • *Russian Letters: Group 4*

Consonants				Vowels			
Printed	*Written*	*Sounds like*	*Phonetic*	*Printed*	*Written*	*Sounds like*	*Phonetic*
В в	ℬ ℓ	'v' in vote	[v, v̦]	И и	𝓤 и	'ee' in meet	[í, ι]
З з	З з	'z' in zest	[z, z̦]	Ё ё	Ё ё	'yo' in yoke	[jó, ó]
Ц ц	𝓤 ц	'ts' in cats	[ts]				

2-2. 🎧 Listen and repeat after the speaker.

1. ва – вя, вэ – ве, во – вё, вы – ви, ву   ве́чер *evening*
[va – ɣa, ve – ɣe, vo – ɣo, vɨ – ɣi, vu]   [ɣéčɪr]

2. ба – ва, бо – во, бы – вы, мба – мва,
[ba – va, bo – vo, bɨ – vɨ, mba – mva,
бра – вра, бро – вро, би – ви, бе – ве
bra – vra, bro – vro, ḅi – ɣi, ḅe – ɣe]

3. за – зя, зо – зё, зы – зи, зу – зэ – зе   Здра́вствуй! *Hello!*
[za – ẓa, zo – ẓo, zɨ – ẓi, zu – ze – ẓe]   [zdrástvuj]

4. са – за, со – зо, су – зу, сы – зы,
[sa – za, so – zo, su – zu, sɨ – zɨ,
ся – зя, си – зи
ṣa – ẓa, ṣi – ẓi]

5. ца – цо – цу – це – ци   це́нтр *center*
[tsa – tso – tsu – tse – tsɨ]   [tsentr]

6. ча – ца, чо – цо, чу – цу,
[ča – tsa, čo – tso, ču – tsu,
че – це, чи – ци,
če – tse, či – tsɨ,
ач – ац, оч – оц, уч – уц, ич – иц
ač – ats, oč – ots, uč – uts, ič – its]

7. ти – ци, те – це, ать – ац, еть – ец
[ṭi – tsɨ, ṭe – tse, aṭ – ats, jeṭ – jets]

8. ца – са, цу – су, цы – сы, ац – ас, ец – ес
[tsa – sa, tsu – su, tsɨ – sɨ, ats – as, jets – jes]

Ру́сские бу́квы: гру́ппа 4
Russian Letters: Group 4

In this section you will learn:
- the consonants **в**, **з**, and **ц**
- the vowels **и** and **ё**
- how to say 'hello' and 'good-bye'
- how to ask for someone's name and introduce yourself
- you: informal **ты** vs. formal **вы**
- more about intonation
- Russian names and nicknames
- the possessives (**мой**, **твой**)
- plural endings for masculine and feminine nouns
- the conjunction **А**

Note:
- **а**, **о**, **у**, **э**, **ы** indicate that the preceding consonant is hard.
- **я**, **е**, **ё**, **и**, **ь** indicate that the preceding consonant is soft.
- Pronounce **з** and **ц** with your tongue touching the back of your front teeth.
- The consonant **ц** is always pronounced hard.

2-3. 👥 Greetings. Practice the following expressions with your classmate.

Greetings:
До́брое у́тро! [dóbrəjə útrə]
Good morning! (from 6 A.M. to 12 P.M.)
До́брый день! [dóbrɨj ḍeṇ]
Good afternoon! (from 12 P.M. to 6 P.M.)
До́брый ве́чер! [dóbrɨj ɣéčɪr]
Good evening! (from 6 P.M. to 12 A.M.)

Здра́вствуй!
[zdrástvuj]
Hello!

Приве́т! [pṛiɣét]
Hi!
(informal, for friends)

Comment 2-1
YOU: Informal **ты** *vs. formal* **вы**

Use **ты** with children, pets, family members, or classmates your age/under the age of 30. Use **вы** with two or more persons or with adults unless they suggest that you use the more informal **ты**. Use **Здра́вствуй** [zdrástvuj] with someone you address as **ты** and **Здра́вствуйте** [zdrástvujṭɪ] with someone you address as **вы**.

Здра́вствуйте!
Hello!
(more polite,
formal or plural)

Здра́вствуйте!

Здра́вствуйте!

2-4. Taking leave. Look at the picture and say in English what is wrong in this situation. What does a student have to say to a teacher when taking leave? Write it down.

До свида́ния!
[də‿svɪdánɪjə]
Good-bye!

Пока́ [pʌká]
_____!

2-5. What would you say to greet and take leave if you meet:

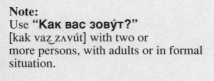

1. your friend at 8 A.M._____
2. your professor at 10 A.M._____
3. your friend's parents at 6 P.M._____
4. your boss at 12 P.M._____
5. your colleague at 9 P.M._____
6. an older person at 3 P.M._____
7. your classmate at 11 A.M._____
8. a stranger at 9 A.M._____

2-6. Как тебя́ зову́т? Practice the following expressions with your classmate.

Note:
Use "**Как вас зову́т?**" [kak vaz‿zʌvút] with two or more persons, with adults or in formal situation.

Как тебя́ зову́т?
[kak ṭɪḃá zʌvút]
What's your name?

Меня́ зову́т Мари́на.
[mɪɲá zʌvút mʌɾínə]
My name is Marina.

Очень прия́тно!
[о́čiɳ pɾijátnə]
Nice to meet you!

Очень прия́тно!
Nice to meet you!

2-7.  **Conversations. Listen to the conversations. Read them out loud and give the English equivalents. Then practice and personalize the conversations (i.e., supply information about yourself). Answer the following questions:**

1) Who is talking in the first conversation?
2) Who is talking in the second conversation?
3) Which conversation is more formal?

Conversation 1
— Здра́вствуй!
— Приве́т!
— Как тебя́ зову́т?
— Меня́ зову́т Ни́на. А тебя́?
— Меня́ зову́т Мари́на.
— Очень прия́тно!
— Ты студе́нтка?
— Да, я студе́нтка.
— До свида́ния!
— Пока́!

Conversation 2
— Здра́вствуйте! Как вас зову́т?
— Здра́вствуйте! Меня́ зову́т Никола́й.
— Очень прия́тно.
— А вас?
— Меня́ зову́т То́ня Петро́ва.
— Очень прия́тно.

Comment 2-2
Intonation

А тебя́? [a ţiḅá]
What about you?

А вас? [a vas]
What about you? (formal, plural)

In incomplete questions
(**А тебя́? А вас?**) the stressed syllable of the most important word is pronounced at a lower pitch and then your voice gradually rises.

..............⌣··

А тебя́?

23

2-8. Read the conversations in 2-7 again. Use them as models to introduce yourself to your classmates.

2-9. Nicknames. Read the names in both columns and try to guess the corresponding nicknames.

___ Анна	1. Пе́тя
___ Бори́с	2. Бо́ря
___ Вади́м	3. Ва́ня
___ Ви́ктор	4. Аня
___ Викто́рия	5. То́ма
___ Дми́трий	6. Ви́ка
___ Екатери́на	7. Ко́стя
___ Ива́н	8. Ка́тя
___ Ири́на	9. Ира
___ Константи́н	10. Та́ня
___ Макси́м	11. Макс
___ Пётр	12. Ва́дик
___ Тама́ра	13. Ди́ма
___ Татья́на	14. Ви́тя

2-10. Listen and repeat after the speaker. Read and give the English equivalents. See Comments 2-3 and 2-4.

> **Learn the following pronouns:**
>
> | Singular | Plural |
> |---|---|
> | **я** – *I* | **мы** – *we* |
> | **ты** – *you (informal)* | **вы** – *you (formal)* |
> | **он/она́/оно́** – *he/she/it* | **они́** – *they* |

и – *and*
врач [vrač] – *physician, doctor*
экономи́ст [ɪkənʌmíst] – *economist*
ру́сский [rúsкɪj] – *Russian (male)*
ру́сская [rúskəjə] – *Russian (female)*
америка́нец [ʌmɪɪ̯ɪkánɪts] – *American (male)*
америка́нка [ʌmɪɪ̯ɪkánkə] – *American (female)*

Conversation 1
— Ва́дик студе́нт?
— Нет, он не студе́нт. Он аспира́нт.
— А Ни́на?
— Она́ студе́нтка.
— А Аня и Бо́ря? Кто́ они́?
— Они́ студе́нты.

Conversation 2
— Приве́т!
— Здра́вствуй!
— Ви́тя и Ка́тя аспира́нты?
— Да, они́ аспира́нты.
— А вы?
— Мы студе́нты.

Conversation 3

— Кто́ вы?

— Я Ива́н Петро́в. Я врач. А вы?

— Я Ни́на Ивано́ва. Я экономи́ст.

— Очень прия́тно!

Conversation 4

— Ира, ты ру́сская?

— Да, я ру́сская. А ты, Том?

— Я америка́нец.

2-11. Circle the correct possessive pronoun. Give the English equivalent. See Comment 2-5.

1. мой/моя́/моё **ма́ма**
2. твой/твоя́/твоё **па́па**
3. мой/моя́/моё **брат**
4. мой/моя́/моё **сестра́**
5. мой/моя́/моё **семья́**
6. твой/твоя́/твоё **кот**
7. мой/моя́/моё **соба́ка**
8. мой/моя́/моё **дом**
9. мой/моя́/моё **окно́**
10. мой/моя́/моё **ко́мната**
11. мой/моя́/моё **университе́т**
12. твой/твоя́/твоё **врач**
13. твой/твоя́/твоё **ру́чка**
14. мой/моя́/моё **письмо́**

2-12. 🎧 **Blog. Listen and repeat after the speaker. Read and give the English equivalents. Use this text as a model to introduce yourself to a classmate.**

БЛОГИ@mail.ru

Приве́т!

Меня́ зову́т Рон. Я студе́нт. Я америка́нец.

Моя́ ма́ма ру́сская, а па́па америка́нец. Мой па́па врач, а ма́ма экономи́ст.

Моя́ сестра́ аспира́нтка. Её зову́т Эмма. Мой брат студе́нт.

А э́то моя́ соба́ка. Её зову́т Де́ва.

Это всё.

А как тебя́ зову́т? Кто́ ты?

Comment 2-3

-Ы is a plural ending for masculine and feminine nouns:

студе́нт – студе́нт-**Ы**
student – students
аспира́нт – аспира́нт-**Ы**
graduate student – graduate students

Comment 2-4

А – *and, but*
Use **А** to begin questions when a mild contrast is implied:

> — Ва́дик студе́нт.
> — А Ни́на?
> *"Vadik's a student."*
> *"And how about Nina?"*

Use **А** to indicate contrast, even a mild contrast:

> **Мой брат аспира́нт, а я студе́нт.**
> *My brother is a grad(uate) student, and I am an undergrad.*

Comment 2-5
Possessive Pronouns

For masculine nouns:

> **мой** [moj] – *my*
> **твой** [tvoj] – *your*

For feminine nouns:

> **моя́** [mʌjá] – *my*
> **твоя́** [tvʌjá] – *your*

For neuter nouns:

> **моё** [mʌjó] – *my*
> **твоё** [tvʌjó] – *your*

Это всё! [étə vʂo] – *That's it!*
её зову́т [jɪjó zʌvút] – *her name is*

2-13. 📝 **Match the printed words with their handwritten counterparts. Copy the handwritten words.**

___ ве́чер	1.	*здравствуй*
___ приве́т	2.	*американец*
___ здра́вствуй	3.	*вечер*
___ экономи́ст	4.	*университет*
___ университе́т	5.	*привет*
___ аспира́нтка	6.	*русская*
___ ру́чка	7.	*аспирантка*
___ ру́сская	8.	*ручка*
___ америка́нец	9.	*экономист*

2-14. 👥 **Let's play.**

Partner 1

Directions: Eight of the sixteen boxes are filled in for you. The other eight boxes are empty. Fill in the empty boxes by asking your partner to supply the missing words. Your partner will ask you questions about your eight words. Ask questions like this:

Како́е сло́во в А2? — *What word is in box A2?*

	1 (оди́н)	2 (два)	3 (три)	4 (четы́ре)
А	ве́чер		письмо́	
Б		здра́вствуй		
В		аспира́нт		университе́т
Д	экономи́ст	врач	брат	

A follow-up exercise: After you and your partner have finished filling in the missing words, compare your answers.

A follow-up exercise: After you and your partner have finished filling in the missing words, compare your answers.

	1 (оди́н)	2 (два)	3 (три)	4 (четы́ре)
А		ру́сский		приве́т
Б	семья́		америка́нец	пока́
В	америка́нка		До свида́ния	
Д				ру́сская

Како́е сло́во в А1? — *What word is in box A1?*

your eight words. Ask questions like this:
to supply the missing words. Your partner will ask you questions about
eight boxes are empty. Fill in the empty boxes by asking your partner
Directions: Eight of the sixteen boxes are filled in for you. The other

Partner 2

2-15. 🎧 📝 **Дикта́нт. Write the dictation.**

1. униве_____
2. ру́с_____
3. амери_____

4. До́б____ у____!
5. До́б____ день!
6. До́брый ве____!

7. При_____!
8. До сви_____!

@ **Complete exercises on the Web site.**

Chapter 2: 2-1, 2-2, 2-3, 2-4, 2-5, 2-6.

Ру́сские бу́квы: гру́ппа 5 • *Russian Letters: Group 5*

Consonants				Vowels			
Printed	*Written*	*Sounds like*	*Phonetic*	*Printed*	*Written*	*Sounds like*	*Phonetic*
Г г	*Гг*	'g' in good	[g, g̦]	Ю ю	*Ю ю*	'yu' in Yuma	[jú, ú, u]
Л л	*Лл*	'l' in middle	[l, l̦]				
Ф ф	*Фф*	'f' in flower	[f, f̦]				
Ш ш	*Шш*	'sh' in shy	[š]				

2-16. 🎧 **Бу́квы и зву́ки. Listen and repeat after the speaker.**

1. га – го – гу – гэ – ге – ги, га – ги, го – ге
   [ga – go – gu – ge – ge̦ – gi, ga – gi, go – ge̦]
   Где?
   [gd̦e]
   Where?

2. ка – га, ко – го, ку – гу, ки – ги, ке – ге
   [ka – ga, ko – go, ku – gu, k̦i – gi, k̦e – ge̦]

3. ла – ля, ло –лё, лу – лю, лы – ли, ал – аль,
   [la – l̦a, lo – l̦o, lu – l̦u, lɨ – l̦i, al – al̦,
   ол – оль, ыл – ыль
   ol – ol̦, ɨl – ɨl̦]
   больни́ца
   [bʌl̦nítsə]
   hospital

4. фа – фо – фу – фы – фе – фё – фи,
   [fa – fo – fu – fɨ – f̦e – f̦o – f̦i,
   фо – фё, фы – фи
   fo – f̦o, fɨ – f̦i]
   фи́рма
   [f̦írmə]
   firm

5. фа – ва, фо – во, фэ – вэ, фу – ву, фо – фё,
   [fa – va, fo – vo, fe – ve, fu – vu, fo – f̦o,
   фы – фи, оф – офь уф – уфь
   fɨ – f̦i, of – of̦, uf – uf̦]

6. па – фа, по – фо, пу – фу, пэ –фэ, пы – фы,
   [pa – fa, po – fo, pu – fu, pe – fe, pɨ – fɨ,
   ап – аф, уп – уф, пи – фи, пе – фе
   ap – af, up – uf, –p̦i – f̦i, pe – f̦e]
   шко́ла

7. ша – шо – шу – ше – ши
   [ša – šo – šu – še – šɨ]
   [škólə]
   school

Ру́сские бу́квы: гру́ппа 5
Russian Letters: Group 5

In this section you will learn:
- the consonants **г, л, ф, ш**
- the vowel **ю**
- how to answer the question **Где?** *Where?*
- the first and third person singular forms of verbs
- the names of some professions
- what you can find in a city

Note:
- **а, о, у, э, ы** indicate that the preceding consonant is hard.
- **я, ё, ю, е, и, ь** indicate that the preceding consonant is soft.
- Pronounce hard **л** like the 'l' in "middle".
- Pronounce soft **л** with the tip of your tongue touching the back of your lower front teeth.
- Pronounce **ш** with the tip of your tongue slightly curled back and pointing to the top of your mouth. This sound is always hard. In Russian spelling, **и** is always spelled after **ш**, but it is pronounced as **ы** [ɨ]: **ва́ши** [váši].

2-17. 🎧 👨‍🎓 Го́род [górət]. City. Listen, repeat, and read the sentences. Give the English equivalents.

Это го́род Москва́.

1. Это апте́ка. [ʌp̡t̡ékə]
2. Это банк. [bank]
3. Это библиоте́ка. [b̡ibl̡ɪʌt̡ékə]
4. Это больни́ца. [bʌl̡n̡ítsə]
5. Это музе́й. [muʐéj]
6. Это парк. [park]
7. Это по́чта. [póčtə]
8. Это теа́тр. [t̡ɪátr]
9. Это университе́т. [uṇɪɣɪrşɪt̡ét]
10. Это центр. [tsentr]
11. Это шко́ла. [škólə]
12. Это рестора́н. [r̡ɪstʌrán]

2-18. 📖 Где? Read and give the English equivalents. Look at the picture and complete the following sentences. The first two sentences are done for you.

1. — Где музе́й?   — Тут! Вот он.   — Спаси́бо!
2. — Где шко́ла?   — Там. Вон она́.   — Спаси́бо!
3. — Где библиоте́ка?   — _____. Вон она́.   — Спаси́бо!
4. — Где парк?   — Тут. _____ он.   — Спаси́бо!
5. — Где банк?   — _____. Вон он.   — Спаси́бо!
6. — Где апте́ка?   — Там . _____ она́   — _____!
7. — Где по́чта?   — _____. Вот она́.   — _____!
8. — Где больни́ца?   — Тут. _____ она́.   — _____!
9. — Где теа́тр?   — _____. Вот он.   — _____!
10. — Где университе́т? — Тут. _____ он!   — _____!
11. — Где центр?   — _____. Вот он!   — _____!

тут/там [tut/tam] – *here/there*
вот/вон [vot/von] – *here is/there is*
спаси́бо [spʌşíbə] – *thank you*

28

ТАМ there ВОН

| по́чта | апте́ка | банк | шко́ла | библиоте́ка | парк |

ТУТ here ВОТ

| больни́ца | теа́тр | музе́й | университе́т | центр |

2-19. **Read the following sentences and give English equivalents. See Comment 2-6.**

1. — Где Ни́на? — Ни́на в университе́т**е**.
2. — Где Ле́на? — Ле́на в библиоте́к**е**.
3. — Где брат? — Брат в ба́нк**е**.
4. — Где сестра́? — Сестра́ в больни́ц**е**.
5. — Где Ге́на? — Ге́на в па́рк**е**.
6. — Где ма́ма? — Ма́ма в апте́к**е**.
7. — Где па́па? — Па́па в це́нтр**е**.
8. — Где Юля? — Юля в теа́тр**е**.
9. — Где Пе́тя? — Пе́тя в шко́л**е**.

Comment 2-6
ГДЕ? – *Where?*

To answer the question **ГДЕ?** *Where?*, replace the -**а** at the end of a noun with -**е**:
Шко́ла: Где? В шко́ле.

If there is no -**а**, just add -**е**:
Банк: Где? В ба́нке.

Don't forget to use the preposition **В** *in*. Pronounce **В** as part of the next word, and pronounce an unstressed **е** in this form as a weak **i** [ɪ] as in "it": **в ба́нке** [vbánкɪ].

2-20. **Кто где? Ask and answer questions according to the example.**

Example:
1. **ма́ма – апте́ка**
— Где ма́ма?
— Ма́ма в апте́ке.

2. брат – университе́т
3. аспира́нт – парк
4. па́па – теа́тр
5. Ира – больни́ца

6. сестра́ – апте́ка
7. Ко́ля – банк
8. студе́нты – библиоте́ка
9. Люда – шко́ла

2-21. 🎧 **Глаго́лы. Conjugating verbs. Listen and repeat the following verb forms. All Russian verbs conjugate according to two basic conjugation types. Find the difference in the conjugations of the following two verbs and try to memorize them.**

First conjugation **рабо́тать** – *to work*	*Second conjugation* **говори́ть** – *to speak*
Я рабо́таю Ты рабо́та**ешь** Он/она́ рабо́та**ет**	Я говорю́ Ты говори́**шь** Он/Она́ говори́**т**

2-22. ✍️ **Fill in the missing endings. Give English equivalents. Some are done for you.**

1. Где ты рабо́та**ешь**?
2. Я рабо́та_____ в библиоте́ке.
3. Лю́да рабо́та_____ в рестора́не.
4. Моя́ ма́ма рабо́та_____ в шко́ле.
5. Сестра́ рабо́та_____ в ба́нке.
6. Ты говори́**шь** по-ру́сски?
7. Я говор_____ по-ру́сски.
8. То́ня говор_____ по-ру́сски.
9. Мой па́па говор_____ по-англи́йски.
10. Мой брат не говор_____ по-ру́сски.

говори́ть по-англи́йски
[gəvʌríṭ pʌ ʌnglískị] – *to speak English*
говори́ть по-ру́сски
[gəvʌríṭ pʌ rúskị] – *to speak Russian*

2-23. 🗣️ **Где рабо́тает? Ask and answer questions according to the example.**

Example:
1. **ма́ма – банк**
   — Где рабо́тает ма́ма?
   — Ма́ма рабо́тает в ба́нке.

2. па́па – теа́тр
3. врач – больни́ца
4. профе́ссор – университе́т
5. сестра́ – рестора́н
6. брат – библиоте́ка
7. ма́ма – апте́ка
8. Ко́ля – орке́стр
9. учи́тельница – шко́ла

2-24.  **Кто́ он/она́? Ask and answer questions according to the example.**

Example:

1. **Ира – университе́т – юри́ст**
   — Где рабо́тает Ира?
   — Ира рабо́тает в университе́те.
   — Кто́ она́?
   — Она́ юри́ст.

2. па́па – теа́тр – арти́ст
3. брат – больни́ца – врач
4. ма́ма – университе́т – профе́ссор
5. сестра́ – банк – экономи́ст
6. Лю́да – фи́рма – юри́ст
7. Ле́на – больни́ца – медсестра́
8. Макси́м – орке́стр – музыка́нт
9. ма́ма – шко́ла – учи́тельница

2-25.  **Говори́ть. Ask and answer questions according to the example.**

Example:

1. **ма́ма – по-ру́сски**
   — Ма́ма говори́т по-ру́сски?
   — Да, ма́ма говори́т по-ру́сски. [*or*]
   — Нет, ма́ма не говори́т по-ру́сски, она́ говори́т по-англи́йски.

2. па́па – по-англи́йски
3. сестра́ – по-ру́сски
4. брат – по-ру́сски
5. профе́ссор – по-англи́йски
6. профе́ссор – по-ру́сски
7. ты – по-ру́сски

2-26. 🎧 **Чте́ние. Read with the speaker. Give English equivalents. Look at the pictures, ask and answer.**

1. Где сестра́? Как её зову́т?
2. Где брат? Как его́ зову́т?
3. Где Ле́на? Кто́ она́?
4. Где кот? Как его́ зову́т?
5. Где ма́ма? Как её зову́т?

её [jιjó] **зову́т** – *her name is…*
его́ [jιvó] **зову́т** – *his name is…*

31

БЛОГИ@mail.ru

Это я. Меня́ зову́т Ле́на. Я студе́нтка в университе́те в Сиэ́тле. Я ру́сская и америка́нка.

Моя́ ма́ма америка́нка. Её зову́т Эмма. Она́ рабо́тает в шко́ле. Она́ учи́тельница. Она́ не говори́т по-ру́сски.

Это мой па́па. Он ру́сский. Его́ зову́т Серге́й. Он рабо́тает в университе́те в Нью-Йо́рке. Он профе́ссор.

А э́то мой брат. Он рабо́тает в орке́стре. Он музыка́нт. Его́ зову́т Макс.

Это моя́ сестра́. Моя́ сестра́ – медсестра́. Она́ рабо́тает в больни́це. Её зову́т Али́на.

А э́то мой кот. Его́ зову́т Пушо́к. Это всё!

2-27. Вопро́сы. Answer the questions.

1. Ле́на аспира́нтка?
2. Ле́на америка́нка?
3. Где рабо́тает ма́ма? Кто́ она́?
4. Ма́ма говори́т по-ру́сски?
5. Где рабо́тает па́па?
6. Где рабо́тает брат? Кто́ он?
7. Где рабо́тает сестра́? Кто́ она́?

2-28. Describe your family in five or more sentences. Use the text in 2-26 as a model.

2-29. Игра́. Let's play.

Partner 1

Directions: Eight of the sixteen boxes are filled in for you. The other eight boxes are empty. Fill in the empty boxes by asking your partner to supply the missing words. Your partner will ask you questions about your eight words. Ask questions like this:

Како́е сло́во в А2? — *What word is in box A2?*

	1 (оди́н)	2 (два)	3 (три)	4 (четы́ре)
А	по-ру́сски		студе́нт	
Б		медсестра́		
В		спаси́бо		орке́стр
Г	музыка́нт	шко́ла	библиоте́ка	

A follow-up exercise: After you and your partner have finished filling in the missing words, compare your answers.

Partner 2

Directions: Eight of the sixteen boxes are filled in for you. The other eight boxes are empty. Fill in the empty boxes by asking your partner to supply the missing words. Your partner will ask you questions about your eight words. Ask questions like this:

Како́е сло́во в А2? — *What word is in box A2?*

	1 (оди́н)	2 (два)	3 (три)	4 (четы́ре)
А		америка́нка		учи́тельница
Б	рабо́тать		профе́ссор	музе́й
В	фи́рма		говори́ть	
Г				больни́ца

A follow-up exercise: After you and your partner have finished filling in the missing words, compare your answers.

2-30. ✍️ **Match the printed words with their hand-written counterparts. Copy the handwritten words.**

____ по-ру́сски   1. ____ *фирма* ____
____ говори́ть   2. ____ *по-русски* ____
____ фи́рма   3. ____ *больница* ____
____ больни́ца   4. ____ *юрист* ____
____ библиоте́ка   5. ____ *медсестра* ____
____ медсестра́   6. ____ *оркестр* ____
____ по-англи́йски   7. ____ *музыкант* ____
____ орке́стр   8. ____ *по-английски* ____
____ музыка́нт   9. ____ *библиотека* ____
____ юри́ст   10. ____ *говорить* ____

2-31. 🎧 ✍️ **Дикта́нт. Write the dictation.**

1. больн_____
2. се_____
3. _____ семья́
4. биб_____
5. музы_____
6. те_____

7. ар_____
8. орке́_____
9. юр_____
10. Я гов_____ по-ру́сс_____.
11. Ма́ма – учи́т_____.

@ **Complete exercises on the Web site.**

Chapter 2: 2-7, 2-8, 2-9, 2-10, 2-11.

Ру́сские бу́квы: гру́ппа 6 • *Russian Letters: Group 6*

Ру́сские бу́квы: гру́ппа 6
Russian Letters: Group 6

In this section you will learn:
• the consonants **х**, **ж**, **щ**
• more about possessives
• small talk: How are you?
• how to say where you live and go to school
• the names of some Russian cities
• counting from 1-10

Consonants			
Printed	*Written*	*Sounds like*	*Phonetic*
Х х	*Хх*	'ch' in Scottish loch	[x, x̣]
Ж ж	*Жж*	'zh' in composure	[ž]
Щ щ	*Щщ*	'shsh' in fresh sheets	[šš]
ъ	*ъ*	the hard sign – indicates that the preceding consonant is hard	

Note:
• Pronounce **ж** with the tip of your tongue slightly curled back and pointing to the top of your mouth. This sound is always hard. In Russian spelling, **и** always occurs after **ж**, but it is pronounced as **ы**: **живу́** [žɨvú].
• Pronounce **х** with your tongue in the same position in which you pronounce **г** and **к**.
• Pronounce **щ** as a long 'shh' [šš] sound, as in "fre**sh sh**eets," with the tip of your tongue close to your lower front teeth.

2-32. 🎧 **Бу́квы и зву́ки. Listen and repeat after the speaker. Read.**

1. **ха – хо – ху – хи – хе, ха – хи, хо – хи**   **хорошо́**
   [xa – xo – xu – x̣i – x̣e, xa – xi, xo – x̣i]   [xərašó]

2. **ка – ха, ко – хо, ук – ух, хва –ква,**   *fine*
   [ka – xa, ko – xo, uk – ux, xva – kva

   ки – хи, ке – хе
   ḳi – x̣i, ḳe – x̣e]

3. **жа – жо – жу – жи – же**   **жить**
   [ža – žo – žu – žɨ – že]   [žɨṭ]

4. **ша – жа, ше – же, шу – жу, ши – жи**   *to live*
   [ša – ža, še – že, šu – žu, šɨ – žɨ]

5. **ща – що – щу – ще – щи**
   [šša – ššo – ššu – šše – šši]

6. **ша – ща, шо – щё, шу – щу, ши – щи,**   **каранда́ш**
   [ša – šša, šo – ššo, šu – ššu, šɨ – šši,   [kərʌndáš]

   ше – ще, аш –ащ, иш – ищ,   *pencil*
   še – šše, aš – ašš, iš – išš,

   ош – ощ, уш –ущ
   oš – ošš, uš – ušš]

2-33. 👤👤 **Small talk. Practice the following expressions with your classmate. What do you think Tonya answers to Nikolai?**

Никола́й   **То́ня**

— **Как дела́?** [kagdɨlá]
How are things?

Possible answers:
Хорошо́! [xərašó] *Fine!*
Неплóхо! [ṇɨplóxə] *All right!*
Плóхо. [plóxə] *Awful!*

2-34.  **Как? Ask and answer the following questions.**

1. Как дела́?	**Choose an answer**
2. Как твой па́па?	
3. Как твоя́ сестра́?	Хорошо́!
4. Как твой брат?	Непло́хо!
5. Как твоя́ ма́ма?	Пло́хо.
6. Как твой друг?	
7. Как твоя́ подру́га?	
8. Как ты говори́шь по-ру́сски?	
9. Как ты говори́шь по-англи́йски?	

друг [druk] – *friend (male)*
подру́га [pʌdrúgə] – *friend (female)*

2-35. 🎧 **Разгово́р. Listen to the conversation. Read it out loud and give the English equivalents. Then practice and personalize the conversation.**

Cáша и Ко́стя

— Здра́вствуй, Са́ша!
— Приве́т, Ко́стя!
— Как дела́?
— Хорошо́. А у тебя́?
— Непло́хо, спаси́бо!
— Как твоя́ ма́ма?

— Хорошо́! А как твоя́ сестра́?
— Непло́хо, спаси́бо.
— Где она́ рабо́тает?
— Она́ рабо́тает в шко́ле.
— Хорошо́! Ну, пока́.
— До свида́ния.

А у тебя́? [a u ţɪbá] – *How about yourself?*

2-36. 🎧 **Глаго́лы. Conjugating verbs. Listen and repeat the following verb forms. Which verb is the first conjugation verb and which verb is the second (See 2-21)?**

Conjugation	*Conjugation*
жить – *to live*	**учи́ться** – *to go to school, to study*
Я жив–у́ Ты жив–ёшь Он/Она́ жив–ёт	Я уч–у́–сь Ты у́ч–ишь–ся Он/Она́ у́ч–ит–ся

Note:
-СЯ (-СЬ) is a reflexive particle that is added to the personal endings of some verbs. In Chapter 3 you will learn more about conjugating verbs. For now remember that **-ТСЯ** and **-ТЬСЯ** are pronounced as [tsə].

35

2-37. Росси́я. Find the following Russian cities on the map. Ask and answer questions according to the example.

Example:

1. **Москва́ (ма́ма)**
— Где живёт ма́ма?
— Ма́ма живёт в Москве́.

2. Ирку́тск (Анна)
3. Магада́н (сестра́)
4. Москва́ (подру́га)
5. Му́рманск (па́па)
6. Омск (брат)
7. Петербу́рг (Ольга)
8. Яку́тск (друг)

Му́рманск
Магадан
Петербург
Якутск
Москва
Омск
Иркутск
Владивосток

2-38. Жить и учи́ться. Read and give English equivalents. Answer questions 4-8.

1. Я живу́ и учу́сь в Лос–Анджелесе.
2. Ко́стя живёт и у́чится в Москве́.
3. Ка́тя живёт и у́чится в Петербу́рге.

4. Где ты живёшь? Где ты у́чишься?
5. Где живёт твоя́ ма́ма?
6. Где живёт твой па́па?
7. Где у́чится твоя́ сестра́?
8. Где у́чится твой брат?

2-39. Фо́рум. Read and listen to the forum posts below, and find the answers to the questions.

1. Как его́/её зову́т?
2. Где он/она́ живёт?
3. Где он/она́ у́чится?
4. Где он/она́ рабо́тает? Кто́ он/она́?

БЛОГИ@mail.ru

Приве́т! Меня́ зову́т Ко́ля. Я живу́ в Москве́. Я студе́нт и учу́сь в университе́те. Я учу́сь и рабо́таю. Я рабо́таю в музе́е. Я непло́хо говорю́ по-англи́йски.

Здра́вствуйте! Меня́ зову́т Ли́дия. Я живу́ в Ки́еве. Я рабо́таю в шко́ле. Я учи́тельница. Моя́ подру́га живёт в Аме́рике. Она́ рабо́тает в университе́те в Да́лласе, в шта́те Теха́с. Моя́ подру́га хорошо́ говори́т по-англи́йски . А я говорю́ по-англи́йски пло́хо.

До́брый день! Меня́ зову́т Юрий. Я экономи́ст и рабо́таю в ба́нке. Я живу́ в Сара́тове. Я говорю́ то́лько по-ру́сски.

Здра́вствуй! Меня́ зову́т Ольга. Я живу́ и рабо́таю в Петербу́рге. Я рабо́таю в больни́це. Я медсестра́. Я хорошо́ говорю́ по-англи́йски.

2-40. **Вопро́сы. Say as much as you can about yourself, your parents and your friends. Use the questions below to help you think of what you can say.**

йли [íļɪ] – *or*

1. Как тебя́ зову́т?
2. Где ты живёшь?
3. Ты у́чишься йли рабо́таешь?
4. Где ты у́чишься?
5. Ты студе́нт/ка йли аспира́нт/ка?
6. Где ты рабо́таешь?
7. Ты ру́сский/ру́сская?
8. Ты америка́нец/америка́нка?
9. Где рабо́тает твой па́па? Кто́ он?
10. Где рабо́тает твоя́ ма́ма? Кто́ она́?
11. Кто́ твоя́ сестра́? Где она́ у́чится? Где она́ рабо́тает?
12. Кто́ твой брат? Где он у́чится? Где он рабо́тает?
13. Где у́чится твой друг/твоя́ подру́га? Он/она́ рабо́тает?

2-41. 🎧 **Ци́фры. Numbers. Repeat the numbers with the speaker.**

0 – ноль [nol̻]
1 – оди́н [ʌdʲín]
2 – два [dva]
3 – три [tr̥i]
4 – четы́ре [čɪtɨ́r̥ɪ]
5 – пять [paʈ]

6 – шесть [šeʂʈ]
7 – семь [ṣemʲ]
8 – во́семь [vóṣɪmʲ]
9 – де́вять [dʲéɣəʈ]
10 – де́сять [dʲéṣəʈ]

2-42. 📝 **Арифме́тика. Do the arithmetic. Read the problems out loud. Some are done for you.**

a. 1 + 1 = оди́н плюс оди́н – два
b. 2 + 5 = _____
c. 7 + 3 = _____
d. 8 + 1 = _____
e. 9 – 5 = де́вять ми́нус пять – четы́ре
f. 7 – 5 = _____
g. 9 – 6 = _____

2-43. 📝 **Match the printed words with their hand-written counterparts. Copy the handwritten words.**

___ жить
___ учи́ться
___ подру́га
___ друг
___ врач
___ твой
___ хорошо́
___ пло́хо
___ непло́хо

1. *подруга* _____
2. *учиться* _____
3. *жить* _____
4. *твой* _____
5. *друг* _____
6. *неплохо* _____
7. *плохо* _____
8. *хорошо* _____
9. *врач* _____

2-44. 🎧 📝 **Дикта́нт. Write the dictation.**

1. хор_____
2. пло́_____
3. др_____
4. по_____
5. ж_____
6. уч_____

7. од_____
8. де_____
9. Как _____ ?
10. Где ты ж_____ ?
11. Где ты у _____ ?

@ **Complete exercises on the Web site.**

Chapter 2: 2-12, 2-13, 2-14, 2-15, 2-16, 2-17, 2-18, 2-19, 2-20, 2-21.

2-45. Слова́рь. Vocabulary.

а – *and, but*
Аме́рика – *America* [ʌméɹɪkə] *(can also stand for USA)*
америка́нец [ʌmɪɹɪkánɪts] – *American (male)*
америка́нка [ʌmɪɹɪkánkə] – *American (female)*
арти́ст [ʌɹṭíst] – *actor*
аспира́нт [ʌspɪránt] – *graduate student (male)*
аспира́нтка [ʌspɪrántkə] – *graduate student (female)*
библиоте́ка [b̩ɪbl̩ɪʌṭékə] – *library*
больни́ца [bʌl̩níʦə] – *hospital*
бу́ква [búkvə] – *letter (of the alphabet)*
вон [von] – *there is*
вот [vot] – *here is*
врач [vrač] – *physician, doctor*
вы [vɨ] – *you*
где? [gd̩e] – *where?*
говори́ть [gəvʌɹíṭ] – *to speak*
    Pres: я говорю́, ты говори́шь, он/она́ говори́т
го́род [górət] – *city*
дикта́нт [d̩ɪktánt] – *dictation*
друг [druk] – *friend (male)*
жить [žɨṭ] – *to live*
    Pres: я живу́, ты живёшь, он/она́ живёт
звук [zvuk] – *sound*
и [i] – *and*
игра́ [ɪgrá] – *play*
и́ли [íl̩ɪ] – *or*
како́е [kʌkójə] – *what (for neuter nouns)*
каранда́ш [kərʌndáš] – *pencil*
медсестра́ [mɪʦɪstrá] – *nurse*
моё [mʌjó] – *my (for neuter nouns)*
музе́й [muẓéj] – *museum*
музыка́нт [muzɨkánt] – *musician*
непло́хо [n̩ɪplóxə] – *all right*
они́ [ʌn̩í] – *they*
орке́стр [ʌɹḳéstr] – *orchestra*
парк [park] – *park*
письмо́ [pɪṣmó] – *letter*
пло́хо [plóxə] – *awful, terrible*
по-англи́йски [pʌ ʌnglískɪ] – *in English*
подру́га [pʌdrúgə] – *friend (female)*
по-ру́сски [pʌ ɹúskɪ] – *in Russian*
профе́ссор [prʌfésər] – *professor*
рабо́тать [rʌbótəṭ] – *to work*
    Pres: я рабо́таю, ты рабо́таешь, он/она́ рабо́тает
разгово́р [rəzgʌvór] – *conversation*
рестора́н [rɪstʌrán] – *restaurant*
ру́сская [rúskəjə] – *Russian (female)*
ру́сский [rúskɨj] – *Russian (male)*
слова́рь *(m.)* [slʌváɹ] – *vocabulary*
сло́во [slóvə] – *word*

там [tam] – *there*
твоё [tvʌjó] – *your (for neuter nouns)*
твой [tvoj] – *your (for masculine nouns)*
твоя́ [tvʌjá] – *your (for feminine nouns)*
теа́тр [ṭɪátr] – *theatre*
тут [tut] – *here*
университе́т [un̩ɪɣɪɹʂɪṭét] – *university*
учи́тельница [učíṭɪl̩n̩ɪʦə] – *teacher (female)*
учи́ться [učíʦə] – *to study; to be a student*
    Pres: я учу́сь, ты у́чишься, он/она́ у́чится
фи́рма [f̩írmə] – *firm, company*
хорошо́ [xərʌšó] – *fine*
центр [tsentr] – *center, downtown*
шко́ла [škólə] – *school (K-12, not college)*
экономи́ст [ɪkənʌmíst] – *economist*
юри́ст [juɹíst] – *lawyer*

Expressions
А вас? [a vas] – *What about you? (formal, plural)*
А тебя́? [a ṭɪb̩á] – *What about you?*
А у тебя́? [a u ṭɪb̩á] – *How about yourself?*
До свида́ния ! [də sv̩ɪdán̩ɪjə] – *Good-bye!*
До́брый ве́чер! [dóbrɨj ɣéčɪr] – *Good evening!*
    (from 6 p.m. to 12 a.m.)
его́ зову́т [jɪvó zʌvút] – *his name is…*
её зову́т [jɪjó zʌvút] – *her name is…*
Здра́вствуй *(ты)*/Здра́вствуйте *(вы)* [zdrástvuj/
    zdrástvujṭɪ] – *Hello (sg.)/Hello (pl. or formal)*
Как дела́? [kagd̩ɪlá] – *How are things?*
    How are you doing?
Как тебя́ зову́т? [kak ṭɪb̩á zʌvút] – *What's your name?*
Меня́ зову́т [m̩ɪn̩á zʌvút] – *My name is…*
О́чень прия́тно! [óčɪn̩ pɹɪjátnə] – *Nice to meet you!*
Спаси́бо! [spʌṣíbə] – *Thank you!*
Э́то всё! [étə vṣo] – *That's it! That's all there is.*

Числи́тельные – *Cardinal numbers*
ноль [nol̩] – *zero*
оди́н [ʌd̩ín] – *one*
два [dva] – *two*
три [ṭɾi] – *three*
четы́ре [čɪtíɹɪ] – *four*
пять [paṭ] – *five*
шесть [šeṣṭ] – *six*
семь [ṣem̩] – *seven*
во́семь [vóṣɪm̩] – *eight*
де́вять [d̩éɣəṭ] – *nine*
де́сять [d̩éṣəṭ] – *ten*

Themes
- talking about your school
- the names of some subjects
- counting from 11-20

Pronunciation
- unstressed **O** and **A**

Communicative situations
- getting acquainted
- small talk: What classes do you like?

Grammar
- Russian cases and noun endings for the Prepositional case singular
- adjective endings for the Nominative case singular and the interrogative **Какóй? (Какáя? Какóе?)** *What kind of? What? Which?*
- the present tense of verbs

Нóвые словá
лёгкий [ɫoxķɪj] – *easy, light*
люби́мый – *favorite*
предмéт – *subject*
трýдный – *difficult*

Спрáвка: Levels of education in Russia.

Russian children begin **шкóла** at the age of six. Students, **ученики́** or **шкóльники**, attend school for eleven years, **оди́ннадцать клáссов**, after which they receive a diploma, **аттестáт зрéлости**. Students can also choose to study in special schools that are called **гимнáзия**, in which instruction is more classically oriented. After that they can study, **учи́ться**, at a university, **университéт** or **институ́т**, to receive a professional degree. Those who seek clerical or technical training can study at a college, **учи́лище** or **кóлледж**.

3-1. 🎧 🎥 Интервью́. Listen to the interviews and summarize them in English.

Интервью́ 1
— Как тебя́ зову́т?
— Сергéй.
— Где ты живёшь?
— В Петербýрге.
— Где ты у́чишься?
— В шкóле.
— Какóй твой люби́мый предмéт?
— Математика.
— Это трýдный предмéт?
— Нет, лёгкий.

Интервью́ 2
— Как вас зову́т?
— Ни́на.
— Где вы живёте?
— Я живу́ в Москвé.
— Где вы у́читесь?
— Я не учу́сь. Я рабóтаю.
— Где вы рабóтаете?
— В библиотéке.

3-2. 🎧 Произношéние. The pronunciation of unstressed O and A.

O or **A** at the beginning of a word or in the syllable before the stress is pronounced as a short "*a*," which we will represent in phonetic transcription as [ʌ]. All other **O**'s and **A**'s are pronounced like "uh" in the English words "but" or "cut." We will represent this sound in phonetic transcription as [ə].

1) Pronounce the following names after the speaker. Be sure to pronounce a short "a" [ʌ] in the syllable before the stress.

1. Вади́м [vʌdím]
2. Тамáра [tʌmárə]
3. Макси́м [mʌkşím]
4. Али́на [ʌļínə]
5. Бори́с [bʌɾís]
6. Гали́на [gʌļínə]
7. Алёша [ʌļóšə]
8. Натáша [nʌtášə]
9. Лари́са [lʌɾísə]
10. Волóдя [vʌlódə]
11. Николáй [ɳɪkʌláj]
12. Мари́на [mʌɾínə]
13. Олéг [ʌļék]

40

2) Pronounce the following words after the speaker. Be sure to pronounce a short "a" [ʌ] in the syllable before the stress.

1. зову́т [zʌvút]
2. Москва́ [mʌskvá]
3. моско́вский [mʌskófsķɪj]
4. како́й [kʌkój]
5. кака́я [kʌkájə]
6. оди́н [ʌḑín]
7. библиоте́ка [ḇɪbḻɪʌţékə]
8. биоло́гия [ḇɪʌlógɪjə]
9. геогра́фия [gɪʌgráḟɪjə]
10. психоло́гия [pşɪxʌlógɪjə]
11. филосо́фия [ḟɪlʌsófɪjə]
12. эконо́мика [ɪkʌnómɪkə]
13. рабо́таю [rʌbótəju]
14. спаси́бо [spʌşíbə]

Ле́ксика и грамма́тика • *Vocabulary and grammar*

3-3. 🎧 📖 **Что́ это?** 1) Listen to the sentences and number them in the order they are given. Give English equivalents. 2) Read the sentences out loud and use он, она́ or оно́ to indicate the gender of the nouns.

Что́ это?	English equivalent	он, она́, оно́
___ Это шко́ла.		
___ Это гимна́зия.		
___ Это учи́лище.		
_1_ Это институ́т.		ОН
___ Это университе́т.		
___ Это акаде́мия.		
___ Это ко́лледж.		

3-4. 👤👤 **Где?** Complete the answers in these conversations. See Grammar comment 3-1.

1. — Это Та́ня. Где она́ у́чится? — Она́ у́чится в шко́л__.
2. — Это Серге́й. Где он у́чится? — Он у́чится в гимна́зи__.
3. — Где они́ у́чатся? — Они́ у́чатся в гимна́зи__.
4. — Это студе́нты. Где они́ у́чатся? — Они́ у́чатся в учи́лищ__.
5. — Это Ле́на и Марк. Где они́ у́чатся? — Они́ у́чатся в акаде́ми__.
6. — Это мы. Где мы у́чимся? — Мы у́чимся в университе́__.
7. — Где ты у́чишься? /Где вы у́читесь? — Я учу́сь в _____.

Grammar comment 3-1
Russian Cases and Noun Endings for the Prepositional Case Singular

Russian nouns are declined, that is they change their endings according to number and case. Case shows the function of a noun in a sentence, and there are six cases in Russian. In ensuing lessons the cases will be treated in detail. You have already seen the Nominative case forms for some nouns; this is the basic form that is given in vocabulary lists and in dictionaries.

The Nominative Case

Nouns in the Nominative case indicate:
1. The subject of a sentence:

   Ма́ма рабо́тает в библиоте́ке.
   (My, Our) Mother works in a library.

2. A predicate noun:

   Ко́ля – студе́нт.
   Kolya is a student.
   (The present tense of the verb "to be" is not used in sentences of this type.)

Nouns in the Nominative case answer the questions **Кто?** *Who?* or **Что?** *What?*

(CONTINUED ON PAGE 42)

41

(CONTINUED FROM PAGE 41)

Grammar comment 3-1
Answering the Question ГДЕ?
Noun Endings for the Prepositional
Case Singular

The Prepositional case is used with the prepositions **В** *in, at* and **НА** *on, at* to show location – the place where something happens or where someone or something is.

The Prepositional singular forms for most nouns of all genders is formed by taking off the Nominative case ending, if there is one, and adding the ending **-Е**:

институ́т   ⟶ в институ́т-е
шко́л-а   ⟶ в шко́л-е
учи́лищ-е ⟶ в учи́лищ-е

But nouns with the letter **И** before the ending take the ending **-И**:

гимна́зи-я ⟶ в гимна́зи-и
Росси́-я   ⟶ в Росси́-и

Feminine nouns that end in a soft sign **Ь** also take the ending **-И**:

Сиби́р-ь   ⟶ в Сиби́р-и

Grammar comment 3-2
Adjective Endings for the Nominative
Case Singular and the Interrogative
Како́й? (Кака́я? Како́е?) *What kind of? What? Which?*

1. Adjectives that describe **masculine** nouns have the ending **-ый**, or **-о́й** when stressed:

изве́стный университе́т
большо́й институ́т

Learn spelling rule #1: The vowel **ы** is never written after velars (**к, г, х**) and hushers (**ж, ш, щ, ч**). Always write **и** after these letters.

хоро́ший университе́т
ру́сский студе́нт

---

2. Adjectives that describe **feminine** nouns have the ending **-ая**:

но́вая библиоте́ка
хоро́шая гимна́зия

(CONTINUED ON PAGE 43)

3-5. Где? Кто? Read the following sentences aloud. Then ask each other questions according to the example. Make sure to ask three questions to each sentence.

Example:

Ле́на у́чится в шко́ле.   Она́ шко́льница.

1. **Кто** у́чится в шко́ле? 2. **Где** Ле́на у́чится?   3. **Кто́** она́?

a. Пе́тя у́чится в шко́ле. Он шко́льник.
b. Ко́ля у́чится в институ́те. Он студе́нт.
c. Ни́на у́чится в университе́те. Она́ студе́нтка.
d. Ди́ма у́чится в университе́те. Он аспира́нт.
e. Ве́ра у́чится в университе́те. Она́ аспира́нтка.
f. Бори́с рабо́тает в шко́ле. Он учи́тель.
g. Анна рабо́тает в шко́ле. Она́ учи́тельница.
h. Юрий рабо́тает в институ́те. Он преподава́тель.
i. Ольга рабо́тает в институ́те. Она́ преподава́тельница.

@ **Complete exercises on the Web site.**

Chapter 3: 3-1, 3-2.

3-6. Како́й, кака́я, како́е? See Grammar comment 3-2.

1) Listen to the adjectives and number them in the order they are given. Then read them out loud.

Adjectives	English equivalents
___ большо́й	*big*
___ госуда́рственный	*state*
___ изве́стный	*famous*
___ моско́вский	*Moscow's*
___ медици́нский	*medical*
_1_ но́вый	*new*
___ сре́дняя	*middle (school)*
___ ста́рый	*old*
___ хоро́ший	*good*
___ плохо́й	*bad*
___ ча́стный	*private*

2) Read out loud and give English equivalents. Underline the adjective endings and explain them. Answer the questions.

   a. Это Моско́вский университе́т (МГУ).
   b. МГУ – госуда́рственный университе́т.
   c. Это изве́стный университе́т в Росси́и.
   d. Это ста́рый университе́т.
   e. Это большо́й университе́т.
   f. Это хоро́ший университе́т.

Како́й э́то университе́т?

   a. Это Моско́вская сре́дняя шко́ла
      № (но́мер) 10.
   b. Это ча́стная шко́ла.
   c. Это но́вая шко́ла.
   d. Это больша́я шко́ла.
   e. Это хоро́шая шко́ла.

Кака́я э́то шко́ла?

   a. Это Моско́вское медици́нское учи́лище.
   b. Это хоро́шее учи́лище.
   c. Это ста́рое учи́лище.
   d. Это госуда́рственное учи́лище.

Како́е э́то учи́лище?

3-7. 1) **Give the missing forms of the adjectives. Say them out loud. The first one is done for you.** 2) **Then circle the adjectives above that describe your school. Take turns describing the school you attend. Start like this:**

— Я учу́сь в UCLA. Это госуда́рственный университе́т.

№	университе́т	шко́ла	учи́лище
1.	изве́стный	изве́стная	изве́стное
2.			но́вое
3		ста́рая	
4.		хоро́шая	
5.			плохо́е
6.	моско́вский		
7.			госуда́рственное
8.	ча́стный		
9.		больша́я	
10.	медици́нский		

(CONTINUED FROM PAGE 42)
Grammar comment 3-2

3. Adjectives that qualify **neuter** nouns have the ending -oe:

   большо́е учи́лище

> **Learn spelling rule #2:** An unstressed **o** in grammatical endings is written as **e** after hushers (**ж, ш, щ, ч**) and **ц**.
>
>   хоро́шее учи́лище

Note: A small group of adjectives take "soft" endings. You will learn more about them in subsequent lessons. For now you will see **сре́дняя шко́ла** *(middle school)*.

4. In questions, the interrogative adjective **Како́й? (Кака́я? Како́е?)** means '*what,*' '*which,*' or '*what kind of*' depending on the context.
In exclamations it means '*What a …!*'

Masc.: **Како́й?**

   Како́й предме́т тру́дный?
   What subject is difficult (hard)?

   Како́й лёгкий предме́т!
   What an easy subject!

Neuter: **Како́е?**

   Како́е э́то учи́лище?
   What (kind of) college is that?

Fem.: **Кака́я?**

   Кака́я э́то шко́ла?
   What (kind of) school is that?

Grammar comment 3-3
The Present Tense of Verbs

There are two types of conjugations in Russian and only a few irregular verbs.

1. Verbs that conjugate like the verb **рабо́тать** *to work* are called first conjugation verbs. Learn the endings.

я рабо́та-ю
ты рабо́та-ешь
он/она́ рабо́та-ет
мы рабо́та-ем
вы рабо́та-ете
они́ рабо́та-ют

Some first conjugation verbs like **жить** *to live* have a stem change in their conjugation. In this verb the stress is on the endings; note that **e > ё** when the verb endings are stressed.

я жив-у́
ты жив-ёшь
он/она́ жив-ёт
мы жив-ём
вы жив-ёте
они́ жив-у́т

Remember that the third-person plural form of first conjugation verbs is formed by adding -т to the first-person form. It's a good idea to learn both these forms when you start to learn new verbs.

2. Verbs that conjugate like the verb **говори́ть** *to speak, talk* are called second conjugation verbs. Remember the endings, especially the third-person plural ending.

я говор-ю́
ты говор-и́шь
он/она́ говор-и́т
мы говор-и́м
вы говор-и́те
они́ говор-я́т

3. The present-tense forms of Russian verbs have three English equivalents. **Я говорю́ по-ру́сски** can mean:

I speak Russian.
I'm speaking Russian.
I do speak Russian.

The question **Вы говори́те по-ру́сски?** can mean:

Do you speak Russian?
Are you speaking Russian?
You speak Russian?!

(CONTINUED ON PAGE 45)

3-8. Предме́ты. Subjects. Match the right and the left columns. Circle four subjects which you study at school this year. Then compare with a partner.

1. Биоло́гия	___ Economics
2. Геогра́фия	___ Russian
3. Исто́рия	___ English
4. Литерату́ра	___ Chemistry
5. Матема́тика	___ Philosophy
6. Медици́на	___ Physics
7. Психоло́гия	___ Literature
8. Ру́сский язы́к	___ Psychology
9. Англи́йский язы́к	___ Mathematics
10. Фи́зика	___ Biology
11. Филосо́фия	___ History
12. Хи́мия	___ Geography
13. Эконо́мика	___ Medicine
14. Стати́стика	___ Statistics

3-9. Како́й лёгкий предме́т! 1) Listen to the following list of subjects and indicate the ones that you consider hard, easy, interesting, or favorite subjects.

Предме́ты *Subjects*	тру́дный *hard*	лёгкий *easy*	интере́сный *interesting*	люби́мый *favorite*
1. Биоло́гия				
2. Геогра́фия				
3. Исто́рия				
4. Литерату́ра				
5. Матема́тика				
6. Медици́на				
7. Психоло́гия				
8. Ру́сский язы́к				
9. Англи́йский язы́к				
10. Фи́зика				
11. Филосо́фия				
12. Хи́мия				
13. Эконо́мика				
14. Стати́стика				

2) Compare your answers with those of your partner by asking the following questions. Write down the answers.

Example:

— Како́й предме́т тру́дный?

— Хи́мия – тру́дный предме́т.

1. Како́й предме́т лёгкий? _____
2. Како́й предме́т тру́дный? _____
3. Како́й предме́т интере́сный? _____
4. Како́й твой люби́мый предме́т? _____

@ **Complete exercises on the Web site.**

Chapter 3: 3-3, 3-4, 3-5.

3-10. To study: учи́ть or учи́ться ? Read the following sentences and fill in the blanks. See Grammar comment 3-3.

> **Учи́ться** (где? в университе́те) – *to study, be a student (where? at school, at the university)*
>
> **Учи́ть** (что? ру́сский язы́к) – *to study (what? the Russian language)*

1. Дави́д у́чи_____ в университе́те в Чика́го.
2. Ле́на у́чи_____ англи́йский язы́к.
3. Ни́на у́чи_____ в шко́ле №5.
4. Мы у́чи_____ ру́сский язы́к.
5. Они́ у́ч_____ в учи́лище.
6. Ко́ля и Ната́ша у́ч_____ ру́сский язы́к.
7. Ми́ша у́чи_____ но́вый текст.
8. Она́ у́чи_____ в гимна́зии.
9. Вы у́чи_____ в медици́нской акаде́мии?

3-11. Глаго́лы. Complete these conversations. Then practice them.

Разгово́р 1

— Вы _____ (speak) по-ру́сски?

— Я ещё пло́хо _____ (speak) по-ру́сски.

— Вы _____ (live) в Москве́?

— Нет, я _____ (live) в Чика́го.

— А где вы _____ (work)?

— Я _____ (work) в библиоте́ке.

— Вы _____ (want) учи́ться в Москве́?

— Да, я _____ (want) учи́ть ру́сский язы́к в Москве́.

(CONTINUED FROM PAGE 44)
Grammar comment 3-3

> **Learn spelling rule #3.** Always write -**у** and -**а** instead of -**ю** or -**я** after hushers and velars. This is important when conjugating verbs.

4. Learn the second conjugation verb **учи́ть** *to study, learn or memorize something*:

> я уч-у́
> ты у́ч-ишь
> он/она́ у́ч-ит
> мы у́ч-им
> вы у́ч-ите
> они́ у́ч-ат

5. Question words after a verb (e.g., **учи́ть что?**) indicate the case used after a verb. See Government p. 339, 352 for more information.

6. Verbs with the reflexive particle -**ся** are conjugated just like other verbs, but the particle -**ся** is spelled -**сь** after a vowel. Learn the difference in meaning between **учи́ть** *to study, learn or memorize something* and **учи́ться** *to be a student, to study somewhere*:

> я уч-у́-сь
> ты у́ч-ишь-ся
> он/она́ у́ч-ит-ся
> мы у́ч-им-ся
> вы у́ч-ите-сь
> они́ у́ч-ат-ся

7. A special verb. The verb **хоте́ть** *to want* is often followed by an infinitive. This verb has an irregular conjugation that you need to memorize:

> я хоч-у́
> ты хо́ч-ешь
> он/она́ хо́ч-ет
> мы хот-и́м
> вы хот-и́те
> они́ хот-я́т

Разгово́р 2

— И́горь и Ле́на _____(speak) по-англи́йски?

— Да, они́ хорошо́ _____ (speak) по-англи́йски.

— А где они́ _____ (live)?

— Они́ _____ (live) в Ирку́тске.

— Они́ _____ (study) и́ли _____ (work)?

— Они́ _____ (study) в университе́те.

— Они́ _____ (study) англи́йский язы́к.

— Они́ _____(want) учи́ться в Аме́рике?

— Да, они́ _____ (want) учи́ть англи́йский язы́к в Аме́рике.

@ **Complete exercises on the Web site.**

Chapter 3: 3-6, 3-7.

Дава́йте послу́шаем и поговори́м! • *Let's listen and talk!*

3-12. 🎧 Listen to the conversations and circle the words you hear. Practice the conversations using your personal information.

Разгово́р 1

— Приве́т! Как **вас/тебя́** зову́т?

— Ма́ша. А **вас/тебя́**?

— **Са́ша/Ди́ма.**

— Очень прия́тно.

— А ты **у́чишься/рабо́таешь**?

— Я **учу́сь/рабо́таю**.

— Где?

— В **университе́те/гимна́зии**.

— Университе́т **госуда́рственный/ча́стный**?

— Нет, **госуда́рственный/ча́стный**.

Разгово́р 2

— Где ты **у́чишься/рабо́таешь**?

— В университе́те в **Лос-Анджелесе/Москве́**.

— Да?! А како́й твой люби́мый предме́т?

— **Хи́мия/Фи́зика**.

— Да? Это о́чень **тру́дный/лёгкий** предме́т!

— Да, но о́чень **интере́сный/неинтере́сный**!

3-13. Интервью́. Listen to the interviews in 3-1 again. 1) Summarize them in Russian to give the following information in the form of a narrative:

Интервью́ 1

a. Где живёт Серге́й?

b. Где у́чится Серге́й? Како́й его́ люби́мый предме́т?

Интервью́ 2

a. Где живёт Ни́на?

b. Где рабо́тает Ни́на?

2) **Conduct similar interviews with your classmates or other Russian speakers. Write down their answers and report the results in class.**

Interview Form

Questions	Person 1	Person 2	Person 3
1. Как тебя́ зову́т?			
2. Где ты живёшь?			
3. Где ты у́чишься?			
4. Како́й твой люби́мый предме́т?			
5. Како́й язы́к ты у́чишь?			
6. Где ты рабо́таешь?			

@ **Complete exercises on the Web site.**

Chapter 3: 3-8, 3-9.

Дава́йте послу́шаем и почита́ем! • *Let's listen and read!*

3-14. 🎧 📝 **Listen to the narrations by Ли́за, Ма́рк and Анна. Complete the table below.**

Вопро́сы *Questions*	Ли́за	Марк	Анна
1. Где живёт?			в Чика́го
2. Где у́чится?	в университе́те		
3. Кто́ он/она́?		студе́нт	
4. Како́й э́то университе́т, ча́стный и́ли госуда́рственный?			госуда́рственный
5. Како́й люби́мый предме́т?		социа́льная психоло́гия	
6. Говори́т по-ру́сски?	говори́т		
7. Како́й язы́к у́чит?	ру́сский		
8. Что он/она́ хо́чет?			учи́ть ру́сский язы́к

3-15. Чте́ние. 📖 Reading. Now read the following texts and compare with your answers in 3-14. If necessary, correct your answers.

БЛОГИ@mɑil.ru

Ли́за

Меня́ зову́т Ли́за. Я аспира́нтка и учу́сь в университе́те в Нью-Йо́рке. Колумби́йский университе́т – о́чень изве́стный университе́т в Аме́рике. Это небольшо́й ча́стный университе́т. Я учу́ ру́сский язы́к. Я непло́хо говорю́ по-ру́сски. Мой люби́мый предме́т – ру́сская литерату́ра. Что я хочу́? Я хочу́ учи́ться в Росси́и, в Москве́!

Марк

Марк Страйк. Я живу́ и учу́сь в Калифо́рнии. Я студе́нт. Я учу́сь в университе́те в Лос-Анджелесе. Это изве́стный госуда́рственный университе́т. Университе́т о́чень хоро́ший. Мой люби́мый предме́т – социа́льная психоло́гия. Это тру́дный предме́т, но интере́сный. Ещё я учу́ ру́сский язы́к. Я хорошо́ говорю́ по-ру́сски и хочу́ учи́ться в Росси́и.

Анна

Меня́ зову́т Анна. Я америка́нка. Моя́ ма́ма ру́сская, а па́па – америка́нец. Они́ живу́т в Мэ́дисоне. А я студе́нтка. Я живу́ в Чика́го и учу́сь в университе́те. Чика́гский университе́т о́чень ста́рый и изве́стный. Это о́чень большо́й университе́т. Мой люби́мый предме́т – стати́стика. Это лёгкий предме́т. А како́й тру́дный предме́т? Ру́сский язы́к! Я хочу́ учи́ть ру́сский язы́к в Москве́!

3-16. Choose the statement that exactly corresponds to the text.

1. **Колумби́йский университе́т...**
   a. изве́стный университе́т в Аме́рике.
   b. о́чень ста́рый и изве́стный.
   c. изве́стный госуда́рственный университе́т.

2. **Стати́стика...**
   a. тру́дный предме́т, но интере́сный.
   b. лёгкий предме́т.
   c. тру́дный предме́т.

3. **Марк...**
   a. хо́чет учи́ться в Росси́и, в Москве́!
   b. хо́чет учи́ть ру́сский язы́к в Москве́!
   c. хо́чет учи́ться в Росси́и.

3-17. Use your answers in table 3-14 to say what you've learned about: a) Ли́за, b) Анна, and c) Ма́рк.

3-18. Talk about yourself and some of your friends using the questions in 3-14 as an outline.

3-19. Talk about these people.

Марк
Лос-Анджелес
UCLA
студе́нт
ру́сский язы́к

Та́ня
Петербу́рг
шко́ла
учи́тельница
англи́йский язы́к

Алёна
Ирку́тск
шко́ла
шко́льница
англи́йский язы́к

@ **Complete exercises on the Web site.**

Chapter 3: 3-10, 3-11, 3-12, 3-13.

Дава́йте переведём! • *Let's translate!*

3-20. Как сказа́ть по-ру́сски? **How would you say it in Russian? Give Russian equivalents for the following questions. Translate ideas, not words. Ask each other and answer.**

1. Where do you go to school?
2. What kind of school is it?
3. What subjects are difficult?
4. What subjects are easy?
5. What is your favorite subject?
6. Where does your friend go to school?
7. What is his/her favorite subject?
8. Where would you like (do you want to) to study?

3-21. БЛОГ по-ру́сски. Help Arthur Wilson, Арту́р Ви́льсон, create a Russian version of his blog. Translate ideas, not words.

БЛОГИ@mail.ru

Arthur Wilson
My name is Arthur Wilson. I am a graduate student at Florida State University. It's [This is] a big school. My favorite subject is Russian history, and I am studying Russian. My mother is Russian. She lives in Washington (Вашингто́н).

3-22. 🎧 📝 **Counting from 11 to 20.**
1) Ци́фры. Numbers. Repeat the numbers with the speaker.

Ци́фры

11 – оди́ннадцать [ʌdínatsəʈ]   17 – семна́дцать [şɪmnátsəʈ]
12 – двена́дцать [dγɪnátsəʈ]   18 – восемна́дцать
13 – трина́дцать [ʈɾɪnátsəʈ]   [vəşɪmnátsəʈ]
14 – четы́рнадцать [čɪtírnətsəʈ]   19 – девятна́дцать [dɪγɪtnátsəʈ]
15 – пятна́дцать [pɪtnátsəʈ]   20 – два́дцать [dvátsəʈ]
16 – шестна́дцать [šɪsnátsəʈ]

2) Арифме́тика. Do the arithmetic. Read the problems out loud. Some are done for you.

a.   12 + 1 = двена́дцать плюс оди́н – трина́дцать
b.   12 + 5 = _____
c.   14 + 4 = _____
d.   5 + 10 = _____
e.   19 – 5 = девятна́дцать ми́нус пять – четы́рнадцать
f.   17 – 5 = _____
g.   19 – 6 = _____

3-23. Ци́фры и фа́кты. Numbers and facts. 1) Look at the graph and discuss the responses in Russian or in English. 2) Conduct a similar survey among your classmates or ask other people and report the results in class.

Вопро́с: Кака́я шко́ла лу́чше (better), госуда́рственная и́ли ча́стная?

Результа́ты опро́са:
Results of the survey:

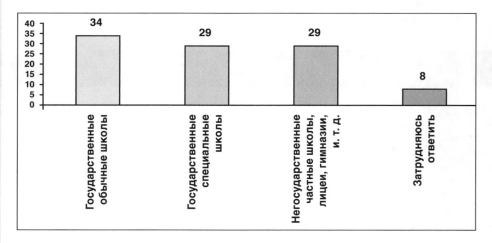

3-25. Слова́рь. Vocabulary.

акаде́мия – *academy*
большо́й, -а́я, -о́е – *large*
вопро́с – *question*
где – *where*
гимна́зия – *special school*
госуда́рственный, -ая,-ое – *state, federal (adj.)*
ещё – *in addition, still*
изве́стный, -ая,-ое – *well known*
институ́т – *institute*
интере́сный, -ая,-ое – *interesting*
како́й (кака́я, како́е) – *What kind of? What? Which?*
ко́лледж – *college*
лёгкий, -ая, -ое – *easy, not hard; light*
лу́чше – *better*
люби́мый, -ая, -ое – *favorite*
медици́нский, -ая, -ое – *medical*
моско́вский, -ая,-ое – *Moscow (adj.)*
но – *but, however*
но́вый, -ая, -ое – *new*
но́мер – *number*
опро́с – *survey*
о́чень – *very*
плохо́й, -а́я,-о́е – *bad*
предме́т – *subject*
преподава́тель [prɪpədʌvátɪl] – *(college) instructor (male)*
преподава́тельница [prɪpədʌvátɪlnɪtsə] – *(college) instructor (female)*
результа́т – *result*
Росси́я – *Russia*
социа́льный, -ая, -ое – *social*
сре́дний (сре́дняя, сре́днее) – *middle*
ста́рый, -ая, -ое – *old*
тру́дный, -ая,- ое – *difficult*
учи́лище – *college*
учи́тель – *(school) teacher (male)*

учи́ть что?[1] – *to study, learn something*
  Pres: я учу́, ты у́чишь, они́ у́чат

[1]Question words after verbs indicate what case a verb takes.

учи́ться где? – *to be a student*
  Pres: я учу́сь, ты у́чишься, они́ у́чатся
хоро́ший, -ая, -ее – *good*
хоте́ть – *to want, to wish*
  Pres: я хочу́, ты хо́чешь, он хо́чет, мы хоти́м, вы хоти́те, они́ хотя́т
ча́стный, -ая, -ое – *private*
шко́льник – *K-12 student (male)*
шко́льница – *K-12 student (female)*
язы́к – *language*

Предме́ты – *Subjects*

биоло́гия – *biology*
геогра́фия – *geography*
исто́рия – *history*
литерату́ра – *literature*
матема́тика – *mathematics*
медици́на – *medicine*
психоло́гия – *psychology*
ру́сский язы́к – *Russian*
стати́стика – *statistics*
филосо́фия – *philosophy*
фи́зика – *physics*
хи́мия – *chemistry*
эконо́мика – *economics*

Языки́ – *Languages*

англи́йский язы́к – *English*
ара́бский [ʌrápskɪj] – *Arabic*
испа́нский – *Spanish*
кита́йский – *Chinese*
коре́йский – *Korean*
неме́цкий – *German*
ру́сский – *Russian*
францу́зский – *French*
япо́нский [jɪpónskɪj] – *Japanese*

Числи́тельные – *Cardinal numbers*

оди́ннадцать [ʌdínatsəʈ] – *eleven*
двена́дцать [dʋɪnátsəʈ] – *twelve*
трина́дцать [trɪnátsəʈ] – *thirteen*
четы́рнадцать [čɪtírnətsəʈ] – *fourteen*
пятна́дцать [pɪtnátsəʈ] – *fifteen*
шестна́дцать [šɪsnátsəʈ] – *sixteen*
семна́дцать [ṣɪmnátsəʈ] – *seventeen*
восемна́дцать [vəṣɪmnátsəʈ] – *eighteen*
девятна́дцать [dɪʋɪtnátsəʈ] – *nineteen*
два́дцать [dvátsəʈ] – *twenty*

Note: Nouns and adjectives are listed the way they are listed in Russian dictionaries. Nouns are given in the Nominative singular form, and adjectives are given in the Nominative singular masculine form plus the neuter and feminine endings.

ГЛАВА 4. МОЁ РАСПИСАНИЕ

Chapter 4. My schedule

Themes
- school and the names of some academic subjects and majors
- schedules, the days of the week
- counting from 20 to 50

Pronunciation
- pronunciation of **E** in syllables before the stress

Communicative situations
- small talk: What do you study?
- getting information about schedules

Grammar
- noun and adjective endings for the Accusative case singular
- the Accusative singular forms for the interrogative **Какóй? (Какáя? Какóе?)**
- using the Accusative case with the names of the days of the week to answer the question **Когдá? When?**

Нóвые словá

инострáнный язы́к – *foreign language*

изучáть что? – *to study something in depth*
Pres: я изучáю, ты изучáешь, они́ изучáют

физкультýра [fɪskulʲtúrə] – *physical education*

4-1. Интервью́. Listen to the interviews and summarize them in English.

Интервью́ 1
— Светлáна, что ты сейчáс ýчишь в шкóле?
— Я учý матемáтику, фи́зику, биолóгию и истóрию.
— А инострáнный язы́к ты ýчишь?
— Да, англи́йский.
— А какóй твой люби́мый предмéт?
— Физкультýра!

Интервью́ 2
— Здрáвствуйте.
— Здрáвствуйте.
— Как вас зовýт?
— Лéна.
— Вы ýчитесь и́ли рабóтаете?
— Я студéнтка.
— Какáя у вас специáльность?
— Социолóгия.
— Что вы сейчáс изучáете?
— Демогрáфию, психолóгию…
И социолóгию, конéчно.

4-2. Произношéние. How to pronounce unstressed E.

In syllables before the stress, the vowel **E** is pronounced as a short **И** [ɪ].

1) Pronounce the following words after the speaker. Pay attention to the boldfaced vowels.

предмéт [prɪdmét]
меня́ [mɪɲá]
тебя́ [tɪbʲá]
сейчáс [şɪjčás]
небольшóй [ɲɪbʌlʲšój]

неплóхо [ɲɪplóxə]
не знáю [ɲɪ znáju]
переведём [pʲɪrʲɪvʲɪdóm]
Петербýрг [pʲɪtʲɪrbúrk]
деканáт [dʲɪkʌnát]

Be sure to give a Russian pronunciation to these words. Pay attention to the pronunciation of the vowels in boldface.

матемáтика [mətɪmáṭɪkə]
литератýра [lʲɪtʲɪrʌtúrə]
университéт [uɲɪvʲɪrşɪţét]

специа́льность [spɪtsɪá̱lnəʂt] [spɪtsá̱lnəʂt]²
медици́на [mʲɪd̩ɪtsɨ́nə]¹
телефо́н [tʲɪlʲɪfón]

¹always pronounce **И** as **Ы** [ɨ] after **Ц**.
²in rapid speech

Be sure to pronounce the initial [j] sound in the first syllable of the following words:

ee̋ [jɪjó]   Евге́ний [jɪvgʲénʲɪj]
ещё [jɪščó]   Елизаве́та [jɪlʲɪzʌ́yétə]
Еле́на [jɪlʲénə]   Екатери́на [jɪkəʈɪrínə]

Remember the following words in which **г** is pronounced as **v**:

его́ [jɪvó]   сего́дня [sʲɪvódʲnə]

Note
The pronunciation of **г** as [**v**] in words ending in **-oro** or **-ero** is the result of a pronunciation change in the old Moscow dialect which later became the basis for the standard literary language.

2) Listen to the following words and underline the E when it is pronounced as a short И [ɪ].

a. среда́
b. четве́рг
c. воскресе́нье
d. понеде́льник
e. Алекса́ндр

f. Алекса́ндра
g. Светла́на
h. Серге́й
i. Серёжа

Ле́ксика и грамма́тика • *Vocabulary and grammar*

4-3. 🎧 📖 Что́ это? 1) **Listen to the sentences and number them in the order they are given. 2) Read the sentences out loud and put the nouns into the prepositional case. Some are done for you.**

Что́ это?	English equivalent	Где?
___ Это общежи́тие.	*dorm*	в общежи́тии
___ Это поликли́ника.	*health service, infirmary*	
___ Это столо́вая.	*dining hall, cafeteria*	в столо́вой¹
_1_ Это бассе́йн.	*swimming pool*	
___ Это библиоте́ка.	*library*	
___ Это магази́н.	*store*	
___ Это стадио́н.	*stadium*	на стадио́не¹
___ Это спортза́л.	*gym*	
___ Это лаборато́рия.	*laboratory*	
___ Это кафе́. [kʌfé]	*café*	в кафе́²

¹Learn these special forms.

²See note on p. 67.

Grammar comment 4-1
Noun Endings for the Accusative Case Singular

The Accusative case is used to indicate the direct object of a transitive verb.
1) Inanimate masculine nouns and neuter nouns have the same endings in the Accusative case that they have in the Nominative case.

Моя́ специа́льность – **би́знес**
My major is business. (Nom.)

Я изуча́ю **би́знес**. (Acc.)
I'm studying business.

Моя́ специа́льность – **пра́во**
My major is law. (Nom.)

Я изуча́ю **пра́во**. (Acc.)
I'm studying law.

2) Feminine nouns that end in -**A** take the ending -**У**, and feminine nouns that end in -**Я** take the ending -**Ю** in the Accusative case singular.

Моя́ специа́льность – **эконо́мика**.
My major is economics. (Nom.)

Я изуча́ю **эконо́мику**. (Acc.)
I'm studying economics.

Моя́ специа́льность – **исто́рия**
My major is history. (Nom.)

Я изуча́ю **исто́рию**. (Acc.)
I'm studying history.

Adjective Endings for the Accusative Case Singular

Adjectives that describe feminine nouns take the ending -**УЮ** in the Accusative singular.

NOM	ACC
как-а́я	как-у́ю
ру́сск-ая	ру́сск-ую
больш-а́я	больш-у́ю
хоро́ш-ая	хоро́ш-ую

Мы изуча́ем ру́сскую литерату́ру.
We're studying Russian literature.

(CONTINUED ON PAGE 55)

4-4. **Мой университе́т. Take turns asking and answering questions as in the example. Use the words in 4-3.**

Example:

— Что есть в университе́те?
— В университе́те есть **библиоте́ка**.
— Ты ча́сто там быва́ешь?
— Да, я ча́сто быва́ю **в библиоте́ке**. [*or*]
— Нет, я ре́дко быва́ю **в библиоте́ке**.

4-5. Моя́ специа́льность. My major. Read and match the right and the left columns.

1. Архитекту́ра   ___ Finance
2. Би́знес   ___ Law
3. Журнали́стика   ___ History
4. Исто́рия   ___ Business
5. Междунаро́дные отноше́ния   ___ Sociology
6. Ме́неджмент   ___ Political Science
7. Педаго́гика   ___ Foreign Affairs
8. Политоло́гия   ___ Management
9. Пра́во   ___ Education
10. Социоло́гия   ___ Journalism
11. Филосо́фия   ___ Philosophy
12. Фина́нсы   ___ Architecture

4-6. Кака́я у тебя́/у вас специа́льность? What's your major? Read the following conversation. Use the words in 4-5 to ask and answer questions about your main field of study. Now go around the class and talk to three classmates.

— Кака́я у тебя́ специа́льность?/Кака́я у вас специа́льность?
— Моя́ специа́льность – социоло́гия!

4-7. 🎧 📖 Моско́вский университе́т: факульте́ты. **Listen and read the following descriptions. Circle all words in the Accusative case singular; explain the endings. Say what subjects students, majoring in sociology and economics, study at your university. See Grammar comment 4-1.**

1. Социологи́ческий факульте́т. Студе́нты изуча́ют филосо́фию, пра́во, политоло́гию, ру́сскую исто́рию, эконо́мику, ру́сский язы́к, иностра́нный язы́к, матема́тику. Студе́нты та́кже изуча́ют социоло́гию, демогра́фию, антрополо́гию и психоло́гию.

2. Экономи́ческий факульте́т. Студе́нты изуча́ют исто́рию, политоло́гию и пра́во, геогра́фию, эконо́мику, стати́стику. Студе́нты у́чатся (*to learn how*) рабо́тать на компью́тере.

4-8. Сре́дняя шко́ла № 7 в Москве́. Уче́бный план. Study the curriculum of grades 6 through 9 in a Moscow high school and be prepared to say:

1. what subjects students study in 6th and 7th grades.
— Они́ у́чат литерату́ру…
2. what subjects students study in 8th and 9th grades.
— Они́ у́чат геогра́фию…
3. what subjects are NOT taught in the 6th grade.
— Они́ не у́чат хи́мию…
4. что вы у́чите (mention at least three subjects).
— Я учу́…

Уче́бный план

Предме́ты	6 класс	7 класс	8 класс	9 класс
a. Ру́сский язы́к	5[1]	5	4	4
b. Англи́йский язы́к	5	5	4	5
c. Литерату́ра	2	2	2	3
d. Иностра́нный язы́к: неме́цкий, францу́зский и́ли испа́нский	3	3	3	3
e. Матема́тика	6			
f. Геоме́трия		2	2	2
g. Фи́зика		2	2	2
h. Хи́мия			2	2
i. Биоло́гия	2	2	2	2
j. Геогра́фия	2	2	2	
k. Исто́рия	2	2	2	2

[1]number of hours per week

(CONTINUED FROM PAGE 54)
Grammar comment 4-1

Adjectives that describe **inanimate** masculine and neuter nouns do not change endings in the Accusative singular.

NOM	ACC
как-о́й	как-о́й
но́в-ый	но́в-ый
ру́сск-ий	ру́сск-ий
больш-о́й	больш-о́й

NOM	ACC
как-о́е	как-о́е
ру́сск-ое	ру́сск-ое
хоро́ш-ее	хоро́ш-ее

Remember

Spelling rule #1: The vowel ы is never written after velars (к, г, х) and hushers (ж, ш, щ, ч). Always write и after these letters.

Spelling rule #2: An unstressed o in grammatical endings is written as e after hushers (ж, ш, щ, ч) and ц.

Learn the Accusative singular of the interrogative **Како́й? (Кака́я? Како́е?):**

Masculine
— **Како́й** язы́к ты у́чишь?
— Ру́сский.
"What language do you study?"
"Russian."

Neuter
— **Како́е** пра́во ты изуча́ешь?
— Америка́нское.
"What (kind of) law do you study?"
"American."

Feminine
— **Каку́ю** литерату́ру ты изуча́ешь?
— Ру́сскую.
"What (kind of) literature do you study?"
"Russian."

@ **Complete exercises on the Web site.**

Chapter 4: 4-1, 4-2, 4-3.

4-9. Дни неде́ли. Days of the week. See Grammar comment 4-2.
1) Read and learn the days of the week.

Сего́дня [şɪvódŋə] ... *Today* ...

понеде́льник [pəŋɪdélŋɪk] –
  Monday
вто́рник [ftórŋɪk] – *Tuesday*
среда́ [şɻɪdá] – *Wednesday*
четве́рг [čɪtɣérk] – *Thursday*

пя́тница [páṭnɪtsə] – *Friday*
суббо́та [subótə] – *Saturday*
воскресе́нье [vəskɻɪşéŋjə] –
  Sunday

---

2) Take turns asking and answering the following questions:

---

3) Когда́ рабо́тает? Look at the pictures and say when the библиоте́ка and кафе́ are open, and when they are closed.

Example: Библиоте́ка рабо́тает в понеде́льник.
Кафе́ не рабо́тает в воскресе́нье. Воскре́сенье – выходно́й.

Grammar comment 4-2
The Accusative Case with the Names of the Days of the Week

Use the preposition **В** with the names of the days of the week in the Accusative to indicate when (**когда́**?) something occurs.

воскресе́нье	в воскресе́нье
понеде́льник	в понеде́льник
вто́рник	во[1] вто́рник
среда́	в сре́ду
четве́рг	в четве́рг
пя́тница	в пя́тницу
суббо́та	в суббо́ту

[1]**ВО** is a variant of **В** that is used before consonant clusters beginning with в or ф: во Фра́нции.

4-10. Когда́? When? Look at Lena's schedule and answer the questions. See Grammar comment 4-2.

1. Что Ле́на изуча́ет?
2. Когда́ ру́сский язы́к?
3. Когда́ социоло́гия?
4. Когда́ филосо́фия?
5. Когда́ психоло́гия?
6. Когда́ исто́рия?
7. Когда́ Ле́на отдыха́ет?

Но́вые слова́

выходно́й – *day off, free day*
отдыха́ть – *to rest, relax, take it easy*
   Pres: я отдыха́ю, ты отдыха́ешь, они́ отдыха́ют
переры́в [pɪrɪrʲíf] – *break*

Расписа́ние

Понеде́льник	Вто́рник	Среда́	Четве́рг	Пя́тница	Суббо́та	Воскресе́нье
матема́тика	психоло́гия	ру́сский язы́к		исто́рия	не учу́сь отдыха́ю	не учу́сь отдыха́ю
исто́рия	переры́в	переры́в	эконо́мика	социоло́гия	выходно́й	выходно́й
ру́сский язы́к	социоло́гия	филосо́фия	психоло́гия	ру́сский язы́к		

@ Complete exercises on the Web site.

Chapter 4: 4-4, 4-5.

Дава́йте послу́шаем и поговори́м! • *Let's listen and talk.*

4-11. 🎧 👥 **Listen to the conversations and circle the words you hear. Then practice the conversations using your personal information.**

A Russian university
The person in charge of a **университе́т** is the **ре́ктор**. A **университе́т** is divided into departments (**факульте́ты**) headed by a dean (**дека́н**). The dean's office (**декана́т**) is in charge of the schedule of classes (**расписа́ние**), classrooms (**аудито́рии**), grades (**оце́нки**), scholarships (**стипе́ндии**), student IDs (**студе́нческие биле́ты**), etc. All students study in groups (**гру́ппы**). Each **гру́ппа** has its own **расписа́ние**, and all students attend the same lectures together.

Разгово́р 1
В декана́те

— Здра́вствуйте! **Когда́/где** исто́рия в гру́ппе но́мер 6?
— Исто́рия **в понеде́льник/в сре́ду** и в пя́тницу.
— А ру́сский язы́к?
— Ру́сский язы́к во вто́рник и **в четве́рг/в пя́тницу**. В аудито́рии но́мер **9/7**.
— В аудито́рии **9/7**?
— Да, пра́вильно!
— А кто преподава́тель?
— Смирно́ва.
— Спаси́бо!
— Пожа́луйста!

Но́вые слова́

пожа́луйста – *you're welcome; please*
пра́вильно – *that's right, correct*

Разгово́р 2
Переры́в

— Что ты сейча́с изуча́ешь?
— Я изуча́ю **матема́тику/социоло́гию** и биоло́гию. А ты?
— Я сейча́с изуча́ю исто́рию и **ру́сский язы́к/англи́йский язы́к**.

Но́вые слова́

Како́е у тебя́ расписа́ние? –
What's your schedule like?
Како́е у вас расписа́ние? –
What's your schedule like? (formal)

4-12. 🎧 Listen to the conversation and fill in the blanks. Then practice it.

— Како́е у тебя́ расписа́ние?
— Я учу́сь в понеде́льник, сре́ду и _____, а рабо́таю во вто́рник и _____. А ты рабо́таешь?
— Да, я рабо́таю сейча́с в _____ в понеде́льник, сре́ду и пя́тницу. А учу́сь во вто́рник и четве́рг.
— А что ты де́лаешь в _____ и воскресе́нье?
— В суббо́ту я в _____, а в воскресе́нье отдыха́ю.

4-13. **Интервью́.** Listen to the interviews in 4-1 again .

1) Summarize them in Russian to give the following information in the form of a narrative:

Интервью́ 1
a. Где Све́та у́чится?
b. Что сейча́с Све́та у́чит в шко́ле?
c. Како́й её люби́мый предме́т?

Интервью́ 2
a. Где Ле́на у́чится?
b. Что Ле́на сейча́с изуча́ет в университе́те?

2) Conduct similar interviews with your classmates or other Russian speakers. Write down their answers and report the results in class.

Interview form

Questions	Person 1	Person 2	Person 3
1. Как тебя́ зову́т?			
2. Что ты изуча́ешь сейча́с в шко́ле/в университе́те?			
3. Како́й твой люби́мый предме́т?			

Дава́йте послу́шаем и почита́ем! • *Let's listen and read.*

4-14. 🎧 **Расписа́ние. Listen to Leonid talking about himself. Complete the table below.**

Расписа́ние

Понеде́льник	Вто́рник	Среда́	Четве́рг	Пя́тница	Суббо́та	Воскресе́нье

4-15. 📖 **Чте́ние. Reading. Моя́ страни́ца в Интерне́те.**
Now read the following text and check your answers in 4-14 with those in the text.

○ ○ ○   ◀ ▶ ⌂ C ⊠   http://www.leniasamoilov.ru   Лёня Самойлов

Лёня Само́йлов

Меня́ зову́т Леони́д, Лёня Само́йлов. Я студе́нт. Я учу́сь в университе́те в Москве́, в МГУ.

Университе́т
МГУ – о́чень изве́стный и хоро́ший университе́т. Это госуда́рственный университе́т. В университе́те есть библиоте́ка, но́вая поликли́ника, общежи́тие, стадио́н, бассе́йн, спортза́л, кафе́ и столо́вая. Я ча́сто быва́ю в бассе́йне и в спортза́ле.

Я
Я учу́сь и рабо́таю. Я учу́сь в понеде́льник, в сре́ду, в четве́рг и в пя́тницу, а во вто́рник и суббо́ту я рабо́таю в газе́те. Я фо́тожурнали́ст. В воскресе́нье я не учу́сь и не рабо́таю. Я отдыха́ю! Воскресе́нье – выходно́й!

Специа́льность
Моя́ специа́льность – социоло́гия. Сейча́с я изуча́ю ру́сскую исто́рию, социоло́гию, демогра́фию, психоло́гию, антрополо́гию, англи́йский язы́к и испа́нский. Я непло́хо говорю́ по-англи́йски!

Моё расписа́ние
В понеде́льник – исто́рия, англи́йский язы́к и психоло́гия. В сре́ду – социоло́гия, психоло́гия и англи́йский язы́к. В четве́рг – психоло́гия, испа́нский язы́к и антрополо́гия. В пя́тницу – демогра́фия, социоло́гия, исто́рия и физкульту́ра.

Но́вые слова́

газе́та – *newspaper*
(фото) журнали́ст – *newspaper photographer*
есть – *there is/are* (**есть**, a present tense form of **быть**, is used to point out the existence of something)

4-16. Choose the statements that correspond to the text in 4-15.

1. Я учу́сь...
a. в университе́те в Москве́.
b. в шко́ле в Москве́.
c. в учи́лище в Москве́.

2. Я учу́сь...
a. во вто́рник, четве́рг и в суббо́ту.
b. в понеде́льник, в сре́ду, в четве́рг и в пя́тницу.
c. в понеде́льник, во вто́рник и в сре́ду.

3. Сейча́с я изуча́ю...
a. геогра́фию.
b. ру́сскую исто́рию.
c. матема́тику.
d. социоло́гию.
e. демогра́фию.
f. психоло́гию.
g. антрополо́гию.
h. англи́йский язы́к.
i. испа́нский язы́к.

4-17. Расскажи́те. Read the text in 4-15 again and answer the following questions.

1. Лёня у́чится и́ли рабо́тает?
2. Где он у́чится?
3. Како́й э́то университе́т?
4. Что есть в университе́те?
5. Когда́ он у́чится?
6. Что он изуча́ет?
7. Когда́ англи́йский язы́к?
8. Когда́ исто́рия?
9. Когда́ социоло́гия?
10. Где он рабо́тает?
11. Когда́ он рабо́тает?
12. Когда́ Лёня отдыха́ет?

4-18. Твоё расписа́ние. Write down your schedule and then discuss what subjects you're taking and when your classes meet.

Моё расписа́ние

Понеде́льник	Вто́рник	Среда́	Четве́рг	Пя́тница	Суббо́та	Воскресе́нье

@ Complete exercises on the Web site.

Chapter 4: 4-6, 4-7.

Дава́йте переведём • *Let's translate.*

4-19. Как сказа́ть по-ру́сски? How would you say it in Russian? Give Russian equivalents for the following questions. Translate ideas, not words. Ask each other and answer.

1. What classes are you taking?
2. What's your major?
3. What kind of schedule do you have?
4. When is the drugstore open?
5. When is the library open?
6. When is the swimming pool open?
7. When is the student health service open?

4-20. Письмо́ по-ру́сски. Help Alex write a letter to Russia.

My name is Alex. I'm a student at Indiana University. This is an old and well known state university. It has a good library, a huge stadium, a swimming pool, a gym, a cafeteria, and a good student health service.

I'm a history major. I study history and a foreign language. I have a heavy schedule. I have class on Monday, Wednesday, Thursday and Friday. I work at a store on Tuesday and Saturday. On Sunday I don't study and I don't work. I take it easy. Sunday is my favorite day.

Ци́фры и фа́кты • *Numbers and facts.*

4-21. Counting from 20 to 50.

1) Ци́фры. Numbers. Repeat the numbers with the speaker.

20 – два́дцать [dvátsət]	28 – два́дцать во́семь
21 – два́дцать оди́н	29 – два́дцать де́вять
22 – два́дцать два	30 – три́дцать [tr̩ítsət]
23 – два́дцать три	31 – три́дцать оди́н
24 – два́дцать четы́ре	40 – со́рок [sórək]
25 – два́дцать пять	41 – со́рок оди́н
26 – два́дцать шесть	50 – пятьдеся́т [pɪd̩ɪşát]
27 – два́дцать семь	51 – пятьдеся́т оди́н

2) Listen to the speaker and circle the numbers you hear.

a.   50, 58, 39, 20, 44, 27, 53, 32
b.   40, 35, 10, 25, 18, 37, 56, 45
c.   30, 51, 46, 56, 36, 42, 40, 50

4-22. Ци́фры и фа́кты. Шко́ла № 15 г. Москва́.
1) Look at the graph and discuss the students' responses in Russian. 2) Conduct a similar survey among your classmates or ask other people and report the results in class.

Вопро́с: Како́й твой люби́мый предме́т?
Результа́ты опро́са:

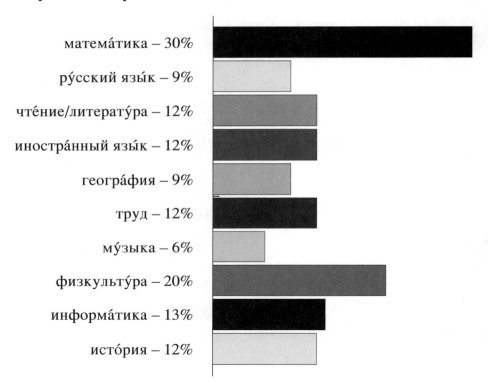

Но́вое сло́во
труд – *shop, home economics*

математика – 30%
ру́сский язы́к – 9%
чте́ние/литерату́ра – 12%
иностра́нный язы́к – 12%
геогра́фия – 9%
труд – 12%
му́зыка – 6%
физкульту́ра – 20%
информа́тика – 13%
исто́рия – 12%

@ **Complete exercises on the Web site.**

Chapter 4: 4-8, 4-9.

4-23. Слова́рь. Vocabulary.

аудито́рия – *classroom*
бассе́йн – *swimming pool*
быва́ть где? – *to frequent; to go or be somewhere often*
    Pres: я быва́ю, ты быва́ешь, они́ быва́ют
выходно́й – *day off, free day*
газе́та – *newspaper*
гру́ппа – *group*
декана́т – *dean's office*
есть – *there is/are*
изуча́ть что? – *to study something in depth*
    Pres: я изуча́ю, ты изуча́ешь, они́ изуча́ют
иностра́нный, -ая, ое (язы́к) – *foreign (language)*
испа́нский, -ая, ое – *Spanish*
кафе́ [kʌfé] (*neut. indecl.*) – *café*
когда́ – *when*
лаборато́рия – *laboratory*
магази́н – *store*
неде́ля – *week*
неме́цкий, -ая, -ое – *German*
общежи́тие – *dorm*
отдыха́ть – *to rest, relax, take it easy*
    Pres: я отдыха́ю, ты отдыха́ешь, они́ отдыха́ют
переры́в – *break*
пожа́луйста – *you're welcome; please*
поликли́ника – *health service, infirmary*
пра́вильно – *that's right, correct*
расписа́ние – *schedule*
ре́дко [r̩étkə] (*ant.* ча́сто) – *seldom*
сего́дня – *today*
сейча́с – *(right) now*
социологи́ческий, -ая, ое – *sociological*
специа́льность (f.) – *major, field of specialization*
спортза́л [spòrdzál] – *gym*
стадио́н (*Prep. sg.:* где? на стадио́не) – *stadium*
столо́вая (*Prep. sg.:* где? в столо́вой) – *dining hall, cafeteria*
страни́ца – *page*
та́кже [tágžə] – *in addition to that; also*
учи́ться1 – *to be a student, to have class, go to class*
учи́ться2 + *inf.* – *to learn how to (do something)*
факульте́т – *university department*
физкульту́ра [fɪskuɭtúrə] – *physical education*
(фо́то)журнали́ст – *newspaper photographer*
францу́зский, -ая, ое – *French*
ча́сто (*ant.* ре́дко) – *often*
экономи́ческий, -ая, ое – *economics*

Специа́льности – *Majors*
архитекту́ра – *architecture*
би́знес – *business*
журнали́стика – *journalism/communication studies*
исто́рия – *history*
междунаро́дные отноше́ния – *international relations*
ме́неджмент – *management*
педаго́гика – *education*
политоло́гия – *political science*
пра́во – *law*
социоло́гия – *sociology*
филосо́фия – *philosophy*
фина́нсы – *finance*

Дни неде́ли – *Days of the week*
понеде́льник [pəṇɪd́élṇɪk] – *Monday*
вто́рник [ftórṇɪk] – *Tuesday*
среда́ [sr̩ɪdá] – *Wednesday*
четве́рг [čɪtɣérk] – *Thursday*
пя́тница [páṭnɪtsə] – *Friday*
суббо́та [subótə] – *Saturday*
воскресе́нье [vəskr̩ɪṣéṇjə] – *Sunday*

Числи́тельные – *Cardinal numbers*
два́дцать [dvátsəṭ] – *twenty*
три́дцать [tr̩ítsəṭ] – *thirty*
со́рок [sórək] – *forty*
пятьдеся́т [pɪd̩ɪṣát] – *fifty*

Expressions
Кака́я у тебя́ специа́льность? –
    What's your major?
Кака́я у вас специа́льность? –
    What's your major? (formal)
Како́е у тебя́ расписа́ние? –
    What's your schedule like?
Како́е у вас расписа́ние? –
    What's your schedule like? (formal)

Theme
- your typical weekend
- likes and dislikes
- counting from 60 to 99

Pronunciation
- voiced and voiceless consonants

Communicative situation
- small talk: How do you spend your free time?

Grammar
- conjugating the verbs: **чита́ть, де́лать, слу́шать, писа́ть, люби́ть, ходи́ть, смотре́ть**
- going places: Answering the question **Куда́?** *Where to?*
- Nominative plural forms for nouns and modifiers; Accusative plural forms for inanimate nouns and modifiers

Но́вые слова́

выходны́е – *days off, weekend*
кино́ – *movie, movie theater*
слу́шать – *to listen*
смотре́ть – *to look; to watch*
телеви́зор – *TV*
ходи́ть – *to go*
чита́ть – *to read*

Како́й сего́дня день?
Indicate what day of the week it is.

Сего́дня...
Mon: понеде́льник
[pəɳɪɟélɳɪk]
Tue: вто́рник [ftórɲɪk]
Wed: среда́ [sɹɪdá]
Th: четве́рг [čɪtɣérk]
Fri: пя́тница [páʈɳɪtsə]
Sat: суббо́та [subótə]
Sun: воскресе́нье
[vəskrɪşéɲjə]

5-1. 🎧 🎥 **Интервью́.** Listen to the interviews and summarize them in English.

Интервью́ 1
— Здра́вствуйте, Серге́й.
— Здра́вствуйте.
— Серге́й, что вы обы́чно де́лаете в выходны́е дни?
— В суббо́ту я рабо́таю, а в воскресе́нье отдыха́ю.
— А как вы отдыха́ете?
— Хожу́ в спортза́л, в кино́, чита́ю…
— А телеви́зор вы ча́сто смо́трите?
— Да, я люблю́ смотре́ть футбо́л.

Интервью́ 2
— Здра́вствуй, Ка́тя.
— Здра́вствуйте.
— Како́й твой люби́мый день?
— Суббо́та.
— А что ты лю́бишь де́лать в суббо́ту?
— Я люблю́ отдыха́ть до́ма.
— А что ты де́лаешь до́ма?
— Смотрю́ телеви́зор, чита́ю, слу́шаю му́зыку.

5-2. 🎧 **Произноше́ние. Voiced and voiceless consonants.**

We use our voice to pronounce the "voiced" consonants **б, в, д, з, г,** and **ж**. We don't use our voice to pronounce the "voiceless" consonants **п, ф, т, с, к,** and **ш**.

Voiced Consonants	б	в	д	з	г	ж
Voiceless Consonants	п	ф	т	с	к	ш

1) Listen to how the following pairs of words are pronounced. How does the pronunciation of the initial consonants in each pair differ?

бил	вон	да	зуб	год	жаль
пил	фон	та	суп	код	шаль

2) A voiced consonant before a voiceless consonant is pronounced voiceless. Pronounce the following words after the speaker. Pay attention to the consonants in the boldface.

вто́рник [ftórnɪk]
второ́й [ftʌrój] (*second*)
во́дка [vótkə]
ре́дко [rétkə]
общежи́тие [ʌpššɪžɨţɪjə]

ара́бский [ʌrápsķɪj]
за́втрак [záftrək] (*breakfast*)
моско́вский [mʌskófsķɪj]
пирожки́ [pɪrʌšķí] (*meat pies*)
мла́дший [mlátšɨj] (*younger*)

3) A voiceless consonant before a voiced consonant is pronounced voiced. Pronounce the following words after the speaker. Pay attention to the consonants in the boldface.

экза́мен [ɪgzámɪn]
футбо́л [fudból]
баскетбо́л [bəsķɪdból]
Как вас зову́т? [kak vaz zʌvút]
отдыха́ть [oddɨxáţ]
спортза́л [spòrdzál]

Voiceless consonants do not become voiced before В:

Светла́на [şɣɪtlánə]
твой [tvoj]
кво́та [kvótə]

Ле́ксика и грамма́тика • *Vocabulary and grammar*

5-3. 🎧 📖 Глаго́лы. Verbs. 1) Listen to the verb phrases, repeat after the speaker and number them in the order they are given. 2) Read the verb phrases and indicate whether the verb belongs to the first or second conjugation. Conjugate the verbs. See Grammar comment 5-1.

#	Verb phrase	English equivalent	Conjugation
___	де́лать дома́шнее зада́ние	*to do homework*	
___	занима́ться до́ма	*to study at home*	
___	занима́ться в спортза́ле	*to exercise in the gym*	
___	отдыха́ть до́ма	*to relax at home*	
___	писа́ть письмо́/име́йл	*to write a letter/e-mail*	
___	слу́шать ра́дио/му́зыку	*to listen to radio/music*	
1	смотре́ть телеви́зор/фильм	*to watch TV/a movie*	
___	ходи́ть в кафе́	*to go to a café*	
___	ходи́ть на футбо́л	*to go to a football game*	
___	чита́ть уче́бник/журна́л/кни́гу	*to read a textbook/magazine/book*	
___	люби́ть чита́ть	*to like to read*	

Grammar comment 5-1
Conjugation

To conjugate the **first conjugation** verbs **чита́ть** *to read*, **де́лать** *to do*, and **слу́шать** *to listen*, remove the **-ть** and add the personal endings discussed in Chapter 3. The verb **занима́ться** *to study* is conjugated the same way, but be sure to add the particle **-ся** (**-сь** after vowels) to the endings:

я занима́ю**сь**
ты занима́ешь**ся**
он/а́ занима́ет**ся**
мы занима́ем**ся**
вы занима́ете**сь**
они́ занима́ют**ся**

Pay special attention to the **first conjugation** verb **писа́ть** *to write*, which has both a stem change (**с>ш**) and a stress shift throughout its conjugation.

я пишу́	мы пи́шем
ты пи́шешь	вы пи́шете
он/а́ пи́шет	они́ пи́шут

Note the consonant alternation in the first-person forms of the **second conjugation** verbs **люби́ть** *to love* (**б>бл**) and **ходи́ть** *to go* (**д>ж**). There is also a stress shift in their conjugations.

я люблю́	мы лю́бим
ты лю́бишь	вы лю́бите
он/а́ лю́бит	они́ лю́бят

я хожу́	мы хо́дим
ты хо́дишь	вы хо́дите
он/а́ хо́дит	они́ хо́дят

Don't forget the stress shift in the **second conjugation** verb **смотре́ть** *to look, to watch*:

я смотрю́	мы смо́трим
ты смо́тришь	вы смо́трите
он/а́ смо́трит	они́ смо́трят

5-4. Что она́ лю́бит де́лать? Look at the pictures. Take turns asking and answering what Анна usually does on Saturday. Don't forget to conjugate the verbs when necessary.

Learn: ЛЮБИ́ТЬ + Infinitive

Что Анна лю́бит де́лать в суббо́ту?

В суббо́ту Анна лю́бит чита́ть.

1. Занима́ться в библиоте́ке. Чита́ть кни́гу, уче́бник.

2. Занима́ться до́ма. Де́лать дома́шнее зада́ние.

3. Отдыха́ть до́ма. Чита́ть газе́ту и́ли журна́л.

4. Писа́ть и чита́ть име́йлы.

@ **Complete exercises on the Web site.**

Chapter 5: 5-1, 5-2.

5-5. Что она́ де́лает? Look at the pictures. Take turns asking and answering what Анна usually does on Sunday. Don't forget to conjugate the verbs. See Grammar comment 5-2.

Что Анна обы́чно де́лает в воскресе́нье?

В воскресе́нье Анна хо́дит в кино́.

Grammar comment 5-2
Going Places: Answering the
Question Куда́? *Where?*

The Accusative case is used with the prepositions **В** and **НА** to indicate the destination of a motion:

> Ве́чером я обы́чно хожу́ **в бассе́йн**.
> *In the evening I usually go to the pool.*

> В суббо́ту мы обы́чно хо́дим **в кино́**.
> *On Saturday we usually go to the movies.*

> Я ча́сто хожу́ **на футбо́л**.
> *I often go to football games.*

Learn some nouns that are always used with the preposition **на**:

— Куда́ ты ча́сто хо́дишь?
— **На** стадио́н.
— **На** конце́рт.
— **На** по́чту.
— **На** футбо́л (на те́ннис, на баскетбо́л, etc.).

Note:
The neuter nouns **кино́**, **ра́дио**, **кафе́**, and **метро́** are borrowed words that do not decline.

> Мы бы́ли **в кино́**.
> *We were at the movies.*

> Они́ е́дут **на метро́**.
> *They're taking the subway.*

1. Ходи́ть в кино́.

2. Ходи́ть в кафе́.

3. Ходи́ть в бассе́йн.

4. Ходи́ть на те́ннис.

5. Занима́ться в спортза́ле.

6. Отдыха́ть до́ма. Смотре́ть телеви́зор.

7. Отдыха́ть до́ма. Слу́шать ра́дио/му́зыку.

67

5-6. **Выходны́е. Describe how you spend your weekends. Use at least 5 expressions. Use the correct form of the verb.**

Example: У́тром я занима́юсь в библиоте́ке.

У́тром *In the morning*	1. занима́ться в библиоте́ке
	2. чита́ть кни́гу
	3. отдыха́ть до́ма

Днём *During the day*	4. чита́ть газе́ту и́ли журна́л
	5. писа́ть и чита́ть име́йлы
	6. ходи́ть в кино́
	7. ходи́ть в кафе́
	8. ходи́ть на стадио́н
	9. ходи́ть в бассе́йн
	10. ходи́ть на футбо́л
	11. занима́ться в спортза́ле

Ве́чером *In the evening*	12. отдыха́ть до́ма
	13. смотре́ть телеви́зор
	14. слу́шать ра́дио/му́зыку
	15. ходи́ть на конце́рт

5-7.  **Ask and answer the questions below. Use at least three expressions from 5-6.**

1. Что твой (ваш) брат/твоя́ (ва́ша) сестра́ лю́бит де́лать в выходны́е?
2. Что твой (ваш) друг/твоя́ (ва́ша) подру́га де́лает в выходны́е?

5-8. **Куда́ ты хо́дишь? Take turns asking and answering the question as in the example. See Grammar comment 5-2.**

Куда́ ты ча́сто/ ре́дко хо́дишь?

Куда́ вы ча́сто хо́дите?

Я ча́сто хожу́ в кино́.

Я ре́дко хожу́ в бассе́йн.

Use the following nouns in your answer:
стадио́н, спортза́л, библиоте́ка, университе́т, футбо́л, шко́ла, поликли́ника, столо́вая (куда́? — в столо́вую), рестора́н, музе́й, баскетбо́л, те́ннис, апте́ка, магази́н, кафе́, общежи́тие, парк, теа́тр, больни́ца, конце́рт.

5-9. Вопро́сы. Read the following sentences. What questions do the underlined words answer? Use: Кто? Что? Где? Куда́? Когда́? Како́й? Кака́я? Каку́ю? The first one is done for you.

1. Оля лю́бит ходи́ть **в кино́**. — **Куда́** Оля лю́бит ходи́ть?
2. Анна рабо́тает **в поликли́нике.**
3. **В воскресе́нье** Са́ша отдыха́ет.
4. Я люблю́ слу́шать **му́зыку.**
5. Они́ лю́бят ходи́ть **в бассе́йн.**
6. Ле́на лю́бит слу́шать **ру́сскую** му́зыку.
7. **Ле́на** лю́бит слу́шать ру́сскую му́зыку.
8. Ле́на **слу́шает** ру́сскую му́зыку.
9. Это **интере́сная** кни́га.
10. Ната́ша не лю́бит ходи́ть **в поликли́нику.**
11. Ира **чита́ет** журна́л.
12. Мы лю́бим ходи́ть **в кино́.**

@ **Complete exercises on the Web site.**

Chapter 5: 5-3, 5-4.

5-10. Give plural forms for the following nouns and adjectives. See Grammar comment 5-3.

1. Это фильм.
2. Это телеви́зор.
3. Это кни́га.
4. Это ру́сский журна́л.
5. Это америка́нская газе́та.
6. Это хоро́ший спортза́л.
7. Это истори́ческая библиоте́ка.
8. Это ча́стный университе́т.
9. Это но́вая шко́ла.
10. Это но́вая гимна́зия.
11. Это хоро́ший преподава́тель.
12. Это хоро́шая поликли́ника.
13. Это францу́зский рестора́н.
14. Это госуда́рственный музе́й.
15. Это апте́ка.
16. Это ста́рый магази́н.
17. Это общежи́тие.
18. Это парк.
19. Это ру́сский теа́тр.
20. Это больша́я больни́ца.
21. Это интере́сная специа́льность.
22. Это тру́дный предме́т.

Grammar comment 5-3
Nominative Plural Forms for Nouns and Modifiers

Masculine and Feminine Nouns. Most masculine and all feminine nouns form their plural by adding **-Ы** or **-И** to the stem.

Add **-Ы**
газе́т-**а** → газе́т-**ы**
студе́нт → студе́нт-**ы**
магази́н → магази́н-**ы**

Add **-И**
1) if the stem ends in a soft sign **-Ь** or **-Й**
2) if the Nominative singular ends in **-Я**
3) after velars (**к, г, х**) and hushers (**ж, ш, ч, щ**) (Spelling rule #1).

но́вость → но́вост-**и**
музе́й → музе́-**и**
гимна́зи-**я** → гимна́зи-**и**
парк → па́рк-**и**
кни́г-**а** → кни́г-**и**

Neuter Nouns form their plurals by adding -**А** or -**Я** to their stem. A general rule is that -**О** > -**А** and -**Е** > -**Я**. But remember the spelling rule: write -**А**, not -**Я** after hushers (**ж, ш, ч, щ**).

письм-**о́** → пи́сьм-**а**
окн-**о́** → о́кн-**а**
учи́лищ-**е** → учи́лищ-**а**
общежи́ти-**е** → общежи́ти-**я**

Nominative Plural Forms for Modifiers

Adjectives have the Nominative Plural ending -**ЫЕ**, but spelling rules apply. Remember to write -**И** instead of -**Ы** after **к, г, х** and **ж, ш, ч, щ** (Spelling rule #1).

но́в-**ые** ру́сск-**ие** журна́лы
но́в-**ые** моско́вск-**ие** учи́лища
хоро́ш-**ие** кни́ги
но́в-**ые** ру́сск-**ие** студе́нтки

Grammar comment 5-4
Accusative Plural Forms for Inanimate Nouns and Modifiers

All inanimate nouns and their modifiers have the same form in the Accusative plural that they have in the Nominative plural.

Nominative plural
Это **ру́сские журна́лы**.
These are Russian magazines.

Accusative plural
Я чита́ю **ру́сские журна́лы**.
I'm reading Russian magazines.

5-11. Entertainment Survey. 1) Talk about what you like and what you dislike. See Grammar comment 5-4.

a) Каки́е фи́льмы вы (не) лю́бите смотре́ть?

❏ ста́рые фи́льмы
❏ ру́сские фи́льмы
❏ францу́зские коме́дии

❏ америка́нские коме́дии
❏ англи́йские детекти́вы
❏ мультфи́льмы

b) Каку́ю му́зыку вы (не) лю́бите слу́шать?

❏ рок
❏ джаз

❏ блюз
❏ ди́ско

❏ кла́ссику

c) Куда́ вы (не) лю́бите ходи́ть в выходны́е?

❏ в теа́тры
❏ в музе́и
❏ в рестора́ны
❏ на дискоте́ки

❏ в кино́
❏ на футбо́л/баскетбо́л/ те́ннис
❏ на конце́рты

2) Now complete the information below about your group and share your list with the class.

Что мы лю́бим?

1. Мы лю́бим слу́шать	2. Мы лю́бим смотре́ть	3. Мы лю́бим ходи́ть

@ Complete exercises on the Web site.

Chapter 5: 5-5, 5-6.

Дава́йте послу́шаем и поговори́м! • *Let's listen and talk*

5-12. Listen to the conversations and circle the words you hear. Then practice the conversations using personal information.

Разгово́р 1
— Что ты де́лаешь **в выходны́е/в воскресе́нье**?
— **Отдыха́ю/Рабо́таю!**
— **Как?/Где?**
— Чита́ю кни́гу, **слу́шаю му́зыку/хожу́ в кино́**…
— А что ты лю́бишь **чита́ть/слу́шать**?
— Я люблю́ **ру́сскую/америка́нскую** литерату́ру.

Разгово́р 2
— Каку́ю му́зыку ты лю́бишь слу́шать?
— **Америка́нский/ру́сский** рок. А ты?
— Я слу́шаю **джаз/ рок**.
— А на конце́рты ты хо́дишь?
— **Да/Нет**.

Разгово́р 3
— Ты ча́сто хо́дишь **в спорти́вный зал/на баскетбо́л**?
— **Ча́сто/ре́дко:** в понеде́льник, в сре́ду, в пя́тницу и в воскресе́нье.
— А когда́ ты **хо́дишь в университе́т/отдыха́ешь**?
— **Во вто́рник и в четве́рг/в суббо́ту.**

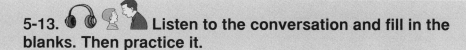

5-13. **Listen to the conversation and fill in the blanks. Then practice it.**

В суббо́ту
— Что ты _____ де́лаешь в суббо́ту?
— В суббо́ту я обы́чно занима́юсь до́ма, а _____ хожу́ в кино́ и́ли _____ телеви́зор.
— А что ты _____ смотре́ть?
— Я люблю́ смотре́ть _____ и детекти́вы.

5-14. **Интервью́. Listen to the interviews in 5-1 again.**

1) Summarize them in Russian and give the following information in the form of a narrative:

Интервью́ 1
a. Что Серге́й де́лает в выходны́е дни?
b. Куда́ он хо́дит в воскресе́нье?
c. Серге́й ча́сто смо́трит телеви́зор? Что он лю́бит смотре́ть?

Интервью́ 2
a. Что Ка́тя де́лает в суббо́ту?
b. Како́й её люби́мый день?

72

2) Conduct similar interviews with your classmates or other Russian speakers. Write down their answers and report the results in class.

Interview form

Questions	Person 1	Person 2	Person 3
1. Как тебя́ /вас зову́т?			
2. Како́й твой/ваш люби́мый день?			
3. Что ты обы́чно де́лаешь в выходны́е? Что вы обы́чно де́лаете в выхо́дные?			

@ **Complete the exercise on the website.**

Chapter 5: 5-7.

Дава́йте послу́шаем и почита́ем! • *Let's listen and read*

5-15. 🎧 **Выходны́е. Listen to the speaker and put a plus (+) by the statements that are correct, and a minus (-) by those that are incorrect.**

В суббо́ту Анна

Утром	хо́дит в бассе́йн	
Днём	хо́дит в кино́ и́ли в кафе́	
Ве́чером	занима́ется в библиоте́ке	

В воскресе́нье Анна

Утром	смо́трит телеви́зор и́ли слу́шает му́зыку	
Днём	занима́ется в спортза́ле	
Ве́чером	де́лает дома́шнее зада́ние	

5-16.  **Чте́ние. Reading. Anna's e-mail. Now read the following text and check your answers in 5-15.**

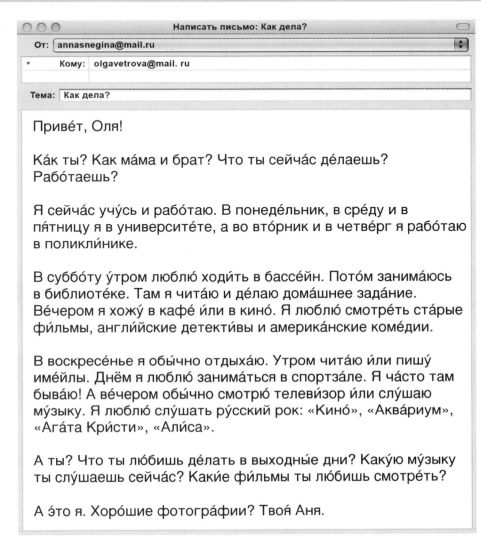

Написать письмо: Как дела?	

От: annasnegina@mail.ru

Кому: olgavetrova@mail. ru

Тема: Как дела?

Приве́т, Оля!

Ка́к ты? Как ма́ма и брат? Что ты сейча́с де́лаешь? Рабо́таешь?

Я сейча́с учу́сь и рабо́таю. В понеде́льник, в сре́ду и в пя́тницу я в университе́те, а во вто́рник и в четве́рг я рабо́таю в поликли́нике.

В суббо́ту у́тром люблю́ ходи́ть в бассе́йн. Пото́м занима́юсь в библиоте́ке. Там я чита́ю и де́лаю дома́шнее зада́ние. Ве́чером я хожу́ в кафе́ и́ли в кино́. Я люблю́ смотре́ть ста́рые фи́льмы, англи́йские детекти́вы и америка́нские коме́дии.

В воскресе́нье я обы́чно отдыха́ю. Утром чита́ю и́ли пишу́ име́йлы. Днём я люблю́ занима́ться в спортза́ле. Я ча́сто там быва́ю! А ве́чером обы́чно смотрю́ телеви́зор и́ли слу́шаю му́зыку. Я люблю́ слу́шать ру́сский рок: «Кино́», «Аква́риум», «Ага́та Кри́сти», «Али́са».

А ты? Что ты лю́бишь де́лать в выходны́е дни? Каку́ю му́зыку ты слу́шаешь сейча́с? Каки́е фи́льмы ты лю́бишь смотре́ть?

А э́то я. Хоро́шие фотогра́фии? Твоя́ Аня.

5-17. Choose the statement that corresponds to the text.

1. В суббо́ту у́тром я...
  a. люблю́ ходи́ть в бассе́йн.
  b. обы́чно смотрю́ телеви́зор и́ли слу́шаю му́зыку.
  c. люблю́ занима́ться в спортза́ле.

2. Я люблю́...
  a. смотре́ть фи́льмы, испа́нские детекти́вы и ру́сские коме́дии.
  b. слу́шать ру́сский рок.
  c. люблю́ занима́ться в библиоте́ке.

3. Ве́чером...
  a. я хожу́ в кафе́ и́ли в кино́.
  b. я люблю́ занима́ться в спортза́ле.
  c. рабо́таю в поликли́нике.

5-18. Read the text in 5-16 again and answer the following questions.

1. Что де́лает Анна в понеде́льник, в сре́ду и в пя́тницу?
2. Что де́лает Анна во вто́рник и в четве́рг?
3. Где она́ рабо́тает?
4. Что Анна де́лает в суббо́ту
   • у́тром
   • и ве́чером?
5. Что Анна де́лает в воскресе́нье
   • у́тром,
   • днём,
   • ве́чером?
6. Каки́е фи́льмы лю́бит смотре́ть Анна?
7. Каку́ю му́зыку лю́бит слу́шать Анна?

5-19. Отве́т. You are Olga. Write a response to Anna's letter.

5-20. О себе́. About yourself. Describe your typical weekend following the model in 5-16.

@ Complete exercises on the Web site.

Chapter 5: 5-8, 5-9.

Дава́йте переведём! • *Let's translate*

5-21. Как сказа́ть по-ру́сски? How would you say it in Russian? Give Russian equivalents for the following questions. Translate ideas, not words. Ask each other and answer.

1. What do you usually do on weekends/days off?
2. What do you like to do on days off/weekends?
3. Where do you often go?
4. Do you often go to the theater?
5. Do you like to go to the movies?
6. Do you go to football games?
7. Do you like to read?
8. What do you like to read?
9. Do you like music?
10. What kind of music do you listen to?
11. Do you like to watch TV?
12. What kinds of movies (films) do you like to watch?

5-22. Ру́сский фо́рум в Интерне́те. Те́ма: выходны́е. Help David Larsen write about his typical weekend in Russian.

What do I do on weekends? Usually I do my homework at home or at the library on Saturday, and on Sunday I take it easy. On Saturday night[1] I go to the disco or to the movies. On Sunday morning I go to the pool, and in the evening I read, watch TV, or listen to music. I like the blues.

[1]Use **ве́чером** to indicate time before midnight; use **но́чью** to indicate time after midnight.

Ци́фры и фа́кты • *Numbers and facts*

5-23. 🎧 Counting from 60 to 99. 1) **Ци́фры.** Numbers. Repeat the numbers after the speaker. Fill in the blanks.

Ци́фры

60 – шестьдеся́т [šɪzdɪşát]	80 – во́семьдесят [vóşɪmdɪşət]
61 – шестьдеся́т оди́н	81 – во́семьдесят оди́н
62 – шестьдеся́т два	82 – во́семьдесят два
63 – шестьдеся́т три	83 – во́семьдесят три
64 – шестьдеся́т четы́ре	84 – во́семьдесят четы́ре
65 – шестьдеся́т пять	85 – во́семьдесят пять
66 – шестьдеся́т шесть	86 – во́семьдесят шесть
67 – шестьдеся́т семь	87 – во́семьдесят семь
68 – шестьдеся́т во́семь	88 – во́семьдесят во́семь
69 – шестьдеся́т де́вять	89 – во́семьдесят де́вять
70 – се́мьдесят [şémdɪşət]	90 – девяно́сто [dɪɣɪnóstə]
71 – се́мьдесят оди́н	91 – девяно́сто оди́н
72 – се́мьдесят _____	92 – девяно́сто два
73 – се́мьдесят _____	93 – девяно́сто три
74 – се́мьдесят _____	94 – девяно́сто четы́ре
75 – се́мьдесят _____	95 – девяно́сто пять
76 – се́мьдесят _____	96 – девяно́сто шесть
77 – се́мьдесят _____	97 – девяно́сто семь
78 – се́мьдесят _____	98 – девяно́сто во́семь
79 – се́мьдесят _____	99 – девяно́сто де́вять

2) Listen to the speaker and circle the numbers you hear.

70, 78, 69, 80, 94, 77, 63, 99
60, 65, 90, 95, 88, 67, 76, 85
93, 94, 64, 74, 71, 62, 83, 99

5-24. Ци́фры и фа́кты. 1) Read the results of a survey of exercise habits in Russia and summarize them in English. You may not know all the words but you should be able to understand the main ideas. 2) Conduct a similar survey among your classmates or ask other people and report the results in class.

Вы хо́дите в спортза́л?
Социо́логи ROMIR Monitoring за́дали э́тот вопро́с 1500 респонде́нтам. Опро́с показа́л, что 54% россия́н не хо́дят в спортза́л. Всего́ 6% хо́дят в спортза́л ка́ждый день (every day), 8% дово́льно ча́сто, 16% ре́дко. Ещё 16% отве́тили, что иногда́ (sometimes) хо́дят в спортза́л.

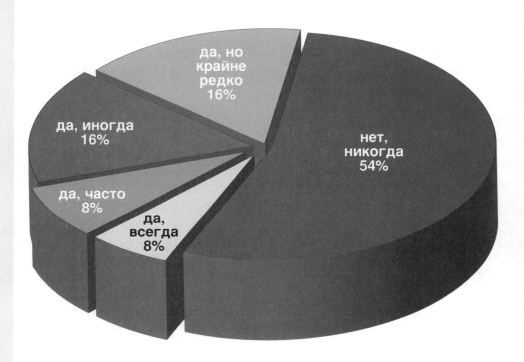

@ **Complete exercises on the Web site.**

Chapter 5: 5-10, 5-11.

5-25. Слова́рь. Vocabulary.

блюз – *blues*

в, во *(+Acc.)* – *to; in, into*

ве́чер – *evening*

ве́чером – *in the evening (time before midnight)*

выходны́е – *days off, weekend*

детекти́в [dɪtɪkt͡íf] – *detective (novel); crime story*

де́лать – *to do; to make*

　　Pres: я де́лаю, ты де́лаешь, они́ де́лают

джаз [džas] – *jazz, pop music of the 1960s, 1970s*

дискоте́ка – *discotheque*

ди́ско *(neut. indecl.)* – *disco*

днём – *during the day*

дом *(Prep. sg.:* где? до́ма*)* – *home (at home)*

дома́шний, -яя, -ее, -ие – *home, house (adj.)*

　　дома́шнее зада́ние – *homework assignment*

журна́л – *magazine*

зада́ние (дома́шнее зада́ние) *see* дома́шний

занима́ться где? – *to do one's homework*

　　Pres: я занима́юсь, ты занима́ешься, они́ занима́ются

занима́ться в спортза́ле – *to exercise in a gym*

име́йл – *e-mail*

каки́е – *what, what kind (plural)*

кино́ *(neut. indecl.)* – *movie, movie theater*

кла́ссика – *classical music or literature*

кни́га – *book*

коме́дия – *comedy*

конце́рт *(Prep. sg.:* где? на конце́рте*)* – *concert*

куда́ – *where to*

люби́ть – *to love, like*

　　Pres: я люблю́, ты лю́бишь, они́ лю́бят

мультфи́льм – *cartoon*

му́зыка – *music*

на – *at; to; on*

обы́чно – *usually*

писа́ть что? – *to write*

　　Pres: я пишу́, ты пи́шешь, они́ пи́шут

пото́м – *then; after that*

ра́дио *(neut. indecl.)* – *radio*

рок – *rock music*

слу́шать что? – *to listen (to)*

　　Pres: я слу́шаю, ты слу́шаешь, они́ слу́шают

смотре́ть что? – *to look; to watch*

　　Pres: я смотрю́, ты смо́тришь, они́ смо́трят

телеви́зор – *TV*

те́ннис [tén̪ɪs] – *tennis*

уче́бник – *textbook*

у́тро – *morning*

у́тром – *in the morning*

фильм – *movie*

фотогра́фия – *picture, photograph*

футбо́л – *football*

ходи́ть куда́? – *to go somewhere (on a regular basis)*

　　Pres: я хожу́, ты хо́дишь, он/она́ хо́дит, мы хо́дим, вы хо́дите, они́ хо́дят

чита́ть что? – *to read*

　　Pres: я чита́ю, ты чита́ешь, они́ чита́ют

электро́нное сообще́ние – *e-mail*

Числи́тельные – *Cardinal numbers*

шестьдеся́т [šɪzdɪşát] [šɪşát] – *sixty*

се́мьдесят [şém̪dɪşət] [şém̪ɪşət] – *seventy*

во́семьдесят [vóşɪmdɪşət] [vóşɪm̪ɪşət] – *eighty*

девяно́сто [d̪ɪɣɪnóstə] – *ninety*

Themes
- describing a house or an apartment
- counting from 100-900

Pronunciation
- hushers

Communicative situation
- small talk: Where do you live?

Grammar
- possessives
- "to have" constructions: Genitive forms for personal pronouns
- the past tense of verbs
- the demonstrative э́тот

Но́вые слова́
кварти́ра – *apartment*
общежи́тие – *dorm*

Како́й сего́дня день?
Indicate what day of the week it is.

Сего́дня...
> **Mon**: понеде́льник
> **Tue**: вто́рник
> **Wed**: среда́
> **Th**: четве́рг
> **Fri**: пя́тница
> **Sat**: суббо́та
> **Sun**: воскресе́нье

6-1. 🎧 🎥 **Интервью́. Listen to the interviews and summarize them in English.**

Интервью́ 1
— Как тебя́ зову́т?
— Мари́на.
— Ты студе́нтка?
— Да, я учу́сь и рабо́таю.
— А где ты живёшь?
— В Москве́, в це́нтре.
— Кака́я у тебя́ кварти́ра?
— Моя́ кварти́ра ма́ленькая, но удо́бная.

Интервью́ 2
— Как тебя́ зову́т?
— Ди́ма.
— Где ты живёшь?
— В Ки́еве.
— Ты студе́нт и́ли ты рабо́таешь?
— Я не рабо́таю, я то́лько учу́сь.
— Ты живёшь в общежи́тии и́ли в кварти́ре?
— В общежи́тии.

6-2. 🎧 **Произноше́ние. Hushers.**

The consonants **Ж** [ž], **Ш** [š], **Ч** [č] and **Щ** [šš] are called hushers.
The consonants **Ж** [ž] and **Ш** [š] are always pronounced hard.
Pronounce them with the tip of your tongue curled back and pointing to the top of your mouth.

---

1) Repeat after the speaker and try to imitate as closely as possible.

шко́ла [škólə]
хорошо́ [xərʌšó]
хоро́шая [xʌróšəjə]
слу́шаю [slúšəju]
ра́ньше [ráŋšə]
наш [naš]
на́ша [nášə]
ваш [váš]
ва́ша [vášə]

Са́ша [sášə]
Ма́ша [mášə]
Ната́ша [nʌtášə]
то́же [tóžə]
инжене́р [ɪnžŋér]
журна́л [žurnál]
журнали́ст [žurnʌlíst]
журнали́стика [žurnʌlísʈkə]
на како́м этаже́ [nə kʌkóm ʈʌžé]

Always pronounce **И** as **Ы** [ɨ] after **Ж** and **Ш**:

жить [žɨţ]
на́ши [nášɨ]
ва́ши [vášɨ]
хоро́ший [xʌróšɨj]
живу́ [žɨvú]

этажи́ [ɪtʌžɨ́]
расскажи́те [rəskʌžɨ́ţə]
я живу́ на шесто́м этаже́
[ja žɨvú nə̯ šɨstóm ̯ɪtʌžé]

The consonants **Ч** [č] and **Щ** [šš] are always pronounced soft.
Pronounce them with the tip of your tongue pointed downward and
close to your lower front teeth. Pronounce **Щ** as a long *shh* [šš] sound.

When pronunciation does not correspond to spelling.

Remember that **Ч** is pronounced as [š] in the words
    что [što]
    коне́чно [kʌn̡ešnə]
Many Russians pronounce **сейча́с** as [ššas].

2) Repeat after the speaker and try to imitate as closely as possible.

чей [čej]
чай [čaj]
ча́сто [částə]
о́чень [óčɪn̡]
у́чим [účɪm]
чи́стый [čístɨj]
сейча́с [s̡ɪjčás]

четве́рг [čɪtɣérk]
ве́чером [véčɪrəm]
чита́ю [čɪtáju]
ещё [jɪššó]
общежи́тие [ʌpššɪžɨ́ţɪjə]
учи́лище [učín̡ɪššə]

Ле́ксика и грамма́тика

6-3. 🎧 📝 Что э́то, чьё э́то?

1) Listen to the sentences, repeat after the speaker and number them in the order they are given. Use он, она́, оно́ to indicate the gender of the nouns.

#	Sentences	English equivalents	он/она́/оно́
___	Это дом.	*This is a house.*	
___	Это кварти́ра.	*This is an apartment.*	
___	Это общежи́тие.	*This is a dorm.*	
___	Это ко́мната.	*This is a room.*	
___	Это ку́хня.	*This is a kitchen.*	
1	Это гости́ная.	*This is a living room.*	
___	Это спа́льня.	*This is a bedroom.*	
___	Это кабине́т.	*This is a study/office.*	
___	Это ва́нная.	*This is a bathroom.*	
___	Это туале́т.	*This is a restroom.*	
___	Это коридо́р.	*This is a hallway.*	
___	Это окно́.	*This is a window.*	
___	Это лифт.	*This is an elevator.*	

The words **столо́вая, гости́ная, ва́нная** are feminine adjectives (agreeing with the noun **ко́мната**) that function as nouns. Always use feminine adjective endings when declining them.

Cultural note:
If you are looking for a restroom, ask **Где туале́т?** If you are in someone's apartment, ask **Где ва́нная/туале́т?**

Глава́ 6. Где вы живёте?

Grammar comment 6-1
Possessives

One way of showing possession in Russian is with the possessives **мой** *my*, **твой** *your*, **его́** *his*, **её** *her*, **наш** *our*, **ваш** *your* and **их** *their*.

The possessives **мой**, **твой**, **наш**, and **ваш** have Masculine, Feminine, Neuter, and Plural endings. Like all adjectives, these possessives agree in gender, number, and case with the noun they refer to.

Masc.	Fem.	Neut.	Plural
мой	мо-**я́**	мо-**ё**	мо-**и́**
твой	тво-**я́**	тво-**ё**	тво-**и́**
наш	на́ш-**а**	на́ш-**е**	на́ш-**и**
ваш	ва́ш-**а**	ва́ш-**е**	ва́ш-**и**

Это **мой** (**твой, наш, ваш**) дом.
This is my (your, our, your) house.

Где **твоя́** (**моя́, на́ша, ва́ша**) кварти́ра?
Where's your (my, our, your) apartment?

The possessives **его́**, **её**, and **их** never change form.

Это **его́** (**её, их**) кварти́ра.
That's his (her, their) apartment.

The interrogative possessive **Чей?** (**Чья? Чьё? Чьи?**) also agrees in gender, number, and case with the noun it refers to. Note how **э́то** is used in questions about possession:

Это дом.
Чей э́то дом?
This is a house.
Whose house is this/that?

Это кварти́ра.
Чья э́то кварти́ра?
That's an apartment.
Whose apartment is that/this?

2) Fill out the chart. The first one is done for you. Read your answers out loud. See Grammar comment 6-1.

		my	your	our	your	his, her, their	
1.	Это	мой	твой	наш	ваш	его́, её, их	дом.
2.	Это						кварти́ра.
3.	Это						общежи́тие.
4.	Это						ко́мнаты.
5.	Это						ку́хня.
6.	Это						гости́ная.
7.	Это						спа́льни.
8.	Это						кабине́т.
9.	Это						ва́нная.
10.	Это						туале́т.
11.	Это						коридо́р.

6-4. Какой, кака́я, како́е, каки́е? 1) Listen to the adjectives and number them in the order they are given. 2) Select the antonyms from the list and write them in the right-hand column. 3) Check the adjectives that you could use to describe your apartment or room. 4) Describe your apartment or room.

Adjectives	Antonyms
___ большо́й/больша́я – *big*	
___ гря́зный/гря́зная – *dirty*	
___ краси́вый/краси́вая – *nice*	
_1_ ма́ленький/ма́ленькая – *small*	
___ но́вый/но́вая – *new*	
___ плохо́й/плоха́я – *bad*	
___ ста́рый/ста́рая – *old*	
___ удо́бный/удо́бная – *comfortable*	
___ хоро́ший/хоро́шая – *good*	
___ чи́стый/чи́стая – *clean*	

6-5. ✎ Чей? Чья? Чьё? Чьи? 1) Fill in the blanks.
2) Read aloud and give English equivalents.

1. Это дом. Дом большо́й и краси́вый. Здесь живёт Андре́й. *(Whose)*____ э́то дом? Это *(his)* _____ дом.

2. Это кварти́ра. Это но́вая кварти́ра в Москве́. Здесь живу́ я и Са́ша. *(Whose)* _____ э́то кварти́ра? Это *(our)* _____ кварти́ра.

3. Это гости́ная. Это о́чень краси́вая ко́мната. *(Whose)* ___ э́то гости́ная? Это *(my)*____ гости́ная.

4. Это кабине́т. Он ма́ленький, но о́чень удо́бный. Здесь занима́ется Ле́на. *(Whose)* _____ э́то кабине́т? Это *(her)* _____ кабине́т.

5. Это спа́льня. *(Whose)* _____ э́то спа́льня? Это *(their)*____ спа́льня.

6. Это ва́нная. Это больша́я, чи́стая и краси́вая ва́нная. *(Whose)* ___ э́то ва́нная? Это *(my)* ___ ва́нная.

6-6. Вопро́сы. Read the following sentences, then ask questions as in the example.

Ко́мната в общежи́тии.

Это <u>моя́</u> <u>но́вая</u> кварти́ра <u>в Москве́</u>.

1. **Чья** э́то кварти́ра?   2. **Кака́я** э́то кварти́ра?   3. **Где** кварти́ра?

1. Это на́ше но́вое общежи́тие в университе́те.
2. Это моя́ ко́мната в общежи́тии.
3. Это на́ша ста́рая ку́хня в общежи́тии.
4. Это на́ша гости́ная.
5. Это твоя́ спа́льня.
6. Это её но́вый кабине́т в университе́те.

Grammar comment 6-2
"To have" constructions

In Russian the thing possessed is in the Nominative case and is the grammatical subject of the sentence. The preposition **у** followed by a noun or pronoun in the Genitive case indicates the person who possesses or has something. Use **есть** (the third-person present tense form of the verb **быть**) to point out the existence of something.

> У меня́ есть кварти́ра в Москве́.
> *I have an apartment in Moscow.*

Learn the Genitive case of the personal pronouns:

Who?	У кого́	есть кварти́ра?
I	У меня́	**есть** кварти́ра.
You	У тебя́	**есть** кварти́ра.
He	У него́	**есть** кварти́ра.
She	У неё	**есть** кварти́ра.
We	У нас	**есть** кварти́ра.
You	У вас	**есть** кварти́ра.
They	У них	**есть** кварти́ра.

Do not use **есть** when telling about something already known to exist or when telling how much of something exists.

> Кака́я у тебя́ хоро́шая кварти́ра!
> *What a great apartment you have!*

Russian equivalents for "having":

1. Use **у** + the Genitive case to express "having" with nouns that denote persons.

> У меня́ есть сестра́.
> *I have a sister.*

2. Otherwise use **в** + the Prepositional case:

> В общежи́тии есть ку́хня.
> *The dorm has a kitchen.*

@ **Complete exercises on the Web site.**

Chapter 6: 6-1, 6-2.

6-7. Вопро́сы. Ask each other the following questions and choose the answers that apply to you. See Grammar comment 6-2.

Где ты живёшь?
Где вы живёте?

Я живу́ до́ма.[1]
Я живу́ в общежи́тии.
Я снима́ю кварти́ру.

[1]I live with my parents.

Каки́е ко́мнаты у тебя́/у вас есть в до́ме/ кварти́ре?

У меня́ есть ку́хня.
У меня́ есть гости́ная.
У меня́ есть спа́льня.
У меня́ есть кабине́т.

Кака́я у тебя́/вас гости́ная?

У нас больша́я гости́ная.
У нас ма́ленькая гости́ная.
У меня́ хоро́шая гости́ная.
У меня́ краси́вая гости́ная.

6-8. You're looking for a roommate, сосе́д (male)/ сосе́дка (female). Make a floor plan of your apartment or house and describe it in 5–7 sentences. Use the models from 6-7.

@ **Complete exercises on the Web site.**

Chapter 6: 6-3, 6-4.

6-9. ✍️ 📖 Сейча́с и ра́ньше. 1) Fill in the blanks. 2) Read out loud and give English equivalents. See Grammar comment 6-3.

1. Сейча́с мы (жить) _____ в Чика́го, а ра́ньше мы (жить) _____ в Ки́еве.
2. Сейча́с я (учи́ться) _____ в университе́те, а ра́ньше я (учи́ться) _____ в шко́ле.
3. Сейча́с Пе́тя (учи́ть) _____ ру́сский язы́к, а ра́ньше он (учи́ть) _____ неме́цкий.
4. Сейча́с Ира (жить) _____ до́ма, а ра́ньше она́ (снима́ть) _____ кварти́ру в це́нтре.
5. Сейча́с я (люби́ть) _____ ходи́ть в кино́, а ра́ньше я (люби́ть) _____ смотре́ть телеви́зор до́ма.
6. Сейча́с Никола́й (занима́ться) _____ до́ма, а ра́ньше он (занима́ться) _____ в библиоте́ке.
7. Сейча́с Ле́на и Мари́на (рабо́тать) _____в библиоте́ке, а ра́ньше они́ (рабо́тать) _____ в кафе́.
8. Сейча́с я (хоте́ть) _____ учи́ться в Москве́, а ра́ньше я (хоте́ть) _____ учи́ться в Петербу́рге.

6-10. 👫 Расскажи́те о себе́. Talk about yourself using the following verbs in the present (сейча́с) and past (ра́ньше) tense.

Example: 1. жить в кварти́ре, жить в общежи́тии
Сейча́с я живу́ в кварти́ре, а ра́ньше я жил/жила́ в общежи́тии.

	Сейча́с	Ра́ньше
1.	снима́ть кварти́ру	снима́ть ко́мнату
2.	учи́ться в университе́те	учи́ться в шко́ле
3.	учи́ть исто́рию	учи́ть хи́мию
4.	люби́ть ру́сскую литерату́ру	люби́ть америка́нскую литерату́ру
5.	занима́ться в библиоте́ке	занима́ться до́ма
6.	чита́ть газе́ты	не чита́ть газе́ты
7.	ходи́ть в бассе́йн	ходи́ть в спортза́л
8.	ре́дко быва́ть в кафе́	ча́сто быва́ть в кафе́
9.	отдыха́ть до́ма	отдыха́ть в кафе́
10.	смотре́ть телеви́зор до́ма	ходи́ть в кино́
11.	слу́шать джаз	слу́шать рок
12.	рабо́тать в выходны́е	отдыха́ть в выходны́е

Grammar comment 6-3
The past tense of verbs

Russian verbs do not conjugate in the past tense. They simply have forms which agree with their subject in number and, in the singular, gender.

To form the past tense remove the **-ТЬ** of the infinitive:
>   рабо́та - ть
>   жи - ть
>   ходи́ - ть
>   бы - ть

for a masculine [**он**] subject add **-Л**
for a feminine [**она́**] subject add **-ЛА**
for a neuter [**оно́**] subject add **-ЛО**
for a plural [**они́**] subject add **-ЛИ**

	рабо́тать	жить	ходи́ть	быть
	to work	*to live*	*to go*	*to be*
m.	рабо́тал	жил	ходи́л	был
f.	рабо́тала	жила́	ходи́ла	была́
n.	рабо́тало	жи́ло	ходи́ло	бы́ло
pl.	рабо́тали	жи́ли	ходи́ли	бы́ли

Learn the stress for the forms жила́ and была́.

For verbs like **учи́ться** and **занима́ться**, remember to spell **-ся** after a consonant, **-сь** after a vowel:

он занима́л**ся**   она́ занима́ла**сь**
он учи́л**ся**   они́ учи́ли**сь**

There are no compound past-tense forms in Russian. English equivalents for **Они́ говори́ли по-ру́сски** could be:

They spoke Russian.
They were speaking Russian.
They used to speak Russian.
They had been speaking Russian.

@ **Complete exercises on the Web site.**

Chapter 6: 6-5, 6-6.

Дава́йте послу́шаем и поговори́м!

6-11. 🎧 💬 **Listen to the conversations and circle the words you hear. Then practice the conversations.**

Но́вое сло́во

понима́ть что? кого́? – *to understand*
Pres: я понима́ю, ты понима́ешь,
они́ понима́ют

Разгово́р 1
— Алло́, Та́ня? Как дела́?
— Приве́т, Са́ша. **Хорошо́/ Пло́хо**. А у тебя́?
— Отли́чно. У меня́ **но́вый дом/но́вая** кварти́ра.
— Как **пло́хо/хорошо́**! А кака́я?
— **Больша́я/ма́ленькая: гости́ная/кабине́т** и спа́льня.
— А ку́хня кака́я?
— **Больша́я/ма́ленькая**, но удо́бная.
— Что? Я не понима́ю. Повтори́, пожа́луйста!
— **Больша́я/ма́ленькая**, но удо́бная.

Разгово́р 2
— Где ты живёшь?
— В **общежи́тии/ до́ма**.
— У тебя́ **больша́я/ма́ленькая** ко́мната?
— **Ма́ленькая/больша́я**, но о́чень удо́бная.
— А где **ва́нная/туале́т**?
— В коридо́ре.
— А **кабине́т/ку́хня** где?
— На этаже́.

6-12. 🎧 💬 **Listen to the conversation and fill in the blanks. Then practice the conversation out loud.**

— Здра́вствуй, Ира! Как _____?
— Приве́т, Са́ша. Отли́чно. А у тебя́?
— Всё хорошо́. У меня́ _____ кварти́ра.
— Как хорошо́! А _____?
— Кварти́ра ма́ленькая, но о́чень _____
— А каки́е есть _____?
— У меня́ есть _____, ма́ленькая гости́ная и _____.
— А _____ больша́я?
— Не о́чень больша́я, но _____.

6-13. Интервью́. Listen to the interviews in 6-1 again.

1) Summarize them in Russian and give the following information in the form of a narrative:

Интервью́ 1
a. Мари́на у́чится и́ли рабо́тает?
b. Где живёт Мари́на?
c. Кака́я у неё кварти́ра?

Интервью́ 2
a. Ди́ма у́чится и́ли рабо́тает?
b. Где живёт Ди́ма?
c. Он живёт в кварти́ре и́ли в общежи́тии?

2) Conduct similar interviews with your classmates or other Russian speakers. Write down their answers and report the results in class.

Interview form

Questions	Person 1	Person 2	Person 3
1. Как тебя́/вас зову́т?			
2. Где ты живёшь? Где вы живёте?			
3. Кака́я у тебя́/у вас кварти́ра?			

@ Complete the exercise on the Web site.

Chapter 6: 6-7.

Дава́йте послу́шаем и почита́ем!

6-14. 🎧 📖 **Кварти́ры в Москве́. 1)** Listen to the audio and look at the floor plans of the two apartments. Which one is the floor plan of Tanya's apartment in Moscow, and which one is Tanya's apartment in Los Angeles? **2) Чте́ние.** Read aloud and give the English equivalents.

кварти́ра 1

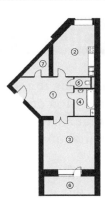

кварти́ра 2

Но́вые слова́

гость *(m.)* – guest
коне́чно – certainly
одна́ (оди́н, одно́) – one
то́же – also
то́лько – only
э́тот, э́та *(Acc. fem. sg. э́ту)*, **э́то** – this

Note:
The Demonstrative э́тот
To point out something, use the demonstrative **э́тот** *this, that,* which agrees in gender, number, and case with the word it describes (**э́та** *f.,* **э́то** *n.,* **э́ти** *pl.*).

Don't confuse the demonstrative **э́тот** with the introductory word **э́то** *this is, that is, these are, those are.*

Э́то мой кабине́т.
This is my office.

Э́тот кабине́т мой.
This office is mine.

Э́то моя́ кварти́ра.
This is my apartment.

Э́та кварти́ра моя́.
This apartment is mine.

Я не люблю́ **э́ту** кварти́ру.
I don't like this apartment.

Хоти́те снять хоро́шую кварти́ру в Москве́?

Сейча́с Та́ня живёт в Москве́ и у́чится в университе́те. Она́ у́чит ру́сский язы́к и исто́рию. Утром и днём она́ в университе́те, а ве́чером занима́ется в библиоте́ке и́ли до́ма. Та́ня снима́ет кварти́ру в це́нтре. Каку́ю? Небольшу́ю, но о́чень удо́бную: гости́ная, спа́льня. Коне́чно, есть ку́хня, ва́нная и туале́т.

Ра́ньше она́ учи́лась в университе́те в Лос-Анджелесе и то́же снима́ла кварти́ру. У неё была́ то́лько одна́ ко́мната. Это была́ и спа́льня, и гости́ная. Ку́хня была́ небольша́я и не о́чень удо́бная. Та́ня не люби́ла э́ту кварти́ру!

Конта́ктный телефо́н: 7-495-373-2687

6-15. Отве́тьте. Answer the questions below.

1. Где сейча́с живёт Та́ня?
2. Что она́ де́лает, рабо́тает и́ли у́чится?
3. Что она́ изуча́ет?
4. Та́ня живёт до́ма и́ли снима́ет кварти́ру?
5. Каку́ю кварти́ру снима́ет Та́ня?
6. Каки́е ко́мнаты есть в кварти́ре?
7. Где ра́ньше жила́ Та́ня?
8. Каку́ю кварти́ру она́ снима́ла?
9. Кака́я ку́хня была́ в кварти́ре?

6-16. 🎧 📖 Никола́й Бори́сов. **1) Listen to the audio and fill out the table below. 2) Read the text out loud and give English equivalents. 3) Answer the questions in the table out loud.**

Вопро́сы	Никола́й
1. Где он живёт сейча́с?	
2. Где он жил ра́ньше?	
3. Он у́чится и́ли рабо́тает?	
4. Где он ра́ньше учи́лся?	
5. Кака́я у него́ ко́мната в общежи́тии?	
6. Где ва́нная и туале́т?	
7. Где ку́хня?	

БЛОГИ@mail.ru

Никола́й Бори́сов

Меня́ зову́т Никола́й, и я живу́ в Сиби́ри. Сейча́с я учу́сь в институ́те в То́мске. Моя́ специа́льность – архитекту́ра. Я живу́ в общежи́тии. В общежи́тии у меня́ есть ко́мната. Ко́мната больша́я, краси́вая и удо́бная, но ва́нная и туале́т в коридо́ре. Ку́хня то́же на этаже́.

Ра́ньше я жил до́ма, в Омске. Там я учи́лся в шко́ле. Там живёт моя́ семья́. У нас в Омске большо́й но́вый дом.

6-17. 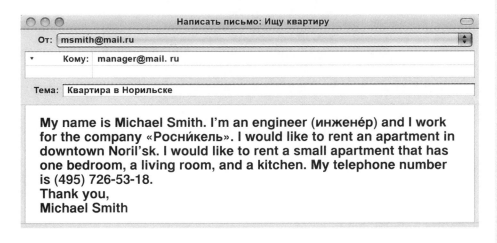 **О себе́. About yourself. Take turns asking and answering the questions below.**

1. Где вы сейча́с живёте?
2. Что вы де́лаете, рабо́таете и́ли у́читесь?
3. Где вы у́читесь, где вы рабо́таете?
4. Где вы живёте: до́ма, в общежи́тии и́ли снима́ете кварти́ру?
5. Каку́ю кварти́ру вы снима́ете?
6. Кака́я у вас ко́мната в общежи́тии?
7. Где вы ра́ньше жи́ли?
8. Что вы лю́бите де́лать сейча́с, что вы люби́ли де́лать ра́ньше в выходны́е?

6-18. Using the questions in 6-17 tell your partner about your best friend.

@ Complete exercises on the Web site.

Chapter 6: 6-8, 6-9.

Дава́йте переведём!

6-19. **Как сказа́ть по-ру́сски? Give Russian equivalents for the following questions. Translate ideas, not words. Take turns asking and answering the questions.**

1. Where do you live?
2. Do you live in an apartment?
3. Do you live in the dorm?
4. Do you have a large apartment?
5. Do you have a large room?
6. What rooms do you have in your apartment?

6-20. Письмо́ в аге́нтство недви́жимости. Help Michael translate the letter. Translate ideas, not words.

Написать письмо: Ищу квартиру

От: msmith@mail.ru

Кому: manager@mail. ru

Тема: Квартира в Норильске

My name is Michael Smith. I'm an engineer (инжене́р) and I work for the company «Росни́кель». I would like to rent an apartment in downtown Noril'sk. I would like to rent a small apartment that has one bedroom, a living room, and a kitchen. My telephone number is (495) 726-53-18.
Thank you,
Michael Smith

Ци́фры и фа́кты

6-21. 🎧 🎧 **Counting from 100 to 900.**
1) Ци́фры. Numbers. Repeat the numbers with the speaker.

100 – сто [sto]
200 – две́сти [dɣéşţi]
300 – три́ста [tɾ́ístə]
400 – четы́реста [čití̗ɾɪstə]
500 – пятьсо́т [pɪtsót]

600 – шестьсо́т [šɪssót]
700 – семьсо́т [şɪmsót]
800 – восемьсо́т [vəşɪmsót]
900 – девятьсо́т [dɪɣɪtsót]

2) Listen to the speaker and circle the numbers you hear.

a. 200, 178, 369, 580, 494, 177, 263
b. 399, 460, 565, 490, 395, 288, 160
c. 400, 300, 500, 600, 735, 900, 865
d. 648, 523, 980, 650, 570, 812, 620

6-22. Ци́фры и фа́кты. Numbers and facts. Где живу́т студе́нты в Росси́и? 1) Look at the graph and discuss the responses in Russian or in English. 2) Conduct a similar survey among your classmates or ask other people and report the results in class.

Вопро́с: Где живу́т студе́нты в Росси́и?
Результа́ты опро́са:

снима́ют кварти́ру
17%

живу́т в общежи́тии
25%

живу́т до́ма
54%

@ **Complete exercises on the Web site.**

Chapter 6: 6-10, 6-11.

6-23. Слова́рь. Vocabulary.

алло́ [aʌó] – *Hello (when answering the telephone)*
быть – *to be*
    Past: был, была́, бы́ло, бы́ли
ваш (ва́ша, ва́ше, ва́ши) – *your*
ва́нная – *bathroom*
всё (хорошо́) – *everything (is fine, OK)*
гости́ная – *living room*
гость *(m.)* – *guest*
гря́зный, -ая, -ое, -ые – *dirty*
его́ – *his*
её – *her*
есть – *see below:* у + Gen. (кого́?)
здесь – *here*
их – *their*
кабине́т – *study, office*
кварти́ра – *apartment*
коне́чно – *certainly*
коридо́р – *hall(way)*
ко́мната – *room*
краси́вый, -ая, -ое,-ые – *beautiful, nice*
ку́хня – *kitchen*
ма́ленький, -ая, -ое, -ие – *small*
наш (на́ша, на́ше, на́ши) – *our*
общежи́тие – *dorm*
одна́ (оди́н, одно́) – *one*
повтори́ть – *to repeat*
    Imperative: повтори́ *(ты)*, повтори́те *(вы)*
пожа́луйста – *please; you're welcome*
понима́ть что? кого́? – *to understand*
    Pres: я понима́ю, ты понима́ешь, они́
    понима́ют
ра́ньше – *before*
снима́ть что? – *to rent*
    Pres: я снима́ю, ты снима́ешь, они́
    снима́ют
спа́льня – *bedroom*
то́же – *also, too*
то́лько – *only*
туале́т – *bathroom, restroom*
у + Gen. (кого́?) – *at, by*
    У меня́ есть… – *I have…*

удо́бный, -ая, -ое, -ые – *comfortable, convenient*
чей (чья, чьё, чьи) – *whose*
чи́стый, -ая, -ое, -ые – *clean*
эта́ж *(Prep. sg.:* где? на этаже́) – *floor*
э́тот, э́та *(Acc. fem. sg.* э́ту), э́то – *this*

Числи́тельные – *Cardinal numbers*
сто [sto] – *one hundred*
две́сти [dɣéʂṭi] – *two hundred*
три́ста [tɾístə] – *three hundred*
четы́реста [čɪtɪ́ɾɪstə] – *four hundred*
пятьсо́т [pɪtsót] – *five hundred*
шестьсо́т [šɨssót] – *six hundred*
семьсо́т [ʂɪmsót] – *seven hundred*
восемьсо́т [vəʂɪmsót] – *eight hundred*
девятьсо́т [dɪɣɪtsót] – *nine hundred*

Themes
- your room and apartment
- the names of articles of furniture
- counting from 1,000 to 100,000

Pronunciation
- hard **P** and soft **P**

Communicative situation
- asking for information about an apartment for rent

Grammar
- the Genitive case singular: negation
- answering the question **Чей?**
  (Чья? Чьё? Чьи?)
- counting things: 1–4

Но́вые слова́
крова́ть *(f.) – bed*
ме́бель *(f.) – furniture*
стол *– table; desk*
стул *(pl.* сту́лья) *– chair*
шкаф *– closet*

Како́й сего́дня день?
Indicate what day of the week it is.

Сего́дня...
Mon: понеде́льник
Tue: вто́рник
Wed: среда́
Th: четве́рг
Fri: пя́тница
Sat: суббо́та
Sun: воскресе́нье

7-1. Интервью́. **Listen to the interviews and summarize them in English.**

Интервью́ 1
— Здра́вствуй.
— Приве́т.
— Ты студе́нтка?
— Да, я учу́сь в университе́те.
— Как тебя́ зову́т?
— Ка́тя.
— Ты живёшь в общежи́тии?
— Нет...
— Снима́ешь кварти́ру?
— Да, снима́ю.
— Хоро́шая кварти́ра?
— Да, хоро́шая. У меня́ две ко́мнаты.

Интервью́ 2
— Как тебя́ зову́т?
— Ди́ма.
— Ты живёшь в общежи́тии?
— Да, у меня́ ко́мната в общежи́тии.
— А кака́я есть ме́бель в ко́мнате?
— Стол, стул, крова́ть...
— А шкаф есть?
— Да, есть.

7-2. Произноше́ние. **Hard P [r] vs. Soft P [ɾ].**
1) Listen to the pronunciation of hard P in the following words and then repeat after the speaker:

ра́дио [ráɟɪo]
брат [brat]
друг [druk]
телеви́зор [ʈɪlɪɣízər]
кварти́ра [kvʌrʈírə]
карти́на [kʌrʈínə]
микроволно́вка [m̩ɪkrəvʌlnófkə]
пле́ер [pḷéɪr]

ру́сский [rúsḳɪj]
журна́л [žurnál]
ра́ньше [raŋšə]
ци́фры [tsífrɨ]
зе́ркало [ʐérkələ]
сестра́ [şɪstrá]
ста́рый [stárɨj]
хоро́ший [xʌróšɪj]

2) Listen to the pronunciation of soft P in the following words and repeat after the speaker.

Бори́с [bʌɾís]
кре́сло [kɾéslə]
коридо́р [kəɾɪdór]
смотре́ть [smʌtɾéṭ]
смотрю́ [smʌtɾú]
смо́трит [smótɾit]
говорю́ [gəvʌɾú]
говоря́т [gəvʌɾát]

Игорь [ígəɾ]
гря́зный [gɾáznɨj]
предме́т [pɾɪdṃét]
исто́рия [ɪstóɾɪjə]
среда́ [sɾɪdá]
Аме́рика [ʌṃérɪkə]
преподава́тель [pɾɪpədʌváṭɪḷ]

Ле́ксика и грамма́тика

7-3. 🎧 **Что́ э́то? 1)** Listen to the sentences and number them in the order they are given. **2)** Circle the items you have in your house/apartment/room. Say them aloud: **У меня́ есть…**

a) ___ Это стол.   ___ Это стул.   ___ Это кре́сло.

b) ___ Это дива́н.   ___ Это крова́ть *(f.).*   ___ Это кни́жный шкаф.

c) ___ Это ла́мпа.   ___ Это зе́ркало.   ___ Это компью́тер.

(CONTINUED ON PAGE 92)

d) ___ Это телефо́н.   ___ Это карти́на.   ___ Это телеви́зор.

e) ___ Это стира́льная маши́на.   ___ Это холоди́льник.   ___ Это микроволно́вка.

f) ___ Это магнитофо́н.   ___ Это часы́ (pl.).   ___ Это DVD пле́ер.

7-4. Ask your partner what he/she has in his/her apartment/room: У тебя́/у вас есть...?

7-5. Circle the items below that belong in each room. Compare your answers with those of your classmates.

На ку́хне есть:
ла́мпа, кре́сло, холоди́льник, стира́льная маши́на, телефо́н, компью́тер, стол, сту́лья, зе́ркало, крова́ть.

В спа́льне есть:
холоди́льник, компью́тер, крова́ть, зе́ркало, телеви́зор, кре́сло, стира́льная маши́на, телефо́н, ра́дио, ла́мпа, кни́жный шкаф.

В гости́ной есть:
дива́н, кре́сло, телеви́зор, стира́льная маши́на, микроволно́вка, кни́жный шкаф, часы́, ла́мпа, телефо́н, зе́ркало, магнитофо́н, компью́тер, DVD пле́ер.

В кабине́те есть:
холоди́льник, компью́тер, крова́ть, шкаф, зе́ркало, телеви́зор, кре́сло, стира́льная маши́на, телефо́н, ра́дио, ла́мпа, стол, стул, часы́, кни́жный шкаф.

7-6. **Что где стои́т. 1) Label the objects in the rooms. You may want to label the furniture in your room as well. This will help you remember the words. 2) Tell which pieces of furniture belong in which room.**

Example: Дива́н стои́т в гости́ной.

Но́вое сло́во

стоя́ть где? – *to stand*
Pres: я стою́, ты стои́шь, они́ стоя́т

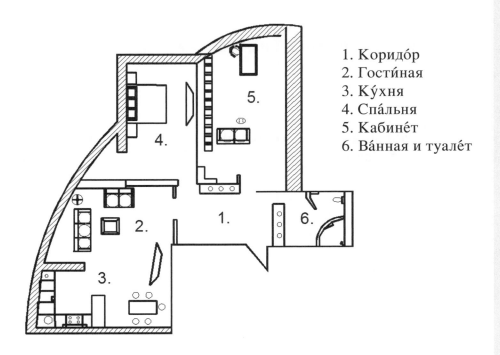

1. Коридо́р
2. Гости́ная
3. Ку́хня
4. Спа́льня
5. Кабине́т
6. Ва́нная и туале́т

Grammar comment 7-1
The Genitive Case Singular: Negation

Absence or lack of something is expressed by **НЕТ**. The object that is missing is in the Genitive case.

> В ку́хне **есть стол**. (NOM)
> *There's a table in the kitchen.*

> В ку́хне **нет стола́**. (GEN)
> *There's no table in the kitchen.*

Masculine and neuter nouns have the ending **-А** or **-Я** in the Genitive singular:

Что там есть? Nominative	Чего́ там нет? Genitive
стол	стол-а́
стул	сту́л-а
кре́сло	кре́сл-а
зе́ркало	зе́ркал-а
общежи́тие	общежи́ти-я
кафете́рий	кафете́ри-я

Feminine nouns have the ending **-Ы** or **-И** in the Genitive singular. (Don't forget spelling rule #1: The vowel **ы** is never written after velars (**к, г, х**) and hushers (**ж, ш, щ, ч**). Always write **и** after these letters.)

Там есть что? Nominative	Там нет чего́? Genitive
ла́мпа	ла́мп-ы
карти́на	карти́н-ы
кни́га	кни́г-и
ку́хня	ку́хн-и
крова́ть	крова́т-и
ме́бель	ме́бел-и

How to say that someone doesn't have something:

> У меня́ **нет телефо́на**.
> *I don't have a phone.*

У кого́ **нет** + Genitive case (**чего́?**)

Who	У кого́	НЕТ	ме́бели?
I	У меня́	НЕТ	кварти́ры.
You	У тебя́	НЕТ	крова́ти.
He	У него́	НЕТ	дива́на.
She	У неё	НЕТ	телефо́на.
We	У нас	НЕТ	зе́ркала.
You	У вас	НЕТ	шка́фа.
They	У них	НЕТ	ла́мпы.
Ivan	У Ива́на	НЕТ	сту́ла.
Anna	У Анны	НЕТ	стола́.

7-7. ✍️ **Чего́ у вас нет? 1) Fill out the chart below. The first one is done for you. Read the sentences out loud. 2) With a partner, say what furniture you have and what furniture you don't have in your bedroom and kitchen. See Grammar comment 7-1.**

У меня́ есть (что?) …	У меня́ нет (чего́?) …
1. ме́бель *(f.) (only sing.)*	ме́бели
2. стол	
3. стул	
4. крова́ть *(f.)*	
5. дива́н	
6. кре́сло	
7. шкаф	
8. зе́ркало	
9. ла́мпа	
10. карти́на	
11. холоди́льник	
12. микроволно́вка	
13. телеви́зор	
14. телефо́н	
15. ра́дио	
16. магнитофо́н	
17. компью́тер	

@ **Complete exercises on the Web site.**

Chapter 7: 7-1, 7-2, 7-3.

7-8. Вопро́сы. Read the following sentences, then ask questions following the example. See Grammar comment 7-2.

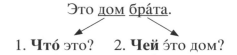

Это <u>дом бра́та</u>.

1. **Что́** это?   2. **Чей** э́то дом?

1. Это спа́льня сестры́.
2. Это кварти́ра дру́га.
3. Это телефо́н подру́ги.
4. Это компью́тер бра́та.
5. Это крова́ть Са́ши.
6. Это холоди́льник Иры.

7-9. Чей? Чья? Чьё? Чьи? 1) Fill out the chart below. The first sentence is done for you. 2) Ask and answer following the example.

Example: — Чья э́то ме́бель?
— Э́то ме́бель бра́та.

Что?	Кто?	Чей? Чья? Чьё? Чьи?
1. ме́бель *(f.) (only sing.)*	брат	Э́то ме́бель бра́та.
2. стол и сту́лья	друг	
3. крова́ть *(f.)*	Ка́тя	
4. дива́н	ма́ма	
5. кре́сло	па́па	
6. шкаф	сестра́	
7. зе́ркало	Ле́на	
8. карти́на	Ди́ма	
9. холоди́льник	подру́га	
10. телеви́зор	Бори́с	
11. телефо́н	Оля	
12. часы́	брат	

@ **Complete exercises on the Web site.**

Chapter 7: 7-4.

7-10. Вопро́сы. Ask each other the following questions and choose the answer that applies to you. See Grammar comment 7-3.

Кака́я у тебя́ кварти́ра?

Кака́я у вас кварти́ра?

У меня́ одна́ ко́мната.

У меня́ две ко́мнаты.

У меня́ три ко́мнаты.

У меня́ четы́ре ко́мнаты.

У меня́ нет кварти́ры.

У меня́ ко́мната в общежи́тии.

Grammar comment 7-2
Answering the Question Чей? (Чья? Чьё? Чьи?)

Possession can be shown by:
1) using the possessives

—Чей э́то дом?
— Э́то мой дом.
"Whose house is that?"
"That's my house."

—Чьи э́то часы́?
— Э́то ва́ши часы́.
"Whose watch is this?"
"This is your watch."

2) putting the noun that indicates the possessor in the Genitive case.

— Чей э́то дом?
— Э́то дом Ива́на.
"Whose house is that?"
"That's Ivan's house."

— Чьи э́то часы́?
— Э́то часы́ Анны
"Whose watch is this?"
"This is Anna's watch."

Always use **э́то** in **'чей'**-constructions.

Чей	э́то	дом?
Чья	э́то	кни́га?
Чьё	э́то	письмо́?
Чьи	э́то	журна́лы?

Grammar comment 7-3
Counting Things: 1–4

The numeral **оди́н** has the forms **оди́н** for masculine nouns, **одна́** for feminine nouns, and **одно́** for neuter nouns.
Use the Nominative singular after оди́н (одна́, одно́):

У меня́ в ко́мнате стои́т **оди́н** дива́н, **одна́** ла́мпа и **одно́** кре́сло.
I have one sofa, one lamp, and one easy chair in my room.

Use the Genitive singular of a noun after 2 (два, две), 3 (три), 4 (четы́ре):

В гости́ной стоя́т **два** дива́на и вися́т **три** карти́ны.
There are two couches and three pictures in the living room.

У меня́ больша́я кварти́ра – **четы́ре** ко́мнаты.
I have a large apartment – four rooms.

The numeral **два** has the special form **две** for feminine nouns.

You will learn to use numbers higher than four in future chapters.

Спра́вка:

1) In English we often describe apartments by the number of bedrooms they contain. When Russians say «У нас три ко́мнаты», they are describing the total number of rooms in their apartment.

2) **Ру́сские кварти́ры** used to be **о́чень ма́ленькие** and they were all **госуда́рственные**, but now people can buy, **купи́ть**, or rent, **снима́ть**, apartments. **Но́вые кварти́ры** can be quite **больши́е и шика́рные**.

Ты живёшь оди́н/ одна́?

Вы живёте оди́н/ одна́?

Я живу́ одна́.

Я живу́ оди́н.

Нет, в кварти́ре/ ко́мнате два челове́ка.

Нет, в кварти́ре/ ко́мнате три челове́ка.

Нет, в кварти́ре/ ко́мнате четы́ре челове́ка.

@ **Complete the exercise on the Web site.**

Chapter 7: 7-5.

Дава́йте послу́шаем и поговори́м!

Но́вые слова́

до́лжен, должна́, (pl.) **должны́** + inf. – must, should (implies obligation)
купи́ть что? – to buy
  Fut: я куплю́, ты ку́пишь, они́ ку́пят
  Past: купи́л, купи́ла, купи́ли
сдава́ть что? [zdʌvát] – to rent out
  Pres: я сдаю́, ты сдаёшь, они́ сдаю́т
  Past: сдава́л, сдава́ла, сдава́ли

7-11. 🎧 **Listen to the conversations and circle the words you hear. Then practice the conversations.**

Разгово́р 1

— Как дела́?
— Приве́т, Са́ша. **Хорошо́/ Пло́хо**. А у тебя́?
— Норма́льно. Живу́: **учу́сь/ рабо́таю, рабо́таю/учу́сь**.
— А где ты **живёшь/ рабо́таешь**?
— **В общежи́тии/снима́ю кварти́ру**.
— Ты живёшь оди́н?
— Нет. В ко́мнате **два/три** челове́ка.

Разгово́р 2

— Здра́вствуйте. Вы сдаёте **ко́мнату/кварти́ру**?
— **Ко́мнату/кварти́ру**.
— А ме́бель есть?
— Да. **Крова́ть/дива́н, шкаф/ кни́жный шкаф** и стол.

— А холоди́льник/ **стира́льная маши́на** есть?
— Нет, вы должны́ купи́ть.
— Что? Я не понима́ю. Повтори́те, пожа́луйста!
— Нет, вы должны́ купи́ть.

Разгово́р 3

— Где вы живёте?
— Мы купи́ли **но́вый дом/ но́вую кварти́ру**!
— Поздравля́ю!
— Спаси́бо. Тепе́рь должны́ купи́ть **ме́бель/ холоди́льник**.
— **Како́й/каку́ю**?
— Дива́н, кре́сла, шкаф, **крова́ть/но́вый стол**...

7-12.  **Listen to the conversation and fill in the blanks. Then practice the conversation out loud.**

— Ира, где ты сейча́с
_____?
— Я живу́ в _____,
но хочу́ снять кварти́ру.
— Ни́на неда́вно купи́ла
кварти́ру.
— Да? А каку́ю?

— Две _____,
гости́ная и ку́хня.
— А _____ есть?
— Нет, _____ нет!
Есть то́лько холоди́льник и
_____ телеви́зор.

7-13. Интервью́. Listen to the interviews in 7-1 again.
1) Summarize them in Russian and give the following information in the form of a narrative:

Интервью́ 1
a. Где Ка́тя живёт?
b. Кака́я у неё кварти́ра?

Интервью́ 2
a. Где живёт Ди́ма?
b. Кака́я ме́бель есть в его́ ко́мнате?

2) Conduct similar interviews with your classmates or other Russian speakers. Write down their answers and report the results in class.

Interview form

Questions	Person 1	Person 2	Person 3
1. Как тебя́ /вас зову́т?			
2. Где ты живёшь?/Где вы живёте: • в общежи́тии? • снима́ете кварти́ру? • до́ма?			
3. Кака́я ме́бель есть в ко́мнате/ кварти́ре/до́ме?			

@ Complete the exercise on the Web site.

Chapter 7: 7-6.

Дава́йте послу́шаем и почита́ем!

7-14.  **Кака́я э́то ко́мната? 1) Listen to the audio and read aloud the descriptions of the rooms. 2) Name the rooms: гости́ная, спа́льня, кабине́т, or ку́хня.**

БЛОГИ@mail.ru

Меня́ зову́т Све́та Ивано́ва. Я экономи́ст и рабо́таю в центра́льном о́фисе Альфа-ба́нка в Москве́. Ра́ньше я жила́ в Каза́ни и учи́лась в институ́те эконо́мики и пра́ва. Моя́ специа́льность – фина́нсы и креди́т. Пото́м рабо́тала в филиа́ле Альфа-ба́нка. В Каза́ни у меня́ была́ ма́ленькая кварти́ра: одна́ ко́мната и ку́хня. Сейча́с я сдаю́ её! А в Москве́ я неда́вно купи́ла о́чень хоро́шую кварти́ру: три ко́мнаты и больша́я ку́хня! Тепе́рь я москви́чка! Я давно́ хоте́ла жить в Москве́.

Но́вые слова́

давно́ – *a long time ago; for a long time*
москви́ч/ка – *Muscovite*
неда́вно – *lately*
почти́ – *almost*
филиа́л – *branch*
центра́льный о́фис – *headquarters*

1)

Это _____.
Ме́бели почти́ нет. В _____ есть то́лько больша́я крова́ть, две ла́мпы и телефо́н.

А э́то мой _____.
Тут сто́ит стол, стул и кни́жный шкаф. На столе́ сто́ит компью́тер и ла́мпа. В _____ есть телеви́зор. Я люблю́ рабо́тать и смотре́ть телеви́зор и́ли слу́шать му́зыку.

3)

Это _____.
Тут сто́ит большо́й стол и сту́лья. На _____ есть холоди́льник и микроволно́вка.

4)

Моя́ _____.
Она́ больша́я и краси́вая. Вот сто́ит большо́й дива́н. Ве́чером я смотрю́ тут телеви́зор и́ли чита́ю кни́ги и журна́лы.

7-15. Чего́ нет? Look at the description in 7-14 and 1) in the list below circle the items which are not mentioned in the text 2) state what is missing.

Example: — Чего́ в гости́ной нет?
— В гости́ной нет карти́ны.

ме́бель	кре́сло	холоди́льник	ра́дио
стол	телефо́н	микроволно́вка	компью́тер
стул	зе́ркало	телеви́зор	
крова́ть	ла́мпа	шкаф	
дива́н	карти́на	телефо́н	

7-16. Отве́тьте. Answer the questions below.

1. Где сейча́с живёт Светла́на Ивано́ва?
2. Где она́ учи́лась?
3. Кака́я кварти́ра была́ у неё в Каза́ни?
4. Каку́ю кварти́ру Све́та купи́ла в Москве́?
5. Что стои́т в гости́ной?
6. Что есть в кабине́те?
7. Что есть на ку́хне?
8. Что стои́т в спа́льне?

Note:
Either **В** or **НА** can be used with the noun **ку́хня**.

7-17. О себе́. Using the questions below talk about 1) your apartment, 2) your parents' house, 3) a friend's apartment.

1. Где вы живёте?
2. Где вы ра́ньше жи́ли?
3. Где вы рабо́таете?
4. Где вы у́читесь?
5. Где вы ра́ньше учи́лись?
6. Вы купи́ли кварти́ру/дом и́ли снима́ете?
7. Каку́ю кварти́ру/дом вы снима́ете?
8. Кака́я у вас кварти́ра? Како́й у вас дом?
9. Что стои́т в гости́ной?
10. Что есть в кабине́те?
11. Что есть на ку́хне?
12. Что стои́т в спа́льне?

7-18. You've found an apartment and are preparing to move in. What questions would you ask your landlord? Write down ten questions and then ask them.

Example: — У вас есть стира́льная маши́на?
— Да, есть./Нет, стира́льной маши́ны нет.

@ **Complete exercises on the Web site.**

Chapter 7: 7-7, 7-8.

Дава́йте переведём!

7-19. **Как сказа́ть по-ру́сски? Give Russian equivalents for the following questions. Translate ideas, not words. Take turns asking and answering the questions.**

1. Where do you live now?
2. Where did you live before?
3. What furniture do you have in your bedroom?
4. What furniture do you have in your living room?
5. What do you have in your kitchen?
6. What (kind of) (Каку́ю) apartment are you renting now?
7. What (kind of) (Каку́ю) apartment did you rent before?
8. What apartment/house do you want to buy?

Note:
Both **снима́ть** and **снять** mean *to rent*. You will learn more about this in Chapter 9.

7-20. Объявле́ния. Classifieds. Give the English equivalent for the following text. Translate ideas, not words.

Дома́, кварти́ры, ко́мнаты в Москве́…

Сдаётся кварти́ра в но́вом до́ме, 34 кв.м., метро́ «Театра́льная», холоди́льник, телефо́н, ме́бели нет. Звони́ть ве́чером. 554-2622. Та́ня.

Хочу́ снять ко́мнату, крова́ть, стол и телефо́н. Тел. 434-4441. Ми́ша

7-21. Сдаю́ кварти́ру! Give the Russian equivalent for the following text. Translate ideas, not words.

Classifieds In New York
Apartment for rent. 3 rooms (2 bedrooms and a living room) and a large kitchen. Refrigerator and microwave. The apartment is furnished. Two beds in the bedroom. A sofa and two armchairs in the living room. No TV set and no washing machine. Call: 212-678-6739.

Ци́фры и фа́кты

7-22. **How to count from 1 000 to 100 000.**
Ци́фры. Numbers. Repeat the numbers after the speaker.

1 000 – ты́сяча
2 000 – две ты́сячи
3 000 – три ты́сячи
4 000 – четы́ре ты́сячи
5 000 – пять ты́сяч
6 000 – шесть ты́сяч
7 000 – семь ты́сяч
8 000 – во́семь ты́сяч
9 000 – де́вять ты́сяч
10 000 – де́сять ты́сяч
20 000 – два́дцать ты́сяч
21 000 – два́дцать одна́ ты́сяча
22 000 – два́дцать две ты́сячи
23 000 – два́дцать три ты́сячи

24 000 – два́дцать четы́ре ты́сячи
25 000 – два́дцать пять ты́сяч
30 000 – три́дцать ты́сяч
40 000 – со́рок ты́сяч
50 000 – пятьдеся́т ты́сяч

60 000 – шестьдеся́т ты́сяч
70 000 – се́мьдесят ты́сяч
80 000 – во́семьдесят ты́сяч
90 000 – девяно́сто ты́сяч
100 000 – сто ты́сяч

7-23. Ци́фры и фа́кты. Read the results of a survey of housing trends in Moscow, look at the graph, and discuss the responses in English. Compare it with housing trends in America.

Вопро́с: Где вы сейча́с живёте в Москве́?
72% сказа́ли, что живу́т в со́бственной (apartment that they own) кварти́ре. 12% сказа́ли, что живу́т в госуда́рственной кварти́ре. 6 % живу́т в со́бственном до́ме, котте́дже. 10% снима́ют кварти́ру.

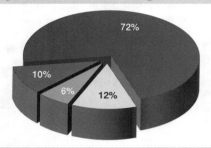

 Complete exercises on the Web site.

Chapter 7: 7-9, 7-10.

7-24. Слова́рь. Vocabulary.

давно́ – *a long time ago; for a long time*
до́лжен, должна́, должны́ (*pl.*) + *inf.* – *must, should (implies obligation)*
зе́ркало – *mirror*
карти́на – *picture, painting*
кни́жный – *book (adj.)*
купи́ть что? – *to buy*
  Fut: я куплю́, ты ку́пишь, они́ ку́пят
  Past: купи́л, купи́ла, купи́ли
ла́мпа – *lamp, light (fixture)*
ме́бель (*f.*) – *furniture (only sing.)*
москви́ч – *Muscovite (male)*
москви́чка – *Muscovite (female)*
неда́вно – *recently*
норма́льно (*adv.*) – *OK, fine*
поздравля́ю (поздравля́ть) – *congratulations! (to congratulate)*
почти́ – *almost*
сдава́ть что? [zdʌvát] – *to rent out*
  Pres: я сдаю́, ты сдаёшь, они́ сдаю́т
  Past: сдава́л, сдава́ла, сдава́ли
стоя́ть где? – *to stand*
  Pres: я стою́, ты стои́шь, они́ стоя́т
ты́сяча [tíʂəčə] or [tíʂʂə] (*Gen. sg.* ты́сячи) – *thousand*

филиа́л – *branch of an office*
центра́льный о́фис – *headquarters*
часы́ (*pl.*) – *clock; watch*
челове́к (*pl.* лю́ди) – *person (people)*

Ме́бель – *Furniture*
дива́н – *sofa, couch*
кни́жный шкаф – *bookcase*
кре́сло – *easy chair, armchair*
крова́ть (*f.*) – *bed*
стол – *table; desk*
стул (*pl.* сту́лья) – *chair*
шкаф – *cupboard, closet*

Те́хника – *Appliances*
компью́тер – *computer*
микроволно́вка – *microwave*
ра́дио (*neut. indecl.*) – *radio*
стира́льная маши́на – *washer, washing machine*
магнитофо́н – *tape recorder*
телеви́зор – *television*
телефо́н – *telephone*
холоди́льник – *refrigerator*

101

Themes
- your neighborhood
- patronymics

Pronunciation
- hard Л vs. soft Л

Communicative situations
- giving your home address
- renting an apartment

Grammar
- indicating proximity (**около, недалеко́ от**)
- Prepositional singular endings for adjectives, the demonstrative **э́тот** and possessives
- ordinal numbers 1st – 10th

Но́вые слова́

недалеко́ от – *not far from*
о́коло – *near, not far*
плати́ть – *to pay*

Како́й сего́дня день?
Indicate what day of the week it is.

Сего́дня…
   Mon: понеде́льник
   Tue: вто́рник
   Wed: среда́
   Th: четве́рг
   Fri: пя́тница
   Sat: суббо́та
   Sun: воскресе́нье

8-1. Интервью́. **Listen to the interviews and summarize them in English.**

Интервью́ 1

— Ири́на Петро́вна, где вы живёте в Москве́?
— Я снима́ю кварти́ру.
— А где?
— В це́нтре, на Тверско́й.
— Около метро́?
— Да, недалеко́ от ста́нции метро́ «Пу́шкинская».
— А ско́лько вы пла́тите в ме́сяц?
— 2 ты́сячи.

Интервью́ 2

— Серге́й, где вы живёте в Москве́? В како́м райо́не?
— Я снима́ю кварти́ру о́коло Моско́вского университе́та.
— Каку́ю?
— Одноко́мнатную.
— Ско́лько вы пла́тите?
— 500 в ме́сяц.

8-2. Произноше́ние. **Hard Л vs. Soft Л**
1) Listen to the pronunciation of hard Л [l] in the following words and then repeat the words after the speaker. Pronounce hard Л like the l in the English words *middle*, *little*, or *saddle*.

стол [stol]
стул [stul]
Ура́л [urál]
филиа́л [fɪlɪál]
футбо́л [fudból]
баскетбо́л [bəsķɪdból]
спортза́л [spòrdzál]
как дела́ [kag‿dɪlá]

слу́шал [slúšəl]
писа́л [pɪsál]
ла́мпа [lámpə]
ла́мпы [lámpɨ]
до́ллар [dóllər] [dólər]
о́коло [ókələ]
Светла́на [sʋɪtlánə]

2) Listen to the pronunciation of soft Л [l] in the following words and then repeat the words after the speaker. Pronounce soft Л with the tip of your tongue touching or close to your lower front teeth.

рубль [rúbļ]   фильм [fiļm]
рубли́ [rubļí]   мультфи́льм [muļtfíļm]
Оля [óļə]   ско́лько [skóļkə]
Ольга [óļgə]   бульва́р [buļvár]
мили́ция [m̧iļítsɨjə]   спа́льня [spáļnə]
библиоте́ка [b̧ɨbļɨʌţékə]   большо́й [bʌļšój]
лифт [ļift]   холоди́льник [xəlʌḑíļņɪk]
у́лица [úļɪtsə]   специа́льность [sp̧ɪtsɨáļnəşţ]
Ле́на [ļénə]   [sp̧ɪtsáļnəşţ]
Людми́ла [ļudm̧ílə]   преподава́тель [p̧r̩ɪpədʌváţɪļ]
люблю́ [ļubļu]   учи́тель [učíţɪļ]
фами́лия [fʌm̧íļɪjə]   ме́бель [m̧éb̧ɪļ]
телефо́н [ţɪļɪfón]   баскетбо́л [bəşķɪdból]

3) Pronounce the following past tense forms after the speaker. Be sure to pronounce a soft Л [l] before И.

чита́л – чита́ла – чита́ли [čɪtál – čɪtálə – čɪtáļɪ]
де́лал – де́лала – де́лали [ḑéləl – ḑélələ – ḑélǝļɪ]
писа́л – писа́ла – писа́ли [p̧ɪsál – p̧ɪsálə – p̧ɪsáļɪ]
слу́шал – слу́шала – слу́шали [slúšəl – slúšələ – slúšəļɪ]
рабо́тал – рабо́тала – рабо́тали [rʌbótəl – rʌbótələ – rʌbótəļɪ]
купи́л – купи́ла – купи́ли [kup̧íl – kup̧ílə – kup̧íļɪ]
хоте́л – хоте́ла – хоте́ли [xʌţél – xʌţélə – xʌţéļɪ]
смотре́л – смотре́ла – смотре́ли [smʌţr̩él – smʌţr̩élə – smʌţr̩éļɪ]
жил – жила́ – жи́ли [žɨl – žɨlá – žíļɪ]

When pronunciation doesn't correspond to orthography:

Алло́, which many Russians use when answering the telephone, is pronounced **"алё"** [ʌļó].

Ле́ксика и грамма́тика

8-3. 🎧 **Что́ это? 1) Listen to the sentences, repeat after the speaker, and number them in the order they are given.**
2) Read the sentences out loud and give English equivalents.
3) Match the pictures with the descriptions.

___ Это го́род Москва́.
___ Это це́нтр го́рода.
___ Это мой райо́н.
___ Это у́лица Тверска́я, 1.

a)   b)

c)

____ Это остано́вка авто́буса.
____ Это ста́нция метро́.
____ Это мили́ция.

d)

____ Это вход.
____ Это вы́ход.

e)

f)

____ Это апте́ка.
____ Это по́чта.
____ Это шко́ла.
____ Это университе́т.

g)

h)

____ Это Большо́й теа́тр.
____ Это кинотеа́тр.
____ Это парк.
____ Это спортклу́б.

i)

g)

____ Это музе́й.
____ Это рестора́н.
____ Это кафе́.
____ Это магази́н.

k)

l)

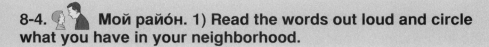

8-4. **Мой райо́н.** 1) Read the words out loud and circle what you have in your neighborhood.

Grammar comment 8-1
Indicating Proximity

о́коло – *close to, near, in the vicinity of*
недалеко́ от – *not far from*

Both **о́коло** and **недалеко́ от** are used with the Genitive case.

университе́т	по́чта	теа́тр
библиоте́ка	парк	музе́й
остано́вка авто́буса	рестора́ны	магази́ны
ста́нция метро́	кафе́	спортклу́б
апте́ка	мили́ция	шко́ла

2) **Practice using недалеко́ от and о́коло: use the words above.** 3) **Take turns asking and answering the question as in the example.** 4) **Now go around the class and talk to three classmates. See Grammar comment 8-1.**

Где ты живёшь?
Где вы живёте?

Я живу́ недалеко́ от университе́та.

Я живу́ о́коло университе́та.

@ **Complete exercises on the Web site.**

Chapter 8: 8-1, 8-2, 8-3.

8-5. Где? 1) **Read the following sentences. Circle the words in the Prepositional case. Explain the endings.** 2) **Answer the last four questions. See Grammar comment 8-2 and 8-3.**

1. Мы живём в краси́вом го́роде.
2. В на́шем го́роде есть хоро́ший университе́т.
3. Ната́ша сейча́с живёт в мое́й кварти́ре.
4. Я живу́ в э́том но́вом общежи́тии.
5. Андре́й живёт в ста́ром до́ме на у́лице Ле́рмонтова.
6. Ва́ня живёт в це́нтре го́рода, на у́лице Пу́шкина.
7. Макс рабо́тает в э́том кни́жном магази́не.
8. Дми́трий Ива́нович рабо́тает в э́той сре́дней шко́ле.
9. Мари́на рабо́тает в на́шей университе́тской библиоте́ке.
10. В како́м го́роде вы живёте?
11. В како́м университе́те вы у́читесь?
12. На како́й у́лице вы живёте?
13. В како́м до́ме вы живёте?

Grammar comment 8-2
Prepositional Singular Endings for Adjectives and the Demonstrative э́тот (э́та, э́то)

Adjectives that describe masculine and neuter nouns take the ending **-OM/-EM** in the Prepositional singular. The demonstrative э́тот (э́то) also takes the ending **-OM**.

NOM	PREP
но́в-ый	но́в-ом
но́в-ое	но́в-ом
больш-о́й	больш-о́м
хоро́ш-ий	хоро́ш-ем[1]
хоро́ш-ее	хоро́ш-ем
э́тот	э́т-ом
э́то	э́т-ом

[1]*Remember spelling rule #2: an unstressed* **o** *in grammatical endings is written as* **e** *after hushers* (**ж, ш, щ, ч**) *and* **ц**.

Они́ живу́т в **э́том хоро́шем большо́м но́вом** до́ме.
They live in this (that) nice new big building.

Adjectives that describe feminine nouns take the ending **-OЙ/-ЕЙ** in the Prepositional singular. The demonstrative э́та also takes the ending **-OЙ**.

NOM	PREP
но́в-ая	но́в-ой
больш-а́я	больш-о́й
хоро́ш-ая	хоро́ш-ей[1]
э́та	э́т-ой

[1]*Spelling rule #2 also applies here.*

Они́ живу́т в **э́той хоро́шей большо́й но́вой** кварти́ре.
They live in this nice new big apartment.

Remember:

В **како́м** го́роде вы живёте?
What city (town) do you live in?

В **како́й** кварти́ре вы живёте?
What apartment do you live in?

На **како́й** у́лице вы живёте?
What street do you live on?

На **како́м** этаже́ вы живёте?
What floor do you live on?

8-6. Како́й эта́ж? На како́м этаже́? It's very important to know which floor a person lives on in an apartment building in Russia in order to find his/her apartment. Apartment numbers do not indicate the floor. 1) Read aloud the number of the floors.

Како́й эта́ж?	На како́м этаже́?
Это …	Я живу́…
1 эта́ж – пе́рвый эта́ж	на пе́рвом этаже́
2 эта́ж – второ́й эта́ж	на второ́м этаже́
3 эта́ж – тре́тий эта́ж	на тре́тьем этаже́
4 эта́ж – четвёртый эта́ж	на четвёртом этаже́
5 эта́ж – пя́тый эта́ж	на пя́том этаже́
6 эта́ж – шесто́й эта́ж	на шесто́м этаже́
7 эта́ж – седьмо́й эта́ж	на седьмо́м этаже́
8 эта́ж – восьмо́й эта́ж	на восьмо́м этаже́
9 эта́ж – девя́тый эта́ж	на девя́том этаже́
10 эта́ж – деся́тый эта́ж	на деся́том этаже́

Note: Ordinal numbers (**пе́рвый, второ́й**, etc.) are adjectives and agree in gender, number, and case with the noun they describe.

2) Take turns asking and answering the question as in the example. Now go around the room and talk to three classmates.

На како́м этаже́ ты живёшь?

На како́м этаже́ вы живёте?

Я живу́ на второ́м этаже́.

8-7. Мари́на Петро́ва. **Complete the following sentences using the words in parentheses. Explain the endings.**

Мари́на Петро́ва живёт в (ста́рый ру́сский го́род Ту́ла). Сейча́с она́ у́чится в (Ту́льский госуда́рственный университе́т) и живёт в (но́вое университе́тское общежи́тие). Она́ живёт в (больша́я ко́мната) на (тре́тий эта́ж).

Ра́ньше она́ учи́лась в (сре́дняя шко́ла) и жила́ в (большо́й ста́рый дом) в (хоро́ший райо́н), недалеко́ от це́нтра. Их кварти́ра была́ на (пя́тый эта́ж).

Мари́на у́чится и рабо́тает. В (Ту́льский университе́т) есть спорти́вный клуб, и Мари́на рабо́тает в (э́тот университе́тский спорти́вный клуб).

@ Complete exercises on the Web site.

Chapter 8: 8-4, 8-5.

8-8. 🎧 **Мой дома́шний а́дрес.** 1) **Listen to the speaker and number the addresses in the order they are given.** 2) **Read the addresses out loud: г. Москва́, ул. Тверска́я, д. 6, кв. 8. — Го́род Москва́, у́лица Тверска́я, дом но́мер шесть, кварти́ра во́семь.**

__г. Ки́ев, ул. Шевче́нко, д. 25, кв. 19
__г. То́мск, ул. Толсто́го, д. 1, кв. 49
__г. Москва́, ул. Вави́лова, д. 12, кв. 3
__г. Санкт-Петербу́рг, ул. Седо́ва, д. 6, кв.7
__г. Но́вгород, ул. Соле́цкая, д. 8, кв. 133
__г. Москва́, ул. Тверска́я, д. 6, кв. 98

3) 👤 **Take turns asking and answering the question: Како́й у тебя́/у вас дома́шний а́дрес?**

8-9. 👤 **Ско́лько сто́ит? Ask each other how much something costs.**

Ско́лько сто́ит ...	Кварти́ра сто́ит ...
кварти́ра в ме́сяц?	500 (пятьсо́т) рубле́й/до́лларов/е́вро
ко́мната в ме́сяц?	600 (шестьсо́т) рубле́й/до́лларов/е́вро
ко́мната в день?	700 (семьсо́т) рубле́й/до́лларов/е́вро
дом в ме́сяц?	800 (восемьсо́т) рубле́й/до́лларов/е́вро
общежи́тие в год?	900 (девятьсо́т) рубле́й/до́лларов/е́вро
	1 000 (ты́сячу) рубле́й/до́лларов/е́вро
	2 000 (две ты́сячи) рубле́й/до́лларов/е́вро
	3 000 (три ты́сячи) рубле́й/до́лларов/е́вро
	4 000 (четы́ре ты́сячи) рубле́й/до́лларов/е́вро
	5 000 (пять ты́сяч) рубле́й/до́лларов/е́вро

Grammar comment 8-3
Prepositional Case forms for Possessives

Possessives that describe masculine and neuter nouns take the ending **-ЁМ/-ЕМ** in the Prepositional case singular.

NOM	PREP
мой, мо-ё	мо-**ём**
твой, тво-ё	тво-**ём**
наш, на́ш-е	на́ш-**ем**
ваш, ва́ш-е	ва́ш-**ем**

Они́ живу́т на **мо́ём** этаже́ и́ли на **ва́шем**?
Do they live on my floor or (on) yours?

Possessives that describe feminine nouns take the ending **-ЕЙ** in the Prepositional case singular.

NOM	PREP
мо-я́	мо-**е́й**
тво-я́	тво-**е́й**
на́ш-а	на́ш-**ей**
ва́ш-а	ва́ш-**ей**

Кто ещё живёт в **ва́шей** кварти́ре?
Who else lives in your apartment?

Remember that the possessives **его́**, **её**, and **их** never change forms.

Ку́рсы валю́т Центра́льного ба́нка Росси́йской Федера́ции

Коли́-чество едини́ц	Наименова́ние валю́ты	Курс в рубля́х
1	До́ллар США	25,5999
1	Евро	34,9336
1	Кана́дский до́ллар	24,0127
100	Япо́нских йен	21,5996

8-10. Вопро́сы. 1) Complete the following questions using the question words in the left-hand column. 2) Take turns asking and answering the questions.

Question words	Questions
Где? Как? Како́й (кака́я, како́е, каки́е)? В како́м/како́й? На како́м/како́й? Каку́ю? Когда́? Кто? Куда́? Ско́лько? Чей (чья, чьё, чьи)? Что?	1. _____ тебя́ зову́т? 2. _____ университе́те ты у́чишься? 3. _____ у тебя́ специа́льность? 4. _____ предме́ты ты у́чишь? 5. _____ у тебя́ выходно́й? 6. _____ ты живёшь? 7. _____ у тебя́ дома́шний а́дрес? 8. _____ у́лице ты живёшь? 9. _____ твой но́мер телефо́на? 10. _____ у тебя́ кварти́ра? 11. _____ кварти́ру ты снима́ешь? 12. _____ сто́ит кварти́ра в ме́сяц? 13. _____ у тебя́ есть в кварти́ре? 14. _____ э́то телеви́зор? 15. _____ этаже́ ты живёшь? 16. _____ ты лю́бишь де́лать в воскресе́нье? 17. _____ ты хо́дишь в суббо́ту ве́чером?

@ **Complete the exercises on the Web site.**

Chapter 8: 8-6, 8-7.

Дава́йте послу́шаем и поговори́м!

Но́вые слова́

одноко́мнатная кварти́ра –
  one-room (studio) apartment
двухко́мнатная кварти́ра –
  two-room apartment
трёхко́мнатная кварти́ра –
  three-room apartment

8-11. Listen to the conversations and circle the words you hear. Then practice the conversations.

Разгово́р 1
— До́брый день! Аге́нтство «**Но́вый дом**»/ «**Но́вая кварти́ра**» слу́шает.
— Здра́вствуйте. Я хочу́ снять кварти́ру **в Москве́/в Ки́еве**.
— Как вас зову́т?
— Людми́ла.
— О́чень прия́тно. Меня́ зову́т Наде́жда, На́дя. В како́м райо́не вы хоти́те снять кварти́ру?
— О́коло метро́ «**Ботани́ческий сад**»/«**Парк культу́ры**».
— Каку́ю кварти́ру вы хоти́те?
— **Двухко́мнатную/трёхко́мнатную** и на **второ́м/тре́тьем** этаже́.
— На **второ́м/тре́тьем этаже́**, пра́вильно?
— Да, пра́вильно!

Разгово́р 2

— Алло́.
— Здра́вствуйте. Это На́дя, аге́нтство «**Ваш дом**»/«**Ва́ша кварти́ра**».
— Здра́вствуйте/Приве́т, На́дя.
— Людми́ла, у нас есть кварти́ра о́коло метро́ «**Ботани́ческий сад**»/«**Парк культу́ры**».
— Хоро́шая кварти́ра?
— Да, как вы хоте́ли. **Две/три** ко́мнаты, на **второ́м/тре́тьем** этаже́.
— А **мебе́ль/холоди́льник** есть?
— Нет, ме́бели нет. Но на ку́хне есть стол и сту́лья, стира́льная маши́на, **холоди́льник/ микроволно́вка**.
— Ско́лько сто́ит?
— **1200/2000** е́вро в ме́сяц.
— Что? Я не понима́ю. Повтори́те, пожа́луйста.
— **1200/2000** е́вро в ме́сяц.

Спра́вка:

Russians have an **и́мя** (first name) and **о́тчество** (patronymic), i.e. the father's name with the suffix **–ович/–евич** for a man and **–овна/–евна** for a woman. For example, if the father's first name is **Пётр**, the son's full name is his given name plus **Петро́вич**: **Серге́й Петро́вич, Ива́н Петро́вич**. The daughter's full name would be **Анна Петро́вна, Ольга Петро́вна**. If the father's name is **Серге́й**, his sons would have the **о́тчество Серге́евич**, and his daughters would have the **о́тчество Серге́евна**.

Adults use first names and patronymics at work, but younger people may only use the first name. When addressing people over forty, use their first name and patronymic unless they tell you otherwise.

8-12.  **Listen to the conversation and fill in the blanks. Then practice the conversation out loud.**

— Аге́нтство «Кварти́ра» _____.
— Здра́вствуйте! Я хочу́ _____ кварти́ру в Петербу́рге.
— Как вас _____?
— Вади́м.
— Фами́лия?
— Па́перный.
— Ваш _____ телефо́н?
— У меня́ есть то́лько _____.
— Хорошо́.
— _____.
— Каку́ю _____ вы хоти́те?
— _____, в но́вом до́ме, пожа́луйста.

8-13. Интервью́. Listen to the interviews in 8-1 again. 1) Summarize them in Russian and give the following information in the form of a narrative:

Интервью́ 1
a. Где Ири́на Петро́вна снима́ет кварти́ру?
b. Кака́я ста́нция метро́ недалеко́ от до́ма?
c. Ско́лько Ири́на Петро́вна пла́тит в ме́сяц?

Интервью́ 2
a. В како́м райо́не Москвы́ живёт Серге́й?
b. Каку́ю кварти́ру он снима́ет?
c. Ско́лько он пла́тит в ме́сяц?

2) **Conduct similar interviews with your classmates or other Russian speakers. Write down their answers and report the results in class.**

Interview form

Questions	Person 1	Person 2	Person 3
1. Как тебя́/вас зову́т?			
2. В како́м райо́не ты живёшь? В како́м райо́не вы живёте?			
3. Что есть недалеко́ от до́ма?			
4. Кака́я у тебя́/у вас кварти́ра?			
5. Ско́лько ты пла́тишь? Ско́лько вы пла́тите?			

@ **Complete the exercise on the Web site.**

Chapter 8: 8-8.

Дава́йте послу́шаем и почита́ем!

8-14. 🎧 📝 **Кварти́ра в Москве́. Listen to the conversation between a rental agent and a renter. Fill out the form below.**

Аге́нтство «Но́вая кварти́ра» _____
Анке́та

Фами́лия _____

Имя _____ Отчество _____

Дома́шний а́дрес _____

Дома́шний телефо́н _____

Ме́сто рабо́ты (где рабо́тает) _____

Рабо́чий телефо́н _____

Семья́ _____

Кака́я кварти́ра _____

Райо́н _____

Ско́лько в ме́сяц ($$) _____

8-15. 📖 Чте́ние. Сдаю́… Now look through the ads and decide which apartment would be most suitable for Пётр Астро́в.

Кварти́ры в аре́нду

1. Сдаю́ ко́мнату 210.00$ в ме́сяц
Сдаю́ в аре́нду ко́мнату, о́коло метро́ Во́йковская. Ко́мната изоли́рованная, в трёхко́мнатной кварти́ре. Есть шкаф, крова́ть, телеви́зор, телефо́н.
Тел. 730-54-48 Да́рья

2. Сдаю́ кварти́ру однокомнатная, 500.00$ в ме́сяц
Сдаю́ в аре́нду однокомнатную кварти́ру в но́вом до́ме, метро́ Ку́нцевская, 8-ой эта́ж, есть лифт. Холоди́льник, телеви́зор, телефо́н.
796-02-91 Гали́на Алекса́ндровна

4. Сдаю́ кварти́ру двухкомнатная, 800.00$ в ме́сяц
Сдаю́ в аре́нду кварти́ру 2-х ко́мнатную в но́вом до́ме, 4-й эта́ж, о́коло метро́ УНИВЕРСИТЕТ. Есть гости́ная, спа́льня, кондиционе́р. Ме́бели нет. На ку́хне есть холоди́льник. Очень краси́вая и сти́льная кварти́ра.
Телефо́ны 788-68-79, 692-64-89 Бе́лла

3. Сдаю́ кварти́ру двухко́мнатная, 600.00$ в ме́сяц
Сдаю́ кварти́ру двухко́мнатную недалеко́ от метро́ СОКОЛ, 2-ой эта́ж, больша́я ку́хня, ме́бель, холоди́льник, телеви́зор, телефо́н.
Тел. 8-926-534-58-94
Ольга Петро́вна

5. Сдаю́ эли́тную кварти́ру двухко́мнатная, 2000.00$
Сдаю́ в аре́нду кварти́ру, о́коло метро́ Цветно́й бульва́р, больша́я ку́хня, большо́й холл, но́вая ме́бель, холоди́льник, микроволно́вка, стира́льная маши́на. На 5-ом этаже́. Есть лифт.
Тел. 8-926-534-96-89
Игорь Алекса́ндрович

8-16. 🎧 Послу́шайте. The agent is calling back with a choice of apartments. Circle what she is offering.

1. Кварти́ра – 2 000$	2. Кварти́ра – 800$
Эта́ж: 5-й 6-й	**Эта́ж:** 2-й 4-й
Ко́мнаты: две три	**Ко́мнаты:** одна́ две
Ку́хня: больша́я ма́ленькая	**Ку́хня:** больша́я ма́ленькая
Ме́бель: есть нет	**Ме́бель:** есть нет
Холоди́льник: есть нет	**Холоди́льник:** есть нет
Около до́ма: метро́, магази́ны, рестора́н, теа́тр, парк, музе́й, спортклу́б, апте́ка, по́чта, мили́ция, кинотеа́тр	**Около до́ма:** метро́, магази́ны, рестора́н, теа́тры, парк, музе́й, спортклу́б, апте́ка, по́чта, мили́ция, кинотеа́тр

8-17. **Чте́ние. Read an e-mail Пётр Серге́евич Астров wrote to a friend in Moscow. List the advantages (плюс) and the disadvantages (ми́нус) of the apartment.**

Приве́т, Та́ня!

Есть кварти́ра в Москве́. Около метро́ «Университе́т», две ко́мнаты и ку́хня. Есть холоди́льник и телефо́н, но нет ме́бели. Кварти́ра но́вая. Что ты ду́маешь?

Пётр

Приве́т, Пе́тя!

Около метро́ «Университе́т» – э́то хорошо́. Это недалеко́ от це́нтра. Пло́хо, коне́чно, что нет ме́бели. Ско́лько сто́ит кварти́ра? На како́м этаже́? Около до́ма есть магази́ны?

Та́ня

ПЛЮС	МИНУС

8-18. **Письмо́. Write an e-mail to Та́ня answering her questions.**

8-19. **Зая́вка. You are going to spend a year at the University of Moscow, and you want to find an apartment in Moscow. 1) Fill out the on-line form below.**

АГЕНТСТВО «Аренда.РУ»

Зая́вка на аре́нду кварти́ры в Москве́

Вы хоти́те: снять кварти́ру в Москве́

Ф.И.О.: _____

Телефо́н: _____

E-mail: _____

Ста́нция метро́: _____

Ско́лько ко́мнат: _____

Сто́имость: _____ $ в ме́сяц

Дополни́тельно: ❏ Телефо́н ❏ Ме́бель

Но́вые слова́

Ф.И.О. – *abbreviation for* фами́лия, и́мя и о́тчество
сто́имость – *cost*
дополни́тельно – *extra*

2) Call the agent and describe what you are looking for.

Complete exercises on the Web site.

Chapter 8: 8-9, 8-10.

Дава́йте переведём!

8-20. Как сказа́ть по-ру́сски? Give Russian equivalents for the following questions. Translate ideas, not words. Take turns asking and answering the questions.

1. What town/city do you live in?
2. What street do you live on?
3. What's your home address?
4. Do you live close to the university?
5. Do you live near the subway?
6. Is there a drugstore near your house?
7. Do you want to rent an apartment?
8. Where do you want to rent an apartment?
9. What apartment do you want to rent?
10. What floor do you want?
11. How much does an apartment cost per month?
12. How much does the dorm cost per month?

8-21. Кварти́ра в Ки́еве! Give a Russian equivalent for the following text. Translate ideas, not words.

Classifieds
Apartment for rent in Kiev. $1000
Two-room, second-floor apartment for rent, unfurnished, with refrigerator and telephone. Close to the Polytechnical Institute subway station. Call 268-46-68. Rita

Ци́фры и фа́кты

8-22. Мой телефо́н. Listen to the speaker and write down (in numbers, not in words) the telephone numbers you hear.

1. ____ ____ ____
2. ____ ____ ____
3. ____ ____ ____
4. ____ ____ ____
5. ____ ____ ____
6. ____ ____ ____
7. ____ ____ ____
8. ____ ____ ____
9. ____ ____ ____
10. ____ ____ ____

113

ИТАР ТАСС

Информацио́нное аге́нтство
*– News Service (Like Reuters,
Associated Press)*

8-23. Ци́фры и фа́кты. Numbers and facts. Ско́лько сто́ит аре́нда кварти́ры. Read the results of a survey of how much students pay for an apartment or a room in Ekaterinburg (го́род на Ура́ле). Discuss the results in English and compare them with how much students pay in your country.

По результа́там опро́са ИТАР ТАСС УРАЛ 17% (проце́нтов) студе́нтов снима́ют кварти́ры. Ско́лько они́ пла́тят?

40 % пла́тят 4 000 – 7 000 рубле́й в ме́сяц
25 % пла́тят 2 500 рубле́й в ме́сяц
20 % пла́тят 2 000 – 3 500 рубле́й в ме́сяц
15% пла́тят 1 000 – 1 500 рубле́й в ме́сяц

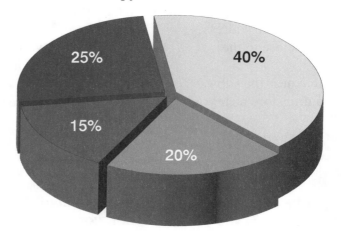

Что мо́жно снять на э́ти де́ньги?
1. Аре́нда ко́мнаты сто́ит 4 ты́сячи рубле́й,
   в це́нтре – 8-10 ты́сяч рубле́й.
2. Аре́нда однокомнатной кварти́ры сто́ит 9-10 ты́сяч рубле́й.
3. Ча́сто 3 студе́нта снима́ют 3-х ко́мнатную кварти́ру
   и пла́тят: 6 ты́сяч рубле́й x 3 = 18 ты́сяч рубле́й.
4. Общежи́тие сто́ит: 70-200 рубле́й в ме́сяц.

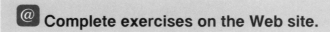 **Complete exercises on the Web site.**

Chapter 8: 8-11, 8-12.

8-24. Слова́рь. Vocabulary.

авто́бус – *bus*
аре́нда – *rent*
а́дрес – *address*
вход – *entrance*
вы́ход – *exit*
год (в год) – *year (per year)*
двухко́мнатная (кварти́ра) – *two-room (apartment)*
до́ллар (*Gen. pl*: до́лларов) – *dollar*
е́вро [jévrə] (*neut. indecl.*) – *euro*
и́мя (*neut.*) – *first name*
клуб – *club*
лифт – *elevator*
метро́ (*neut. indecl.*) – *subway*
ме́сто (рабо́ты) – *place (workplace)*
ме́сяц (в ме́сяц) – *month (per month)*
мили́ция – *police*
недалеко́ от + *Gen.* – *not far from*
одноко́мнатная (кварти́ра) – *one-room (studio) apartment*
о́коло + *Gen.* – *near, not far*
остано́вка – *bus stop*
о́тчество – *patronymic*
плати́ть – *to pay*
    Pres: я плачу́, ты пла́тишь, они́ пла́тят
рабо́чий, -ая, -ее, -ие (телефо́н) – *work (business phone)*
райо́н – *neighborhood*
рубль (*m.*) (*Gen. pl.*: рубле́й) – *ruble*
сад – *garden*
ско́лько – *how much*
снять *pfv.* что? – *to rent*
    Past: снял, сняла́, сня́ли
ста́нция (метро́) – *station (metro station)*
сто́ить (кварти́ра сто́ит) – *to cost (an apartment costs)*
тре́тий, тре́тье, тре́тья (*Prep:* где? на тре́тьем этаже́) – *third (on the third floor)*
трёхко́мнатная (кварти́ра) – *three-room (apartment)*
у́лица (*Prep:* где? на у́лице) – *street*
фами́лия – *last name*

Поря́дковые числи́тельные – *Ordinal numbers*
пе́рвый – *first*
второ́й – *second*
тре́тий (тре́тье, тре́тья) – *third*
четвёртый – *fourth*
пя́тый – *fifth*
шесто́й – *sixth*
седьмо́й – *seventh*
восьмо́й – *eighth*
девя́тый – *ninth*
деся́тый – *tenth*

ГЛАВА 9. ЧТО ВЫ ЛЮБИТЕ ЕСТЬ?

Chapter 9. What do you like to eat?

Themes
- names of food and where people shop for food
- ordinal numbers: 11th – 20th

Pronunciation
- devoicing of voiced consonants at the end of words

Communicative situations
- discussing what food to buy
- asking how much something costs

Grammar
- verbs for eating and drinking
- about verbal aspect
- time expressions:
    - **1 раз в неде́лю**
    - **2 ра́за в ме́сяц**
    - **3 ра́за в год**
    - **ка́ждый день**

Но́вые слова́

есть что? *impf.* – *to eat*
пить что? *impf.* – *to drink*
покупа́ть что? *impf.* – *to buy*
проду́кты – *groceries*
ры́н|о|к – *market*

Како́й сего́дня день?
Indicate what day of the week it is.

Сего́дня…
- **Mon**: понеде́льник
- **Tue**: вто́рник
- **Wed**: среда́
- **Th**: четве́рг
- **Fri**: пя́тница
- **Sat**: суббо́та
- **Sun**: воскресе́нье

9-1. 🎧 🎥 **Интервью́. Listen to the interviews and summarize them in English.**

Интервью́ 1

— Татья́на, где вы покупа́ете проду́кты?
— Обы́чно в суперма́ркете о́коло до́ма.
— А где ещё?
— На ры́нке.
— Что вы покупа́ете на ры́нке?
— Фру́кты и о́вощи.
— А в суперма́ркете?
— Мя́со, ры́бу, ма́сло…

Интервью́ 2

— Ви́ктор, что вы еди́те на за́втрак?
— Я обы́чно не за́втракаю. Пью то́лько ко́фе.
— А что вы еди́те на обе́д?
— Сала́т и́ли бутербро́д.
— А что ещё?
— Люблю́ есть суп.
— А что ва́ша семья́ ест на у́жин?
— Мы еди́м мя́со и́ли ры́бу, о́вощи и пьём чай.

9-2. 🎧 **Произноше́ние. Devoicing of voiced consonants at the end of words.**

Voiced Consonants	б	в	д	з	г	ж
Voiceless Consonants	п	ф	т	с	к	ш

A. Listen and repeat the words after the speaker.

1. Б as П
хлеб [xl̦ep]
Глеб [gl̦ep]
клуб [klup]

2. В as Ф
Ивано́в [ɪvʌnóf]
Смирно́в [smɪrnóf]
Ки́ев [k̦íɪf]
Лев [l̦ef]
Яков [jákəf]

3. Д as Т
Дави́д [dʌɣít]
го́род [górət]
обе́д [ʌb̦ét]
год [got]
шокола́д [šəkʌlát]
перево́д [p̦ɪɪvót]
Эдуа́рд [ɪduárt]

116

4. З as С
джаз [džas]
блюз [bḻus]
раз [ras]
францу́з [frʌntsús]

5. Г as К
Оле́г [ʌḻék]
друг [druk]
четве́рг [čıtɣérk]
блог [blok]
Петербу́рг [pı̩ı̩rbúrk]
Екатеринбу́рг
[jıkət̩ɽınbúrk]

6. Ж as Ш
эта́ж [ıtáš]
гара́ж [gʌráš]
муж [muš]
Пари́ж [pʌɽíš]

B. Underline the voiced consonants that are pronounced voiceless in the following words and tell why they are pronounced that way.

за́втрак
моско́вский

ре́дко
францу́зский

во́дка
общежи́тие

Ле́ксика и грамма́тика

9-3. 🎧 📝 👥 **Что вы лю́бите есть? 1) Listen to the words and number them in the order they are given.**

Продукты

a) _____ колбаса́

_____ сыр

_____ ма́сло

b) _____ ку́рица

_____ мя́со

_____ ры́ба

_____ яйцо́ (pl. я́йца)

c) _____ хлеб

_____ рис

_____ о́вощи (pl.)

_____ карто́фель,
карто́шка
(sing. only)

Eating
The verb **есть** *to eat* is one of a very few irregular verbs in Russian, but its conjugation is easy to remember:
я ем
ты ешь
он/она́ ест
мы еди́м
вы еди́те
они́ едя́т

Past: **ел, е́ла, е́ли**

In addition to **есть**, many Russians, especially in a home environment, say **ку́шать** (я ку́шаю, ты ку́шаешь, они́ ку́шают).

Проду́кты

d) _____ фру́кты (*pl.*)

_____ апельси́н

_____ лимо́н

_____ я́блоко

e) _____ торт

_____ шокола́д
(*sing. only*)

_____ пече́нье
(*sing. only*)

_____ моро́женое

Еда́

f) _____ суп

_____ бутербро́д

_____ пи́цца

_____ сала́т

2) Look at the pictures and choose what you like to eat and what you do not like to eat.

Я люблю́ есть _____

Я не люблю́ есть _____

3) Compare your list with the lists your classmates have compiled.

9-4. Что вы еди́те? Choose from the table on p.119 what applies to you. Ask your classmates what they eat for breakfast, lunch, and dinner.

Что ты ешь на обе́д?

Что вы еди́те на обе́д?

На обе́д я ем обы́чно суп и сала́т.

Когда́?	Что?
На за́втрак …	я ем фру́кты. я ем тост, ма́сло и сыр. я ем колбасу́ и хлеб. я ем… Я не за́втракаю.
На обе́д …	я обы́чно ем сала́т. я ем бутербро́д и суп. я ем суп и сала́т. я ем… Я не обе́даю.
На у́жин …	я ем мя́со, карто́шку и сала́т. я ем ры́бу, рис и о́вощи. я ем бутербро́д. я ем… Я не у́жинаю.

За́втрак, обе́д и у́жин

Use **за́втрак** to describe a meal eaten in the morning. Use **обе́д** to describe a meal eaten in the afternoon. Russians usually think of **обе́д** as a full meal that consists of soup, salad, a main course, and dessert. Use **у́жин** to describe an evening meal. When speaking of a holiday dinner or a dinner party, use **обе́д**, regardless of the time of day.

9-5. Что вы пьёте? 1) Listen to the words and number them in the order they are given.

_____ вода́ (*water*) _____ молоко́ (*milk*) _____ чай (*tea*) _____ ко́фе (*coffee*)

_____ сок (*juice*) _____ пи́во (*beer*) _____ вино́ (*wine*) _____ во́дка (*vodka*)

2) Look through the list and choose what you like and do not like to drink.

Я люблю́ пить _____

Я не люблю́ пить _____

3) Compare your list with the lists your classmates have compiled.

Drinking

The verb **пить** *to drink* is a first conjugation verb, but it has a stem change in its conjugation:

> **я пью**
> **ты пьёшь**
> **он/она́ пьёт**
> **мы пьём**
> **вы пьёте**
> **они́ пьют**
>
> Past: **пил, пила́, пи́ли**

119

Grammar comment 9-1
Verbal Aspect

For every English verb, there are usually two Russian verbs – an imperfective verb that indicates the action itself, the process (**де́лать, есть, пить, обе́дать**), and a perfective verb that indicates the action and the result of the action (**сде́лать, съесть, вы́пить, пообе́дать**). This is called **aspect**. Since the present tense indicates action in progress or repeated actions, only imperfective verbs are used in the present tense. The following examples will give you some idea of imperfective (IMPF) and perfective (PFV) aspects.

Что ты **де́лал/а** сего́дня? (IMPF)
*What **did you do** today?*

Что ты **сде́лал/а** сего́дня? (PFV)
*What did you **get done (accomplish)** today?*

Я **учи́л/а** э́ти слова́, но **не вы́учил/а** их. (IMPF) (PFV)
*I **studied** these words, but **didn't learn (haven't learned)** them.*

It is helpful to think that the Imperfective aspect often focuses on "spending time doing something," whereas the Perfective aspect often focuses on "getting (or not getting) something done."

(CONTINUED ON PAGE 121)

@ **Complete exercises on the Web site.**

Chapter 9: 9-1, 9-2, 9-3.

9-6. Де́лали и сде́лали. Read the following sentences, give the English equivalents, and explain the difference in the meaning of the verbs. See Grammar comment 9-1.

1) **Что Мари́я Петро́вна и Никола́й Ива́нович де́лали?**
Мари́я Петро́вна и Никола́й Ива́нович у́жинали. Они́ е́ли мя́со, карто́фель, сала́т и пи́ли вино́.

2) **Что Мари́я Петро́вна и Никола́й Ива́нович сде́лали?**
Ма́рия Петро́вна и Никола́й Ива́нович поу́жинали. Они́ съе́ли мя́со, карто́фель, сала́т и вы́пили вино́.

3) Анна **е́ла** я́блоко.

4) Анна **съе́ла** я́блоко.

5) Анна **пила́** сок.

6) Анна **вы́пила** сок.

7) Анна **чита́ла** кни́гу/ уче́бник. Она́ **учи́ла** текст.

8) Анна **прочита́ла** кни́гу/ уче́бник. Она́ **вы́учила** текст.

9) Анна **покупа́ла** проду́кты.

10) Анна **купи́ла** проду́кты.

9-7. 🎧 Де́лали or сде́лали? Listen to the conversations and circle the verbs your hear. Explain the usage of imperfective/perfective verbs.

Разгово́р 1

— Ники́та, ты уже́ **обе́дал/пообе́дал**?

— Да, уже́ **обе́дал/пообе́дал**.

— Ты **ел/съел** ку́рицу и сала́т?

— Да, я **ел/съел** ку́рицу, но сала́т ещё есть. Хо́чешь?

— Да, спаси́бо.

Разгово́р 2

— **Ники́та**, ты хо́чешь **есть/съесть**?

— Да, а что у тебя́ есть?

— Хо́чешь **есть/съесть** мя́со и карто́фель?

— Нет, спаси́бо. Ра́ньше я **ел/съел** мя́со, но сейча́с не ем.

Разгово́р 3

— Та́ня, у нас есть сок?

— Нет, я его́ **пила́/вы́пила**.

— А что есть?

— Есть чай, хо́чешь **пить/вы́пить**?

— Нет, обы́чно я не **пью/вы́пью** чай.

Разгово́р 4

— Та́ня, ты уже́ **за́втракала/поза́втракала**?

— Да, я уже́ **за́втракала/поза́втракала**. А ты?

— Нет, я обы́чно не **за́втракаю/поза́втракаю**.

(CONTINUED FROM PAGE 120)
Grammar comment 9-1
Using Aspect in the Past Tense

• Use perfective verbs to indicate a one-time action and the result of that action.

• Use imperfective verbs to indicate habitual or repeated actions. Remember that the adverbs **всегда́** *always*, **ре́дко** *seldom*, **ча́сто** *often*, **иногда́** *sometimes*, **обы́чно** *usually*, as well as time expressions like **ка́ждый день** *every day* indicate habitual or repeated actions.

Note the meaning of the perfective aspect in the following sentences. Note, too, that **КТО** takes masculine agreement in past tense verb form:

Кто **съел** мой торт?
Who ate my cake? (all of it)

Кто **вы́пил** мой чай?
Who drank my tea? (all of it)

9-8. 👤👤👪 Что вы покупа́ете? Что вы купи́ли?

1) Take turns asking and answering questions as in the example. Use the words from the list below.

Example:

— Где ты покупа́ешь молоко́? / Где вы покупа́ете молоко́?

— Я покупа́ю молоко́ в суперма́ркете.

2) Mark the food you bought the last time you went shopping. Compare it with what three other students bought. Determine what food or drinks are most popular among your classmates.

Example:

— Что ты купи́л/а?/ Что вы купи́ли?

— Я купи́л/а молоко́, хлеб…

Что?			Где?
вода́	моро́женое	сок	в магази́не
карто́шка	мя́со	сыр	на ры́нке
колбаса́	о́вощи	торт	в суперма́ркете
ко́фе	пече́нье	фру́кты	
ку́рица	пи́во	хлеб	
ма́сло	рис	чай	
молоко́	ры́ба	я́йца	

Grammar comment 9-2
Time Expressions

1 раз – *once, one time*
2 ра́за – *twice, two times*
3 ра́за – *three times*
4 ра́за – *four times*
5 раз–10 раз – *five–ten times*

Note that **РАЗ** has a different ending after the numerals 2, 3, and 4.

When you want to say how often you do something, use the appropriate form of **РАЗ** and the preposition **В** followed by the Accusative case of a time word.

Я пью молоко́ **3 ра́за в** день.
I drink milk three times a day.

Я хожу́ в рестора́н **2 ра́за в** неде́лю.
I go to a restaurant two times a week.

Я ем ры́бу **3–5 (три–пять) раз** в год.
I eat fish three to five times a year.

When you want to say that you do something every day, use the expression **ка́ждый день**, which is in the Accusative case.

Я пью сок **ка́ждый день**.
I drink juice every day.

9-9. Do you have a healthy lifestyle? Use the table below to determine whether your lifestyle is healthy. See Grammar comment 9-2.

Что я ем/пью	Ба́ллы	Что я де́лаю	Ба́ллы
Ем мя́со		**Гуля́ю**	
ка́ждый день	1	ка́ждый день	1
3-5 раз в неде́лю	2	3-5 раз в неде́лю	2
оди́н раз в неде́лю	3	оди́н раз в неде́лю	3
оди́н раз в ме́сяц	4	оди́н раз в ме́сяц	4
3-5 раз в год	5	3-5 раз в год	5
никогда́	6	никогда́	6
Ем о́вощи		**Рабо́таю**	
ка́ждый день	1	ка́ждый день	6
3-5 раз в неде́лю	2	3-5 раз в неде́лю	5
оди́н раз в неде́лю	3	оди́н раз в неде́лю	4
оди́н раз в ме́сяц	4	оди́н раз в ме́сяц	3
3-5 раз в год	5	3-5 раз в год	2
никогда́	6	никогда́	1
Пью алкого́ль		**Курю́**	
ка́ждый день	1	ка́ждый день	1
3-5 раз в неде́лю	2	3-5 раз в неде́лю	2
оди́н раз в неде́лю	3	оди́н раз в неде́лю	3
оди́н раз в ме́сяц	4	один раз в ме́сяц	4
3-5 раз в год	5	3-5 раз в год	5
никогда́	6	никогда́	6

30–36 Отли́чно! (You have excellent lifestyle habits.)
13–29 Неплохо (You have to be careful.)
6–12 Пло́хо (You need to change your habits.)

@ Complete exercises on the Web site.

Chapter 9: 9-4, 9-5.

Дава́йте послу́шаем и поговори́м!

9-10. 🎧 🗣 **Listen to the conversations and circle the words you hear. Then practice the conversations using the "Material for practice – Пра́ктика."**

Разгово́р 1

— Ле́на! Что на́до купи́ть **в магази́не/на ры́нке**?

— На́до купи́ть **о́вощи/фру́кты** и во́ду.

— Что ещё?

— На́до купи́ть ещё **чай/кофе**. У нас до́ма нет **ча́я/кофе**.

— А **молоко́/сок** есть?

— Да, я вчера́ купи́ла.

Material for practice — Пра́ктика

You've run out of: хлеб, ма́сло, сыр, сок, ко́фе, колбаса́, фру́кты, пече́нье, пи́во. Say what you need to buy.

Но́вые слова́

вчера́ – *yesterday*
на́до *inf.* – *it is necessary (to)*
мо́жно – *one can/may*
цена́ – *price*

Разгово́р 2

— Ско́лько сто́ит **моро́женое/вода́**?
— **25/15** рубле́й.
— Ско́лько? Пять рубле́й? Пра́вильно?
— Нет, **25/15** рубле́й.
— А, спаси́бо!
— Пожа́луйста!

Material for practice — Пра́ктика

You are shopping at a small grocery store that doesn't have prices displayed. One of you is a salesperson, and the other is a customer. Ask the salesperson what various things cost.

Цена́ 35 рубле́й

Цена́ 30 рубле́й

Цена́ 135 рубле́й

Цена́ 309 рубле́й

Цена́ 20 рубле́й

Цена́ 86 рубле́й

9-11. 🎧 Listen to the conversation and fill in the blanks. Then practice it.

— Где вы покупа́ете _____ и хлеб?
— Обы́чно в _____ о́коло до́ма.
— А где вы покупа́ете мя́со, _____, ры́бу?
— В _____ и́ли на ры́нке.
— А где суперма́ркет?
— Недалеко́, одна́ _____ на авто́бусе.

9-12. Интервью́. Listen to the interviews in 9-1 again. 1) Summarize them in Russian and give the following information in the form of a narrative:

Интервью́ 1

a. Где Татья́на покупа́ет проду́кты?

b. Что она́ покупа́ет на ры́нке?

c. Что она́ покупа́ет в суперма́ркете?

Интервью́ 2

a. Что Ви́ктор ест на обе́д?

b. Что его́ семья́ лю́бит есть на у́жин?

2) Conduct similar interviews with your classmates or other Russian speakers. Write down their answers and report the results in class.

Interview form

Questions	Person 1	Person 2	Person 3
1. Как тебя́/вас зову́т?			
2. Что ты ешь на за́втрак? Что вы еди́те на за́втрак?			
3. Что ты ешь на обе́д? Что вы еди́те на обе́д?			
4. Что ты ешь на у́жин? Что вы еди́те на у́жин?			
5. Что ты не лю́бишь есть? Что вы не лю́бите есть?			

@ Complete the exercise on the Web site.

Chapter 9: 9-6.

Дава́йте послу́шаем и почита́ем!

9-13. 🎧 **Фо́рум в Интерне́те.** Listen to the audio and choose the correct answer. There may be more than one correct answer.

1. Ди́ма покупа́ет проду́кты

a. на ры́нке

b. в суперма́ркете «Седьмо́й контине́нт»

c. в суперма́ркете «Пятёрочка»

2. Ди́ма

a. студе́нт

b. не рабо́тает

c. рабо́тает

3. Ната́ша покупа́ет проду́кты
- a. в суперма́ркете «Пятёрочка»
- b. на ры́нке
- c. в суперма́ркете «Седьмо́й контине́нт»

4. Ната́ша
- a. студе́нтка
- b. аспира́нтка
- c. учи́тельница

9-14. Чте́ние. **Now read the following text and check your answers in 9-13.**

ФОРУМ В ИНТЕРНЕТЕ
Те́ма: Где лу́чше покупа́ть проду́кты в Москве́?

Ди́ма

У меня́ вопро́с… В како́м суперма́ркете лу́чше покупа́ть проду́кты в Москве́? Я всё покупа́ю в «Седьмо́м контине́нте». Хоро́ший суперма́ркет, но до́рого! Я студе́нт и, коне́чно, рабо́таю, но де́нег всегда́ НЕТ…

Ната́ша

Приве́т, Ди́ма! Сейча́с я то́же живу́ и учу́сь в Москве́. Я аспира́нтка и учу́сь на истори́ческом факульте́те. Живу́ недалеко́ от университе́та, снима́ю однокомнатную кварти́ру. Около до́ма есть большо́й суперма́ркет «Пятёрочка». В «Пятёрочке» мо́жно купи́ть всё: мя́со, ры́бу, я́йца, молоко́, хлеб, шокола́д… Там недо́рого, и проду́кты о́чень хоро́шие! Овощи и фру́кты лу́чше покупа́ть на ры́нке. Там всегда́ деше́вле и лу́чше… А каки́е я́блоки!!!!

Ди́ма

Спаси́бо, Ната́ша! А о́коло тебя́ есть хоро́ший рестора́н?

Ната́ша

Да, недалеко́ от до́ма есть рестора́н «Тара́с Бу́льба». Вчера́ я там обе́дала. Но я ре́дко хожу́ в рестора́ны. Я на «Моско́вской» дие́те.

Лю́да

Ната́ша, что э́то за дие́та? Я была́ 4 ме́сяца на дие́те Аткинса: не е́ла фру́кты, хлеб, карто́фель. Е́ла то́лько мя́со 4 ра́за в день и я́йца, пила́ во́ду. Ди́ма, «Копе́йка» хоро́ший суперма́ркет! Я всё покупа́ю там уже́ 3 го́да. Очень дёшево!

Ната́ша

Приве́т, Лю́да! Вот моя́ «Моско́вская» дие́та… Я её прочита́ла в журна́ле «Космопо́литан».
Нельзя́ есть: хлеб, са́хар, мя́со, сыр.
Мо́жно есть: фру́кты, о́вощи, ры́бу, ку́рицу, рис.
Нельзя́ пить: алкого́ль, пе́пси-ко́лу, ко́ка-ко́лу и т.д.
Мо́жно пить: во́ду, сок, ко́фе, чай, молоко́.

Но́вые слова́

всегда́ – *always*
де́ньги (*Gen.* де́нег) – *money*
дёшево – *inexpensive, cheap (adv.)*
деше́вле (дешёвый) – *cheaper* (cheap *adj.*)
дие́та (на дие́те) – *diet (on a diet)*
лу́чше [lútšə] – *better*
(не)до́рого – *(not) expensive, (in)expensive*
нельзя́ + *inf.* – *one can't, it's not permitted*

«Моско́вская» дие́та

Пе́рвый день
За́втрак: ко́фе и яйцо́
Обе́д: сала́т, сок (200 г.)
У́жин: ры́ба (350 г.), рис, сала́т

Второ́й день
За́втрак: ко́фе, йо́гурт
Обе́д: ры́ба (350 г.), сала́т, вода́
У́жин: фру́кты (200 г.)

Тре́тий день
За́втрак: чай и фру́кты (я́блоко и́ли апельси́н)
Обе́д: ку́рица (300г.), карто́фель (200 г.)
У́жин: сала́т

Четвёртый день
За́втрак: ко́фе и яйцо́
Обе́д: рис и о́вощи
У́жин: ку́рица и фру́кты

Пя́тый день
За́втрак: сок (200 г.)
Обе́д: ры́ба (400 г.), рис, сок (200 г.)
У́жин: фру́кты

9-15. Моско́вская дие́та. You've decided to try the «Моско́вская дие́та». Read about it again and make a grocery list.

Что купи́ть

1. _____   8. _____
2. _____   9. _____
3. _____   10. _____
4. _____   11. _____
5. _____   12. _____
6. _____   13. _____
7. _____   14. _____

9-16. Дие́ты. 1) Compare Ната́ша's diet (the Moscow diet) with Лю́да's (the Atkins diet): what they can and cannot eat and drink.

Моско́вская дие́та		Дие́та Аткинса	
Мо́жно	Нельзя́	Мо́жно	Нельзя́

2) Describe a diet that you know. You can find popular diets on the Internet.

@ **Complete exercises on the Web site.**

Chapter 9: 9-7, 9-8.

Дава́йте переведём!

9-17. Как сказа́ть по-ру́сски? Give Russian equivalents for the following questions. Translate ideas, not words. Then take turns asking and answering the questions.

1. What do you like to eat?
2. What do you like to drink?
3. How often/many times a week do you eat meat?
4. Where do you usually have breakfast?
5. Where do you usually have lunch?
6. Do you like pizza?
7. Where do you usually buy groceries?
8. Where do you usually buy fruit?
9. Do you eat vegetables? How often?
10. Are you on a diet?

9-18. Рестора́н «Хоро́ший сосе́д». "A Good Neighbor," an American restaurant chain, is opening a restaurant in Russia. Help them translate their brochure.

> **A GOOD NEIGHBOR**
> I don't like eating at restaurants. I like to eat at home. Plus, restaurants are expensive. And I am a student and I don't have much money. But now there is a new restaurant called "A Good Neighbor" close to my house. Now I eat there three days a week. It is a great restaurant; it is not expensive and I can eat everything I like: soup, sandwiches, vegetables, and fish.

Ци́фры и фа́кты

9-19. 🎧 Ordinal numbers: 11th – 20th.

1) Ци́фры. Numbers. Repeat the numbers with the speaker.

11th – оди́ннадцатый	16th – шестна́дцатый
12th – двена́дцатый	17th – семна́дцатый
13th – трина́дцатый	18th – восемна́дцатый
14th – четы́рнадцатый	19th – девятна́дцатый
15th – пятна́дцатый	20th – двадца́тый

Ordinal numbers: 11th–20th
To form ordinal numbers from 11 to 20, remove the soft sign ь from the end of the cardinal number (оди́ннадцат-ь) and add adjective endings (**-ый, -ое, -ая** or **-ые**). Remember that ordinal numbers are adjectives and they agree in gender, number, and case with the noun they describe.

2) Listen to the speaker and circle the numbers you hear.

a. 19-ый, 13-ый, 18-ый, 8-ой, 20-ый, 2-ой
b. 5-ый, 15-ый, 12-ый, 16-ый, 6-ой, 17-ый
c. 11-ый, 1-ый, 14-ый, 4-ый, 9-ый, 19-ый

9-20. Ци́фры и фа́кты. Look at the graph and discuss the responses in Russian or in English. Conduct a similar survey among your classmates or ask other people and report the results in class.

Вопро́с: В каки́х суперма́ркетах покупа́ют проду́кты москвичи́?
Результа́ты опро́са:

@ Complete exercises on the Web site.

Chapter 9: 9-9, 9-10.

9-21. Слова́рь. Vocabulary.

всё – *everything, all*
всегда́ – *always*
вчера́ – *yesterday*
вы́учить *pfv.* что? – *see* учи́ть
вы́пить *pfv.* что? – *see* пить
год – *year*

гуля́ть *impf.* – *to go for a walk, stroll*
  Pres: я гуля́ю, ты гуля́ешь, они́ гуля́ют
де́ньги (*Gen.* нет де́нег) – *money*

дёшево *adv.* (*ant.* до́рого) – *inexpensive, cheap*
деше́вле (дешёвый *adj.*) – *cheaper (cheap)*
дие́та (на дие́те) – *diet (on a diet)*
до́рого (*ant.* дёшево) – *expensive*
еда́ – *food*
есть/съесть что? – *to eat/to eat up*
    Pres: я ем, ты ешь, они́ едя́т; *Past:* ел, е́ла, е́ли
за́втрак – *breakfast*
за́втракать/поза́втракать – *to have (eat) breakfast*
    Pres: я за́втракаю, ты за́втракаешь, они́ за́втракают
истори́ческий, -ая, -ое, -ие – *historical*
ка́ждый, -ая, -ое, -ые (день) – *every (day)*
копе́йка – *kopeck*
купи́ть *pfv.* – *see* покупа́ть
кури́ть *impf.* – *to smoke*
    Pres: я курю́, ты ку́ришь, они́ ку́рят
лу́чше [lútšə] – *better*
ме́сяц – *month*
мо́жно + *inf.* – *one can; one may; it is permitted*
на́до + *inf.* – *it is necessary (to), one has (needs) to*
неде́ля – *week*
недо́рого – *not expensive*
нельзя́ + *inf.* – *one can't, it's not permitted*
никогда́ – *never*
обе́д – *dinner*
обе́дать/пообе́дать – *to have (eat) dinner*
    Pres: я обе́даю, ты обе́даешь, они́ обе́дают
обы́чно – *usually*
пить/вы́пить что? – *to drink/to drink up*
    Pres: я пью, ты пьёшь, они́ пьют;
    Past: пил, пила́, пи́ли
    Fut: я вы́пью, ты вы́пьешь, они́ вы́пьют;
    Past: вы́пил, вы́пила, вы́пили
поза́втракать *pfv.* – *see* за́втракать
покупа́ть/купи́ть что? – *to buy*
    Pres: я покупа́ю, ты покупа́ешь, они́ покупа́ют;
    Fut: я куплю́, ты ку́пишь, они́ ку́пят
пообе́дать *pfv.* – *see* обе́дать
поу́жинать *pfv.* – *see* у́жинать
проду́кты – *groceries*
прочита́ть *pfv.* что? – *to read*
    Fut: я прочита́ю, ты прочита́ешь, они прочита́ют
раз – *once*
ры́н|о|к (*Prep:* где? на ры́нке) – *market (at, in the market)*
сде́лать [zdélət] *pfv.* что? – *to accomplish, get done*
    Fut: я сде́лаю, ты сде́лаешь, они́ сде́лают
суперма́ркет – *supermarket*
текст – *text*
уже́ – *already*
уче́бник – *textbook*
у́жин – *supper*
у́жинать/поу́жинать – *to have (eat) supper*
    Pres: я у́жинаю, ты у́жинаешь, они́ у́жинают
учи́ть/вы́учить – *to study/to learn, memorize*
    Fut: я вы́учу, ты вы́учишь, они́ вы́учат
цена́ – *price*

Еда́ – *Food*

апельси́н – *orange*
бутербро́д – *sandwich*
вино́ – *wine*
вода́ – *water*
во́дка – *vodka*
га́мбургер – *hamburger*
карто́фель, карто́шка (*m.*) (*sg. only*) – *potatoes*
колбаса́ [kəlbʌsá] – *sausage, bologna, luncheon meat*
ко́фе (*m.*) (*indecl.*) – *coffee*
ку́рица – *chicken*
лимо́н – *lemon*
ма́сло – *butter; oil*
молоко́ [məlʌkó] – *milk*
моро́женое – *ice-cream*
мя́со – *meat*
о́вощи – *vegetables*
пече́нье (*sg. only*) – *cookies*
пи́во – *beer*
пи́цца – *pizza*
рис – *rice*
ры́ба – *fish*
сала́т – *lettuce; salad*
сок – *juice*
суп – *soup*
сыр – *cheese*
торт – *cake, torte*
фру́кты – *fruit (pl. form in Russian refers to fruit in general)*
хлеб – *bread*
чай – *tea*
шокола́д (*sg. only*) – *chocolate*
яйцо́ (*pl.* я́йца) – *egg*
я́блоко (*pl.* я́блоки) – *apple*

Expressions

Что ты ешь на за́втрак? – *What do you have for breakfast?*
Что ты ешь на обе́д? – *What do you have for lunch/dinner?*
Что ты ешь на у́жин? – *What do you have for supper?*

Поря́дковые числи́тельные – *Ordinal numbers*

оди́ннадцатый – *eleventh*
двена́дцатый – *twelfth*
трина́дцатый – *thirteenth*
четы́рнадцатый – *fourteenth*
пятна́дцатый – *fifteenth*
шестна́дцатый – *sixteenth*
семна́дцатый – *seventeenth*
восемна́дцатый – *eighteenth*
девятна́дцатый – *nineteenth*
двадца́тый – *twentieth*

Themes
- dining out and Russian food
- ordinal numbers: 21st – 101st

Pronunciation
- the letter Ц
- pronouncing СЧ
- assimilation exercise

Communicative situations
- ordering food in a restaurant
- inviting people to dinner
- writing a thank-you note

Grammar
- the future tense of imperfective verbs
- the future tense of perfective verbs
- going places: walking vs. riding/driving

Но́вые слова́

зака́зывать *impf.* что? – *to order*
ходи́ть в го́сти *impf.* – *to go visiting*

10-1. 🎧 📽 **Интервью́. Listen to the interviews and summarize them in English.**

Интервью́ 1

— Анна Серге́евна, вы обы́чно еди́те до́ма и́ли в рестора́не?
— До́ма, коне́чно.
— А в рестора́н вы хо́дите?
— Ре́дко, э́то до́рого.
— А куда́ вы хо́дите?
— Мы ча́сто хо́дим в го́сти.

Интервью́ 2

— Ви́ктор, вы ча́сто хо́дите в рестора́н?
— Да! Я люблю́ ходи́ть в рестора́ны!
— А каки́е хоро́шие рестора́ны есть в Москве́?
— Хоро́шие? Рестора́н «Пу́шкин», наприме́р, на Тверско́й и́ли «Пра́га».
— А что вы обы́чно зака́зываете?
— Сала́т, ры́бу, ещё люблю́ борщ.

Како́й сего́дня день?
Indicate what day of the week it is.

Сего́дня...
Mon: понеде́льник
Tue: вто́рник
Wed: среда́
Th: четве́рг
Fri: пя́тница
Sat: суббо́та
Sun: воскресе́нье

10-2. 🎧 **Произноше́ние.**
1) The letter Ц. Always pronounce the letter Ц [ts] hard, with the tip of your tongue in the same position as when you pronounce "th" in English. After Ц always pronounce Е as Э and И as Ы. Listen and repeat.

це́лый [tsélɨj]
об отце́ [ʌb̪ ʌtsé]
конце́рт [kʌntsért]
официа́нт [ʌfɨtsɨánt]
официа́нтка [ʌfɨtsɨántkə]
медици́на [mɨdɨtsínə]
специа́льность [spɨtsɨálnəşt] [spɨtsálnəşt]
америка́нцы [ʌmɨɾɨkántsɨ]
украи́нцы [ukraíntsɨ]

2) СЧ is pronounced as Щ [šš]. Listen and repeat.

счёт [ššot]

3) Assimilation exercise. How are the underlined consonants pronounced in the following words? Write your answers in the blank next to each word (the first one is done for you) and then compare your answer with the pronunciation of the speaker.

ре́дко _t_

ло́жка ___

но́ж ___

вку́сно ___

сде́лать ___

пирожки́ ___

плов ___

обе́д ___

вчера́ ___

за́втра ___

за́втрак ___

Ле́ксика и грамма́тика

10-3. 🎧 **1) Listen to the sentences and number them in the order they are given. 2) Listen to the sentences once again and repeat after the speaker.**

a) ___ Это таре́лка. ___ Это ло́жка. ___ Это ви́лка.

b) ___ Это нож. ___ Это ча́шка. ___ Это стака́н.

c) ___ Это салфе́тка. ___ Это ча́йник. ___ Это кастрю́ля.

131

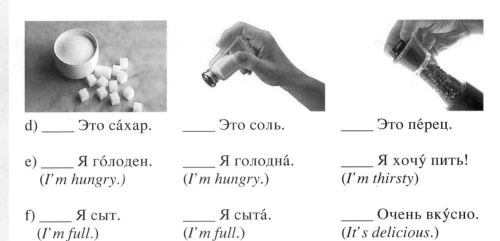

d) _____ Это са́хар.   _____ Это соль.   _____ Это пе́рец.

e) _____ Я го́лоден.   _____ Я голодна́.   _____ Я хочу́ пить!
   (I'm hungry.)   *(I'm hungry.)*   *(I'm thirsty)*

f) _____ Я сыт.   _____ Я сыта́.   _____ Очень вку́сно.
   (I'm full.)   *(I'm full.)*   *(It's delicious.)*

10-4. У вас го́сти! Look at the pictures and find the differences.

Example: На пе́рвой фотогра́фии на столе́ есть… . А на второ́й фотогра́фии на столе́ есть… , но нет… .

Russian food

Спра́вка

If you are visiting friends (**вы идёте в го́сти**), it is customary to bring **цветы́** *flowers*, **шокола́д** or **вино́**. Russians generally pay a lot of attention to food and pride themselves on good cooking. This is a list of typical Russian food you might want to try:

блины́ *(pl.) – pancakes, usually made with yeast dough*
борщ *– soup with beets and cabbage*
икра́ *– caviar, or fish roe*
квас *– kvass (a mildly alcoholic beverage made from rye bread)*
пельме́ни *(pl.) – a type of ravioli, usually eaten with sour cream*
пирожки́ *(pl.) – small pastries usually filled with meat or cabbage*
пря́ники *(pl.) – cookies or cake (made with cloves, cinnamon)*
винегре́т *– a potato-type salad with beets, pickles, sauerkraut*
сала́т «Оливье́» *– a potato salad with vegetables and meat*
су́шки *– bagel-shaped small hard round bread crisps*
щи *(pl.) – cabbage soup*

@ **Complete exercises on the Web site.**

Chapter 10: 10-1, 10-2.

10-5. Вчера́ и за́втра. Yesterday and tomorrow. Read and translate the following sentences. Complete the unfinished ones. See Grammar comment 10-1.

1. Вчера́ я е́ла ку́рицу, а за́втра я бу́ду есть мя́со.
2. Вчера́ мы обе́дали до́ма, а за́втра мы бу́дем обе́дать в университе́тской столо́вой.
3. Вчера́ они́ пи́ли на за́втрак чай, а за́втра бу́дут пить ко́фе.
4. Вчера́ мы _____ (ate) бутербро́д, а за́втра мы _____ (will eat) пи́ццу.
5. Вчера́ Ни́на _____ (ate) в кафе́, а за́втра она́ _____ (will eat) в рестора́не.
6. Вчера́ студе́нты _____ (had dinner) в общежи́тии, а за́втра они́ _____ (will have dinner) в рестора́не.

10-6. Пла́ны на за́втра. Plans for tomorrow. Tell what you are going to do tomorrow. Use the following verbs in the future tense.

Утром: за́втракать, есть фру́кты и пить чай, занима́ться в библиоте́ке, чита́ть газе́ты и кни́ги.

Днём: обе́дать в кафе́ в университе́те, есть суп и бутербро́д, рабо́тать в компью́терной лаборато́рии.

Ве́чером: отдыха́ть, смотре́ть телеви́зор, у́жинать, есть ку́рицу и сала́т, пить чай.

@ Complete the exercise on the Web site.

Chapter 10: 10-3.

10-7. Вчера́, сего́дня, за́втра. Fill in the missing forms. See Grammar comment 10-2.

Verbs/Tense	Past tense Вчера́	Present tense Сего́дня	Future tense За́втра
Imperfective обе́дать	Он обе́да-л Она́ обе́да___ Они́ обе́да-ли	Я обе́да-ю Ты обе́да-ешь Он/Она́ обе́да___ Мы обе́да___ Вы обе́да___ Они́ обе́да___	Я бу́д-у обе́дать Ты бу́д___ обе́дать Он/Она́ бу́д-ет обе́дать Мы бу́д___ обе́дать Вы бу́д___ обе́дать Они́ бу́д-ут обе́дать
Perfective пообе́дать	Он пообе́да___ Она́ пообе́да-ла Они́ пообе́да___		Я пообе́да-ю Ты пообе́да___ Он/Она́ пообе́да-ет Мы пообе́да___ Вы пообе́да___ Они́ пообе́да-ют

Grammar comment 10-1
The Future Tense of Imperfective Verbs

The future tense of imperfective verbs is formed by using an imperfective infinitive after a conjugated form of **быть**:

Я бу́ду пить ко́фе.
I'm going to drink coffee.

Я бу́ду **пить** ко́фе.
Ты бу́д**ешь пить** ко́фе.
Он/а́ бу́д**ет пить** ко́фе.
Мы бу́д**ем пить** ко́фе.
Вы бу́д**ете пить** ко́фе.
Они́ бу́д**ут пить** ко́фе.

Grammar comment 10-2
The Future Tense of Perfective Verbs

Since the present tense denotes action in progress, only imperfective verbs can have a present tense. The same present-tense endings, however, are added to perfective verbs to form the perfective future tense. Perfective verbs always denote a one-time action and emphasize doing something and getting it done.

Сего́дня я **пригото́влю** у́жин.
I'll fix dinner today.

Я **съем** га́мбургер.
I'll eat (have) a hamburger.

Note the use of imperfective future and perfective future in the following example:

Я бу́ду **учи́ть** но́вые слова́.
Когда́ **вы́учу** слова́, я **пригото́влю** у́жин.
I'm going to study my new (vocabulary) words.
When I learn (memorize) the (new) words, I'll fix supper.

Grammar comment 10-3
Going Places: Walking vs. Riding/Driving

• The verb **идти́** denotes walking.
• The verb **éхать** denotes riding or driving (i.e. by car, bus, train, bicycle, motorcycle, etc.).

Use **идти́** or **éхать** to denote walking or riding/driving toward a specific goal.

Я **иду́** в магази́н.
I'm going (by foot) to the store.

Я **éду** в центр.
I'm going (driving or riding in a bus or biking) downtown.

• **Usage hint.** Use **идти́** or **éхать** with the adverb (time word) **сейча́с.**

— Куда́ ты **сейча́с** идёшь (éдешь)?
— Я **сейча́с** иду́ (éду) в магази́н.
"Where are you going right now?"
"I'm on my way to the store."

To describe habitual motion or, in the past tense, a single trip, use **ходи́ть** or **éздить.**

• The verb **ходи́ть** denotes walking.
• The verb **éздить** denotes riding or driving (i.e. by car, bus, train, bicycle, motorcycle, etc).

• **Usage hint.** Always use **ходи́ть** or **éздить** with the time words **ча́сто, ре́дко, обы́чно, ка́ждый день** and after the verb **люби́ть.**

Я ча́сто **хожу́** в кино́.
I often go to the movies.

Я ре́дко **éзжу** домо́й.
I rarely go (drive) home.

Я люблю́ **ходи́ть** в кино́.
I like to go to the movies.

• **Usage hint.** Always use **ходи́ть** or **éздить** when talking about a trip that has already taken place.

Вчера́ мы **ходи́ли** в теа́тр.
We went to the theater yesterday.

Мы **éздили** в Москву́ в ма́рте.
We went to Moscow in March.

(CONTINUED ON PAGE 135)

10-8. Пла́ны на выходны́е. Plans for the weekend. Tell what you are going to do tomorrow. Use the following verbs in the future tense. Explain why some of the verbs below are Perfective and some are Imperfective.

Утром: поза́втракать, съесть тост и сыр, вы́пить ко́фе, пото́м чита́ть и писа́ть име́йлы.

Днём: пообе́дать в кафе́ в це́нтре и съесть моро́женое.

Ве́чером: отдыха́ть, посмотре́ть телеви́зор, поу́жинать, съесть ры́бу и карто́фель, вы́пить чай.

10-9. Listen to the conversations and circle the verbs you hear. Explain the use of imperfective/perfective verbs.

Разгово́р 1
— Что вы **бу́дете есть/ съеди́те**, сала́т и́ли суп?
— Я **бу́ду есть/съем** сала́т, а пото́м суп.
— А что вы **бу́дете пить/ вы́пьете**?
— Я **бу́ду пить/вы́пью** сок.

Разгово́р 3
— Ва́ся, что **ты де́лаешь/ сде́лаешь**?
— Я **чита́ю/прочита́ю** кни́гу.
— А что ты **бу́дешь де́лать/ сде́лаешь** пото́м?
— Когда́ я **чита́ю/прочита́ю** кни́гу, **бу́ду у́жинать/ поу́жинаю**.

Разгово́р 2
— Ма́ша, ты **обе́дала/ пообе́дала**?
— Нет, я **бу́ду де́лать/сде́лаю** дома́шнее зада́ние, а пото́м **бу́ду обе́дать/пообе́даю**

Разгово́р 4
— Что ты обы́чно **де́лаешь/ сде́лаешь** в выходны́е дни?
— Обы́чно я **чита́ю/прочита́ю** кни́ги, **смотрю́/посмотрю́** телеви́зор.
— А что ты **бу́дешь де́лать/ сде́лаешь** в э́ти выходны́е?
— Я **бу́ду покупа́ть/куплю́** проду́кты, а пото́м **бу́ду чита́ть/прочита́ю** «Анну Каре́нину» и́ли **бу́ду смотре́ть/посмотрю́** телеви́зор.

@ Complete exercises on the Web site.

Chapter 10: 10-4, 10-5.

10-10. 🎧 **Идти́ и ходи́ть. Listen and repeat after the speaker. Fill in the missing forms. Memorize this chart. Make up sentences following the example. See Grammar comment 10-3.**

Она́ идёт в шко́лу.

Example:
Вчера́ я ходи́л/а в магази́н.
Я ча́сто хожу́ в магази́н.
Сейча́с я иду́ на ры́нок.
За́втра я иду́ в го́сти.

	Вчера́	Ча́сто Ре́дко Обы́чно	Сейча́с	Сего́дня За́втра	Куда́?
идти́			Я ид____ Ты ид-**ёшь** Он/а́ ид____ Мы ид-**ём** Вы ид____ Они́ ид-**у́т**	Я ид-**у́** Ты ид____ Он/а́ ид-**ёт** Мы ид____ Вы ид-**ёте** Они́ ид____	на ры́нок в магази́н в апте́ку в бассе́йн в музе́й в го́сти в кино́ в теа́тр на футбо́л
ходи́ть	Он ходи́л Она́ _____ Мы ходи́ли	Я хож-**у́** Ты хо́д____ Он/а́ хо́д-**ит** Мы хо́д____ Вы хо́д____ Они́ хо́д-**ят**			

10-11. Идти́ vs. ходи́ть. Fill in the blanks. Explain the use of the verbs of motion. Answer the questions. See Grammar comment 10-3.

1. Сейча́с ма́ма _____ (is going) в магази́н купи́ть молоко́ и хлеб. Вчера́ она́ _____ (went) на ры́нок и купи́ла о́вощи и фру́кты. Ма́ма ча́сто _____ (goes) на ры́нок.

2. Я ре́дко _____ (go) в го́сти. А мой брат лю́бит _____ (to go) в го́сти. Вчера́ он _____ (went) в го́сти, и сего́дня он _____ (is going) в го́сти. На́ши друзья́, Ната́ша и Ива́н, купи́ли кварти́ру!

3. А ты? Куда́ ты лю́бишь _____ (to go)? Куда́ ты сейча́с _____ (are going)? Куда́ ты вчера́ _____ (went)? Куда́ ты _____ (going) за́втра? Ты лю́бишь _____ (to go) в го́сти?

(CONTINUED FROM PAGE 134)
Grammar comment 10-3

In Russian, like in English, you can use the present tense of **идти́** or **е́хать** with future meaning when you are quite sure the action will take place.

Ве́чером мы **идём** в кино́.
We're going to the movies tonight.

В ма́рте мы **е́дем** в Москву́.
In March we're going (traveling, driving) to Moscow.

• **Usage hint.** Always use a form of **е́хать – е́здить** to describe traveling from one city (state, country) to another.

The idiom **ходи́ть – идти́ в го́сти** means *to go visiting.*

Я люблю́ **ходи́ть в го́сти**.
I like to go visiting.

Ве́чером мы **идём в го́сти**.
We're going to see some friends tonight.

10-12. 🎧 🎧 **Е́хать и е́здить. Listen and repeat after the speaker. Fill in the missing forms. Memorize this chart. Make up sentences following the example. See Grammar comment 10-3.**

Он е́дет на велосипе́де.

Example: Вчера́ я е́здил/а на ры́нок.
Я ча́сто е́зжу на ры́нок.
Сейча́с я е́ду в суперма́ркет.
За́втра я е́ду в Москву́.

	Вчера́	Ча́сто Ре́дко Обы́чно	Сейча́с	Сего́дня За́втра	Куда́?
е́хать			Я е́д____ Ты е́д-**ешь** Он/а́ е́д____ Мы е́д-**ем** Вы е́д-**ете** Они́ е́д____	Я е́д-**у** Ты е́д____ Он/а́ е́д-**ет** Мы е́д____ Вы е́д____ Они́ е́д-**ут**	на ры́нок в магази́н в апте́ку на по́чту в Москву́ в Ки́ев в Омск в Ирку́тск
е́здить	Он е́здил Она́ е́зди____ Мы е́зди____	Я е́зж-**у** Ты е́зд____ Он/а́ е́зд-**ит** Мы е́зд____ Вы е́зд____ Они́ е́зд-**ят**			

10-13. Идти́ – ходи́ть vs. е́хать – е́здить! Fill in the blanks. Explain the use of the verbs of motion. See Grammar comment 10-3.

1. Сейча́с Анто́н _____ (is driving) в университе́т. Анто́н _____ (drives) в университе́т ка́ждый день, но вчера́ он не _____ (didn't drive) в университе́т, он занима́лся до́ма. А ве́чером он _____ (went) в рестора́н у́жинать. Это бы́ло вчера́. А сего́дня ве́чером он _____ (is going) в кино́.

2. Мари́на лю́бит _____ (to go) в го́сти. Она́ ча́сто _____ (goes) в го́сти. За́втра у́тром она́ _____ (is going) на рабо́ту, а ве́чером она́ _____ (is going) в го́сти. Её подру́га сняла́ но́вую кварти́ру.

3. За́втра я _____ (am going) в Москву́. Мои́ роди́тели и я _____ (went) в Москву́ 2 го́да наза́д (ago). Ка́ждый день мы _____ (went) в теа́тр и́ли на конце́рт. Мы _____ (went) на Кра́сную пло́щадь (Red Square) и в Большо́й теа́тр. Мы ча́сто обе́дали в рестора́не «Корчма́».

Complete exercises on the Web site.

Chapter 10: 10-6, 10-7.

Дава́йте послу́шаем и поговори́м!

10-14. 🎧 👥 **В рестора́не. Listen to the conversations and circle the words you hear. Then practice the conversations using the "Material for practice – Пра́ктика."**

Но́вые слова́

гото́в, -а, -о, -ы – *ready*
Дай (ты), **Да́йте** (вы) – *Give (me…)*
Извини́ (ты), **Извини́те** (вы) – *Pardon, excuse (me)*
заказа́ть pfv. что? – *to order*
  Fut: я закажу́, ты зака́жешь, они́ зака́жут
меню́ (n.) – *menu*
оши́бка – *fault, mistake*
счёт – *bill, check (in restaurant)*
что́-нибудь – *something, anything*

Разгово́р 1

— Пожа́луйста, вот на́ше меню́. Что вы бу́дете пить?
— Я бу́ду пить **во́ду/сок**.
— А что вы бу́дете есть?
— Я хочу́ заказа́ть суп, **ку́рицу/сала́т**. Я о́чень **го́лоден/голодна́**!
— Хорошо́. Сейча́с всё бу́дет.
— Спаси́бо.

Разгово́р 3

— Пожа́луйста, да́йте **меню́/ счёт**.
— Хоти́те ещё **что́-нибудь**?
— Нет, спаси́бо. Я **сыт/сыта́**.
— Хорошо́. Вот ваш **счёт/ меню́**.
— Всё бы́ло о́чень **вку́сно/ хорошо́**. Спаси́бо.
— Пожа́луйста.

Разгово́р 2

— Вот суп и **ва́ша ку́рица/ ваш сала́т**! Всё гото́во!
— Извини́те, но я заказа́л **ку́рицу/сала́т**, а не **сала́т/ ку́рицу**.
— Извини́те! Это моя́ оши́бка!!! Вы заказа́ли **ку́рицу/сала́т**!
— Да́йте ещё **соль/пе́рец**, пожа́луйста, и салфе́тки.
— Сейча́с всё бу́дет.
— Да, мо́жно ещё **во́ду/сок**? Я о́чень хочу́ пить.
— Коне́чно!
— Спаси́бо.

Material for practice – Пра́ктика
Student 1: This is what you want to order for lunch: **вода́, чай, ко́фе, суп, сала́т, пи́цца, бутербро́д**.
Student 2: You are the **официа́нт/официа́нтка**. Take your customer's order, **зака́з**.
Then switch roles and try the role play again.

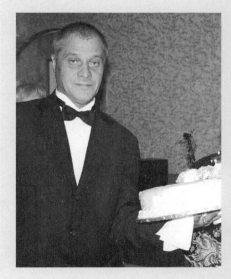

10-15. 🎧 👥 **Listen to the conversation and fill in the blanks. Then practice it.**

— Како́е хоро́шее кафе́. Ты ча́сто здесь _____?
— Да, здесь вку́сно и не _____!
— Хорошо́, я о́чень _____ Что мы бу́дем есть?
— Я обы́чно ем пельме́ни! И у них о́чень _____ пирожки́!
— Хорошо́. Я бу́ду есть _____ и пирожки́.
— А я бу́ду пельме́ни.

10-16. Интервью́. Listen to the interviews in 10-1 again.
1) Summarize them in Russian and give the following information in the form of a narrative:

Интервью́ 1

a. Где обы́чно ест Анна Серге́евна?
b. Почему́ она́ не хо́дит в рестора́н?
c. Куда́ она́ хо́дит?

Интервью́ 2

a. Куда́ лю́бит ходи́ть Ви́ктор?
b. Каки́е хоро́шие рестора́ны есть в Москве́?
c. Что Ви́ктор обы́чно зака́зывает?

2) Conduct similar interviews with your classmates or other Russian speakers. Write down their answers and report the results in class.

Interview form

Questions	Person 1	Person 2	Person 3
1. Как тебя́/вас зову́т?			
2. Ты ча́сто хо́дишь в рестора́н? Вы ча́сто хо́дите в рестора́н?			
3. Ты ча́сто хо́дишь в кафе́? Вы ча́сто хо́дите в кафе́?			
4. Ты лю́бишь ходи́ть в го́сти? Вы лю́бите ходи́ть в го́сти?			

@ **Complete the exercise on the Web site.**

Chapter 10: 10-8.

Дава́йте послу́шаем и почита́ем!

10-17. 🎧 **Плов. Listen to the audio and choose the answer. There may be more than one correct answer.**

1. **Кака́я у Ни́ны но́вость?**
   a. Она́ сняла́ но́вую кварти́ру.
   b. Она́ купи́ла но́вые таре́лки.
   c. Она́ купи́ла но́вый ча́йник.

2. **Что Ни́на бу́дет гото́вить на у́жин?**
   a. плов
   b. мя́со
   c. пельме́ни

3. **Кто бу́дет ве́чером у Ни́ны?**
   a. Семён и Ни́на
   b. Ко́ля и Ле́на
   c. Ка́тя и Степа́н

4. **Что хо́чет купи́ть Ко́стя в магази́не?**
   a. во́ду и хлеб
   b. торт и моро́женое
   c. вино́ и фру́кты

5. **Како́й плов Ни́на приготóвила?**
   a. вку́сный
   b. невку́сный

10-18. 📖 **Чте́ние. Now read the following text, and check your answers in 10-17.**

ЭЛЕКТРОННОЕ СООБЩЕНИЕ №1

02/04/2007   Приве́т, Ко́стя! Как у тебя́ дела́? У меня́ но́вость. Я сняла́ но́вую кварти́ру о́коло метро́ «Тага́нская». У меня́ тепе́рь больша́я и удо́бная ку́хня. Я купи́ла но́вые таре́лки, ча́шки и большу́ю кастрю́лю! За́втра приготóвлю плов. Придёшь ве́чером в го́сти? Ле́на и Ди́ма то́же бу́дут.
Но́вый а́дрес: ул. Наро́дная, дом 10, кварти́ра 7
Телефо́н 912-65-17
Ни́на

ЭЛЕКТРОННОЕ СООБЩЕНИЕ №2

02/04/2007   Ни́на! Спаси́бо. Коне́чно, приду́!!! Люблю́ ходи́ть в го́сти и о́чень люблю́ твой плов! Я за́втра иду́ на рабо́ту, а пото́м куплю́ вино́, фру́кты и бу́ду в 6 часо́в.
Ко́стя

СМС №1

Ко́стя! Где ты? Плов гото́в, но он невку́сный. Что бу́дем де́лать?
Ни́на

Но́вые слова́

вку́сный, -ая, -ое, -ые – *tasty, delicious*
гото́вить/приготóвить что? – *to fix, prepare*
   Pres: я гото́влю, ты гото́вишь, они́ гото́вят;
   Fut: я приготóвлю, ты приготóвишь, они́ приготóвят
но́вость (*f.*) – *news*
приготóвить *pfv.* что? – *see* **гото́вить**
прийти́ *pfv.* куда́? – to arrive, come (by foot)
   Fut: я приду́, ты придёшь, они́ приду́т;
   Past: пришёл, пришла́, пришли́
СМС (эс эм эс) – *SMS*
спаси́бо (за что? Acc.) – *thank you (for)*
час (в 6 часо́в) – *hour (at 6 o'clock)*
электро́нное сообще́ние – *e-mail*

Спра́вка
В Росси́и лю́бят гото́вить не то́лько ру́сскую еду́, но и армя́нскую (Armenian), узбе́кскую (Uzbek) и т.д. Наприме́р, ру́сские лю́бят плов. Это узбе́кское блю́до (dish). Вот ингредие́нты: мя́со, рис, лук (onion), морко́вь (carrots), соль, пе́рец.

СМС №2

Я сейча́с иду́ в магази́н. Куплю́ вино́, фру́кты, хлеб и сыр. Что ещё? К.

СМС №3

Пельме́ни! Н.

ЭЛЕКТРОННОЕ СООБЩЕНИЕ №3

03/04/2007   Ни́на, спаси́бо за у́жин! Ты сняла́ о́чень хоро́шую кварти́ру и плов был о́чень ВКУСНЫЙ! Ты о́чень хорошо́ гото́вишь! Твой Ко́стя

10-19. Что случи́лось? What happened? Read this description and number the events in the order in which they occurred.

____ Ни́на приготóвила невку́сный плов.

_1_ Ни́на сняла́ кварти́ру.

____ Ни́на купи́ла нóвые таре́лки, ча́шки и большу́ю кастрю́лю.

____ Ко́стя съел плов. Плов был вку́сный!

____ Ни́на хо́чет пригото́вить плов на у́жин.

____ Ко́стя купи́л в магази́не вино́, фру́кты, хлеб, сыр и пельме́ни и пришёл в го́сти.

____ Ни́на написа́ла электро́нное сообще́ние и пригласи́ла (*invited*) Ко́стю на у́жин.

10-20. Счёт. The next day Ко́стя invites Ни́на to the restaurant «Тракти́р». Look at the check and find the information you are asking for.

1. Имя и фами́лия официа́нтки: _____
2. Когда́ они́ бы́ли в рестора́не? _____
3. Что Ни́на и Ко́стя заказа́ли? _____
   _____
4. Ско́лько они́ заплати́ли? _____
5. Вы - Ни́на. Write a short note thanking Ко́стя for a nice evening, flowers (цветы́), and delicious dinner.
   _____
   _____
   _____

@ **Complete exercises on the Web site.**

Chapter 10: 10-9, 10-10.

```
ИП ХУЛЯБИН Н.Н.
огрн:304583530300303
Операция: 144
Дата: 31-07-2007
Открыт: 18:58   Закрыт:      18:5
Чек #        143
Кассир:    Кулакова Алла
Стол #                    Гостей
Официант: Кулакова Алла
Блюдо              Кол-во    Су
-------------------------------
Салат зеленый с курицей  1    2
Чикенбургер              1    3
Картофель фри ( бол. по  1    3
Кетчуп
Пепси ( 0.5 )            2    4
Пицца сладкая порция     1    2
-------------------------------
              Всего:          18

      Налог с продах
      Итого с налогон:        18

Rubles                        50
Сдача Rubles                  31

ККМ 00097921 ИНН 583500330705  #1664
31.07.07 18:09          КАССИР 1
ПРОДАЖА                   N1553
Салат зеленый с курицей
1                      ≡29.00_A
Чикенбургер
1                      ≡39.00_A
Картофель фри ( бол. порц
1                      ≡36.00_A
Кетчуп
1                      ≡7.00_A
Пепси ( 0.5 )
            2.000 X 23.00
1                      ≡46.00_A
Пицца сладкая порция
1                      ≡25.00_A

ИТОГ          ≡182.00
НАЛИЧНЫНИ         ≡500.00
СДАЧА            ≡318.00
         ФП
     ЭКЛЗ 3293448291
     00001567 #056694
```

Дава́йте переведём!

10-21. Как сказа́ть по-ру́сски?

Conversation 1

Student 1. You are a server at the "Traktir" restaurant. You start.
- Greet your customers.
- Ask what they would like and write down each person's order.
  (Use the menu.)
- Check the orders.

Student 2, 3. You are hungry customers in the "Traktir" restaurant.
- Ask for a menu.
- Look at the menu and order something to eat and drink.

Conversation 2

Student 1. You are a server at the "Traktir" restaurant.
- Bring the orders to your customers. (You make a mistake.
  You give one person the wrong order.)
- Go and get the right order and then bring it back.
- Ask your customers if they would like anything else.

Student 2, 3. You are customers in the "Traktir" restaurant.
- Your server brings you the wrong order.
  Say, "Sorry, I didn't order… I ordered…."
- Ask the server to bring you something extra (e.g. bread, butter,
  water, salt, spoon, knife, etc.).

Conversation 3

Student 1. You are a server at the "Traktir" restaurant.
- Give each customer his or her check with the total at the bottom.
- Pick up the money. Thank your customers.

Student 2, 3. You are customers in the "Traktir" restaurant.
- Ask for the check.
- Say, "Thanks, everything was delicious!"

РЕСТОРАН
ТРАКТИР

Адрес: Москва, Минская ул., д.15
Метро: Университет
Телефон: (495) 780-89-55, 233-67-21

Блины .130.00
Винегрет 150.00
Салат «Оливье» 140.00
Икра чёрная и красная 750.00

ПЕРВЫЕ БЛЮДА
Щи московские 150.00
Солянка рыбная 160.00
Борщ с пирожком 160.00
Суп грибной 180.00

ВТОРЫЕ БЛЮДА
Мясо по-московски 300.00
Пельмени сибирские 280.00
Бифштекс 320.00
Рыба по-петербуржски 350.00
Мясо по-строгановски 350.00

ДЕСЕРТ
Торт «Наполеон» 120
Торт «Медовик» 100
Пряники русские (4 шт.) 60

НАПИТКИ
Чай 20
Кофе 30
Вода 20
Сок 20

Ци́фры и фа́кты

10-22. Ordinal numbers: 21st to 101st. 1) Ци́фры.
Numbers. Repeat the numbers with the speaker.

21st – два́дцать пе́рвый		30th – тридца́тый	
22nd – два́дцать второ́й		40th – сороково́й	
23rd – два́дцать тре́тий		50th – пятидеся́тый	
24th – два́дцать четвёртый		60th – шестидеся́тый	
25th – два́дцать пя́тый		70th – семидеся́тый	
26th – два́дцать шесто́й		80th – восьмидеся́тый	
27th – два́дцать седьмо́й		90th – девяно́стый	
28th – два́дцать восьмо́й		100th – со́тый	
29th – два́дцать девя́тый		101st – сто пе́рвый	

2) Listen to the speaker and circle the numbers you hear.

a. 39-ый, 30-ый, 28-ой, 58-ой, 80-ый, 22-ой,70-ый
b. 65-ый, 75-ый, 43-ий, 96-ой, 100-ый, 87-ой,40-ой
c. 93-ий, 101-ый, 44-ый, 60-ый, 99-ый, 58-ой, 50-ый

Но́вое сло́во
бо́льше всего́ – *most of all*
пиро́г – *pie*

10-23. Ци́фры и фа́кты. Numbers and facts.1) Discuss the results of the following survey: «Что ру́сские лю́бят есть бо́льше всего́?» 2) Conduct a similar survey among your classmates or ask other people.

№	Блю́до ру́сской ку́хни	% от числа́ опро́шенных
1	Карто́фель	25 (проце́нтов)
2	Пельме́ни	24 (проце́нта)
3	Блины́	22 (проце́нта)
4	Пироги́	3 (проце́нта)
5	Други́е	26 (проце́нтов)

@ **Complete exercises on the Web site.**

Chapter 10: 10-11, 10-12.

10-24. Слова́рь. Vocabulary.

вку́сно *adv.* – *tasty, delicious*
вку́сный, -ая, -ое, -ые – *tasty, delicious*
го́лоден (она́ голодна́, они́ голодны́; *ant.* сыт, сыта́, сы́ты) – *hungry*
гость *m.* (*pl.* го́сти) – *guest*
гото́в, -а, -о, -ы – *ready*
гото́вить/приготó́вить что – *to fix, prepare food*
    Pres: я гото́влю, ты гото́вишь, они́ гото́вят;
    Fut: я приготó́влю, ты приготó́вишь, они́ приготó́вят

дать *pfv.* – *to give*
    Imperative: дай *(ты)*, да́йте *(вы)*
е́здить *impf.* куда́? – *to go (drive, ride) repeatedly by some sort of vehicle*
    Pres: я е́зжу, ты е́здишь, они́ е́здят
е́хать *impf.* куда́? – *to go (drive, ride) by some sort of vehicle*
    Pres: я е́ду, ты е́дешь, они́ е́дут
за́втра – *tomorrow*
заказа́ть *pfv.* что? – *see* зака́зывать

зака́зывать/заказа́ть что? – *to order*
    Pres: зака́зываю, ты зака́зываешь, они́ зака́зывают;
    Fut: я закажу́, ты зака́жешь, они́ зака́жут
заплати́ть *pfv.* за что? – *see* плати́ть
идти́ *impf.* куда́? – *to go (by foot)*
    Pres: я иду́, ты идёшь, они́ иду́т
идти́ — ходи́ть в го́сти *impf.* – *to go visiting, to go out*
извини́ть *pfv.* – *to excuse*
    Imperative: извини́ *(ты),* извини́те *(вы)*
меню́ *(neut., indecl.)* – *menu*
но́вость *(f.)* – *(a piece of) news*
официа́нт – *waiter, server*
официа́нтка – *waitress, server*
оши́бка – *fault, mistake*
плати́ть/заплати́ть за что? – *to pay for*
    Pres: я плачу́, ты пла́тишь, они́ пла́тят;
    Fut: я заплачу́, ты запла́тишь, они́ запла́тят
посмотре́ть *pfv.* что? (телеви́зор) – *see* смотре́ть
пригото́вить *pfv.* что? – *see* гото́вить
прийти́ *pfv.* куда́? – *to come, arrive (by foot)*
    Fut: я приду́, ты придёшь, они́ приду́т;
    Past: пришёл, пришла́, пришли́
СМС (эс эм эс) – *SMS*
смотре́ть/посмотре́ть (телеви́зор) – *to watch (TV)*
    Pres: я смотрю́, ты смо́тришь, они́ смо́трят
спаси́бо (за что? *Acc.*) – *thank you (for)*
счёт – *bill, restaurant check*
сыт (она́ сыта́, они́ сы́ты; *ant.* го́лоден, голодна́, голодны́) – *full (after a meal)*
тепе́рь *(ant.* ра́ньше) – *now (as opposed to previously)*
час (в 6 часо́в) – *hour (at 6 o'clock)*
что́-нибудь – *something, anything*

На столе́ – *On the table*

ви́лка – *fork*
ло́жка – *spoon*
нож – *knife*
пе́рец – *pepper*
салфе́тка – *napkin*
са́хар – *sugar*
соль *f.* – *salt*
стака́н – *a glass*
таре́лка – *plate*
ча́шка – *cup*

В/На ку́хне – *In the kitchen*

кастрю́ля – *pot*
ча́йник – *teapot, kettle*

Ру́сская еда́ – *Russian food*

блины́ *(pl.)* – *pancakes, usually made with a yeast dough*
борщ – *soup with beets and cabbage*
икра́ – *caviar, or fish roe*
квас – *kvass (a mildly alcoholic beverage made from rye bread)*
пельме́ни *(pl.)* – *a type of ravioli, usually eaten with sour cream*
пирожки́ *(pl.)* – *small pastries usually filled with meat or cabbage*
пря́ники *(pl.)* – *cookies or cake - spicy (made with cloves, cinnamon)*
винегре́т – *a potato-type salad with beets, pickles, sauerkraut*
сала́т «Оливье́» – *a potato salad with vegetables and meat*
су́шки *(pl.)* – *bagel-shaped small hard round bread crisps*
щи *(pl.)* – *cabbage soup*

Expressions

Я го́лоден. Я голодна́. – *I'm hungry.*
Я сыт. Я сыта́. – *I'm full.*
Я хочу́ пить! – *I'm thirsty.*
О́чень вку́сно. – *It's delicious.*
Дай *(ты),* Да́йте *(вы)* – *Give (me…)*
Извини́ *(ты),* извини́те *(вы)* – *Pardon, excuse (me)*

Поря́дковые числи́тельные – *Ordinal numbers*

тридца́тый – *thirtieth*
сороково́й – *fortieth*
пятидеся́тый – *fiftieth*
шестидеся́тый – *sixtieth*
семидеся́тый – *seventieth*
восьмидеся́тый – *eightieth*
девяно́стый – *ninetieth*
со́тый – *hundredth*

Themes
- family and family members
- professions

Pronunciation
- the unstressed vowel **Я**

Communicative situation
- small talk: chatting about your family

Grammar
- Genitive singular endings for adjectives, possessives, and the demonstrative э́тот
- Accusative endings for animate nouns and their modifiers
- Accusative case forms for personal pronouns

Но́вые слова́

ба́бушка – *grandmother*
де́душка *(m.)* – *grandfather*
дочь *(f.)* – *daughter*
муж – *husband*
роди́тели *(pl. only)* – *parents*
скажи́/те – *tell (imperative form of* сказа́ть – *to tell)*
сын – *son*

Календа́рь

Ме́сяцы - Months			
I	янва́рь	VII	ию́ль
II	февра́ль	VIII	а́вгуст
III	март	IX	сентя́брь
VI	апре́ль	X	октя́брь
V	май	XI	ноя́брь
VI	ию́нь	XII	дека́брь

[1]н is also pronounced soft in this word

11-1. 🎧 ▶🎥 **Интервью́. Listen to the interviews and summarize them in English.**

Интервью́ 1

— Здра́вствуйте!
— Как вас зову́т?
— Меня́ зову́т Ли́дия Ива́новна.
— Ли́дия Ива́новна, скажи́те, кака́я у вас семья́?
— У меня́ есть муж, сын и две до́чери.
— Как зову́т мла́дшую дочь?
— Её зову́т Ната́ша.
— А ста́ршую?
— Татья́на.

Интервью́ 2

— Здра́вствуй, Светла́на!
— Здра́вствуйте!
— Скажи́, пожа́луйста, у тебя́ больша́я семья́?
— Нет, ма́ленькая. Мои́ роди́тели, я и брат.
— А ба́бушка и де́душка?
— Они́ у́мерли.
— Давно́?
— Нет, 2 го́да наза́д.

11-2. 🎧 **Произноше́ние. The unstressed vowel Я.**

Pronounce unstressed **Я** as a short **И** [ɪ] in the syllable(s) before the stress.

яйцо́ [jɪtsó]   января́ [jɪnvʌɹá]
язы́к [jɪzɨ́k]   сент**я**бря́ [şɪ̨ţɪbɹá][1]
языка́ [jɪzɨká]   окт**я**бря́ [ʌkţɪbɹá]
янва́рь [jɪnváɹ]   но**я**бря́ [nəjɪbɹá]

Pronounce the unstressed **А** in **часа́** and **часы́** as a short **И** [ɪ].

два ч**а**са́ [dva čɪsá]   ч**а**сы́ [čɪsɨ́]

In syllables after the stress, pronounce unstressed **Я** as [ə].

апре́ля [ʌprʲélʲə]   неде́ля [nʲɪdʲélʲə]   но́вая [nóvəjə]
ма́я [májə]   Ната́лья [nʌtálʲjə]   хоро́шая [xʌróšəjə]
ию́ня [ɪjúnʲə]   Ва́ня [vánʲə]   сего́дня [sʲɪvódnʲə]¹
ию́ля [ɪjúlʲə]   вре́мя [vrʲémʲə]

¹д is also pronounced soft in this word

Ле́ксика и грамма́тика

11-3. Больша́я семья́: Смирно́вы. 1) Listen to the sentences, repeat after the speaker, and number them in the order they are given. 2) Read the sentences out loud and give English equivalents. 3) Make a list of the Smirnov family members.

a) ___ Это мои́ роди́тели, я и моя́ мла́дшая сестра́ Ира. ___ Это моя́ мать, ма́ма. ___ Это мой оте́ц, па́па.

b) ___ Это моя́ ма́ма. ___ Это её ста́ршая сестра́, моя́ тётя Та́ня.

c) ___ Это мой дя́дя Воло́дя, брат ма́мы. ___ Они́ жена́ты уже́ 21 год. ___ Это его́ жена́ Ната́ша, мать Ле́ры.

d) ___ Это моя́ ба́бушка Лю́да, мать па́пы. ___ Мой де́душка у́мер.

e) ___ Это мой ста́рший брат И́горь и мой мла́дший брат Са́ша. ___ Это мои́ бра́тья. ___ Это мои́ сёстры.

f) ___ Это мои́ де́ти. ___ У меня́ два сы́на. ___ Это мой ста́рший сын, а э́то мла́дший. ___ Это мои́ сыновья́. ___ Это мои́ до́чери. ___ У меня́ две до́чери.

Но́вые слова́

Семья́ – Family
ба́бушка – grandmother
брат (ста́рший/мла́дший) – brother (older/younger)
де́душка (m.) – grandfather
де́ти (pl.) – children
дочь (f.) – daughter
дя́дя (m.) – uncle
жена́ – wife
мать (f.) (ма́ма) – mother
муж – husband
от|е́|ц (па́па) – father (dad)
ребён|о|к – child
роди́тели (pl. only) – parents
сестра́ (ста́ршая/мла́дшая) – sister (younger/older)
сын – son
тётя – aunt
мои́ ба́бушка и де́душка – my grandparents
жена́ты (они́ жена́ты) – married (for two persons)

Notes:
1. Nouns that end in **-А/-Я** and refer to male persons are masculine. Be sure to use the masculine forms of adjectives and possessive adjectives to modify them:
   мой па́па – my father (dad, daddy)
   твой ста́рый де́душка – your old grandfather
   наш дя́дя Ва́ня - our uncle Vanya

2. A few masculine nouns have exceptional plurals that must be memorized:
   муж (husband) – муж**ь-я́** (stress is on the ending)
   сын (son) – сын-**овь-я́** (stress is on the ending)
   брат (brother) – бра́т**ь-я** (stress is on the stem)
   ребён|о|к (child) – де́ти

3. Some feminine nouns change their stress in their plural forms:
   жен-а́ (wife) – жён-**ы**
   сестр-а́ (sister) – сёстр-**ы**

4. Learn the plural of the following feminine nouns:
   дочь (daughter) – до́чери
   мать (mother) – ма́тери

Remember that the Genitive singular of nouns is used after the numbers **два (две)**, **три**, and **четы́ре**. The feminine nouns **мать** and **дочь** add **-ер-** to their stems before all endings:
   две до́ч-**ер-и** (ма́т-**ер-и**)
   три до́ч-**ер-и** (ма́т-**ер-и**)
   четы́ре до́ч-**ер-и** (ма́т-**ер-и**)

Grammar comment 11-1
Genitive Singular Endings for
Adjectives, Possessives, and the
Demonstrative э́тот

1. Adjectives that describe masculine and neuter nouns in the Genitive case take the ending **-ОГО**. The demonstrative **э́тот/э́то** also takes the ending **-ОГО**. Pronounce **Г** as **В** in this ending.

NOM	GEN
но́в-ый	но́в-ого
больш-о́й	больш-о́го
хоро́ш-ий	хоро́ш-его[1]
хоро́ш-ее	хоро́ш-его
э́тот/э́т-о	э́т-ого

[1]*Remember spelling rule #2: After hushers (**ж, ш, ч, щ**) and **ц**, unstressed o > e.*

2. Possessives that describe masculine and neuter nouns in the Genitive case take the ending **-ЕГО**.

NOM	GEN
мой	мо-его́
твой	тво-его́
наш	на́ш-его
ваш	ва́ш-его

У **моего́** мла́дшего бра́та есть жена́.
My younger brother is married/ has a wife.

3. Adjectives that describe feminine nouns in the Genitive case take the ending **-ОЙ**. The demonstrative **э́та** also takes the ending **-ОЙ**.

NOM	GEN
но́в-ая	но́в-ой
больш-а́я	больш-о́й
хоро́ш-ая	хоро́ш-ей[1]
э́т-а	э́т-ой

[1]*Remember spelling rule #2.*

4. Possessives that describe feminine nouns in the Genitive case take the ending **-ЕЙ**.

NOM	GEN
мо-я́	мо-е́й
тво-я́	тво-е́й
наш-а	на́ш-ей
ваш-а	ва́ш-ей

У **мое́й** ста́ршей сестры́ есть дочь.
My older sister has a daughter.

11-4. Choose the statements that apply to your family. Compare them with those of your classmates. See Grammar comment 11-1.

- ❏ У меня́ нет ста́ршего бра́та.
- ❏ У меня́ есть мла́дший брат.
- ❏ У меня́ нет мла́дшего бра́та.
- ❏ У меня́ есть ста́ршая сестра́.
- ❏ У меня́ нет ста́ршей сестры́.
- ❏ У меня́ есть мла́дшая сестра́.
- ❏ У меня́ нет мла́дшей сестры́.
- ❏ У меня́ есть ба́бушка.
- ❏ У меня́ есть де́душка.
- ❏ Де́душка у́мер.
- ❏ Ба́бушка умерла́.
- ❏ У меня́ есть тётя.
- ❏ У меня́ есть дя́дя.
- ❏ У меня́ есть муж.
- ❏ У меня́ есть жена́.
- ❏ У меня́ есть сын.
- ❏ У меня́ есть дочь.

11-5. Моя́ семья́. Read the following story. Circle the words in the Genitive case and explain the endings. Give English equivalents. See Grammar comment 11-1.

У меня́ больша́я семья́: ма́ма, па́па, ста́рший брат, мла́дшая сестра́ и ба́бушка. Мы живём в до́ме мое́й ба́бушки, ма́тери отца́. У моего́ ста́ршего бра́та Ди́мы есть жена́. У них две до́чери и оди́н сын. У мое́й мла́дшей сестры́ Ве́ры есть муж. У них два сы́на и три до́чери! Но э́то не всё. У моего́ отца́ есть мла́дшая сестра́, моя́ тётя, Ни́на. У мое́й тёти Ни́ны, мла́дшей сестры́ отца́, есть муж и три до́чери. У ста́ршей до́чери тёти Ни́ны то́же есть де́ти: оди́н сын и две до́чери.

Вопро́с: *How many people live in grandmother's house?*

11-6. Fill in the blanks using the Genitive case of the words in parentheses.

1. У (я) _____ есть два сы́на, ста́рший и мла́дший.
2. У (мой) _____ (мла́дший) _____ (сын) _____ есть жена́.
3. У (жена́) _____ (мой) _____(мла́дший) _____ (сын) _____ есть ста́рший брат.
4. У (её ста́рший) _____ (брат) _____ есть дочь.
5. У (дочь) _____ (её ста́рший) _____ (брат) _____ есть подру́га.
6. У (подру́ги) _____ (дочь) _____ (ста́рший) _____ (брат) _____ вчера́ был день рожде́ния *(birthday)*!

@ **Complete exercises on the Web site.**

Chapter 11: 11-1, 11-2, 11-3.

11-7. Read the following sentences. Circle the words in the Accusative case and explain the endings. Give English equivalents. See Grammar comment 11-2.

1. Я люблю́ мою́ ма́му.
2. Как зову́т твою́ ма́му?
3. Его́ мла́дшую сестру́ зову́т Ира.
4. Ле́на лю́бит ру́сскую литерату́ру.
5. Са́ша хорошо́ зна́ет на́шего дя́дю Ви́тю.
6. Ми́ша чита́ет интере́сную кни́гу.
7. Мы чита́ем интере́сный журна́л.
8. Я люблю́ моего́ ста́ршего бра́та.
9. Моего́ ста́ршего бра́та зову́т Ко́ля.
10. Ни́на зна́ет моего́ мла́дшего бра́та.
11. Он зна́ет ру́сский язы́к.
12. Она́ изуча́ет неме́цкую литерату́ру.

11-8. Take turns asking and answering the following question. Use the words in the Accusative case. See Grammar comment 11-2.

Student A
• твой/ваш оте́ц
• твоя́/ва́ша мать
• твоя́/ва́ша ста́ршая/ мла́дшая сестра́
• твой/ваш ста́рший/ мла́дший брат
• твой/ваш дя́дя
• твоя́/ва́ша тётя
• твой/ваш де́душка
• твоя́/ва́ша ба́бушка

Student B
• оте́ц
• моя́ мать
• моя́ ста́ршая/ мла́дшая сестра́
• мой ста́рший/ мла́дший брат
• мой дя́дя
• моя́ тётя
• мой де́душка
• моя́ ба́бушка

Grammar comment 11-2
The Accusative Case Singular Endings for Animate Nouns and their Modifiers

1. The Accusative case singular for animate nouns.

Animate nouns with a nominative form ending in -**А**/-**Я**, including those that refer to male persons, take the endings -**У**/-**Ю** in the Accusative singular.

NOM	ACC
ма́м-**а**	ма́м-**у**
ба́бушк-**а**	ба́бушк-**у**
па́п-**а**	па́п-**у**
дя́д-**я**	дя́д-**ю**

Это ма́ма. Я люблю́ **ма́му**.
This is (my) mother. I love my mother.

Как зову́т **ба́бушку**?
What's (your) grandmother's name?

Вы зна́ете **Ка́тю** и **Ва́ню**?
Do you know Katya and Vanya?

Masculine animate nouns with a nominative form ending in a hard consonant take the ending -**А** in the Accusative singular, and masculine animate nouns with a nominative form ending in a soft sign (-**Ь**) or the soft consonant -**Й** take the ending -**Я** in the Accusative singular.

NOM	ACC
брат	бра́т-**а**
учи́тель	учи́тел-**я**
Никола́й	Никола́-**я**
от|е́|ц	отц-**а́**[1]

[1] *In this noun and others with the suffix -**ец** (америка́н|е|ц, украи́н|е|ц) the vowel -**е**- drops out when endings are added.*

Мы зна́ем его́ бра́т**а**.
We know his brother.

Feminine nouns that have a Nominative singular form ending in a soft sign (-**Ь**) have the same form in the Accusative singular.

NOM	ACC
мать	мать
дочь	дочь

Её **дочь** зову́т Ка́тя.
Her daughter's name is Katya.

Я зна́ю её **мать**.
I know her mother.

(CONTINUED ON PAGE 148)

(CONTINUED FROM PAGE 147)
Grammar comment 11-2

2. **Accusative case endings for adjectives, possessives, and the demonstrative э́тот.**

a. The demonstrative э́тот and adjectives that describe **animate masculine** nouns in the Accusative singular take the ending -ОГО.

NOM	ACC
э́тот	э́т-ого
ста́р-ый	ста́р-ого
больш-о́й	больш-о́го
хоро́ш-ий	хоро́ш-его[1]

[1]*Remember spelling rule #2: After hushers (ж, ш, ч, щ) and ц, unstressed o > e.*

Анна Каре́нина не лю́бит **ста́рого** му́жа.
Anna Karenina doesn't love her old husband.

b. Possessives that describe **animate masculine** nouns in the Accusative singular take the ending -ЕГО.

NOM	ACC
мой	мо-его́
твой	тво-его́
наш	на́ш-его
ваш	ва́ш-его

Я люблю́ **твоего́** бра́та.
I like your brother.

c. Possessives that describe **inanimate masculine** and **neuter** nouns in the Accusative singular do not change endings.

Это **твой** журна́л. Я чита́ю **твой** журна́л.
It's your magazine. I'm reading your magazine.

Это **твоё** письмо́. Я чита́ю **твоё** письмо́.
It's your letter. I'm reading your letter.

Remember that the possessives его́, её, and их never change form.

d. Adjectives that describe **feminine nouns**, both **animate** and **inanimate**, in the Accusative singular take the ending -УЮ.

NOM	ACC
но́в-ая	но́в-ую
больш-а́я	больш-у́ю
хоро́ш-ая	хоро́ш-ую

Я о́чень люблю́ **ста́рую ба́бушку**.
I love my old grandmother very much.

(CONTINUED ON PAGE 149)

148

11-9. Read the sentences and give their English equivalents. Circle words in the Genitive case and underline words in the Accusative case. Compare and explain the endings. Fill in the following "Endings" table:

CASE		masculine		feminine	
		animate	inanimate	animate	inanimate
Genitive sing.	nouns				
	adjectives				
	possessives				
Accusative sing.	nouns				
	adjectives				
	possessives				

1. Я люблю́ ба́бушку.
2. Андре́й лю́бит матема́тику.
3. У меня́ нет сестры́.
4. Я люблю́ бра́та.
5. Том у́чит ру́сский язы́к.
6. У Бори́са нет бра́та.
7. Я хорошо́ зна́ю хи́мию.
8. Сего́дня у меня́ нет хи́мии.
9. Я хорошо́ зна́ю Ка́тю.
10. Я хорошо́ зна́ю англи́йский язы́к.
11. Сего́дня у меня́ нет англи́йского языка́.
12. Макси́м лю́бит мою́ ста́ршую сестру́.
13. У мое́й ста́ршей сестры́ есть де́ти.
14. Моя́ ста́ршая сестра́ лю́бит ру́сскую литерату́ру.
15. Ле́на зна́ет моего́ мла́дшего бра́та.
16. У моего́ мла́дшего бра́та нет семьи́.
17. Как зову́т ва́шего ста́ршего бра́та?

11-10. Я люблю́ тебя́! 1) Read the following sentences and fill in the blanks. See Grammar comment 11-3.

1. Я люблю́ ма́му. Я люблю́ (она́) _____.
2. Са́ша лю́бит Ко́стю. Она́ лю́бит (он) _____.
3. Ле́на лю́бит ма́му и па́пу. Она́ лю́бит (они́) _____.
4. Ни́на лю́бит (я) _____.
5. Игорь лю́бит (ты) _____.
6. Я люблю́ (вы) _____.
7. Роди́тели лю́бят (мы) _____.
8. Я люблю́ (ты) _____.

(CONTINUED FROM PAGE 148)
Grammar comment 11-2

e. The demonstrative э́та and possessives that describe **feminine nouns**, both **animate** and **inanimate**, in the Accusative singular take the ending **-У** or **-Ю**.

NOM	ACC
э́т-а	э́т-у
мо-я́	мо-ю́
тво-я́	тво-ю́
на́ш-а	на́ш-у
ва́ш-а	ва́ш-у

Я люблю́ твою́ дочь.
I love your daughter.

Remember to use masculine agreement with nouns that end in **-А/-Я** and refer to male persons:

Мы о́чень лю́бим **на́шего ста́рого де́душку.**
We love our old grandfather very much.

---

2) Вопро́сы. Read the following sentences. What questions do the underlined words answer? Use: Кто? Что? Кого́? Чего́? У кого́?

Ната́ша лю́бит свою́ <u>ма́му</u>!

Кто лю́бит ма́му?   **Кого́** Ната́ша лю́бит?

1. <u>Моя́ дочь</u> лю́бит <u>исто́рию</u>.
2. <u>Ира</u> лю́бит своего́ <u>мла́дшего бра́та</u>.
3. <u>Мы</u> лю́бим <u>на́шего кота́ Ва́ську</u>.
4. <u>И́горь</u> лю́бит <u>футбо́л</u>.
5. У <u>Иры</u> нет мла́дшего <u>бра́та</u>.
6. У <u>меня́</u> нет <u>семьи́</u>.
7. У <u>его́ бра́та</u> нет <u>соба́ки</u>.

@ **Complete exercises on the Web site.**

Chapter 11: 11-4, 11-5.

11-11. 🎧 Профе́ссия. 1) Listen to the list of professions and mark the ones you hear. Read it aloud. 2) Match the English and the Russian.

___ преподава́тель/ница	1. waiter, waitress, server
___ учи́тель/ница	2. lawyer
___ архите́ктор	3. engineer
___ инжене́р	4. architect
___ продаве́ц	5. nurse
___ врач	6. journalist
___ медсестра́	7. salesperson
___ перево́дчик	8. physician, doctor
___ журнали́ст	9. teacher (usually school-level)
___ юри́ст	10. economist
___ экономи́ст	11. instructor (usually college-level)
___ официа́нт/ка	12. translator, interpreter

Grammar comment 11-3
Accusative Case Forms for Personal Pronouns

NOM.	ACC.
Кто?	Кого́?
я	меня́
ты	тебя́
он	его́
оно́	его́
она́	её
мы	нас
вы	вас
они́	их

3) Fill out the chart. Then ask each other: «Кто твоя́ мать?», «Кто твой оте́ц?», «Кто твой брат?» etc. If the profession you need is not in the list above, ask your teacher.

Кто?	Профе́ссия
мать	
оте́ц	
ба́бушка	
де́душка	
брат	

Кто?	Профе́ссия
сестра́	
дя́дя	
тётя	
муж	
жена́	

@ **Complete the exercise on the Web site.**

Chapter 11: 11-6.

Дава́йте послу́шаем и поговори́м!

11-12. 🎧 👥 **Listen to the conversations and circle the words you hear. Then practice the conversations using your personal information.**

Разгово́р 1
— У тебя́ есть брат и́ли сестра́?
— Да, у меня́ есть **брат/сестра́**.
— А как **его́/её** зову́т?
— **Его́/Её** зову́т **Оле́г/Ольга**.
— А кто **он/она́**?
— **Он/Она́ экономи́ст/ архите́ктор**.
— А где рабо́тает?
— **В ба́нке/в фи́рме «Но́вый дом»**.

Разгово́р 2
— Скажи́те, у вас есть **жена́/ муж**?
— Да.
— Вы **давно́/неда́вно** жена́ты?
— Уже́ **три/четы́ре** го́да.
— И вы **его́/её** лю́бите?
— **Коне́чно/Нет**.

Разгово́р 3
— Скажи́те, у вас есть де́ти?
— Да, у меня́ **сын/дочь**.
— Как **его́/её** зову́т?
— **Его́/Её** зову́т **Игорь/Инна**.
— **Он/она́** рабо́тает и́ли у́чится?
— Он/Она́ уже́ рабо́тает.
— Кака́я у **неё/у него́** профе́ссия?
— **Она́/Он журнали́ст/ перево́дчик**.

11-13. 🎧 👥 **Listen to the conversation and fill in the blanks. Then practice it.**

— Ольга Петро́вна, скажи́те, у вас больша́я семья́?
— Да! Муж, два сы́на и _____ .
— Как зову́т _____?
— _____ зову́т Лю́да.
— А как зову́т _____?
— Андре́й. Он архите́ктор.
— А где сейча́с ва́ши _____?
— Моя́ ма́ма давно́ _____, а па́па живёт в Ки́еве.

11-14. Интервью́. Listen to the interviews in 11-1 again.
1) Summarize them in Russian and give the following information in the form of a narrative:

Интервью́ 1
   a. Кака́я семья́ у Ли́дии Ива́новны?
   b. У неё есть де́ти?
   c. Как зову́т её ста́ршую дочь?
   d. Как зову́т её мла́дшую дочь?

Интервью́ 2
   a. Кака́я семья́ у Светла́ны?
   b. У неё есть брат и́ли сестра́?
   c. У неё есть ба́бушка и де́душка?

2) Conduct similar interviews with your classmates or other Russian speakers. Write down their answers and report the results in class.

Interview form

Questions	Person 1	Person 2	Person 3
1. Как тебя́ /вас зову́т?			
2. Кака́я у тебя́/у вас семья́? (роди́тели, бра́тья, сёстры, жена́, муж, де́ти...)			
3. Кто твой/ваш оте́ц/брат/дя́дя/сын?			
4. Кто твоя́/ва́ша мать/сестра́/тётя/дочь?			

@ **Complete the exercise on the Web site.**

Chapter 11: 11-7.

Дава́йте послу́шаем и почита́ем!

11-15. 🎧 **Listen to the audio and choose the correct answer.**

Гали́на и Игорь

1. Где живу́т Гали́на и Игорь?
   a. в трёхко́мнатной кварти́ре недалеко́ от университе́та
   b. в двухко́мнатной кварти́ре недалеко́ от университе́та
   c. в двухко́мнатной кварти́ре недалеко́ от ры́нка

2. **Они́ говоря́т по-англи́йски?**
   a. Га́ля непло́хо говори́т по-англи́йски, а И́горь нет.
   b. Га́ля говори́т по-испа́нски.
   c. И́горь говори́т по-англи́йски, а Га́ля говори́т по-испа́нски.

3. **Что они́ лю́бят?**
   a. И́горь лю́бит футбо́л, а Га́ля их ко́шку Му́рку.
   b. И́горь лю́бит ру́сскую литерату́ру, а Га́ля лю́бит футбо́л.
   c. И́горь лю́бит ко́шку Му́рку.

Бори́с и Ри́та

4. **Где живу́т Бори́с и Ри́та?**
   a. У них больша́я и хоро́шая кварти́ра в но́вом райо́не Москвы́.
   b. Они́ живу́т о́коло метро́.
   c. Они́ живу́т в ма́ленькой кварти́ре в це́нтре.

5. **Они́ говоря́т по-англи́йски?**
   a. Они́ не говоря́т по-англи́йски.
   b. Они́ говоря́т по-неме́цки.
   c. Они́ говоря́т по-англи́йски.

Смирно́вы

6. **Где живу́т Смирно́вы?**
   a. Они́ вме́сте живу́т в большо́й кварти́ре о́коло метро́ Аэропо́рт.
   b. Они́ живу́т в це́нтре Москвы́.
   c. Они́ живу́т в трёхко́мнатной кварти́ре в но́вом райо́не.

7. **У них есть де́ти?**
   a. У них два сы́на.
   b. У них две до́чери.
   c. У них сын и дочь.

8. **Де́ти говоря́т по-англи́йски?**
   a. Де́ти говоря́т по-неме́цки.
   b. Дочь у́чит англи́йский язы́к, а сын — неме́цкий.
   c. Де́ти хорошо́ говоря́т по-англи́йски.

Но́вые слова́

вме́сте – *together*
класс – *grade (in K-12 school)*
ко́шка – *cat (female)*
молодо́й (молода́я, молодо́е, молоды́е) – *young*
наза́д – *ago*
пе́нсия, на пе́нсии – *retired (lit. on a pension)*
уме́ть *impf.* – *to know how to*

Гали́на и И́горь

11-16. 📖 **Чте́ние. These families want to host a foreign student. 1) Read the texts and compare your answers in 11-15 with the text. 2) Choose who you would prefer to stay with.**

Гали́на и И́горь

Это Гали́на и И́горь. Га́ля студе́нтка. Она́ у́чится в РГГУ (Росси́йском госуда́рственном гуманита́рном университе́те). Она́ у́чит англи́йский язы́к и непло́хо говори́т по-англи́йски. Её му́жа зову́т И́горь. И́горь – архите́ктор и рабо́тает в большо́й строи́тельной фи́рме. Он говори́т то́лько по-ру́сски. В шко́ле он учи́л испа́нский язы́к. Он уме́ет чита́ть по-испа́нски, но не уме́ет говори́ть.

Га́ля и Игорь жена́ты 2 го́да. У них молода́я семья́! Они́ живу́т в двухко́мнатной кварти́ре недалеко́ от университе́та. Они́ о́чень лю́бят теа́тр и ча́сто вме́сте хо́дят в теа́тр на Тага́нке[1]. Ещё Игорь лю́бит футбо́л, а Га́ля лю́бит ру́сскую литерату́ру и их ко́шку Му́рку.

[1] Теа́тр на Тага́нке – The Taganka Theater is a theater located on Taganka Square in Moscow. The theater was founded in 1964 by Ю́рий Люби́мов, and is the most popular theater in Moscow.

Бори́с и Ри́та

Это Бори́с и Ри́та. Ра́ньше они́ учи́лись в одно́й шко́ле в одно́м кла́ссе. Сейча́с Бори́с врач. Он рабо́тает в больни́це. А Ри́та – экономи́ст, она́ у́чится в аспиранту́ре на экономи́ческом факульте́те. Бори́с и Ри́та жена́ты уже́ 3 го́да и живу́т в но́вом райо́не Москвы́. У них больша́я и хоро́шая кварти́ра. Около до́ма краси́вый парк и магази́ны, но ста́нция метро́ далеко́, три остано́вки на авто́бусе.

Что они́ лю́бят де́лать? Бори́с лю́бит чита́ть, а Ри́та о́чень лю́бит смотре́ть телеви́зор и гото́вить, когда́ у неё есть вре́мя. Но вре́мени у неё никогда́ нет! Что ещё? Да, они́ хорошо́ зна́ют англи́йский язы́к.

Бори́с и Ри́та

Смирно́вы

Это Татья́на Яковлевна и Арка́дий Серге́евич Смирно́вы. Она́ юри́ст, а он инжене́р. Арка́дий Серге́евич сейча́с не рабо́тает, он на пе́нсии.

Татья́на Яковлевна и Арка́дий Серге́евич жена́ты уже́ 32 го́да. У них есть де́ти. Их дочь зову́т Ле́на, а их сы́на зову́т Лев (Лёва). Они́ все вме́сте живу́т в большо́й кварти́ре о́коло метро́ Аэропо́рт. Ра́ньше у них жила́ ба́бушка, но три го́да наза́д она́ умерла́. Ле́на у́чится в университе́те на истори́ческом факульте́те. Она́ у́чит англи́йский язы́к уже́ два го́да. Лев ещё хо́дит в шко́лу. Он у́чит неме́цкий язы́к. Он хорошо́ чита́ет по-неме́цки, но пло́хо говори́т.

Смирно́вы

11-17. Скажи́те… Say what you've learned about a) Га́ля и Игорь; b) Бори́с и Ри́та; c) Смирно́вы, giving the following information in a form of a narrative:

1. Кто муж/жена́? (профе́ссия)
2. Где у́чится/Где рабо́тает?
3. Кака́я кварти́ра?
4. Что есть ря́дом?
5. Говори́т по-англи́йски?
6. Что/кого́ лю́бят?
7. Есть де́ти?
8. Что де́лает их сын?
9. Что де́лает их дочь?

Но́вые слова́

вы́брать *pfv.* что? кого? – *to choose*
потому́ что – *because*

11-18. **Choose your host family. Explain why you have chosen this one. Give at least two reasons. Start with:**

— Я вы́брал/а   a. Га́лю и Игоря,   потому́ что...
                b. Бори́са и Ри́ту,
                c. Татья́ну Яковлевну
                   и Арка́дия Серге́евича,

11-19. Вопро́сы. In order to get additional information about the apartment, your room in that apartment, etc., write down 5 questions to ask your host family.

@ Complete exercises on the Web site.

Chapter 11: 11-8, 11-9.

Дава́йте переведём!

11-20. Как сказа́ть по-ру́сски? Give Russian equivalents for the following questions. Translate ideas, not words. Take turns asking and answering the questions.

1. Do you have a large family?
2. Do you have siblings (a brother or a sister)?
3. What does your brother do?
4. What is his name?
5. What does your sister do?
6. What is her name?
7. Do you have grandparents?
8. Are your grandparents old?
9. Are they retired or are they still working?
10. Where do your grandparents live?
11. Where do your parents live?
12. Do you have a husband/wife?
13. What does your husband/wife do?
14. Do you have an aunt and an uncle?
15. Where do they live?
16. Do you love your aunt/uncle?

11-21. Семе́йный веб-са́йт. Help the Smiths create a Russian version of their website. Translate ideas, not words.

Smith Family
http://www.familysmith.ru

Our family is small: me, Brandon Smith, my wife Helen, and our daughter Stefanie. We live in Utah. I am originally from Rigby, Idaho. Helen is from Coalville, Utah. We've been married 4 years. We spent a few years living in a small apartment while going to college. After we both graduated (око́нчили ко́лледж), we moved (перее́хали) into our new home.

Helen, my wife, is a stay-at-home mom (домохозя́йка). She enjoys reading, watching TV, and she loves Stefanie very much. I work at Utah State University, where I do 'computer stuff' (компью́терщик). I enjoy astronomy (астроно́мия), and photography(фотогра́фия). Stefanie, our daughter, was born (родила́сь) 3 years ago. She's an artist (худо́жник), musician (музыка́нт), model (моде́ль), actress (актри́са), acrobat (акроба́т), singer (певи́ца), and all-around genius (ге́ний).

Ци́фры и фа́кты

11-22. 🎧 **Review of numbers. 1) Listen to the speaker and write down the telephone numbers of these people.**

a. Га́ля и И́горь _____
b. Бори́с и Ри́та _____
c. Смирно́вы _____
d. Петро́вы _____
e. Ле́на _____
f. Вади́м _____
g. Пётр Петро́вич _____
h. О́льга Евге́ньевна _____
i. Ивано́вы _____
j. Ко́стя _____
k. И́ра _____

2) Listen to the speaker and write down the addressees of these people.

Имя и фами́лия	Адрес	Эта́ж
a. Лёля Семёнова	ул. Тверска́я, д. кв.	
b. Степа́н Со́мов	ул. Пу́шкина, д. кв.	
c. Ва́ня Петро́в	ул. Ба́нковская, д. кв.	
d. Ивано́вы	ул. Толсто́го, д. кв.	
e. Ви́тя	ул. Куту́зова, д. кв.	
f. О́льга Евге́ньевна	ул. Верна́дского, д. кв.	

11-23. Ци́фры и фа́кты. Numbers and facts. Же́нщина и о́бщество. Women and society.1) Discuss the results of the following survey. 2) Conduct a similar survey among your classmates or ask other people and report the results in class.

Вопро́с: Жена́, би́знес-ву́мэн и́ли мать – *What should a Russian woman be like today?*

Но́вые слова́

делова́я же́нщина – *businesswomen*
домохозя́йка – *housewife*
поли́тик – *politician*
совреме́нный, -ая,-ое,-ые –
contemporary, modern

Результа́ты опро́са:

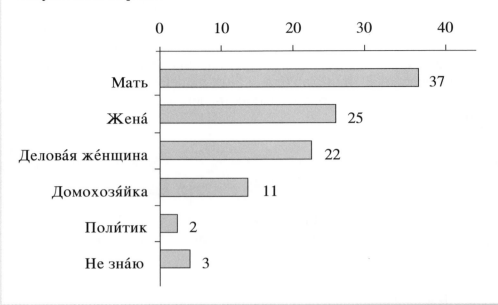

@ Complete exercises on the Web site.

Chapter 11: 11-10, 11-11.

11-24. Слова́рь. Vocabulary.

вме́сте – *together*
вы́брать *pfv.* что? кого́? – *to choose*
    Fut: я вы́беру, ты вы́берешь, они́ вы́берут
год – *year*
далеко́ – *far*
жена́ты (они́ жена́ты) – *married (for two persons)*
знать *impf.* что? – *to know*
    Pres: я зна́ю, ты зна́ешь, они́ зна́ют
класс – *grade (in K-12 school)*
ко́шка – *cat (female)*
мла́дший, -ая, -ие [mlátšɨj] – *younger*
молодо́й, -а́я, -о́е, -ы́е – *young*
наза́д (два го́да наза́д) – *ago (two years ago)*
пе́нсия, на пе́нсии – *retired (lit. on a pension)*
потому́ что – *because*

сказа́ть *pfv.* – *to tell, say*
    Fut: я скажу́, ты ска́жешь, они́ ска́жут; *Imperative:* скажи́ *(ты)*, скажи́те *(вы)*
ста́рший, -ая, -ие – *older*
строи́тельный, -ая, -ое, -ые – *construction (adj.)*
умере́ть *pfv.* – *to die*
Past: у́мер, умерла́, у́мерли
уме́ть *impf.* – *to know how*
    Pres: я уме́ю, ты уме́ешь, они́ уме́ют

Ме́сяцы – *Months*

янва́рь [jɪnvár] – *January*
февра́ль [fɪvrál] – *February*
март [mart] – *March*
апре́ль [ʌprʲel] – *April*
май [maj] – *May*
ию́нь [ɪjúnʲ] – *June*
ию́ль [ɪjúlʲ] – *July*
а́вгуст [ávgust] – *August*
сентя́брь [sʲɪntʲábr̩] – *September*
октя́брь [ʌktʲábr̩] – *October*
ноя́брь [nʌjábr̩] – *November*
дека́брь [dʲɪkábr̩] – *December*

Семья́ – *Family*

ба́бушка – *grandmother*
брат (ста́рший/мла́дший) – *brother (older/younger)*
де́душка *(m.)* – *grandfather*
де́ти *(pl.)* – *childen*
дочь *(f.)* – *daughter*
дя́дя *(m.)* – *uncle*
жена́ – *wife*
мать *(f.)* (ма́ма) – *mother*
муж – *husband*
от|е́|ц (па́па) – *father (dad)*
роди́тели *(pl. only)* – *parents*
ребён|о|к *(pl. де́ти)* – *child*
сестра́ (ста́ршая/мла́дшая) – *sister (older/younger)*
сын – *son*
тётя – *aunt*
мои́ ба́бушка и де́душка – *my grandparents*

Профе́ссии – *Professions*

архите́ктор – *architect*
врач – *physician, doctor*
журнали́ст – *journalist*
инжене́р – *engineer*
медсестра́ – *nurse*
официа́нтка – *waitress, server*
официа́нт – *waiter, server*
перево́дчик – *translator, interpreter*
преподава́тель – *instructor (male, usually college-level)*
преподава́тельница – *instructor (female, usually college-level)*
продав|е́|ц – *salesperson*
учи́тель – *teacher (male, usually school-level)*
учи́тельница – *teacher (female, usually school-level)*
экономи́ст – *economist*
юри́ст – *lawyer*

Themes
- family history
- Russian last names

Pronunciation
- the pronunciation of numerals

Communicative situation
- asking for and giving information about one's family

Grammar
- how to say what year it is and indicate the year in which something happens
- the Prepositional case with the preposition **о(б)**, and the Prepositional case forms for personal pronouns
- expressing age

Но́вые слова́
вы́рос/вы́росла – *grew up*
роди́лся/родила́сь – *was born*
перее́хать *pfv.* куда́? – *to move*
пожени́ться *pfv.* – *to get married (for two persons)*

Како́е сего́дня число́?
Indicate today's date.
Сего́дня…

Date (ordinal number) число́		Month (Gen. case) ме́сяц
пе́рвое	17-ое	января́
второ́е	18-ое	февраля́
тре́тье	19-ое	ма́рта
четвёртое	20-ое	апре́ля
пя́тое	21-ое	ма́я
6 -ое	22-ое	ию́ня
7-ое	23-ое	ию́ля
8-ое	24-ое	а́вгуста
9-ое	25-ое	сентября́
10-ое	26-ое	октября́
11-ое	27-ое	ноября́
12-ое	28-ое	декабря́
13-ое	29-ое	
14-ое	30-ое	
15-ое	31-ое	
16-ое		

¹this pronunciation is common in rapid, colloquial speech

12-1. 🎧 🎥 **Интервью́. Listen to the interviews and summarize them in English.**

Интервью́ 1

— Ле́на, ско́лько тебе́ лет?
— Мне 20 лет.
— Где ты родила́сь?
— Я родила́сь в Москве́.
— А ты давно́ живёшь в Аме́рике?
— Да, я вы́росла в Лос-Анджелесе.
— А когда́ твоя́ семья́ перее́хала в Аме́рику?
— Мы перее́хали в Аме́рику, когда́ мне бы́ло 7 лет.
— Так ты око́нчила шко́лу в Аме́рике?
— Да, в Аме́рике.

Интервью́ 2

— Андре́й Ива́нович, где вы роди́лись?
— В Ки́еве.
— А когда́, в како́м году́?
— В 1960 году́.
— Вы жена́ты?
— Да, я жена́т уже́ 20 лет.
— А где вы пожени́лись?
— В Ки́еве, а пото́м перее́хали жить в Аме́рику.
— У вас есть де́ти?
— Да, де́ти роди́лись уже́ в Аме́рике.

12-2. 🎧 **Произноше́ние. The pronunciation of numerals. Repeat after the speaker:**

50 пятьдеся́т [pɪḍɪşát]

60 шестьдеся́т [šɨẓḍɪşát] or [šɪşát]

70 се́мьдесят [şémḍɪşət] or [şémɪşət]

80 во́семьдесят [vóşɪmḍɪşət] or [vóşɪmɪşət]

90 девяно́сто [ḍɪɣɪnóstə]

500 пятьсо́т [pɪţsót]

600 шестьсо́т [šɨsót]

700 семьсо́т [şɪmsót]

800 восемьсо́т [vəşɪmsót]

900 девятьсо́т [ḍɪɣɪţsót]

1 000 ты́сяча [tɨşáčə] or [tɨ́ššə]¹

2 000 две ты́сячи [dγe tɨ́şäčɪ] or [tɨ́ššɪ]

5 000 пять ты́сяч [paţ tɨ́şəč]

1995 ты́сяча девятьсо́т девяно́сто пять
[tɨ́ššə ḑıɣıţsót ḑıɣınóstə p̧aţ]
1995 г. ты́сяча девятьсо́т девяно́сто пя́тый год
[tɨ́ššə ḑıɣıţsót ḑıɣınóstə p̧átɨj got]
в 1995 г. в ты́сяча девятьсо́т девяно́сто пя́том году́
[f‿tɨ́ššə ḑıɣıţsót ḑıɣınóstə p̧átəm gʌdú]

2006 две ты́сячи шесть
[dɣe tɨ́ššə šeşţ]
2006 г. две ты́сячи шесто́й год
[dɣe tɨ́ššə šɨstój got]
в 2006 г. в две ты́сячи шесто́м году́
[v dɣe tɨ́ššə šɨstóm gʌdú]

1895 ты́сяча восемьсо́т девяно́сто пять
[tɨ́ššə vəşım̧sót ḑıɣınóstə p̧aţ]
1895 г. ты́сяча восемьсо́т девяно́сто пя́тый год
[tɨ́ššə vəşım̧sót ḑıɣınóstə p̧átɨj got]
в 1895 г. в ты́сяча восемьсо́т девяно́сто пя́том году́
[f‿tɨ́ššə vəşım̧sót ḑıɣınóstə p̧átəm gʌdu]

Ле́ксика и грамма́тика

12-3. 1) Listen to the sentences and number them in the order they are given. 2) Read the sentences out loud, and give English equivalents. 3) Answer the questions.

Но́вые слова́

вели́кий, -ая, -ое, -ие – *great*
он жена́т – *he's married*
она́ за́мужем – *she's married*
они́ пожени́лись/поже́нятся – *they got married/will get married*
они́ жена́ты – *they are married (for two people)*
писа́тель – *writer*
поэ́т – *poet*
учёный – *scientist (male)*
хи́мик – *chemist*

a) ___ Ива́н роди́лся и вы́рос в Ки́еве. ___ Ка́тя родила́сь и вы́росла в Москве́.
b) ___ Ива́н жена́т. ___ Ка́тя за́мужем. ___ Ива́н и Ка́тя жена́ты. ___ Ка́тя и Ива́н пожени́лись в Москве́.

c) ___ Алекса́ндр Блок, вели́кий ру́сский поэ́т, роди́лся и вы́рос в Петербу́рге. ___ Любо́вь Менделе́ева, дочь вели́кого учёного-хи́мика Дми́трия Менделе́ева, то́же родила́сь и вы́росла в Петербу́рге.
d) ___ Блок был жена́т. ___ Любо́вь Менделе́ева была́ за́мужем. ___ Блок и Менделе́ева бы́ли жена́ты. ___ Они́ пожени́лись в Тарака́ново, недалеко́ от Петербу́рга.

e) ___ Анто́н Че́хов, вели́кий ру́сский писа́тель, роди́лся и вы́рос в Таганро́ге. ___ Ольга Кни́ппер родила́сь и вы́росла в Гла́зове.

f) ___ Они́ бы́ли жена́ты. ___ Анто́н Че́хов был жена́т. ___ Ольга Кни́ппер была́ за́мужем. ___ Че́хов и Кни́ппер пожени́лись в Ялте.

g) ___ Где ты роди́лся?/Где ты родила́сь? ___ Где ты вы́рос?/Где ты вы́росла?

h) ___ Ты жена́т?/Вы жена́ты? ___ Ты за́мужем?/Вы за́мужем? ___ Где вы пожени́лись?

Grammar comment 12-1
How to Say What Year it is and Indicate the Year in which Something Happens

When stating the year in which something occurs, the last number is an ordinal number. To say *1995* in Russian, you would say **ты́сяча девятьсо́т девяно́сто пя́тый** год. To say *in 1995*, you would put the ordinal number in the prepositional case and say **в ты́сяча девятьсо́т девяно́сто пя́том году́**. Note the "special" Prepositional form **году́**.

Но́вые слова́

око́нчить *pfv.* что? (шко́лу) – *to finish (graduate from school)*
перее́хать *pfv.* куда́? (в Москву́) – *to move (to Moscow)*

12-4. 🎧 **В како́м году́? 1) Listen to the following, fill in the blanks, read and give English equivalents. 2) Answer the questions. See Grammar comment 12-1.**

Лев Толсто́й

1. Лев Толсто́й, вели́кий ру́сский писа́тель, роди́лся в 1828 (_____ восемьсо́т два́дцать восьмо́м) году́ в Ясной Поля́не.

2. В 1837 (ты́сяча _____ три́дцать седьмо́м) году́ семья́ перее́хала в Москву́.

3. Толсто́й был жена́т. Лев и Со́фья пожени́лись в 1862 (ты́сяча восемьсо́т шестьдеся́т _____) году́.

4. Их ста́рший сын, Серге́й, роди́лся в 1863 (ты́сяча восемьсо́т шестьдеся́т _____) году́.

5. Толсто́й у́мер в 1910 (ты́сяча девятьсо́т _____) году́.

Ле́на Ивано́ва

1. Ле́на Ивано́ва родила́сь в 1980 (_____ девятьсо́т восьмидеся́том) году́.

2. Ле́на око́нчила шко́лу в 1997 (ты́сяча девятьсо́т _____ _____) году́.

3. Ле́на перее́хала в Москву́ в 2000 (двухты́сячном) году́.

4. Ле́на око́нчила университе́т в 2005 (две ты́сячи _____) году́.

5. Ле́на за́мужем. Ле́на и Игорь пожени́лись в 2007 (две _____ седьмо́м) году́.

Вы...

1. Когда́/в како́м году́ вы роди́лись?
2. Когда́/в како́м году́ вы око́нчили шко́лу?
3. Куда́ и когда́/в како́м году́ вы перее́хали?

4. Когда́/в како́м году́ и како́й университе́т вы око́нчили?
5. Вы за́мужем/жена́ты? Как зову́т ва́шего му́жа/ва́шу жену́? Когда́/в како́м году́ вы пожени́лись?

@ **Complete exercises on the Web site.**

Chapter 12: 12-1, 12-2, 12-3.

12-5. О... About... 1) Read the following sentences and fill in the blanks. See Grammar comment 12-2.

1. Это твоя́ семья́? Расскажи́ о (она́) _____.
2. Это твои́ роди́тели? Расскажи́ о (они́) _____.
3. Это твой дя́дя. Расскажи́ о дя́де, о (он) _____.
4. Это твоя́ тётя. Расскажи́ о тёте, о (она́) _____.
5. Это твой де́душка и твоя́ ба́бушка? Расскажи́ о (они́) _____.
6. Это твой брат? Расскажи́ о (брат) _____, о (он) _____.
7. Это твоя́ сестра́? Расскажи́ о (сестра́) _____, о (она́) _____.
8. О ком ты ча́сто ду́маешь? Я ча́сто ду́маю о (ты) _____.
9. О чём ты ча́сто ду́маешь? Я ча́сто ду́маю о (Москва́) _____.
10. Вы чита́ли о (сын) _____ Толсто́го? Да, я чита́ла о (он) _____.
11. Вы пи́шете кни́гу о (ва́ша семья́) _____? Да, о (она́) _____.
12. О чём вы мечта́ете? Я мечта́ю о (но́вый компью́тер) _____.

2) Вопро́сы. Read the following sentences. What questions do the underlined words answer? Use: Кто? О ком? О чём? The first one is done for you.

1. Ната́ша говори́т о ма́ме.

Кто говори́т о ма́ме?   **О ком** Ната́ша говори́т?

Grammar comment 12-2
The Prepositional Case with the Preposition o(б)

Use the Prepositional case after the preposition **о** (*about, concerning*) to show who or what you are talking (**говори́ть, расска́зывать**), thinking (**ду́мать**), writing (**писа́ть**), reading (**чита́ть**), dreaming (**мечта́ть**), *etc.* about.

Use the variant form **об** before words beginning with the vowels **а, э, и, о, у.**

Я говорю́	о Ви́кторе.
	о Евге́нии.
	о Ната́ше.
But:	**об** Ива́не.
	об их сестре́.
	об университе́те.

Russians also use the preposition **про** with the Accusative case to express 'about'. For example, **Мы говори́м про вас.** – *We are talking about you.*

Prepositional Case Forms for Personal Pronouns

NOM	PREP
кто?	о ком?
что?	о чём?
я	обо[1]
	мне́
ты	о тебе́
он	о нём
оно́	о нём
она́	о ней
мы	о нас
вы	о вас
они́	о них

[1]Note that **о > обо** before the object pronoun **мне.**

2. <u>Ми́ша</u> мечта́ет о <u>но́вой кварти́ре</u>.
3. <u>Ира</u> рассказа́ла о <u>семье́</u>.
4. <u>Ви́тя</u> написа́л статью́ <u>о Че́хове.</u>
5. <u>Лю́да</u> прочита́ла кни́гу о <u>Мари́не Цвета́евой</u>.
6. <u>Цвета́ева</u> написа́ла кни́гу <u>о Пу́шкине</u>.
7. <u>Ни́на</u> ча́сто ду́мает о <u>бра́те</u>.
8. Моя́ <u>мла́дшая сестра́</u> мечта́ет о <u>мобильном телефо́не</u>.
9. <u>Мы</u> прочита́ли статью́ <u>о Росси́и</u>.

@ **Complete the exercise on the Web site.**

Chapter 12: 12-4.

Grammar comment 12-3
Expressing Age

1) The Dative case
The Dative case is used to express age in Russian. In English one would say "I am 18"; in Russian one would say "**Мне** (*Dative case*) **восемна́дцать лет**" (*literally: "To me (is) eighteen years"*). In order to give someone's age in Russian, you must first learn to count years in Russian and then learn the dative forms of pronouns.

2) Counting years:
• Use the form **год** after **1** (оди́н) and all numbers that end in **1** (оди́н):

оди́н **год** (1 year)
два́дцать оди́н **год** (21 years)

• Use the Genitive singular form **го́да** after **2** (два), **3** (три), **4** (четы́ре), and all numbers that end in **2, 3,** or **4**:

два (три, четы́ре) **го́да**
два́дцать два (три, четы́ре) **го́да**

• Use the special Genitive plural form **лет** after all other numbers and after the question word **ско́лько?** (*how many, how much?*):

пять **лет**
оди́ннадцать **лет**
сто **лет**

Ско́лько вам **лет**?
How old are you?

(CONTINUED ON PAGE 163)

12-6. Ско́лько лет? Read the following sentences out loud and fill in the blanks. See Grammar comment 12-3.

1. Это моя́ ба́бушка. Ей 66 _____ (years).
2. Это мой де́душка. Ему́ 70 _____ (years).
3. Это моя́ сестра́. Ей 22 _____ (years).
4. Это я. Мне 24 _____ (years).
5. Это мой роди́тели. Им 45 и 58 _____ (years).
6. Это ты? Ско́лько тебе́ _____ (years)?
7. Это мой ста́рший брат. _____ (Он) 29 лет.
8. Это моя́ тётя. _____ (Она́) 41 год.
9. Это мой дя́дя Ва́ня. _____ (Он) 43 го́да.
10. Это твоя́ мла́дшая сестра́? Ско́лько _____ (она́) лет?
11. Ско́лько _____ (вы/ты) лет?

12-7. Вы зна́ете? Answer the following questions.

1) Лев Толсто́й роди́лся в 1828-о́м году́.
   Вы зна́ете:
   a. Ско́лько ему́ бы́ло лет, когда́ в 1862-о́м году́ он и Со́фья Берс пожени́лись?
   b. Ско́лько ему́ бы́ло лет, когда́ в 1876-о́м году́ он написа́л «Анну Каре́нину»?
   c. Ско́лько ему́ бы́ло лет, когда́ в 1888-о́м году́ роди́лся его́ сын Ива́н?
   d. Ско́лько ему́ бы́ло лет, когда́ он у́мер в 1910-ом году́?

2) Анто́н Че́хов роди́лся в 1860-о́м году́.
   Вы зна́ете:
   a. Ско́лько лет ему́ бы́ло, когда́ в 1900-ом году́ он написа́л «Три сестры́»?
   b. Ско́лько ему́ бы́ло лет, когда́ в 1901-ом году́ он и Ольга Кни́ппер пожени́лись?
   c. Ско́лько лет ему́ бы́ло, когда́ в 1904-ом году́ он у́мер?

3) Мари́на Цвета́ева, вели́кая ру́сская поэте́сса, родила́сь в 1892-о́м году́.
Вы зна́ете:

a. Ско́лько ей бы́ло лет, когда́ в 1906-о́м году́ умерла́ её мать?

b. Ско́лько ей бы́ло лет, когда́ в 1912-ом году́ она́ и Серге́й Эфро́н пожени́лись?

c. Ско́лько ей бы́ло лет, когда́ в 1912-ом году́ родила́сь её дочь Ариа́дна?

d. Ско́лько ей бы́ло лет, когда́ в 1925-ом году́ она́ перее́хала жить в Пари́ж?

e. Ско́лько ей бы́ло лет, когда́ в 1941-ом году́ она ýмерла́?

Мари́на Цвета́ева

@ **Complete the exercise on the Web site.**

Chapter 12: 12-5.

(CONTINUED FROM PAGE 162)
Grammar comment 12-3

3) Dative case singular forms for personal pronouns

NOM.	DAT.
кто?	кому́?
я	мне
ты	тебе́
он	ему́
оно́	ему́
она́	ей
мы	нам
вы	вам
они́	им

Use the neuter past tense form **бы́ло** to indicate how old someone was.

— Ско́лько ему́/ей **бы́ло** лет?
— Ему́/Ей **бы́ло** два́дцать два го́да.
"How old was he/she?"
"He/she was twenty-two."

Дава́йте послу́шаем и поговори́м!

12-8. 🎧 💬 **Listen to the conversations and circle the words you hear. Then practice the conversations using your personal information.**

Разгово́р 1
— Где ты родила́сь?
— Я родила́сь **в Ки́еве/ Ми́нске**, а вы́росла в **Берли́не/Ве́не**.
— А когда́ твоя́ семья́ перее́хала сюда́, в **Пари́ж/ Нью-Йо́рк**?
— Мы перее́хали в **1975/1985** году́.
— Ско́лько тебе́ бы́ло лет? **12/22**?
— Да, пра́вильно, **12/22**!

Разгово́р 2
— Где ты учи́лся?
— Я учи́лся в шко́ле в Баку́, а пото́м в медици́нском **учи́лище/институ́те** в Москве́.
— А когда́ ты око́нчил **учи́лище/институ́т**?
— **Два/четы́ре** го́да наза́д.

Но́вое сло́во

сюда́ – *here (in answer to the question* **куда́?***)*

Разгово́р 3

— Вы за́мужем/жена́ты?

— Да, у меня́ есть **муж/жена́**.

— А когда́ вы пожени́лись?

— **5/15** лет наза́д, когда́ мне бы́ло 24 го́да.

12-9. 🎧 👤👤 **Listen to the conversation and fill in the blanks. Then practice it.**

— Когда́ ва́ша семья́ _____ в Теха́с?

— В ты́сяча девятьсо́т пятьдеся́т _____ году́.

— Ско́лько _____ бы́ло лет?

— Мне _____ 10 лет.

— Вы там _____ шко́лу?

— Да, в Теха́се. А пото́м я _____ в университе́те в Виско́нсине.

12-10. Интервью́. Listen to the interviews in 12-1 again.

1) Summarize them in Russian and give the following information in the form of a narrative:

Интервью́ 1

a. Где роди́лась Ле́на?

b. Где вы́росла Ле́на?

c. Ско́лько ей лет?

d. Ско́лько ей бы́ло лет, когда́ её семья́ перее́хала в Аме́рику?

e. Где Ле́на око́нчила шко́лу?

Интервью́ 2

a. Где и когда́ Андре́й Ива́нович роди́лся?

b. Он жена́т?

c. Куда́ семья́ перее́хала?

d. Где роди́лись его́ де́ти?

2) Conduct similar interviews with your classmates or other Russian speakers. Write down their answers and report the results in class.

Interview form

Questions	Person 1	Person 2	Person 3
1. Как тебя́ /вас зову́т?			
2. Когда́ ты роди́лся/родила́сь? Когда́ вы роди́лись?			
3. Где ты роди́лся/родила́сь? Где вы роди́лись?			
4. Где ты вы́рос/вы́росла? Где вы вы́росли?			
5. Где ты око́нчил/а шко́лу/университе́т? Где вы око́нчили шко́лу/университе́т?			
6. Ты жена́т/за́мужем? Вы жена́ты/за́мужем?			
7. У тебя́/ у вас есть де́ти?			

@ **Complete the exercise on the Web site.**

Chapter 12: 12-6.

Дава́йте послу́шаем и почита́ем!

12-11. Семе́йный фотоальбо́м. This is a story about three generations of a Russian family. Before you listen:

1) What members of the family do you expect to be mentioned?
2) What information do you expect to find in the text?

12-12. 🎧 Listen to the story and fill in the blanks:

1. Ба́бушку зову́т _____. Она́ родила́сь в
    _____. Её семья́ жила́ в _____,
    а пото́м в_____. У её отца́ была́ _____.
    Ба́бушка зна́ла _____ язы́к.

2. Де́душка роди́лся и вы́рос в _____. Он учи́лся
    в _____. Ба́бушка и де́душка пожени́лись в
    _____. Де́душка был _____.

3. Оте́ц роди́лся в _____. Он око́нчил _____. Он был
    _____. Он рабо́тал _____. Он у́мер в _____ году́.

4. Мать родила́сь в _____. Она́ учи́лась в _____.
    Она́ и мой оте́ц пожени́лись в _____.

12-13. 📖 Чте́ние. Now read the text, give English equivalents, and check the information in 12-12. If necessary, correct your answers.

Меня́ зову́т Ольга. Это наш семе́йный фотоальбо́м. Моя́ семья́ живёт в Москве́ уже́ сто лет.

Это моя́ ба́бушка. Её зову́т Ольга Ма́рковна. Она́ родила́сь в го́роде Ви́льнюсе. Сейча́с э́то Литва́. Когда́ она́ око́нчила шко́лу, семья́ перее́хала в Москву́. У её отца́ была́ апте́ка в це́нтре Москвы́. Ба́бушка хорошо́ зна́ла неме́цкий язы́к и писа́ла неме́цкие уче́бники. Ба́бушка мно́го расска́зывала мне об исто́рии на́шей семьи́, об отце́ и ма́тери. Она́ умерла́, когда́ ей бы́ло 90 лет.

Это мой де́душка. Он роди́лся и вы́рос в По́льше в го́роде Белосто́ке. Там он учи́лся в гимна́зии, а пото́м око́нчил университе́т в Берли́не. Ба́бушка и де́душка пожени́лись в Берли́не. На э́той фотогра́фии он вое́нный врач. Это Пе́рвая

Но́вые слова́

вое́нный врач – *army doctor*
война́ (Пе́рвая мирова́я) – *war (First World)*
вся (*f.*) **весь** (*m.*), **всё** (*n.*) – *all*
жизнь (*f.*) – *life*
Литва́ – *Lithuania*
мно́го – *a lot, much, many*
морско́й врач – *navy doctor*
По́льша – *Poland*

мировая война. Дедушка работал в поликлинике всю жизнь. У бабушки и дедушки были сын и дочь: мой отец Евгений и его младшая сестра Елена.

Это мой отец. Он родился и вырос в Москве. Он окончил Медицинский институт. На этой фотографии он морской врач в Ленинграде в 1932 году. Потом он работал в Институте глазных болезней в Москве[1]. Папа умер в 1961 году.

[1]Moscow Eye Institute

А это я и моя мама. Мама родилась и выросла в Ленинграде. Там она училась в школе, а потом в институте. Там она и мой отец поженились в 1935 году. Потом они должны были переехать в Москву, потому что там жила семья отца. В Москве родилась я и моя старшая сестра Аня.

12-14. Расскажите. Say what you've learned about Olga's family, using the following questions as an outline.

Ольга
1. Где Ольга родилась?
2. У неё есть сестра или брат?
3. Где живёт её семья уже сто лет?

Бабушка
4. Как зовут бабушку?
5. Где она родилась?
6. Куда они переехали?
7. Какой язык она хорошо знала?
8. Какие учебники она писала?
9. О чём она рассказывала?
10. Когда бабушка умерла?

Дедушка
11. Где дедушка родился и вырос?
12. Что он окончил?

13. Где дедушка и бабушка поженились?
14. Где дедушка работал всю жизнь?

Отец
15. Как зовут отца Ольги?
16. Где он родился и вырос?
17. Что он окончил?
18. Где он работал?
19. У него была сестра или брат?
20. Когда он умер?

Мать
21. Где мать Ольги родилась?
22. Где она училась?
23. Где и когда мать и отец Ольги поженились?
24. Куда они переехали? Почему?

12-15. Ивано́вы. **Assign roles for the members of the Ivanov family (5 members) in groups of five. Each of you should tell a story about one of the members of the family below. Be creative! Jot down pertinent information when your classmates are talking and write an essay about the family.**

Ивано́вы: чле́ны семьи́

Муж: Лев Никола́евич Ивано́в – хиру́рг
Жена́: Ната́лья Алекса́ндровна Ивано́ва – архите́ктор
Ста́ршая дочь: Людми́ла (Лю́да) Ивано́ва – студе́нтка
Мла́дшая дочь: Светла́на (Све́та) Ивано́ва – шко́льница, 2 класс
Сын: Серге́й (Серёжа) Ивано́в – журнали́ст
Ба́бушка: Ни́на Петро́вна Бу́нина – не рабо́тает, на пе́нсии

Think of the following questions:

1. Как зову́т?
2. Где роди́лся/родила́сь и вы́рос/вы́росла?
3. Ско́лько лет?
4. Где живёт?
5. Где у́чится и́ли учи́лся/ учи́лась?
6. Что око́нчил/а?
7. Где рабо́тает?
8. Жена́т/за́мужем?
9. Ско́лько лет жена́т/ за́мужем?
10. Куда́ перее́хал/а?
11. Есть де́ти? Кто?

12-16. Расскажи́те/напиши́те. Talk or write about your family. Use pictures and the questions in 12-14 as an outline.

@ **Complete exercises on the Web site.**

Chapter 12: 12-7, 12-8.

Дава́йте переведём!

12-17. **Как сказа́ть по-ру́сски? Give Russian equivalents for the following questions. Translate ideas, not words. Take turns asking and answering the questions.**

1. Where were you born?
2. Where did you grow up?
3. When did your family move to…?
4. Where did you go to school?
5. When did you graduate?
6. What school did you graduate from?
7. Do you know your family history?

Ру́сские фами́лии

There are two common types of Russian last names; one type resembles nouns, and the other resembles adjectives. You probably already know men's last names like **Че́хов** and **Пу́шкин**. This type of last name has a feminine form and also a plural form:

Анто́н Че́хов
Ольга Че́хова
Анто́н и Ольга Че́ховы

Алекса́ндр Пу́шкин
Ната́лья Пу́шкина
Алекса́ндр и Ната́лья Пу́шкины

Men's last names like **Толсто́й** and **Достое́вский** are actually masculine adjectives. These names have adjective endings for their feminine and plural forms.

Фёдор Достое́вский
Анна Достое́вская
Фёдор и Анна Достое́вские

Лев Толсто́й
Со́фья Толста́я
Лев и Со́фья Толсты́е

8. Did your grandmother tell you about your family history?

9. Are you married?

10. When and where did you get married?

12-18. Семе́йное де́рево. Family tree. Help needed! Many immigrants from the Russian Empire (Росси́йская импе́рия) came to the United States at the end of the 19th century. Here's a family tree for one such family. They want it translated into Russian so that it will be easier for them to search for relatives they might still have in Russia. Translate and draw the Golds' family tree.

Transliterate names, including those that don't correspond to a typical Russian declensional pattern. For example:

Дэ́йвид or Дави́д
Голд or Гольд
Си́лвер or Си́львер
Са́ймон or Семён
Эва or Ева
Нэ́нси

The Gold Family Tree

Grandfather: David Gold. Born: Kiev 1900; Immigrated (иммигри́ровал) in 1912; Died 1989

Grandmother: Sofia Silver. Born: Odessa 1910; Immigrated in 1915; Died 2000

Got married: 1930 in New York

Children:

Son: Simon Gold. Born: New York 1932

Daughter: Anna Gold. Born: Chicago 1935

Grandchildren (вну́ки):

David Gold (parents Simon Gold and Eva Newman, married 1962 in Los Angeles). Born: Los Angeles 1965. Nancy Gold. Born: Santa Barbara 1968

Ци́фры и фа́кты

12-20. 🎧 Review of numbers. 1) Listen to the speaker and write down how old these people are.

a. Га́ля _____
b. Бори́с _____
c. Еле́на Серге́евна _____
d. Вади́м Дми́триевич _____
e. Пётр Петро́вич _____

f. Ольга Евге́ньевна _____
g. Дя́дя То́ля _____
h. Де́душка Ви́тя _____
i. Тётя Ира _____
j. Ба́бушка Ве́ра _____

2) Read the following cardinal numbers out loud:

a. 200, 356, 487, 20, 12, 18, 80, 800
b. 500, 50, 1000, 1500, 765, 1900, 2000
c. 15000, 569, 102, 15, 13, 30, 40, 400

12-21. Ци́фры и фа́кты. Numbers and facts. Семья́ в Росси́и.

Read and translate the following facts:	Complete the information below, and discuss it with a partner in Russian.
1. В Росси́и 52 миллио́на семе́й. 2. По́лные се́мьи (мать, оте́ц) – 82% (проце́нта). 3. Непо́лные се́мьи (и́ли мать, и́ли оте́ц) – 18% (проце́нтов). 4. Сре́дний разме́р семьи́ в Росси́и – 3.2 челове́ка. 5. Же́нятся: мужчи́ны, когда́ им 27 лет, же́нщины, когда́ им 25 лет. 6. 1.6 миллио́нов челове́к же́нятся ка́ждый год.	1. Average size of a family in my country: _____ 2. Number of relatives living with me: _____ 3. Average age when people marry in my country: men _____; women _____.

@ **Complete exercises on the Web site.**

Chapter 12: 12-9, 12-10.

12-22. Слова́рь. Vocabulary.

вели́кий, -ая,- ое, -ие – *great*
вое́нный врач – *army doctor*
война́ – *war*
Пе́рвая мирова́я война́ – *World War I*
вся *(f.)* весь *(m.)*, всё *(n.)* – *all*
вы́расти *pfv.* где? – *to grow up*
   Fut: я вы́расту, ты вы́растешь, они́ вы́растут;
   Past: вы́рос, вы́росла, вы́росли
ду́мать *impf.* о чём? – *to think*
   Pres: я ду́маю, ты ду́маешь, они́ ду́мают
жена́т – *married (for a man)*
жена́ты (они́) – *they're married (for two persons)*
жизнь *f.* (всю жизнь) – *life (whole/entire life)*
за́мужем – *married (for a woman)*
мечта́ть *impf.* о чём? – *to dream (about)*
   Pres: я мечта́ю, ты мечта́ешь, они́ мечта́ют
мно́го – *much, a lot, many*
морско́й, -а́я, -о́е, -и́е – *naval*
Литва́ – *Lithuania*
о, об(о) – *about*
око́нчить *pfv.* что? – *to finish*
   Fut: я око́нчу, ты око́нчишь, они́ око́нчат
перее́хать *pfv.* куда́? – *to move*
   Fut: я перее́ду, ты перее́дешь, они́ перее́дут
писа́тель – *writer*

пожени́ться *pfv.* – *to get married (for two persons)*
   Fut: мы пожени́мся, вы пожени́тесь, они́ пожени́тся
По́льша – *Poland*
почему́ – *why*
поэ́т – *poet (male)*
поэте́сса – *poet (female)*
рассказа́ть *see* расска́зывать
расска́зывать/рассказа́ть о чём? – *to tell (about) (in more than one sentence)*
   Fut: я расскажу́, ты расска́жешь, они́ расска́жут;
   Imperative: расскажи́ *(ты)*, расскажи́те *(вы)*
роди́ться *pfv.* где? – *to be born*
   Past: роди́лся, родила́сь, роди́ли́сь
семе́йный, -ая, -ое, -ые – *family (adj.)*
статья́ – *article*
сюда́ – *here (in answer to the question* куда́?*)*
учёный – *scientist (male)*
фотоальбо́м – *photo album*
хи́мик – *chemist*
число́ – *date*

Themes
- describing what someone looks like
- what kind of people you like

Pronunciation
- pronouncing unstressed **E** in syllables after the stress

Communicative situations
- asking for and giving information about someone's appearance
- expressing likes and dislikes

Grammar
- Dative case singular forms for nouns
- Dative case singular forms for adjectives, possessives, and the demonstrative **э́тот**

Но́вые слова́

(не) высо́кий, -ая, -ие – *(not) tall*
во́лосы *(pl.)* – *hair*
глаза́ *(pl.)* – *eyes*
игра́ть (в фи́льме) – *to be, star (in a movie)*

Како́е сего́дня число́?
Indicate today's date.
Сего́дня...

Date (ordinal number) число́		Month (Gen. case) ме́сяц
пе́рвое	17-ое	января́
второ́е	18-ое	февраля́
тре́тье	19-ое	ма́рта
четвёртое	20-ое	апре́ля
пя́тое	21-ое	ма́я
6-ое	22-ое	ию́ня
7-ое	23-ое	ию́ля
8-ое	24-ое	а́вгуста
9-ое	25-ое	сентября́
10-ое	26-ое	октября́
11-ое	27-ое	ноября́
12-ое	28-ое	декабря́
13-ое	29-ое	
14-ое	30-ое	
15-ое	31-ое	
16-ое		

13-1. 🎧 🎥 **Интервью́. Listen to the interviews and summarize them in English.**

Интервью́ 1
— Серге́й, кто твой люби́мый актёр?
— Серге́й Безру́ков.
— Я его́ не зна́ю... Где он игра́л?
— Он игра́л в фи́льме «Брига́да». Невысо́кий, тёмные во́лосы, ка́рие глаза́... Он изве́стный актёр!
— А, да, я его́ зна́ю...

Интервью́ 2
— Ле́на, кто твоя́ люби́мая актри́са?
— Чулпа́н Хама́това.
— Я её не зна́ю. В како́м фи́льме она́ игра́ла?
— В фи́льме «Де́ти Арба́та». Она́ игра́ла Ва́рю. Невысо́кая, све́тлые во́лосы, ка́рие глаза́.
— А да, я её зна́ю...

13-2. 🎧 **Произноше́ние. Pronouncing unstressed E in syllables after the stress. Listen to the pronunciation of unstressed E in syllables after the stress and repeat after the speaker.**

A. In syllables after the stress pronounce **E** as [ə].

1) In nominative forms of neuter adjectives and nouns:

пе́рво**е**	[pérvəjə]	мо́р**е**	[mórʲə]
второ́**е**	[ftʌrójə]	учи́лищ**е**	[učílʲɪʂʂə]
большо́**е**	[bʌlʂójə]	зда́ни**е**	[zdánʲɪjə]
но́во**е**	[nóvəjə]	общежи́ти**е**	[ʌpʂʂɪžíţɪjə]
ру́ско**е**	[rúskəjə]		
тёмно**е**	[ţómnəjə]		

2) After the consonant **Ш**:

ва́ш**е**	[vašə]	хоро́ш**ее**	[хʌróšəjə]
ва́ш**его**	[vášəvə]	хоро́ш**его**	[хʌróšəvə]
на́ш**е**	[nášə]	хоро́ш**ем**	[хʌróšəm]
на́ш**его**	[nášəvə]		

3) Otherwise pronounce **Е** as a weak **И** [ı]:

па́р**ень**	[páɾıŋ]	в фи́льм**е**	[f fʲíłmı]
но́м**ер**	[nómır]	в спортза́л**е**	[f spòrdzáłı]
чита́**ет**	[čıtájıt]	в магази́н**е**	[v məgʌẓʲíŋı]
чита́**ете**	[čıtájıţı]		
ду́ма**ем**	[dúməjım]		
спра́шива**ет**	[sprášıvəjıt]		

B. Indicate with the symbols "ı" or "ə" how the underlined unstressed "e" is pronounced in the following words.

зна́_е_т	____	ра́ньш_е_	____
поч_е_му́	____	деш_е_́вл_е_	____
больши́_е_	____	лу́чш_е_	____
большо́_е_	____	воскрес_е_́нь_е_	____
пр_е_подава́т_е_ль	____ ____		

Ле́ксика и грамма́тика

13-3. 🎧 1) Listen to the sentences, repeat after the speaker, and number them in the order they are given. 2) Read the sentences out loud and give English equivalents.

Но́вые слова́

во́лосы *(pl.)* – *hair*
• све́тлые – *blond, light*
• тёмные – *dark*
• седы́е – *gray*
глаза́ *(pl.)* – *eyes*
• се́рые – *gray*
• голубы́е – *blue*
• зелёные – *green*
• ка́рие – *brown*
(не) высо́кий – *(not) tall*
де́вочка – *(little) girl*
де́вушка – *young woman*
же́нщина – *woman*
ма́льчик – *(little) boy*
мужчи́на – *(man)*
па́р|е|нь – *fellow, guy*
симпати́чный -ая,-ое,-ые – *nice, good-looking*

а) ____ Это де́вочка.   ____ Это де́вушка.   ____ Это же́нщина.

b) ___ Это ма́льчик.   ___ Это па́рень.   ___ Это мужчи́на.

c) ___ Это симпати́чная   ___ Это симпати́чный па́рень.
де́вушка.

d) ___ Это невы́сокая   ___ Это невысо́кая де́вушка и
де́вушка и высо́кая   высо́кий мужчи́на.
же́нщина.

e) ___ У неё све́тлые   ___ У неё тёмные   ___ У него́ седы́е
во́лосы.   во́лосы.   во́лосы.

f) ___ У неё зелёные глаза́.   ___ У неё се́рые глаза́.
___ У него́ голубы́е глаза́.   ___ У него́ ка́рие глаза́.

13-4. 1) Read the following sentences out loud and choose the statements that apply to the pictures. 2) Read them again and choose the statements that apply to your partner.

Как он вы́глядит? – *What does he look like?*

___ Э́то мужчи́на.   ___ Он высо́кий.
___ Э́то ма́льчик.   ___ Он невысо́кий.
___ Э́то молодо́й па́рень. ___ У него́ све́тлые во́лосы.
___ Он краси́вый.   ___ У него́ седы́е во́лосы.
___ Он симпати́чный.   ___ У него́ тёмные во́лосы.
___ Он некраси́вый.   ___ У него́ голубы́е глаза́.

Как она́ вы́глядит? – *What does she look like?*

___ Э́то де́вочка.   ___ Она́ высо́кая.
___ Э́то же́нщина.   ___ Она́ невысо́кая.
___ Э́то де́вушка.   ___ У неё све́тлые во́лосы.
___ Она́ краси́вая.   ___ У неё тёмные во́лосы.
___ Она́ симпати́чная.   ___ У неё седы́е во́лосы.
___ Она́ некраси́вая.   ___ У неё ка́рие глаза́.

@ **Complete exercises on the Web site.**

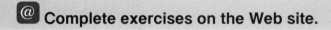

Chapter 13: 13-1, 13-2.

Grammar comment 13-1
Dative Case Meanings and Forms for Nouns

As you already know the Dative case is used to **express age**: «Мне 20 лет». But one of the main functions of the Dative case is to indicate an **indirect object** (to whom or for whom something is done), i.e., *to give (tell, buy) someone something; to tell (write) someone about something.* Verbs that are often used in this context are **говори́ть/сказа́ть** *(что? кому́?)*, **рассказа́ть** *(что? кому́?)*, **писа́ть/написа́ть** *(что? кому́?)*, **дать** *(что? кому́?)*, **покупа́ть/купи́ть** *(что? кому́?)*, **звони́ть/позвони́ть** *(кому́?)*. The Dative case is also used with the verb **нра́виться** to indicate the person who likes someone or something.

> Кака́я кварти́ра **тебе́** нра́вится?
> *Which apartment do you like?*

In the Dative singular masculine nouns with a Nominative form ending in a hard consonant take the ending **-У**. Masculine nouns with a Nominative ending in a soft sign (**-Ь**) or the soft consonant **-Й** take the ending **-Ю**.

NOM	DAT
брат	бра́т-у
от|е́|ц	отц-у́[1]
Ива́н	Ива́н-у
Никола́й	Никола́-ю
Игорь	Игор-ю

[1]*Remember that the vowel -е- drops out when endings are added to the suffix -ец.*

> Я пишу́ письмо́ **дру́гу**.
> *I'm writing my friend a letter.*

Feminine (and masculine) nouns that end in **-А** or **-Я** take the ending **-Е** in the Dative case. Nouns with an **-И-** before the ending **-Я** (Мари́-я) take the ending **-И** (Мари́-и).

NOM	DAT
сестр-а́	сестр-е́
Ма́ш-а	Ма́ш-е
Ва́н-я	Ва́н-е
де́душк-а	де́душк-е
Мари́-я	Мари́-и

> Я купи́л/а **ба́бушке** хлеб.
> *I bought my grandmother some bread.*

Feminine nouns that end in a soft sign (**-Ь**) take the ending **-И** in the Dative case. Remember that the nouns **мать** and **дочь** have expanded stems before all endings.

NOM	DAT
мать	ма́тер-и
дочь	до́чер-и

13-5. Кому́? Read the following sentences and circle the nouns in the Dative case. Explain the endings. Underline the verbs after which the Dative case is used. See Grammar comment 13-1.

1. Бра́ту 25 лет.
2. Макси́м рассказа́л дру́гу об Аме́рике.
3. Мы не говори́ли дя́де о но́вой кварти́ре.
4. Он не сказа́л нам, как его́ зову́т.
5. Ольге не нра́вятся мои́ друзья́.
6. Вы да́ли Петру́ Петро́вичу ваш дома́шний телефо́н?
7. Оте́ц дал сы́ну де́ньги.
8. Ма́ма купи́ла Ири́не но́вый компью́тер.
9. Роди́тели купи́ли сы́ну соба́ку, а до́чке – кота́.
10. Я ча́сто пишу́ электро́нные сообще́ния бра́ту.
11. Ты написа́ла ба́бушке письмо́?
12. Ма́ме нра́вится твой но́вый па́рень?

13-6. Ask and answer each other using the words below. See Grammar comment 13-1.

> Ско́лько лет ма́ме?
> Как она́ вы́глядит?

> Ма́ме 50 лет.
> Она́ высо́кая, у неё голубы́е глаза́ и тёмные во́лосы.

1. ма́ма
2. оте́ц
3. сестра́
4. брат
5. ба́бушка
6. де́душка
7. друг/подру́га

13-7. **Звони́ть.** Ask and answer using the following words. See Grammar comment 13-1.

> Кому́ ты звони́шь?
> Кому́ вы звони́те?

> Я звоню́ па́пе!

1. сестра́	7. Ива́н	13. сын
2. она́	8. брат	14. дочь
3. Никола́й	9. они́	15. друг
4. тётя	10. Ка́тя	16. подру́га
5. ба́бушка	11. оте́ц	17. врач
6. дя́дя	12. де́душка	

13-8. Кто кому́ нра́вится? Entertainment Survey.

1) Talk about which actress/actor you like and which actress/actor you don't like. Follow the example.

Какой актёр/какая актри́са тебе́/вам нра́вится?

Мне нра́вится Брэд Пит.

Я его́ не зна́ю. Как он вы́глядит?

2) Now complete the information below with your group and share your list with the class.

Кто нам нра́вится и не нра́вится...

Кому́? (group member's name in the **Dative case**)		Кто? (actress/actor name in the **Nominative case**)
1.		
2.	нра́вится	
3.		
4.		

@ **Complete exercises on the Web site.**

Chapter 13: 13-3, 13-4.

Note:
нра́виться *impf.*/понра́виться *pfv.* – *to appeal to, to like*

In constructions with the verbs **нра́виться/понра́виться**, the person or thing liked (or disliked) is in the Nominative case and is the grammatical subject of the sentence. The person who does the liking (or disliking) is in the Dative case.

— Кака́я му́зыка тебе́ нра́вится?
— Мне нра́вится джаз.
"What kind of music do you like?"
"I like jazz."

— Тебе́ понра́вился э́тот фильм?
— Да, мне он понра́вился!
"Did you like that movie?"
"Yes, I liked it!"

Grammar comment 13-2
Dative Case forms for Adjectives, Possessives, and the Demonstrative э́тот

Masculine and neuter
Possessive modifiers that describe masculine and neuter nouns take the ending - **ЕМУ** in the Dative singular.

NOM	DAT
мой	мо-ему́
твой	тво-ему́
наш	на́ш-ему
ваш	ва́ш-ему

The demonstrative э́тот and adjectives that describe masculine and neuter nouns take the ending -**ОМУ** in the Dative singular.

NOM	DAT
но́вый	но́в-ому
большо́й	больш-о́му
хоро́ший	хоро́ш-ему
хоро́шее	хоро́ш-ему
э́тот/э́то	э́т-ому

Remember spelling rule #2: After hushers (ж, ш, ч, щ) and ц, unstressed o > e.

Вчера́ я звони́ла **моему́ ста́ршему** бра́ту.
I called my older brother yesterday.

(CONTINUED ON PAGE 176)

(CONTINUED FROM PAGE 175)
Grammar comment 13-2

Feminine

Possessive adjectives that describe feminine nouns take the ending **-ЕЙ** in the Dative singular, the same ending that they take in the Genitive and Prepositional cases:

NOM	DAT
моя́	мо-**е́й**
твоя́	тво-**е́й**
на́ша	на́ш-**ей**
ва́ша	ва́ш-**ей**

The demonstrative **э́та** and adjectives that describe feminine nouns take the ending **-ОЙ** in the Dative singular:

NOM	DAT
но́вая	но́в-**ой**
больша́я	больш-**о́й**
хоро́шая	хоро́ш-**ей**
э́та	э́т-**ой**

Remember spelling rule #2: After hushers (ж, ш, ч, щ) and ц, unstressed o > e.

За́втра я позвоню́ **мое́й мла́дшей** сестре́.
I am going to call my younger sister tomorrow.

13-9. Complete the sentences below. Give English equivalents. See Grammar comment 13-2.

1. Я позвони́л (моя́ ста́ршая сестра́) _____ _____ и сказа́л (она́) _____, что за́втра я е́ду в Москву́.
2. Моя́ ста́ршая сестра́ позвони́ла (мой мла́дший брат Ге́на) _____ и сказа́ла (он) _____, что я е́ду в Москву́.
3. (Наш Ге́на) _____ 18 лет, и он о́чень симпати́чный па́рень.
4. (Мой мла́дший брат Ге́на) _____ нра́вится джаз.
5. Ге́на позвони́л (на́ша ма́ма) _____ и сказа́л (она́) _____, что я е́ду в Москву́.
6. (Моя́ ма́ма) _____ не понра́вилось, что я е́ду в Москву́. (Она́) _____ нра́вится, когда́ все де́ти до́ма.

@ Complete exercises on the Web site.

Chapter 13: 13-5, 13-6.

Дава́йте послу́шаем и поговори́м!

Но́вые слова́

аэропо́рт (*Prep:* где? в аэропорту́) – *airport*
встре́тить *pfv.* кого́? где? – *to meet*
мочь *impf.* – *can; to be able*
  Pres: я могу́, ты мо́жешь, он/она́ мо́жет, мы мо́жем, вы мо́жете, они́ мо́гут; *Past:* мог, могла́, могли́
найти́ *pfv.* что? кого́? – *to find*
очки́ (*pl. only*) – *glasses*

13-10. 🎧 👤 Listen to the conversations and circle the words you hear. Then practice them using "Material for practice – Пра́ктика."

Разгово́р 1

— Алло́, э́то Анто́н?
— Да, я слу́шаю. Кто́ это?
— Это Лёша.
— Кто? Что ты сказа́л? Повтори́, пожа́луйста!
— Это Лёша.
— А, приве́т, Лёша.
— Ты мо́жешь сего́дня встре́тить мою́ **ма́му/тётю** в аэропорту́?

— Коне́чно, **могу́/не могу́**. Как её зову́т?
— **Еле́на Ива́новна/ Екатери́на Ива́новна**.
— А как она́ вы́глядит?
— Ей **40/70 лет, высо́кая/ невысо́кая, тёмные/седы́е** во́лосы и больши́е очки́.

Material for practice – Пра́ктика
Ask your partner to meet:
1) your best friend
2) your brother/sister
3) your mother/ father
4) your aunt/uncle

Разгово́р 2

— Алло́, э́то мили́ция?
— Да, мили́ция слу́шает.
— Вы мо́жете найти́ моего́ дру́га/подру́гу?
— Фами́лия и и́мя?
— **Семёнов Ви́ктор Дми́триевич/Семёнова Викто́рия Дми́триевна.**

— Ско́лько **ему́/ей** лет?
— **23/24** го́да.
— Как вы́глядит?
— **Высо́кий/высо́кая, све́тлые/тёмные** во́лосы, **голубы́е/се́рые** глаза́, очки́.
— Найдём!

Material for practice – Пра́ктика

You are visiting the Moscow Kremlin, **Моско́вский Кремль**, with your Russian class. Unfortunately, one of the students has disappeared. Talk to a security officer.

Спра́вка:

Моско́вский Кремль is a historic fortified complex in the very heart of Moscow. It includes four palaces, four cathedrals, and the enclosing Kremlin Wall with the Kremlin towers.

13-11. 🎧 👤 **Listen to the conversation and fill in the blanks. Then practice it.**

— Алло́! Э́то Га́ля?
— Да. Я _____.
— Э́то Та́ня.
— Приве́т, Та́ня. Как _____?
— Норма́льно.
— Каки́е _____?
— У меня́ но́вый па́рень.
— Когда́ вы познако́мились?
— Мы _____ 2 неде́ли наза́д.
— Где?
— В университе́тском кафе́.
— _____ па́рень?
— Очень. Высо́кий, тёмные _____, голубы́е глаза́.

Но́вое сло́во

познако́миться *pfv.* где? – *to get acquainted, to meet*

13-12. Интервью́. Listen to the interviews in 13-1 again.
1) Summarize them in Russian and give the following information in the form of a narrative:

Интервью́ 1
   a. Кто люби́мый актёр Серге́я?
   b. В како́м фи́льме э́тот актёр игра́л?
   c. Как э́тот актёр вы́глядит?

Интервью́ 2
   a. Кто люби́мая актри́са Ле́ны?
   b. В како́м фи́льме э́та актри́са игра́ла?
   c. Как э́та актри́са вы́глядит?

2) Conduct similar interviews with your classmates or other Russian speakers. Write down their answers and report the results in class.

Interview form

Questions	Person 1	Person 2	Person 3
1. Как тебя́ /вас зову́т?			
2. Кто твой/ваш люби́мый актёр?			
3. Кто твоя́/ва́ша люби́мая актри́са?			
4. В како́м фи́льме он/она́ игра́ла?			
5. Как он/она́ вы́глядит?			

@ **Complete exercises on the Web site.**

Chapter 13: 13-7.

Дава́йте послу́шаем и почита́ем!

13-13. 🎧 **Электро́нное сообще́ние №1.** Listen to the speaker and choose the correct answer.

1. **Кому́ Алла пи́шет электро́нное сообще́ние?**
   a. ма́ме
   b. бра́ту
   c. сестре́
   d. подру́ге

2. **Кого́ Алла встре́тила?**
   a. дру́га
   b. сестру́
   c. симпати́чного па́рня

3. **Как он вы́глядит?**
   a. высо́кий, во́лосы тёмные, глаза́ зелёные
   b. све́тлые во́лосы, се́рые глаза́
   c. голубы́е глаза́ и тёмные во́лосы, невысо́кий

4. **Ско́лько па́рню лет?**
   a. ему́ 20 лет
   b. ему́ 32 го́да
   c. ему́ 25 лет
   d. ему́ 23 го́да

5. **Как па́рня зову́т?**
   a. Макси́м
   b. Юра
   c. Ди́ма
   d. Ко́ля

6. **Па́рень позвони́л Алле в суббо́ту?**
   a. Он не позвони́л Алле.
   b. Он позвони́л Алле.
   c. Он позвони́т Алле.

13-14. 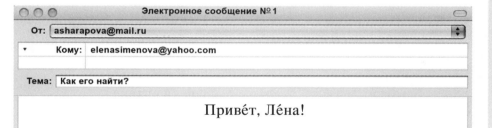 **Чте́ние. Now read the following text and check your answers in 13 -13.**

○○○   Электронное сообщение №1

От: asharapova@mail.ru

▾   Кому: elenasimenova@yahoo.com

Тема: Как его найти?

Приве́т, Ле́на!

У меня́ пробле́ма. Три дня наза́д, в пя́тницу, я была́ в спортза́ле и встре́тила о́чень симпати́чного па́рня. Высо́кий, во́лосы тёмные, глаза́ зелёные, краси́вые очки́… Его́ зову́т Юра, ему́ 25 лет. Мы до́лго разгова́ривали. Он о́чень интере́сный челове́к. Он архите́ктор в строи́тельной компа́нии «ЦентрСтро́й». Он око́нчил Моско́вский госуда́рственный строи́тельный университе́т три го́да наза́д. Юра мне о́чень понра́вился!!! Я дала́ ему́ мой но́мер телефо́на, и он сказа́л, что позвони́т мне в суббо́ту и мы куда́-нибудь пойдём. Но сего́дня уже́ понеде́льник… Он мне не позвони́л. Что де́лать? У меня́ есть его́ но́мер телефо́на. Позвони́ть ему́ и́ли не на́до?

       Алла

Но́вые слова́

до́лго – *for a long time*
куда́-нибудь – *somewhere*
на́до – *(it's) necessary; one must*
пробле́ма – *problem*
разгова́ривать *impf.* – *to talk*

13-15. Answer the following questions.

1. Кака́я те́ма электро́нного сообще́ния?
2. Где Алла встре́тила Юру?
3. Где Юра рабо́тает?
4. Что он око́нчил?
5. Юра понра́вился Алле?
6. У Юры есть телефо́н Аллы?
7. А у Аллы есть телефо́н Юры?
8. Кака́я пробле́ма у Аллы?
9. Как вы ду́маете, на́до и́ли не на́до звони́ть Юре? Почему́?

13-16.   **Отве́т. Write a short answer to Алла.**

○○○   Электронное сообщение №1

От: elenasimenova@yahoo.com

▾   Кому: asharapova@mail.ru

Тема: Как его найти?

_____

_____

_____

_____

13-17. 🎧 **Электро́нное сообще́ние №2. Listen to the text and choose the correct answer.**

1. **Кому́ Юра пи́шет электро́нное сообще́ние?**
   a. бра́ту
   b. отцу́
   c. дру́гу
   d. дя́де

2. **Как Алла вы́глядит?**
   a. высо́кая, тёмные во́лосы, глаза́ голубы́е
   b. невысо́кая, све́тлые во́лосы, глаза́ голубы́е
   c. невысо́кая, тёмные во́лосы, глаза́ ка́рие

3. **Где они́ познако́мились?**
   a. в бассе́йне
   b. в спортза́ле
   c. в рестора́не
   d. в апте́ке

13-18. 📖 **Now read the following text and check your answers in 13-17.**

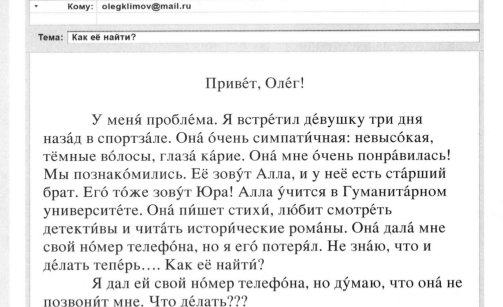

	Электронное сообщение № 2	
От:	uragagarin@mail.ru	
Кому:	olegklimov@mail.ru	
Тема:	Как её найти?	

Приве́т, Оле́г!

У меня́ пробле́ма. Я встре́тил де́вушку три дня наза́д в спортза́ле. Она́ о́чень симпати́чная: невысо́кая, тёмные во́лосы, глаза́ ка́рие. Она́ мне о́чень понра́вилась! Мы познако́мились. Её зову́т Алла, и у неё есть ста́рший брат. Его́ то́же зову́т Юра! Алла у́чится в Гуманита́рном университе́те. Она́ пи́шет стихи́, лю́бит смотре́ть детекти́вы и чита́ть истори́ческие рома́ны. Она́ дала́ мне свой но́мер телефо́на, но я его́ потеря́л. Не зна́ю, что и де́лать тепе́рь.... Как её найти́?

Я дал ей свой но́мер телефо́на, но ду́маю, что она́ не позвони́т мне. Что де́лать???

Пока́,
Юра

Но́вые слова́

потеря́ть *pfv.* что? кого? – *to lose*
рома́н – *novel*
свой – *his/her own*
спроси́ть *pfv.* кого? – *to ask*
стихи́ *(pl.)* – *verse, poetry*
тепе́рь – *now, presently*

13-19. Отве́т. Read Оле́г's answer. Do you think it will work? What would you advise Оле́г to do?

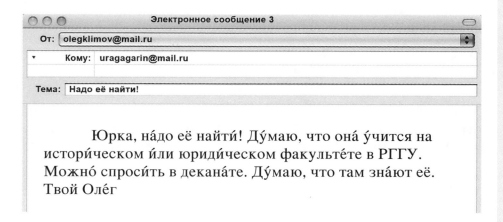

Электронное сообщение 3

От: olegklimov@mail.ru

Кому: uragagarin@mail.ru

Тема: Надо её найти!

Юрка, на́до её найти́! Ду́маю, что она́ у́чится на истори́ческом и́ли юриди́ческом факульте́те в РГГУ. Можно́ спроси́ть в декана́те. Ду́маю, что там зна́ют её. Твой Оле́г

13-20. В декана́те. Imagine that you are Юра and you've come to the декана́т looking for Алла. Talk to the person who works there, describe Алла, and ask where you can find her.

@ **Complete exercises on the Web site.**

Chapter 13: 13-8, 13-9.

Дава́йте переведём!

13-21. Как сказа́ть по-ру́сски? Give Russian equivalents for the following questions about your friends. Take turns asking and answering the questions.

1. What is his/her name?
2. Where did you meet?
3. How long have you known each other?
4. What does he/she look like?
5. How old is he/she?
6. Is he handsome?
7. Is she pretty?
8. Is he/she tall?
9. What does he/she like to do?

13-22. Это интере́сно! Translate ideas, not words.

Больши́е лю́ди

Ро́берт Уэ́длоу – са́мый высо́кий мужчи́на в ми́ре, согла́сно «Кни́ге реко́рдов Ги́ннесса». Его́ рост 2 м 72 см.

Зенг Джинлиа́н из Кита́я – са́мая высо́кая же́нщина. Её рост был 2 м 48 см. Она́ умерла́, когда́ ей бы́ло 17 лет.

Но́вые слова́

рост – *height*
са́мый – *the most*
са́мый высо́кий – *the tallest*
лю́ди – *people*

Ма́ленькие лю́ди

Гуль Мухамме́д из Индии – са́мый ни́зкий челове́к, согла́сно «Кни́ге реко́рдов Ги́ннесса». Он у́мер в 1997 году́, когда́ ему́ бы́ло 36 лет. Его́ рост был 57 см.

Ци́фры и фа́кты

13-23. 🎧 **Review of numbers. 1) Listen to the speaker and write down what year these people were born. Then read the sentences out loud.**

a. Га́ля родила́сь в _____.
b. Бори́с роди́лся в _____. Еле́на Серге́евна родила́сь в _____.
c. Вади́м Дми́триевич роди́лся в _____. Пётр Петро́вич роди́лся в _____.
d. Ольга Евге́ньевна родила́сь в _____.

e. Дя́дя То́ля роди́лся в _____.
f. Де́душка Ви́тя роди́лся в _____.
g. Тётя Ира родила́сь в _____.
h. Ба́бушка Ве́ра родила́сь в _____.

2) Read the following cardinal numbers as ordinals:

a. 12, 3, 4, 1, 10, 8, 15,19, 20, 2, 18, 6
b. 28, 22, 23, 30, 40, 25, 29, 23, 24, 27
c. 50, 60, 70, 80, 90, 100, 101, 102, 103

Но́вое слово́
ры́жий – *redhead*

13-24. Ци́фры и фа́кты. Numbers and facts. 1) Discuss the results of the following survey. 2) Conduct a similar survey among your classmates or ask other people and report the results in class.

Вопро́с: Каки́х мужчи́н лю́бят же́нщины?
Результа́ты опро́са:

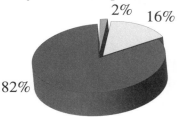

Светловоло́сые/Блонди́ны – 16%, Тёмноволо́сые – 82%, Ры́жие – 2%

Вопро́с: Каки́х же́нщин лю́бят мужчи́ны?
Результа́ты опро́са:

Светловоло́сые/Блонди́нки – 57%, Тёмноволо́сые – 33%, Ры́жие – 10%

@ Complete exercises on the Web site.

Chapter 13: 13-10, 13-11.

13-25. Слова́рь. Vocabulary.

актёр – *actor*
актри́са – *actress*
аэропо́рт (в аэропорту́) – *airport*
во́лосы *(pl.)* – *hair*
все – *everybody*
встре́тить *pfv.* кого́? где? – *to meet*
   Fut: я встре́чу, ты встре́тишь, они́ встре́тят
вы́глядеть *impf.* – *to look like*
   Pres: я вы́гляжу, ты вы́глядишь, они́
   вы́глядят
высо́кий, -ая, -ое, -ие – *tall*
глаз *(pl.* глаза́) – *eyes*
гуманита́рный, -ая, -ое, -ые (Гуманита́рный
   университе́т) – *pertaining to the humanities
   (University for the Humanities)*
де́вочка – *little girl*
де́вушка – *teenage girl*
до́лго – *for a long time*
же́нщина – *woman*
звони́ть/позвони́ть кому́? – *to telephone, call*
   Pres: я звоню́, ты звони́шь, они́ звоня́т;
   Fut: я позвоню́, ты позвони́шь, они́
   позвоня́т
игра́ть *impf.* – *to play*
   Pres: я игра́ю, ты игра́ешь, они́ игра́ют
куда́-нибудь – *(to) somewhere*
лю́ди – *people*
ма́льчик – *(little) boy*
мочь *impf.* – *can; to be able*
   Pres: я могу́, ты мо́жешь, он/она́ мо́жет, мы
   мо́жем, вы мо́жете, они́ мо́гут; *Past:* мог,
   могла́, могли́
мужчи́на – *man*
найти́ *pfv.* что? кого́? – *to find*
   Fut: я найду́, ты найдёшь, они́ найду́т; *Past:*
   нашёл, нашла́, нашли́
нра́виться/понра́виться что? кому́? – *to like*
   Pres: нра́вится, нра́вятся
   Fut: понра́вится, понра́вятся
отве́т – *answer*

очки́ *(pl. only)* – *glasses*
па́р|е|нь – *fellow, guy*
позвони́ть *see* звони́ть
познако́миться *pfv.* где? – *to get acquainted,
   to meet*
   Fut: я познако́млюсь, ты познако́мишься,
   они́ познако́мятся
понра́виться *pfv. see* нра́виться
потеря́ть что? *pfv.* – *to lose*
   Fut: я потеря́ю, ты потеря́ешь, они́ потеря́ют
пробле́ма – *problem*
разгова́ривать *impf.* – *to talk, converse*
   Pres: я разгова́риваю, ты разгова́риваешь,
   они́ разгова́ривают
рома́н – *novel*
рост – *height*
са́мый – *the most*
   са́мый высо́кий – *the tallest*
свой – *his/her own*
симпати́чный, -ая, -ое, -ые – *nice*
спроси́ть *pfv.* кого́? – *to ask*
   Fut: я спрошу́, ты спро́сишь, они́ спро́сят
стихи́ *(pl.)* – *verse, poetry*
те́ма – *theme*
тепе́рь – *now, presently*

Цвета́ – *Colors*
голубо́й, -а́я, -о́е, -ы́е – *blue*
зелёный, -ая, -ое, -ые – *green*
ка́рие (глаза́) – *brown (eyes)*
све́тлый, -ая, -ое, -ые – *light haired, blond*
седо́й, -а́я, -о́е, -ы́е – *gray haired*
се́рый, -ая, -ое, -ые – *gray*
тёмный, -ая, -ое, -ые – *dark*

Но́вые слова́

весёлый, -ая, -ые – *cheerful, good-natured*
у́мный, -ая, -ые – *smart, clever*
хара́ктер – *personality*

Како́е сего́дня число́?
Сего́дня…

Date (ordinal number) число́		Month (Gen. case) ме́сяц
пе́рвое	17-ое	января́
второе	18-ое	февраля́
тре́тье	19-ое	ма́рта
четвёртое	20-ое	апре́ля
пя́тое	21-ое	ма́я
6-ое	22-ое	ию́ня
7-ое	23-ое	ию́ля
8-ое	24-ое	а́вгуста
9-ое	25-ое	сентября́
10-ое	26-ое	октября́
11-ое	27-ое	ноября́
12-ое	28-ое	декабря́
13-ое	29-ое	
14-ое	30-ое	
15-ое	31-ое	
16-ое		

---

[1] **жч** is pronounced as **щ** [šš] in this word

184

14-1. Интервью́. Listen to the interviews and summarize them in English.

Интервью́ 1

— Ири́на Петро́вна, вы за́мужем?
— Да, за́мужем.
— Как зову́т ва́шего му́жа?
— Леони́д.
— Како́й у него́ хара́ктер?
— У него́ хоро́ший хара́ктер.
— А что ещё вы мо́жете сказа́ть о му́же?
— Он о́чень тала́нтливый челове́к.
— А где он рабо́тает?
— Он архите́ктор.

Интервью́ 2

— Ко́ля, у тебя́ есть де́вушка?
— Да, есть.
— Вы давно́ познако́мились?
— Два го́да наза́д.
— Как её зову́т?
— Га́ля.
— Како́й она́ челове́к?
— Она́ весёлая и у́мная.
— А ещё что ты мо́жешь о ней сказа́ть?
— Она́ о́чень тала́нтливая.
— Она́ у́чится и́ли рабо́тает?
— Она́ у́чится в консервато́рии.

14-2. Произноше́ние. Pronouncing Ы [ɨ] at the end of words.

When pronouncing **Ы** [ɨ] after **Т, Д, Н**, make sure the tip of your tongue is touching the back of your upper front teeth.

1) Repeat after the speaker. Pay attention to the letters in boldface.

ка́р**ты** [kártɨ]
фру́к**ты** [frúktɨ]
проду́к**ты** [prʌdúktɨ]
то́р**ты** [tórtɨ]
сигаре́**ты** [şɪɡʌrétɨ]
кабине́**ты** [kəbɪ̞étɨ]
секре́**ты** [şɪkrétɨ]
студе́н**ты** [studéntɨ]

аспира́н**ты** [ʌspɪrántɨ]
докуме́н**ты** [dəkuɱéntɨ]
дикта́н**ты** [ɖiktántɨ]
обе́**ды** [ʌɓédɨ]
блины́ [bļinɨ́]
пла́**ны** [plánɨ]
стака́**ны** [stʌkánɨ]
мужчи́**ны** [mušší̞nɨ][1]

2) Repeat after the speaker. Pay attention to the letters in boldface.

бога́тый [bʌgátɨj]
акти́вный [ʌktívnɨj]
бе́дный [b̢édnɨj]
у́мный [úmnɨj]
тру́дный [trúdnɨj]
си́льный [s̢íḷnɨj]

ску́чный [skúšnɨj] or [skúčnɨj]
че́стный [čésnɨj] [1]
ва́жный [vážnɨj]
интере́сный [ɪn̪t̪r̢ésnɨj]
споко́йный [spʌkójnɨj]

[1] т is not pronounced in this word

Ле́ксика и грамма́тика

14-3. 🎧 Прилага́тельные. Adjectives. 1) Listen to the following and repeat after the speaker. 2) Choose three adjectives to describe your best friend. 3) Discuss what qualities you value in people.

акти́вный – *active*
весёлый – *cheerful, good-natured*
внима́тельный – *attentive*
до́брый – *kind*
интере́сный – *interesting*
серьёзный – *serious*
си́льный – *strong*

ску́чный – *boring*
сме́лый – *daring, willing to take risks*
споко́йный – *calm*
тала́нтливый – *talented*
у́мный – *smart, clever*
че́стный – *honest*

14-4. 🎧 Како́й он/она́ челове́к? 1) Listen to the sentences and number them in the order they are given. 2) Read the sentences out loud and give English equivalents.

a. ___ Како́й он челове́к? ___ Како́й она́ челове́к?

b. ___ Он интере́сный челове́к. ___ Он о́чень ску́чный челове́к!

c. ___ Он си́льный челове́к. ___ Она́ си́льная же́нщина.
    ___ Они́ си́льные лю́ди. ___ Она́ си́льный челове́к.

d. ___ Он сме́лый челове́к. ___ Она́ сме́лая же́нщина.

e. ___ Он че́стный. ___ Она́ че́стная. ___ Он споко́йный.
    ___ Она́ всегда́ споко́йная.

f. ___ Он у́мный. ___ Она́ у́мная. ___ Они́ у́мные.

g. ___ Он до́брый. ___ Она́ до́брая. ___ Он тала́нтливый.
    ___ Она́ тала́нтливая.

Она́ серьёзная де́вушка.

Она́ о́чень весёлая!

185

Grammar comment 14-1
Adverbs Derived from Adjectives

Adverbs are used to describe verbs. In the sentence "She speaks Russian well," "well" is an adverb and it answers the question "How?" (**Как?** in Russian).

Она́ **хорошо́** говори́т по-ру́сски.
She speaks Russian well.

Adjectives are used to describe nouns. In the sentence "They are good students," "good" is an adjective and it answers the question "What kind of?" (**Како́й, Кака́я, Како́е** in Russian). Don't forget that adjectives always agree in gender, number, and case with the noun they describe.

Они́ **хоро́шие** студе́нты.
They're good students.

Adverbs ending in **-о** can be formed from many adjectives by dropping the adjective ending and adding **-о**.

хоро́ш|ий —→ хоро́ш —→ **хорошо́**
плох|о́й —→ плох —→ **пло́хо**

Always use the adverb in **-о** as a predicate when the subject of a sentence is **э́то** (*this is, that is*) or **всё** (*everything*).

Это **тру́дно**.
That's hard/difficult.

Всё бы́ло **легко́**.
Everything was easy.

h. ___ Он весёлый. ___ Она́ весёлая. ___ Они́ всегда́ весёлые.

i. ___ Он серьёзный. ___ Она́ серьёзная же́нщина.

j. ___ Он всегда́ внима́тельный. ___ Она́ всегда́ внима́тельная. ___ Они́ о́чень внима́тельные лю́ди.

k. ___ Он о́чень акти́вный челове́к. ___ Они́ акти́вные лю́ди!

l. ___ У него́ хоро́шее чу́вство ю́мора! ___ У меня́ есть чу́вство ю́мора. ___ У тебя́ нет чу́вства ю́мора.

14-5. Како́й ты челове́к? **Choose the statements that apply to you. Talk about yourself.**

Како́й ты/вы челове́к?

- ❏ Я хоро́ший челове́к.
- ❏ У меня́ хоро́ший хара́ктер.
- ❏ Я до́брый/до́брая.
- ❏ Я о́чень интере́сный челове́к.
- ❏ Я си́льный челове́к.
- ❏ Я акти́вный/акти́вная.
- ❏ Я всегда́ внима́тельный/ая.
- ❏ Я о́чень весёлый/весёлая.
- ❏ Я сме́лый/сме́лая.

- ❏ Я че́стный/че́стная.
- ❏ Я нече́стный/нече́стная.
- ❏ Я у́мный/у́мная.
- ❏ Я тала́нтливый/тала́нтливая.
- ❏ Я серьёзный/серьёзная.
- ❏ Я споко́йный/споко́йная.
- ❏ У меня́ тру́дный хара́ктер.
- ❏ У меня́ лёгкий хара́ктер.
- ❏ У меня́ есть чу́вство ю́мора.

@ Complete exercises on the Web site.

Chapter 14: 14-1, 14-2, 14-3.

14-6. Наре́чия. Adverbs. Form adverbs from the following adjectives. Say them aloud, then give English equivalents. The first one is done for you. See Grammar comment 14-1.

1. весёлый – ве́село
2. ску́чный – _____
3. внима́тельный – _____
4. лёгкий – _____
5. тру́дный – _____
6. интере́сный – _____

7. прия́тный – _____
8. серьёзный – _____
9. че́стный – _____
10. хоро́ший – _____
11. плохо́й – _____
12. споко́йный – _____

14-7. Read the sentences and circle the correct word. What question does this word answer, Как or Како́й (Кака́я, Како́е, Каки́е)? Explain why you use an adjective or an adverb. Give English equivalents. See Grammar comment 14-1.

1. Ни́на о́чень (внима́тельный/внима́тельно) челове́к.
2. Прочита́й (внима́тельный/внима́тельно) э́ту кни́гу.
3. Лёня о́чень (хоро́ший/хорошо́) челове́к.
4. Он зна́ет ру́сский язы́к (хоро́ший/хорошо́).
5. (Прия́тный/Прия́тно) познако́миться!
6. У него́ о́чень (прия́тная/прия́тно) жена́.
7. Я говорю́ (серьёзный/серьёзно)!
8. Её оте́ц о́чень (серьёзный/серьёзно) челове́к.
9. Скажи́ (че́стный/че́стно), ты меня́ лю́бишь?
10. Она́ (че́стный /че́стно) челове́к.
11. И́горь о́чень (плохо́й/пло́хо) челове́к.
12. Она́ (плоха́я/пло́хо) говори́т по-англи́йски.
13. Он (ску́чный/ску́чно) живёт!
14. Э́тот фильм о́чень (ску́чный/ску́чно)!
15. Валенти́на Ива́новна – о́чень (интере́сный/интере́сно) челове́к.
16. Макси́м (интере́сный/интере́сно) рассказа́л об Аме́рике.
17. Лёня всегда́ (споко́йный/споко́йно).
18. Они́ не мо́гут (споко́йный/споко́йно) говори́ть.

14-8. ✎ Read the following sentences and fill in the blanks. Give English equivalents. See Grammar comment 14-2.

1. (Мой ста́рший брат) _____ тру́дно занима́ться в институ́те.
2. (Твоя́ мла́дшая сестра́) _____ легко́ учи́ть иностра́нные языки́.
3. (Твоя́ подру́га) _____ бы́ло ве́село!
4. (Ваш друг) _____ бы́ло ску́чно!
5. (Я) _____ бы́ло прия́тно познако́миться!
6. (Ната́ша) _____ бы́ло неприя́тно говори́ть об э́том.
7. (Ма́льчик) _____ бы́ло не о́чень интере́сно смотре́ть фильм.
8. Вчера́ на ле́кции (мы) _____ бы́ло ску́чно.

Grammar comment 14-2
The Dative Case and Impersonal Constructions

In Russian, adverbs are used in impersonal constructions, while English uses adjectives for such expressions. Note that impersonal constructions in Russian have no subject; there is no Russian equivalent for English "*it*" in this context.

> **Тру́дно** учи́ться в университе́те.
> *It's hard to be a university student.*

Sentences of this type can be "personalized" by putting the person involved in the Dative case.

> **Мне тру́дно** учи́ться в университе́те.
> *It's hard for me to be a university student.*

Use the past tense neuter form **бы́ло** in these constructions.

> Мне тру́дно **бы́ло** учи́ться в университе́те.
> *It was hard for me to be a university student.*

Grammar comment 14-3
Expressing Possibility, Prohibition, Necessity

Use the adverb **мо́жно** in impersonal constructions to express possibility or permission.

Use the adverb **нельзя́** in impersonal constructions to express prohibition or impossibility.

— Здесь **мо́жно** кури́ть?
— Нет, здесь кури́ть **нельзя́**.
"Can one smoke here?"
"No, smoking isn't permitted here."

Use either **на́до** or **ну́жно** to express necessity or need.

На́до (Ну́жно) есть фру́кты и о́вощи.
People need (It's necessary) to eat fruit and vegetables.

Sentences of this type can be "personalized" by putting the person involved in the Dative case.

Мне нельзя́ пить молоко́.
I can't (am not supposed to) drink milk.

Мне мо́жно позвони́ть вам за́втра?
Can I (Could I) call you tomorrow?

Почему́?
Потому́ что…

Why? Because…

14-9. Эмо́ции. Emotions. Match the Russian and the English. Think of situations when you could use these sentences. See Grammar comment 14-2.

1. Мне ве́село.
2. Мне ску́чно.
3. Мне хорошо́.
4. Мне жаль.
5. Я ра́д/а.

___ I'm glad.
___ I'm having fun (a good time).
___ I'm sorry.
___ I'm fine.
___ I'm bored.

@ Complete exercises on the Web site.

Chapter 14: 14-4, 14-5, 14-6.

14-10. 1) **Read the following questions and circle the adverbs that make sense according to context.** 2) **Give English equivalents.** 3) **Take turns asking and answering these questions. See Grammar comment 14-3.**

1. Тебе́ (мо́жно/нельзя́/на́до) есть мя́со?
2. Здесь (мо́жно/нельзя́/на́до) кури́ть?
3. Тебе́ сего́дня (мо́жно/нельзя́/на́до) де́лать дома́шнее зада́ние?
4. Почему́ тебе́ (мо́жно/нельзя́/на́до) учи́ть ру́сский язы́к?
5. Почему́ (мо́жно/нельзя́/на́до) смотре́ть телеви́зор весь день?
6. Почему́ челове́ку (мо́жно/нельзя́/на́до) учи́ться?
7. Почему́ студе́нту (мо́жно/нельзя́/на́до) рабо́тать?
8. Почему́ студе́нту (мо́жно/нельзя́/на́до) ходи́ть в кино́ ка́ждый день?
9. Почему́ (мо́жно/нельзя́/на́до) есть о́вощи и фру́кты ка́ждый день?
10. Почему́ (мо́жно/нельзя́/на́до) есть торт и пече́нье три ра́за в день?
11. Почему́ (мо́жно/нельзя́/на́до) пить алкого́ль ка́ждый день?
12. Тебе́ (мо́жно/нельзя́/на́до) мно́го чита́ть по-ру́сски?
13. Тебе́ (мо́жно/нельзя́/на́до) звони́ть ма́ме и па́пе раз в неде́лю?

@ Complete the exercise on the Web site.

Chapter 14: 14-7.

Давайте послушаем и поговорим!

14-11. 🎧👥 **Listen to the conversations and circle the words you hear. Then practice the conversations using "Material for practice – Практика."**

Разговор 1

— Какой у Юры характер?
— У него **хороший/плохой** характер!
— А какой он человек?
— Он очень добрый и **внимательный/приятный** парень.
— А чувство юмора у него есть?
— У него **хорошее/плохое** чувство юмора. Мне всегда **весело/скучно**, когда мы вместе.
— Понятно.

Разговор 2

— Вчера была очень **хорошая/плохая** лекция о Толстом.
— Да, я тоже был. Было очень **интересно/скучно**.
— Профессор Иванов очень **интересный/скучный** и **талантливый/неинтересный** человек.
— Я согласен! Мне **никогда не/всегда** скучно на его лекциях.

Material for practice – Практика

Describe the personality of...
a. your best friend
b. your boyfriend
c. your girlfriend
d. your mother
e. your father

Material for practice – Практика

Describe...
a. your professor and his/her lectures
b. your favorite actress/actor and movies he/she stars in
c. your favorite musician and his/her works

Новые слова

лекция – *lecture*
Позови/те кого? – *May I speak to...*
Понятно! – *I see; one knows, understands*
спрашивать *impf.* **кого? о чём?** – *to ask (for)*
   Pres: я спрашиваю, ты спрашиваешь, они спрашивают
Я согласен, -а, -ы – *I agree*

14-12. 🎧👥 **Listen to the conversation and fill in the blanks. Then practice it.**

— Алло, позовите, пожалуйста, Наташу.
— А _____ её спрашивает?
— Это Марина.
— Сейчас.
— _____!
— Наташа, ты?
— Да, Марина. Добрый _____!

— Здравствуй! Как дела?
— Хорошо. А у тебя?
— Встретила вчера интересного _____.
— Как зовут?
— Борис. Ему 30 лет, умный, весёлый, и очень _____.

14-13. Интервью́. Listen to the interviews in 14-1 again.
1) Summarize them in Russian and give the following information in the form of a narrative:

Интервью́ 1

a. Ири́на Петро́вна за́мужем?
b. Как зову́т её му́жа?
c. Како́й у её му́жа хара́ктер?
d. Где он рабо́тает?

Интервью́ 2

a. Когда́ Ко́ля и Га́ля познако́мились?
b. Како́й Га́ля челове́к?
c. Где она́ у́чится?

2) Conduct similar interviews with your classmates or other Russian speakers. Write down the answers and report the results in class.

Interview form

Questions	Person 1	Person 2	Person 3
1. Как тебя́ /вас зову́т?			
2. Како́й хара́ктер у твое́й ма́мы/сестры́?			
3. Како́й хара́ктер у твоего́ па́пы/бра́та?			
4. Како́й хара́ктер у твоего́ дру́га/твое́й подру́ги?			

@ **Complete the exercise on the Web site.**

Chapter 14: 14-8.

Дава́йте послу́шаем и почита́ем!

14-14. 🎧 **Фо́рум в Интерне́те. Те́ма: «Идеа́льный мужчи́на».** Listen to the Internet forum on the ideal man, and complete the table below.

Кто?	Что она́/он ду́мает об идеа́льном мужчи́не?
1. Людми́ла	Людми́ла хо́чет знать, что…
2. Юля	Юле жаль, что…
3. Ка́тя	Ка́те нра́вится…
4. Мари́на	У её идеа́льного мужчи́ны…
5. Игорь	Игорь пи́шет, что…
6. Никола́й	Никола́й ду́мает, что…
7. Ира	Её идеа́льный мужчи́на – э́то…
8. Ольга	Ольга ду́мает, что…

14-15. **Чте́ние. Now read the following text, and check your answers in 14-14.**

Гла́вная > Фо́рум МГУ > Конфере́нция МГУ > Клу́бы > Ladies

ФОРУМ в ИНТЕРНЕТЕ

Те́ма: Идеа́льный мужчи́на

Но́вые слова́

бе́дный – *poor*
бога́тый – *rich*
ва́жно – *important (adv.)*
идеа́льный – *perfect, ideal*
люб|о́|вь *(f.)* – *love*
по́мнить *impf.* что? – *to remember*
помога́ть *impf.* кому́? – *to help*
сча́стье [ššá̧ʂt͡ʃə] – *happiness*

Людми́ла
Де́вочки, напиши́те о своём идеа́льном мужчи́не! Мне интере́сно знать, что вы ду́маете?
Пожа́луйста, мужчи́ны, вам мо́жно то́лько ЧИТАТЬ!!! сообще́ния. Поня́тно?

Юля
Да нет идеа́льного мужчи́ны! А жаль…

Ка́тя
Я не зна́ю, како́й мужчи́на идеа́льный, но я могу́ сказа́ть, како́й мужчи́на мне нра́вится: у́мный, внима́тельный, сме́лый, си́льный! Мне жаль, что я ЕГО́ ещё не нашла́.

Мари́на
Мой идеа́льный мужчи́на:
Чу́вство ю́мора и хоро́ший хара́ктер.
Всегда́ помога́ет же́нщине и хорошо́ понима́ет её.
По́мнит, когда́ они́ познако́мились, когда́ пожени́лись, когда́ де́ти роди́лись… Поня́тно, что он не пьёт!
Хорошо́ гото́вит! Лю́бит слу́шать, а не говори́ть!

Игорь
Де́вочки говоря́т об идеа́льном мужчи́не… А есть идеа́льная же́нщина? Мо́жно её найти́? Нет, нельзя́!
Краси́вая, но не у́мная. Умная, но не краси́вая, крокоди́л. Краси́вая и у́мная, но её идеа́льный мужчи́на - бога́тый и ста́рый … Молодо́й и бе́дный - не идеа́льный!!! Ску́чно!

Никола́й
А я ду́маю, что есть идеа́льные же́нщины. Идеа́льная … э́то моя́ ма́ма. До́брая, внима́тельная, хорошо́ гото́вит!

Людми́ла
Ма́льчики! Это не ваш фо́рум! Вам мо́жно то́лько ЧИТАТЬ! Писа́ть - НЕЛЬЗЯ! Поня́тно?

Ира

Мой идеа́льный мужчи́на – э́то че́стный и до́брый челове́к. Это ва́жно! И, коне́чно, он у́мный, серьёзный и тала́нтливый. Как он вы́глядит? Мне нра́вятся высо́кие па́рни, во́лосы – све́тлые, глаза́ – голубы́е... Но, че́стно, это не ва́жно, как он вы́глядит! Любо́вь – э́то ва́жно. Прия́тно, когда́ тебя́ лю́бят!

Ольга

А я ду́маю, что идеа́льный мужчи́на – э́то ску́чно! Мой люби́мый – не идеа́льный челове́к. У него́ о́чень тру́дный хара́ктер. Но он до́брый, че́стный и лю́бит меня́. Мне всегда́ хорошо́ и ве́село, когда́ мы вме́сте. Я ра́да, что он у меня́ есть! Это сча́стье...

14-16. Use the text in 14-15 to say what these people think about the ideal man or woman:

a. Людми́ла   c. Ка́тя   e. Игорь   g. Ира
b. Юля   d. Мари́на   f. Никола́й   h. Ольга

14-17. ✏ Что вы ду́маете? Take part in the forum above and write a short paragraph about your ideal man or woman. Start like this:

Моя́ идеа́льная же́нщина – э́то...
Мой идеа́льный мужчи́на – э́то...

14-18. Ваш друг/ва́ша подру́га. Talk about one or more of your friends using the questions below as an outline.

1. Как его́/её зову́т?
2. Как он/она́ вы́глядит?
3. Кто он/она́?
4. Где он/она́ у́чится/рабо́тает?
5. Что око́нчил/а?
6. Где роди́лся/родила́сь и вы́рос/ла?
7. Где живёт сейча́с?
8. Како́й у него́/у неё хара́ктер?
9. Что ему́/ей нра́вится?

14-19. Игра́. Twenty questions. One student thinks of a famous person. The group can ask up to twenty questions like these: "Is it a man or woman? Is he/she … years old? Is he/she tall? Is he/she a strong person?" etc. You are only allowed to answer "Да" or "Нет". Take turns. When you think you've guessed the person's name, say it. Step 1. Brainstorm your questions and write them down. Step 2. Play the game.

Complete exercises on the Web site.

Chapter 14: 14-9, 14-10.

Дава́йте переведём!

14-20. Как сказа́ть по-ру́сски? Give Russian equivalents for the following questions. Take turns asking and answering the questions.

1. What kind of person is your friend?
2. Does he/she have a sense of humor?
3. Is he/she a serious person?
4. Is he/she an honest person?
5. Do you have fun together?
6. Do you think that he/she is a talented person?
7. Are you glad that you have such a nice friend?

14-21. Хочу́ найти́ её! Translate ideas, not words.

Age (Во́зраст): 53   Height: 5' 9"   Hair: Brown   Eyes: Brown

About me
53-yr.-old father of two grown daughters. Employed but not too wealthy. I love to read, listen to rock music, and I'm a gourmet cook. I play tennis (игра́ю в те́ннис) twice a week. I'm looking for a nice, kind (30-50) woman with similar interests.

My personality

- I'm a nice guy.
- I'm an active, good-natured person.
- I have a sense of humor.
- I like tennis.
- I like classical music.
- I have a dog.

My education and career

- I graduated from high school in California.
- I graduated from college in New York.
- I'm a designer.

14-22. Хочу́ найти́ его́! Translate ideas, not words.

Хочу́ найти́ любо́вь!!!
Меня́ зову́т Ната́лья, мне 30 лет, рост 175 см., во́лосы тёмные, глаза́ ка́рие. Умная, хоро́шее чу́вство ю́мора :) Была́ за́мужем, у меня́ есть дочь Ле́на, 5 лет. Хочу́ созда́ть семью́! Жду отве́та, и́ли по электро́нной по́чте natam@mail.ru, и́ли СМС, и́ли звони́те по тел. 8-903-501-19-80.

Ци́фры и фа́кты

14-23. 🎧 Review of numbers. 1) Listen to the speaker and write down the telephone numbers you hear. Then read them out loud.

a. Позвони́ мне. Мой моби́льный телефо́н_____.

b. Позвони́ ба́бушке. Её телефо́н_____.

c. Позвони́те бра́ту. Его́ телефо́н_____.

d. Позвони́те Вале́рию Петро́вичу. Его́ рабо́чий телефо́н

_____.

e. Позвони́ Ле́не. Её дома́шний телефо́н_____.

f. Позвони́те Ва́не. Его́ телефо́н_____.

g. Позвони́ тёте. Её телефо́н_____.

h. Твоя́ сестра́ звони́ла. Позвони́ ей_____.

i. Твой оте́ц звони́л. Позвони́ ему́_____.

2) Write down your home, cell, and work telephone numbers, and then say them out loud.

Мой дома́шний телефо́н _____

Мой моби́льный телефо́н _____

Мой рабо́чий телефо́н _____

3) Read the following cardinal numbers as ordinals:

a. 10, 12, 13, 18, 40, 50, 60, 70, 80

b. 90, 100, 1, 5, 3, 2, 22, 47, 20, 19

c. 29, 35, 58, 62, 73, 86, 97, 4, 6, 7

14-24. Ци́фры и фа́кты. Numbers and facts. 1) Discuss the results of the following survey. 2) Conduct a similar survey among your classmates or ask other people and report the results in class.

[1]Russians often use **чего́** (Gen.) instead of **что** (Acc.) with **хоте́ть** when they are expecting a non-specific or generalized (abstract) answer.

Вопро́с: Чего́[1] хотя́т ру́сские же́нщины?

Результа́ты опро́са:

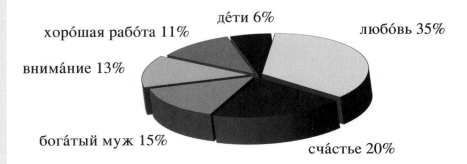

хоро́шая рабо́та 11% де́ти 6% любо́вь 35%

внима́ние 13%

бога́тый муж 15% сча́стье 20%

@ **Complete exercises on the Web site.**

Chapter 14: 14-11, 14-12.

14-25. Слова́рь. Vocabulary.

акти́вный, -ая, -ое, -ые – *active*

бе́дный, -ая, -ое, -ые – *poor*

бога́тый, -ая, -ое, -ые – *rich*

ва́жно – *important (adv.)*

ве́село > Мне ве́село – *I'm having fun (a good time)*

весёлый, -ая, -ое, -ые – *cheerful, good-natured*

внима́тельно – *attentively*

внима́тельный, -ая, -ое, -ые – *attentive*

до́брый, -ая, -ое, -ые – *kind*

жаль > Мне жаль (кого́?) – *I feel sorry for*

идеа́льный, -ая, -ое, -ые – *perfect, ideal*

интере́сно – *interesting (adv.)*

ле́кция – *lecture*

люб|о́|вь *(f.)* – *love*

мо́жно – *possible, allowed, may I, can I*

на́до + *inf.* – *it is necessary*

нельзя́ + *inf.* – *impossible, forbidden, one can't, one shouldn't, you can't*

ну́жно + *inf.* – *it is necessary*

позва́ть *pfv.* кого́? – *call (someone's name)*
   Imperative: позови́ *(ты)*,
   позови́те *(вы)* кого́? – *May I speak to …*

по́мнить *impf.* что? – *to remember*
   Pres: я по́мню, ты по́мнишь, они́ по́мнят

помога́ть *impf.* кому́? – *to help*
   Pres: я помога́ю, ты помога́ешь, они́ помога́ют

Поня́тно! – *I see, it's clear!*

прия́тный, -ая, -ое, -ые – *pleasant, nice*

рад, ра́да, ра́ды – *glad, happy*

серьёзный, -ая, -ое, -ые – *serious*

си́льный, -ая, -ое, -ые – *strong*

ску́чно > Мне ску́чно – *I'm bored.*

ску́чный, -ая, -ое, -ые – *boring*

сме́лый, -ая, -ое, -ые – *daring, willing to take risks*

согла́сен, -а, -ы – *agreed*

споко́йный, -ая, -ое, -ые – *calm*

спра́шивать *impf.* кого́? о чём? – *to ask (for)*
   Pres: я спра́шиваю, ты спра́шиваешь, они́ спра́шивают

сча́стье – *happiness*

тала́нтливый, -ая, -ое, -ые – *talented*

тру́дно – *difficult (adv.)*

у́мный, -ая, -ое, -ые – *smart, clever*

хара́ктер – *personality*

че́стный, -ая, -ое, -ые – *honest*

чу́вство (ю́мора) – *sense (of humor)*

ю́мор – *humor*

Expressions

Мне ве́село. – *I'm having fun (a good time).*

Мне жаль. – *I feel sorry.*

Мне интере́сно. – *It's interesting for me.*

Интере́сно, … – *I wonder…*

Мне легко́. – *It's easy for me.*

Мне ску́чно. – *I'm bored.*

Мне тру́дно. – *It's difficult for me.*

Мне хорошо́. – *I'm fine.*

Поня́тно! – *I see, it's clear!*

Это ва́жно! – *This is important! That's important!*

Я рад/ра́да. Мы ра́ды. – *I'm glad. We're glad.*

Я согла́сен/согла́сна. Мы согла́сны. – *I agree. We agree.*

Themes
- parts of the body
- symptoms of illness, health advice

Pronunciation
- when pronunciation differs from spelling

Communicative situations
- talking to a doctor
- giving advice

Grammar
- how to say you're going to see someone
- the prefixes **по-/при-** with verbs of motion
- how to say where you're coming from

Но́вые слова́

У меня́ боле́л/а X. – *I had a X ache.*
Я бо́лен/больна́. – *I'm sick.*
Я ча́сто боле́ю. – *I'm sick often /a lot.*
грипп – *the flu*
лека́рство – *medicine*
чу́вствовать себя́ – *to feel*

Како́е сего́дня число́?
Сего́дня...

Date (ordinal number) число́		Month (Gen. case) ме́сяц
пе́рвое	17-ое	января́
второ́е	18-ое	февраля́
тре́тье	19-ое	ма́рта
четвёртое	20-ое	апре́ля
пя́тое	21-ое	ма́я
6-ое	22-ое	ию́ня
7-ое	23-ое	ию́ля
8-ое	24-ое	а́вгуста
9-ое	25-ое	сентября́
10-ое	26-ое	октября́
11-ое	27-ое	ноября́
12-ое	28-ое	декабря́
13-ое	29-ое	
14-ое	30-ое	
15-ое	31-ое	
16-ое		

15-1. 🎧 🎥 **Интервью́. Listen to the interviews and summarize them in English.**

Интервью́ 1
— Аня, вы ча́сто хо́дите к врачу́?
— Нет. В э́том году́ была́ то́лько оди́н раз.
— Вы пло́хо себя́ чу́вствовали?
— Да, у меня́ всё вре́мя боле́ла голова́.
— А что врач сказа́л?
— Она́ сказа́ла, что э́то стресс и что ну́жно бо́льше отдыха́ть.

Интервью́ 2
— Андре́й, вы ча́сто боле́ете?
— Да нет, ре́дко. Мо́жет быть, оди́н раз в год, грипп.
— Когда́ боле́ете, лека́рства пьёте?
— Коне́чно.
— А на рабо́ту хо́дите?
— Нет, не хожу́, боле́ю до́ма.

15-2. 🎧 **Произноше́ние. When pronunciation differs from spelling. Listen to the pronunciation of the following words. Mark the consonant in the Cyrillic word that is not pronounced. Repeat after the speaker.**

че́стный [čésnɨj]
изве́стный [ɪzу̯ésnɨj]
пра́здник [práʒn̦ɪk]
по́здно [póznə]
рентге́н [r̦ɪngén] *(X-ray)*

здра́вствуй [zdrástvuj]
здра́вствуйте [zdrástvujțɪ] or [zdrásţɪ] *(in rapid speech)*
чу́вствую [čústvuju]
Как вы себя́ чу́вствуете? [kak vɨ şɪb̦á čústvujɪțɪ]
со́лнце [sóntsə]

Pronounce **Г** as **Х** in:

легко́ [lіxkó]   мя́гкий знак [m̦áxk̦ıj znak]

Always pronounce **-ться** and **-тся** (the infinitive and third-person singular and plural forms of verbs with the particle **-ся**) as a long hard **-ццэ** [tssə] sound.

познако́миться *and* познако́мится [pəznʌkóm̦ıtssə]
познако́мятся [pəznʌkóm̦ətssə]

нра́виться *and* нра́вится [nráɣıtssə]
нра́вятся [nráɣətssə]

учи́ться [učítssə] *and* у́чится [účıtssə]
у́чатся [účətssə]

Ле́ксика и грамма́тика

15-3. 🎧 **Челове́к.** 1) Look at the pictures below. Listen to the words and number them in the order they are given. 2) Read the words out loud and give English equivalents.

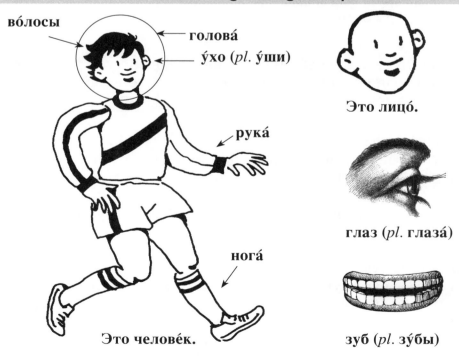

во́лосы

голова́

у́хо (*pl.* у́ши)

рука́

нога́

Это челове́к.

Это лицо́.

глаз (*pl.* глаза́)

зуб (*pl.* зу́бы)

Что у вас боли́т?

Use the construction **У меня́ боли́т голова́ (рука́, нога́)** when you want to say that something hurts or aches.
Say **У меня́ боля́т у́ши (глаза́, ру́ки)** when what hurts is plural.

У меня́ **боли́т** голова́.
I have a headache.

У Са́ши **боля́т** но́ги.
Sasha's legs hurt (ache).

Note:
он бо́лен, она́ больна́, они́ больны́
– *ill, sick*
**он здоро́в, она́ здоро́ва, они́
здоро́вы** – *well, better*

Use these forms to indicate that someone is ill or better (i.e. recuperated).

Она́ была́ **больна́**, но тепе́рь она́
совсе́м **здоро́ва**.
She was ill, but now she's fine.

15-4.  **Что у тебя́ боли́т? Answer the following question using the words in 15-3. Take turns and practice answering the questions several times.**

Что у тебя́/
у вас боли́т?

У меня́ боли́т
голова́.

15-5. Кто бо́лен? Read the sentences out loud. Match the Russian and the English.

1. Он бо́лен.
2. Ири́на больна́.
3. Брат здоро́в.
4. Ба́бушка здоро́ва.
5. У ме́ня грипп.
6. У неё температу́ра.
7. У Ле́ны боля́т у́ши.
8. У де́душки боля́т но́ги.
9. У ма́мы боли́т голова́.
10. У сестры́ боли́т рука́.

___ Irina is sick.
___ I have the flu.
___ Lena has an earache.
___ Mama has a headache.
___ My sister's arm hurts.
___ He's sick.
___ My brother is better.
___ Grandfather's feet ache.
___ Grandmother's better.
___ She has a fever.

15-6. **Как ты себя́ чу́вствуешь? How do you feel? Use the following situations and choose 3 or 4 sentences below for your answer.**

1) You are sick.
2) You were sick, but now you are getting better.
3) You were sick, but now you've recovered.

— **Как ты себя́ чу́вствуешь?/Как вы себя́ чу́вствуете?**
— **Спаси́бо, …**

❏ Я себя́ чу́вствую хорошо́.
❏ Я себя́ чу́вствую пло́хо.
❏ Я себя́ чу́вствовал/а пло́хо.
❏ Я себя́ чу́вствую уже́
   норма́льно.
❏ Я здоро́в/а.
❏ Я бо́лен/больна́.

❏ Я был бо́лен/Я была́ больна́.
❏ У меня́ боли́т (боле́ла) голова́.
❏ У меня́ (была́) температу́ра.
❏ У меня́ (был) грипп.
❏ У меня́ всё боли́т (боле́ло).
❏ Я чу́вствую себя́ лу́чше.

@ **Complete exercises on the Web site.**

Chapter 15: 15-1, 15-2, 15-3.

15-7. К кому́? Read the sentences and give English equivalents. Circle words in the Accusative and underline words in the Dative. Answer the questions. Fill in the table below. See Grammar comment 15-1.

1. Я иду́ в университе́т. Я иду́ к врачу́.
2. Ма́ша ча́сто хо́дит в кино́. Ма́ша ча́сто хо́дит к ба́бушке.
3. Ба́бушка ча́сто хо́дит в поликли́нику. Ба́бушка лю́бит ходи́ть к мое́й тёте в го́сти.
4. Де́ти иду́т в шко́лу. Де́ти иду́т к дя́де в го́сти.
5. Моя́ сестра́ идёт в апте́ку. Моя́ сестра́ идёт к подру́ге.
6. Куда́ ты ча́сто хо́дишь? К кому́ ты ча́сто хо́дишь?

Inanimate	Animate
идти́ куда́?	идти́ к кому́?
в + Accusative	к + Dative
1. _____	_____
2. _____	_____
3. _____	_____
4. _____	_____
5. _____	_____
6. _____	_____

Grammar comment 15-1
Going to See Someone

Use the preposition K with the Dative case of personal pronouns to indicate the person(s) whose place of residence (or office) is the destination of motion.

> Я люблю́ ходи́ть к ба́бушке
> в го́сти. Я ча́сто хожу́
> **к ней**.
> *I like to (go) visit my grandmother.*
> *I visit (go to see) her often.*

> Когда́ ты придёшь **ко мне**?
> *When will you come to see me?*

Be sure to put an **н** before the third person pronoun forms **к нему́, к ней, к ним** and remember that **к > ко** before **мне**.

15-8. Куда́? К кому́? Ask each other questions following the example.

Example: моя́ ба́бушка
> — Куда́ ты идёшь?/Куда́ ты е́дешь?
> — Я иду́ к мое́й ба́бушке.

1. моя́ ба́бушка
2. врач
3. поликли́ника
4. апте́ка
5. моя́ ста́ршая сестра́
6. они́
7. учи́тель
8. мой дя́дя
9. ты
10. их мла́дший сын

@ **Complete the exercise on the Web site.**

Chapter 15: 15-4.

Grammar comment 15-2
The Prefixes ПО-/ПРИ- with Verbs of Motion

The prefix **ПО-** denotes "setting out"; the prefix **ПРИ-** denotes "arrival" or "return."

идти́ *impf.* – пойти́ *pfv.* – прийти́ *pfv.* – *to go/to come back, to arrive (by foot)*

е́хать *impf.* – пое́хать *pfv.* – прие́хать *pfv.* – *to go/to come back, to arrive*

бежа́ть *impf.* – побежа́ть *pfv.* – прибежа́ть *pfv.* – *to run/to run back; to come running back*

нести́ *impf.* – понести́ *pfv.* – принести́ *pfv.* – *to carry, take/to bring*

Вчера́ Ка́тя **пошла́** к врачу́ и **пришла́** домо́й в 2 часа́.
Yesterday Katya went to see (her) doctor and got back home at 2 o'clock.

Remember: The unprefixed verbs **идти́, е́хать, бежа́ть, нести́** are imperfective. When prefixes are added to them, they become perfective. Note that **идти́ > -йти́ (пойти́, прийти́)** when a prefix is added. Learn their conjugations (see vocabulary at end of lesson).

Grammar comment 15-3
How to Say Where You are Coming from

Куда́ ты идёшь/е́дешь? – *Where are you going?*
Отку́да ты идёшь/е́дешь? – *Where are you coming from?*

Remember that **В** *to* + the Accusative case of an inanimate noun and **К** *to see* + the Dative case of an animate noun are used to indicate destination of motion. Use the preposition **ИЗ** *from* + the Genitive case of an inanimate noun or **ОТ** *from* + the Genitive case of an animate noun to indicate motion from a place or person.

Я иду́ от врача́.
I'm coming from my doctor's.

Когда́ они́ прие́дут из Москвы́?
When will they get back from Moscow?

15-9. Read the sentences and circle the verbs with the prefixes по-/при-. Give English equivalents. See Grammar comment 15-2.

1. Вчера́ днём ба́бушка пошла́ в поликли́нику и пришла́ домо́й (*came home*) в 6 часо́в.
2. Ты бо́лен! Что тебе́ принести́?
3. Оте́ц пое́хал в больни́цу. Он прие́дет домо́й ве́чером.
4. Когда́ На́дя пришла́ домо́й, ма́ма пошла́ к врачу́.
5. — У нас сего́дня интере́сная ле́кция. Ты пойдёшь?
   — Нет, я не пойду́. Я пло́хо себя́ чу́вствую.
6. Пётр побежа́л в апте́ку купи́ть лека́рство, купи́л и прибежа́л домо́й.
7. — Ты придёшь к нам в го́сти в суббо́ту?
   — Нет, не приду́. Я больна́.
8. Когда́ де́душка был бо́лен, я принёс ему́ лека́рство.
9. Кто принесёт молоко́ и хлеб?

@ **Complete the exercise on the Web site.**

Chapter 15: 15-5.

15-10. Отку́да? Read the sentences and circle the nouns in the Genitive case with the prepositions ИЗ and ОТ. Fill in the table below. Give English equivalents. Answer the questions. See Grammar comment 15-3.

1. Ни́на пришла́ из поликли́ники. Отку́да Ни́на пришла́?
2. Ве́ра прие́хала от ба́бушки. Отку́да Ве́ра прие́хала?
3. Де́ти прие́хали из шко́лы. Отку́да они́ прие́хали?
4. Макси́м пришёл от ма́мы. Отку́да Макси́м пришёл?
5. Ле́на пришла́ из апте́ки. Отку́да пришла́ Ле́на?
6. Ва́ля пришла́ от врача́. Отку́да Ва́ля пришла́?

Inanimate
Отку́да?
из + Genitive

1. _____
2. _____
3. _____

Animate
Отку́да?
от + Genitive

1. _____
2. _____
3. _____

15-11. Куда́? и Отку́да? Read the following story and fill in the blanks. Explain the endings and the prepositions. See Grammar comment 15-3.

Ску́чный день

Вчера́ у́тром я ходи́л (to) _____ (поликли́ника) _____ (to) _____ (врач) _____. Когда́ я пришёл (to) _____ (он) _____, он спроси́л, что у меня́ боли́т. Я сказа́л, что у меня́ боли́т нога́ уже́ ме́сяц, и что я не могу́ норма́льно ходи́ть. Врач дал мне реце́пт, сказа́л купи́ть лека́рство и не ходи́ть (to) _____ (рабо́та) _____.

(From) _____ (врач) _____ я сра́зу пошёл (to) _____ (апте́ка) _____ и купи́л лека́рство. Пото́м я пошёл (to) _____ (кафе́) _____ и пообе́дал. Я позвони́л дру́гу, и (from) _____ (кафе́) _____ я пошёл (to) _____ (он) _____. Когда́ я пришёл (to) _____ (друг) _____, я рассказа́л ему́ о враче́, ноге́ и лека́рстве. Мы поу́жинали вме́сте, я вы́пил лека́рство, и мы пошли́ (to) _____ (кино́) _____.

Когда́ я пришёл (from) _____ (кино́) _____ домо́й, я вы́пил лека́рство и ча́шку ча́я. Пото́м позвони́ла моя́ жена́ и сказа́ла, что она́ прие́дет (from) _____ (Москва́) _____ в суббо́ту ве́чером. Я был о́чень рад и сказа́л ей, что я прие́ду (to) _____ (аэропо́рт) _____ её встре́тить.

@ **Complete exercises on the Web site.**

Chapter 15: 15-6, 15-7.

Дава́йте послу́шаем и поговори́м!

15-12. 🎧 💬 **Listen to the conversations and circle the words you hear. Then practice them. Use "Material for practice – Пра́ктика."**

Разгово́р 1
— Где вы бы́ли всю неде́лю?
— **Я была́ больна́/Я был бо́лен**. У меня́ был грипп.
— Температу́ра была́ высо́кая?
— Да, и всё боле́ло: **голова́/глаза́, но́ги/ру́ки**…
— А как вы сейча́с себя́ чу́вствуете?
— Спаси́бо. Сейча́с я абсолю́тно **здоро́в/здоро́ва**!

Но́вые слова́

аспири́н – *aspirin*
витами́н/ы – *vitamin/s*
мо́жет быть – *maybe; perhaps*
рентге́н [ɾungén] – *X-ray*
реце́пт – *prescription*

Material for practice – Пра́ктика

Take turns talking about these problems:

1) у вас была́ высо́кая температу́ра, и боле́ла голова́
2) у вас был грипп
3) у вас была́ высо́кая температу́ра, и боле́ли у́ши
4) у вас боле́ли глаза́
5) у вас боле́ли зу́бы
6) у вас боле́ла нога́, вы не могли́ ходи́ть
7) у вас боле́ла рука́, вы не могли́ рабо́тать

Разгово́р 2

— Здра́вствуйте, до́ктор!
— До́брый день. Что у вас боли́т?
— У меня́ боли́т **рука́/нога́**.
— Где боли́т?
— Вот здесь. Уже́ **два/четы́ре** дня боли́т.
— А здесь боли́т?

— Ай!!! Боли́т!
— Вот реце́пт. Вам на́до купи́ть э́то лека́рство. Бу́дете здоро́вы.
— Спаси́бо, до́ктор. До свида́ния.

Material for practice – Пра́ктика

Take turns. *Student A:* Вы пришли́ к врачу́:

1) у вас высо́кая температу́ра, и весь день боли́т голова́
2) у вас высо́кая температу́ра, и боля́т у́ши
3) у вас боля́т глаза́, вы не мо́жете чита́ть и смотре́ть телеви́зор
4) у вас боли́т нога́, и вы мо́жете ходи́ть, но не мо́жете бе́гать

Student B: Вы – врач. Listen to the patient's complaint, and give some advice:

1) вам на́до вы́пить аспири́н
2) вам нужно́ пить витами́ны ка́ждый день
3) вам на́до три дня не ходи́ть на рабо́ту
4) вам на́до купи́ть э́то лека́рство, вот реце́пт
5) вам ну́жно мно́го пить: чай, сок
6) вам на́до пить апельси́новый сок ка́ждое у́тро
7) вам не на́до рабо́тать на компью́тере ме́сяц
8) вам ну́жно бо́льше отдыха́ть
9) вам на́до сде́лать рентге́н

15-13. 🎧 👥 **Listen to the conversation and fill in the blanks. Then practice it.**

— Ты так пло́хо _____! Ты бо́лен?

— Да, я _____ уже́ неде́лю.

— Как ты сейча́с себя́ _____?

— Спаси́бо, уже́ _____. Но у меня́ ещё есть температу́ра, и голова́ _____.

— Жаль, сего́дня о́чень _____ конце́рт.

— Мо́жет быть, _____.

15-14. Интервью́. **Listen to the interviews in 15-1 again.**
1) Summarize them in Russian and give the following information in the form of a narrative:

Интервью́ 1

a. Аня ча́сто хо́дит к врачу́?

b. Почему́ она́ ходи́ла к врачу́?

c. Что врач сказа́ла?

Интервью́ 2

a. Андре́й ча́сто боле́ет?

b. Он пьёт лека́рства?

c. Когда́ Андре́й боле́ет, он хо́дит на рабо́ту?

2) Conduct similar interviews with your classmates or other Russian speakers. Write down their answers and report the results in class.

Interview Form

Questions	Person 1	Person 2	Person 3
1. Как тебя́ /вас зову́т?			
2. Ты ча́сто хо́дишь к врачу́? Вы ча́сто хо́дите к врачу́?			
3. Что у тебя́/у вас ча́сто боли́т?			
4. Ты пьёшь лека́рства, когда́ ты бо́лен/ больна́? Вы пьёте лека́рства, когда́ вы больны́?			

@ **Complete the exercise on the Web site.**

Chapter 15: 15-8.

Дава́йте послу́шаем и почита́ем!

15-15. 🎧 **Кра́сная Ша́почка. Little Red Riding Hood. Listen to the main points of the first part of the fairy tale, ска́зка, and answer the questions below.**

1. **Как зва́ли де́вочку?**
   a. Кра́сная Ша́почка
   b. Ка́тя Смирно́ва
   c. Ма́ша Шара́пова
2. **Ско́лько ей бы́ло лет?**
   a. 12 лет
   b. 8 лет
   c. 9 лет
3. **Как она́ вы́глядела?**
   a. У неё бы́ли све́тлые во́лосы и зелёные глаза́.
   b. У неё бы́ли тёмные во́лосы и зелёные глаза́.
   c. У неё бы́ли тёмные во́лосы и голубы́е глаза́.
4. **Куда́ де́вочка пошла́?**
   a. к де́душке
   b. к сестре́
   c. к ба́бушке

5. **Почему́ де́вочка пошла́ к ба́бушке?**
   a. Ба́бушка была́ больна́.
   b. Де́вочка давно́ не ви́дела ба́бушку.
   c. Де́вочка была́ больна́.
6. **Что де́вочка хоте́ла принести́ ба́бушке?**
   a. пирожки́, лека́рство и сок
   b. лека́рство, хлеб, и сок
   c. лека́рство, молоко́ и хлеб
7. **Кого́ она́ встре́тила в лесу́?**
   a. соба́ку
   b. во́лка
   c. ти́гра
8. **Волк съел ба́бушку и́ли нет?**
   a. Да
   b. Нет
   c. Не зна́ю

15-16. 📖 **Чте́ние. Now read the following text, and check your answers in 15-15.**

Ска́зка
Кра́сная Ша́почка
Little Red Riding Hood

Часть 1
Part 1

Жила́-была́ ма́ленькая де́вочка. Её зва́ли Кра́сная Ша́почка. Кра́сной Ша́почке бы́ло 9 лет. Она́ была́ о́чень до́брая и симпати́чная. У неё бы́ли све́тлые во́лосы и зелёные глаза́. У де́вочки была́ ма́ма и ба́бушка. Ба́бушка жила́ в дере́вне о́коло ле́са.

Одна́жды, когда́ Кра́сная Ша́почка пришла́ из шко́лы домо́й, ма́ма сказа́ла до́чке:

— Кра́сная Ша́почка, ба́бушка больна́. У неё грипп, высо́кая температу́ра и боли́т голова́. Она́ не мо́жет ходи́ть, потому́ что у неё боля́т но́ги. Тебе́ на́до пойти́ и помо́чь ба́бушке.

— Хорошо́, ма́ма, – отве́тила Кра́сная Ша́почка. — Я сейча́с пойду́ к ба́бушке и помогу́ ей.

Она́ взяла́ пирожки́, сок и лека́рство и пошла́ к ба́бушке в дере́вню. В лесу́ она́ встре́тила Во́лка. Волк снача́ла хоте́л съесть Кра́сную Ша́почку, но не съел, потому́ что недалеко́ рабо́тали лю́ди.

— Как тебя́ зову́т, де́вочка? – спроси́л Волк.

— Кра́сная Ша́почка, – отве́тила де́вочка.

— А куда́ ты идёшь, де́вочка? – спроси́л Волк.

— Я иду́ к ба́бушке, – отве́тила Кра́сная Ша́почка.

— Мне на́до помо́чь ей. Она́ больна́, и я несу́ ей пирожки́, сок и лека́рство.

— Где живёт ба́бушка? Далеко́ тебе́ на́до идти́? – спроси́л Волк.

— Далеко́. Ба́бушка живёт в дере́вне. А из го́рода в дере́вню на́до идти́ 2 часа́. Хорошо́, что её дом пе́рвый о́коло ле́са, – отве́тила Кра́сная Ша́почка.

— Поня́тно. Ну, до свида́ния, де́вочка, – сказа́л Волк и побежа́л к ба́бушке. Волк бежа́л бы́стро и прибежа́л к ба́бушке пе́рвый.

— Кто там? – спроси́ла ба́бушка.

— Это я, Кра́сная Ша́почка, – сказа́л Волк. — Я пришла́ тебе́ помо́чь и принесла́ тебе́ пирожки́, лека́рство и сок.

Ба́бушка была́ в крова́ти, потому́ что была́ больна́. У неё был грипп, высо́кая температу́ра, и боле́ла голова́. Она́ не могла́ ходи́ть, потому́ что у неё боле́ли но́ги.

— Я о́чень ра́да, что ты пришла́, – сказа́ла она́.

Волк вошёл в ко́мнату и съел ба́бушку. Он не ел три дня и был о́чень го́лоден.

15-17. **Расскажи́те. 1) Read the fairy tale «Кра́сная Ша́почка» again. Answer the questions. 2) Talk about each character using the questions as a guide.**

1. **Кра́сная Ша́почка:**
   a. Ско́лько ей лет?
   b. Как она́ вы́глядит?
   c. Она́ хоро́шая де́вочка?
   d. Где она́ у́чится?
   e. Кака́я у неё семья́?

2. **Ма́ма**
   a. Что ма́ма сказа́ла Кра́сной Ша́почке?
   b. Что Кра́сная Ша́почка отве́тила ма́ме?

3. **Ба́бушка**
   a. Где живёт ба́бушка?
   b. Что боли́т у ба́бушки?
   c. Почему́ она́ не мо́жет ходи́ть?

4. **Волк**
   a. Кого́ Волк встре́тил в лесу́?
   b. О чём он спроси́л де́вочку?
   c. К кому́ он побежа́л?
   d. Почему́ он съел ба́бушку?

Но́вые слова́

ви́деть *impf.* что? кого? – *to see*
дверь *(f.)* – *door*
дорого́й, -а́я, -и́е – *dear*
коне́ц – *end*
обнима́ть *impf.* что? кого? – *to embrace, hug*
откры́ть что? *pfv.* – *to open*
слы́шать *impf.* что? кого? – *to hear*
что́бы + *inf.* – *in order to*

15-18. 🎧 **Кра́сная Ша́почка. Little Red Riding Hood. Listen to the main points of the second part of the fairy tale and answer the questions below.**

1. **К кому́ пришла́ Кра́сная Ша́почка?**
   a. к де́душке   b. к ма́ме   c. к ба́бушке

2. **Кто сказа́л: «Откро́й дверь и войди́»?**
   a. волк   b. ба́бушка   c. ма́ма

3. **Волк съел Кра́сную Ша́почку?**
   a. Да   b. Нет   c. Мо́жет быть

15-19. 📖 **Now read the text. If necessary, correct your answers in 15-18.**

Часть 2
Part 2

Кра́сная Ша́почка до́лго шла и пришла́ к ба́бушке ве́чером.
— Кто там? – спроси́л Волк.
— Это я, Кра́сная Ша́почка, – сказа́ла она́. — Я пришла́ тебе́ помо́чь и принесла́ тебе́ пирожки́, лека́рство и сок.
— Откро́й дверь и войди́, – сказа́л Волк.
Когда́ Кра́сная Ша́почка вошла́, она́ спроси́ла:
— Ба́бушка, как ты себя́ чу́вствуешь?
— Пло́хо, де́вочка. Всё боли́т. Голова́ боли́т, ру́ки боля́т, но́ги боля́т… Температу́ра высо́кая.
— Ой, ба́бушка, каки́е у вас больши́е ру́ки!
— Это что́бы лу́чше обнима́ть тебя́, моя́ дорога́я, – сказа́л Волк.
— Ба́бушка, каки́е у вас больши́е у́ши!
— Это что́бы лу́чше слы́шать тебя́, моя́ дорога́я.
— Ба́бушка, каки́е у вас больши́е глаза́!
— Это что́бы лу́чше ви́деть тебя́, моя́ дорога́я.
— Ба́бушка, каки́е у вас больши́е зу́бы!
— Это что́бы съесть тебя́! – сказа́л Волк и съел Кра́сную Ша́почку.

Мора́ль: не на́до расска́зывать Во́лку, как вас зову́т, куда́ вы идёте и что вы бу́дете де́лать.

Коне́ц

15-20. Restore the order of narration.

____ В лесу́ Кра́сная Ша́почка встре́тила Во́лка.
____ Волк съел де́вочку.
____ Волк побежа́л к ба́бушке и съел её.
____ Её зва́ли Кра́сная Ша́почка.

___ Волк спроси́л де́вочку, где живёт её ба́бушка.

___ У Кра́сной Ша́почки бы́ли ма́ма и ба́бушка.

___ Ба́бушка была́ больна́.

___ Когда́ де́вочка пришла́ к ба́бушке, там был Волк.

___ Де́вочке бы́ло 9 лет.

___ Де́вочка была́ до́брая и симпати́чная.

___ Ма́ма сказа́ла Кра́сной Ша́почке пойти́ к ба́бушке.

___ Кра́сная Ша́почка принесла́ ба́бушке пирожки́, сок и лека́рство.

_1_ Жила́-была́ ма́ленькая де́вочка.

15-21. Расскажи́те. 1) Tell precisely how the tale «Кра́сная Ша́почка» ends. 2) What ending do you know for this fairy tale?

15-22. Разыгра́йте. Act out the tale. You can change the ending. Participants: Mama, Grandma, Little Red Riding Hood, the Wolf.

@ Complete exercises on the Web site.

Chapter 15: 15-9, 15-10.

Дава́йте переведём!

15-23. Как сказа́ть по-ру́сски? Give Russian equivalents for the following questions. Take turns asking and answering the questions.

1. How do you feel?
2. Are you ill?
3. Are you better?
4. Do you have a headache?
5. Do you have the flu?
6. Are you running a fever?
7. Have you seen a doctor?
8. Have you taken your medications?
9. Will you go see a doctor?
10. Are you going to the drugstore?

15-24. Врачи́ говоря́т … Translate the text. Compare what Russian and American doctors advise to do when dealing with the flu.

Вопро́с: У меня́ грипп. Вакцина́ции не́ было. Что де́лать? Ири́на

Отве́т: Если у Вас грипп, то ну́жно идти́ к врачу́ – то́лько он мо́жет пра́вильно поста́вить диа́гноз и сказа́ть, что де́лать. Мо́жет быть, у Вас не грипп.

Ну, а е́сли у вас грипп, то на́до мно́го пить: чай, со́ки. Хорошо́ пить минера́льную во́ду с молоко́м и есть витами́ны. Рекоменду́ю лека́рство: антигриппи́н.

Dealing with the flu
If you have the flu virus, don't worry, there are plenty of things you can do.
• Be kind to yourself. While you are sick take this opportunity to rest.
• Drink plenty of water and tea.
• Take multivitamins daily.
• Try Airborne, which is a new vitamin and mineral supplement.
• Eat fruits and vegetables.
• It is important to see your doctor if you have the flu.

Ци́фры и фа́кты

15-25. 🎧 **Review of numbers. Listen to the speaker and write down the prices for medicines you hear. Then read them out loud.**

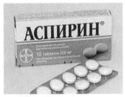

Аспири́н _____

Анальги́н _____

Туссама́г _____

Поливитами́ны _____

Витами́н С _____

Амикси́н _____

15-26. Ци́фры и фа́кты. Numbers and facts. 1) Discuss the results of the following survey. 2) Conduct a similar survey among your classmates or ask other people and report the results in class.

Те́ма опро́са: «Лека́рства»
Вопро́с: Как ча́сто Вы покупа́ете лека́рства?

Результа́ты опро́са:

Раз в 2 ме́сяца - 36.84%
Раз в ме́сяц - 29.87%
Раз в две - три неде́ли - 14.79%
Раз в неде́лю - 10.38%

Я вообще́ не покупа́ю лека́рства! - 8.11%

Отве́тили: 703 челове́ка

@ Complete exercises on the Web site.

Chapter 15: 15-11, 15-12.

15-27. Слова́рь. Vocabulary.

аспири́н – *aspirin*

боле́ть *impf.* (боли́т, боля́т) – *to hurt,*

бо́лен/больна́/больны́ – *sick, to be ill*

бы́стро – *fast*

взять *pfv.* что? – *to take*
    Fut: я возьму́, ты возьмёшь, они́ возьму́т;
    Past: взял, взяла́, взя́ли

витами́ны *(pl.)* – *vitamins*

ви́деть *impf.* что? кого́? – *to see*
    Pres: я ви́жу, ты ви́дишь, они́ ви́дят

войти́ *pfv.* куда́? – *to enter*
    Fut: я войду́, ты войдёшь, они́ войду́т;
    Past: вошёл, вошла́, вошли́;
    Imperative: войди́ *(ты)*, войди́те *(вы)*

грипп – *the flu*

дверь *(f.)* – *door*

дере́вня – *country, village*

домо́й *(adv.)* – *home (in answer to Куда́?)*

дорого́й, -а́я, -и́е – *dear*

здоро́в, -а, -ы – *well; healthy*

из – *from*

к, ко – *to*

коне́ц – *end*

кра́сный, -ая, -ое, -ые – *red*

лека́рство – *medicine*

мо́жет быть – *maybe*

обнима́ть *impf.* что? кого́? – *to embrace, hug*
    Pres: я обнима́ю, ты обнима́ешь, они́ обнима́ют

одна́жды – *once*

от – *from*

отве́тить *pfv.* кому́? – *to answer*
    Fut: я отвечу́, ты отве́тишь, они́ отве́тят

откры́ть *pfv.* что?– *to open*
    Fut: я откро́ю, ты откро́ешь, они́ откро́ют;
    Imperative: откро́й *(ты)*, откро́йте *(вы)*

отку́да – *from where*

помо́чь *pfv.* кому́? – *to help*
    Fut: я помогу́, ты помо́жешь, они́ помо́гут;
    Past: помо́г, помогла́, помогли́

рентге́н [ɹɪngén] – *x-ray*

реце́пт – *prescription*

себя́ – *one's self (myself, yourself, ourselves, etc.)*

слы́шать *impf.* что? кого́? – *to hear*
    Pres: я слы́шу, ты слы́шишь, они́ слы́шат

снача́ла – *at first*

температу́ра [ʈɪmpɪrʌtúrə] – *temperature, fever*

чтобы *(+ infinitive)* – *in order to*

чу́вствовать себя́ *impf.* – *to feel*
    Pres: я чу́вствую, ты чу́вствуешь, они́ чу́вствуют

ша́почка – *small hat*

Ча́сти те́ла – *Parts of the body*

голова́ – *head*

зуб *(pl.* зу́бы) – *tooth*

лицо́ *(pl.* ли́ца) – *face*

нога́ *(pl.* но́ги) – *leg, foot*

рука́ *(pl.* ру́ки) – *hand, arm*

у́хо *(pl.* у́ши) – *ear*

Verbs of motion

бежа́ть *impf.* – *to run (in one direction)*
    Pres: я бегу́, ты бежи́шь, он/она́ бежи́т, мы бежи́м, вы бежи́те, они́ бегу́т;
    Past: бежа́л, бежа́ла, бежа́ли

побежа́ть *pfv.* – *to take off running*
    Fut: я побегу́, ты побежи́шь, они́ побегу́т

прибежа́ть *pfv.* куда́? – *to come (running)*
    Fut: я прибегу́, ты прибежи́шь, они́ прибегу́т

нести́ *impf.* что? кому́? – *to carry (in one direction)*
    Pres: я несу́, ты несёшь, они́ несу́т;
    Past: нёс, несла́, несли́

принести́ *pfv.* что? кому́? – *to bring*
    Fut: я принесу́, ты принесёшь, они́ принесу́т;
    Past: принёс, принесла́, принесли́

пое́хать *pfv.* куда́? – *to go, to set out for, to take off*
    Fut: я пое́ду, ты пое́дешь, они́ пое́дут;
    Past: пое́хал, пое́хал, пое́хали

прие́хать *pfv.* куда́? отку́да? – *to come back, to arrive*
    Fut: я прие́ду, ты прие́дешь, они́ прие́дут

пойти́ *pfv.* куда́? – *to go, set out (for) by foot*
    Fut: я пойду́, ты пойдёшь, они́ пойду́т;
    Past: пошёл, пошла́, пошли́

прийти́ *pfv.* куда́? – *to arrive, come over*
    Fut: я приду́, ты придёшь, они́ приду́т;
    Past: пришёл, пришла́, пришли́

ГЛАВА 16. КАЖДЫЙ ДЕНЬ …

Chapter 16. Every day …

Themes
- everyday routines
- time by the clock

Intonation
- intonation Type 1: Declarative sentences

Communicative situations
- discussing everyday routines
- making plans to go out

Grammar
- Где? Куда? Откуда? with inanimate nouns
- Где? Куда? Откуда? with animate nouns
- the prepositions до and после

Но́вые слова́

встава́ть *impf. – to get up*
ложи́ться спать *impf. – to go to bed*
опа́здывать *impf.* куда́?– *to run late*

Како́е сего́дня число́?
Сего́дня…

Date (ordinal number) число́		Month (Gen. case) ме́сяц
пе́рвое	17-ое	января́
второе	18-ое	февраля́
тре́тье	19-ое	ма́рта
четвёртое	20-ое	апре́ля
пя́тое	21-ое	ма́я
6-ое	22-ое	ию́ня
7-ое	23-ое	ию́ля
8-ое	24-ое	а́вгуста
9-ое	25-ое	сентября́
10-ое	26-ое	октября́
11-ое	27-ое	ноября́
12-ое	28-ое	декабря́
13-ое	29-ое	
14-ое	30-ое	
15-ое	31-ое	
16-ое		

16-1. Интервью́. Listen to the interviews and summarize them in English.

Интервью́ 1
— Ири́на, когда́ вы обы́чно встаёте?
— Я встаю́ в во́семь утра́ почти́ ка́ждый день.
— А когда́ вы ложи́тесь спать?
— В двена́дцать и́ли в час но́чи.
— Расскажи́те о ва́шем дне…

Интервью́ 2
— Са́ша, вы ра́но встаёте?
— Нет, не люблю́ ра́но встава́ть.
— Вы ча́сто опа́здываете в университе́т?
— Всегда́ опа́здываю.
— А почему́ вы по́здно встаёте?
— Потому́ что я ложу́сь спать в два-три часа́ но́чи…

16-2. Интона́ция. Intonation Type 1: Declarative sentences.

1) Neutral stress. Repeat the following sentences. Let your voice fall on the stressed syllable of the last word.

In a Russian declarative sentence your voice should fall on the stressed syllable of the word emphasized.

У меня́ боли́т голо_{ва́}.

Его́ зову́т Бо_{ри́с}.

Вчера́ мы бы́ли у вра_{ча́}.

Я иду́ к дру́гу.
[g‿drúgu]

2) Logical stress. Lower your voice on the stressed syllable of the word you want to emphasize and keep it low.

У меня́ то́же боли́т голова́.

Ты все_{гда́} опа́здываешь.

Они́ хоро_{шо́} говоря́т по-ру́сски.

Я уже́ говор_{и́л/а} им об э́том.

3) Repeat after the speaker. Indicate the emphasized word in each sentence.

Я всегда́ встаю́ в во́семь утра́.
Сего́дня пятна́дцатое февраля́.
У меня́ боля́т у́ши.
У неё све́тлые во́лосы и зелёные глаза́.

Я ре́дко боле́ю.
Мы то́же хоти́м пойти́ в кино́.
Сейча́с пять часо́в.
Мы уже́ опа́здываем в университе́т.

Ле́ксика и грамма́тика

16-3. 🎧 **1) Listen to the sentences and number them in the order they are given. Indicate the emphasized word in each sentence. 2) Read the sentences out loud and give English equivalents. Answer the questions.**

a. ___ Я ра́но встаю́. ___ Он по́здно встаёт. ___ Он лю́бит спать!
b. ___ Когда́ вы обы́чно встаёте? ___ Вы лю́бите спать?
c. ___ Я по́здно ложу́сь спать. ___ Я ра́но ложу́сь спать.
___ Когда́ вы ложи́тесь спать?
d. ___ Мы не спа́ли всю ночь. ___ Мы гуля́ли. ___ Мы уста́ли.
e. ___ Он уста́л. ___ Она́ уста́ла. ___ Вы уста́ли?
f. ___ Я принима́ю душ у́тром и ве́чером. ___ Она́ приняла́ душ у́тром. ___ Когда́ вы принима́ете душ?
g. ___ Я одева́юсь. ___ Он оде́лся. ___ Она́ оде́лась.
h. ___ Он опозда́л. ___ Она́ опозда́ла. ___ Мы опозда́ли.
i. ___ Я ча́сто опа́здываю в университе́т. ___ Я ча́сто опа́здываю на рабо́ту. ___ Вы ча́сто опа́здываете?
j. ___ Я ча́сто прогу́ливаю ле́кции. ___ Я ре́дко прогу́ливаю семина́ры. ___ А вы прогу́ливаете ле́кции?

Но́вые слова́

ме́дленно – *slowly*
одева́ться/оде́ться – *to get dressed*
опозда́ть *pfv.* куда́? – *to run late*
по́здно – *late*
принима́ть/приня́ть душ – *to take a shower*
прогу́ливать (ле́кции, семина́ры) *impf.* – *to skip (lectures, seminars)*
ра́но – *early*
спать *impf.* – *to sleep*
уста́ть *pfv.* – *to get tired*

16-4. 🗣 **Скажи́те. Choose what you do *always* (всегда́) *often* (ча́сто), *sometimes* (иногда́), *never* (никогда́ не). Say it out loud.**

Что я де́лаю?	Как?	Что я де́лаю?	Как?
1. встаю́ ра́но		9. прогу́ливаю ле́кции	
2. встаю́ по́здно		10. обе́даю в кафе́	
3. за́втракаю до́ма		11. обе́даю до́ма	
4. принима́ю душ у́тром		12. у́жинаю до́ма	
5. принима́ю душ ве́чером		13. ложу́сь спать ра́но	
6. одева́юсь бы́стро		14. ложу́сь спать по́здно	
7. одева́юсь ме́дленно		15. не сплю́ всю ночь, занима́юсь	
8. опа́здываю на ле́кции/на рабо́ту		16. не сплю́ всю ночь, гуля́ю	

Clock Time

Кото́рый час?
Ско́лько вре́мени? — *What time is it?*

Сейча́с   час.
            два часа́.
            три часа́.
            четы́ре часа́.
            пять часо́в.
            шесть часо́в.
            семь часо́в.
            во́семь часо́в.
            де́вять часо́в.
            де́сять часо́в.
            оди́ннадцать часо́в.
            двена́дцать часо́в.

Note that nouns have one ending after the numbers **2**, **3**, **4** and a different ending after **5**, **6**, etc.

You can say "quarter past" or "half past" the hour by adding 15 (**пятна́дцать мину́т**) or 30 (**три́дцать мину́т**) to the above forms.

Сейча́с час пятна́дцать мину́т.
         два часа́ три́дцать мину́т.

Use the preposition **В** with the above forms to answer the questions **Когда́? Во ско́лько?** *When? (At) What time…?*

Мы обе́даем **в два часа́**, а у́жинаем **в семь часо́в**.

In rapid speech, when context is clear, the forms of **час** and **мину́та** are often omitted.

Мы обе́даем в **два три́дцать**, а у́жинаем в **семь пятна́дцать**.

@ **Complete exercises on the Web site.**

Chapter 16: 16-1, 16-2.

16-5. 🎧 👥 **Кото́рый час? Match the words and the pictures. 2) Take turns asking and answering Кото́рый час?/ Ско́лько вре́мени? Use the times below. See: Clock time.**

___ 6 часо́в 30 мину́т   ___ 10 часо́в
___ (1) час   ___ 6 часо́в 15 мину́т
___ 4 часа́   ___ 9 часо́в 15 мину́т
___ 8 часо́в   ___ 11 часо́в 30 мину́т

1.   2.   3.   4.

5.   6.   7.   8.

Кото́рый час?
Ско́лько вре́мени?

Сейча́с 3 часа́.

16-6. Мой день. Write down what time you usually do the following things on your busiest day. Read your responses out loud and compare them with your partner's.

Что я делаю?	Когда?	Что я делаю?	Когда?
1. встаю		7. обедаю	
2. принимаю душ		8. занимаюсь/работаю	
3. одеваюсь		9. еду/иду домой	
4. завтракаю		10. ужинаю	
5. еду/иду в университет/на работу		11. смотрю телевизор	
6. занимаюсь/работаю		12. ложусь спать	

@ Complete the exercise on the Web site.

Chapter 16: 16-3.

16-7. Inanimate nouns: где, куда, откуда? Using words in the table below, say where you were and where you went on Monday and Thursday last week or this week. See Grammar comment 16-1.

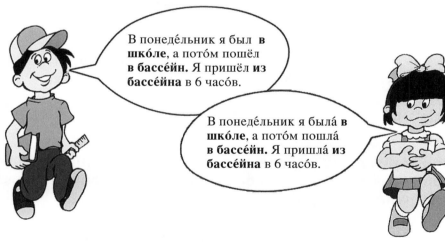

В понедельник я был **в школе**, а потом пошёл **в бассейн**. Я пришёл **из бассейна** в 6 часов.

В понедельник я была **в школе**, а потом пошла **в бассейн**. Я пришла **из бассейна** в 6 часов.

Grammar comment 16-1
Indicating Place (Где? Куда? Откуда?) with Inanimate Nouns

1) Use the preposition **B** or **HA** with an inanimate noun in the **Prepositional** case to indicate location and answer the question **Где?**

2) Use the preposition **B** or **HA** with an inanimate noun in the **Accusative** case to indicate destination and answer the question **Куда?**

3) Use the preposition **ИЗ** or **C** + the **Genitive** case of an inanimate noun to indicate motion from a place and answer the question **Откуда?**

	Где?	Куда?	Откуда?
ИЗ is the opposite of **B**	**B**	**B**	**ИЗ**
C is the opposite of **HA**	**HA**	**HA**	**C**

Remember:
   Где? – дома
   Куда? – домой
   Откуда? – из дому

Где? **B/HA** + Prepositional	Куда? **B/HA** + Accusative	Откуда? **ИЗ/C** + Genitive
аптека **Я был/была в аптеке.**	магазин **Я пошёл/пошла в магазин.**	магазин **Я пришёл/пришла из магазина.**
1. магазин	поликлиника	поликлиника
2. университет	библиотека	библиотека
3. стадион	университет	университет
4. дом	стадион	стадион
5. школа	дом	школа
6. дом	больница	больница
7. библиотека	школа	школа
8. поликлиника	театр	театр
9. ресторан	музей	музей
10. дом	бассейн	бассейн

Grammar comment 16-2
Answering the Question Где? with Animate Nouns

Use **У** + the Genitive case of an animate noun, when that person's residence or office is the answer to the question **Где?**

Где она́ живёт, **у ба́бушки**?
Where does she live, with her grandmother (at her grandmother's)?

Grammar Comment 16-3
Indicating Place (Где? Куда́? Отку́да?) with Animate Nouns

Где?	У + Genitive case
Куда́?	К + Dative case
Отку́да?	ОТ + Genitive case

1) Use the preposition **У** and the **Genitive case** of an animate noun to indicate location at a person's residence or office and answer the question **Где?**

2) Use the preposition **К** and the **Dative case** of an animate noun to indicate destination of motion and answer the question **Куда́?**

3) Use the preposition **ОТ** and the **Genitive case** of an animate noun to indicate motion from a person's residence or office and answer the question **Отку́да?**

@ Complete the exercise on the Web site.

Chapter 16: 16-4.

16-8. Где? Take turns asking and answering questions. Follow the example, and use the words below. See Grammar comment 16-2.

У кого́ ты вчера́ был/а́?
У кого́ вы вчера́ бы́ли?

Вчера́ я был/а́ у бра́та.

1) врач	6) сестра́	11) дочь
2) преподава́тель	7) брат	12) сын
3) подру́га	8) тётя	13) ба́бушка
4) друг	9) де́душка	
5) ма́ма	10) дя́дя	

16-9. Animate nouns: где, куда, отку́да? Read the following sentences. Give English equivalents, and ask the questions: где, куда́ or отку́да? See Grammar comment 16-3.

1. В понеде́льник у́тром Ни́на была́ у ма́мы. Пото́м она́ пошла́ к врачу́. Она́ пришла́ домо́й от врача́ в 3 часа́.
2. Вчера́ Макси́м был у врача́. Пото́м он пошёл в университе́т к преподава́телю хи́мии. А от преподава́теля он пошёл в библиоте́ку.
3. В пя́тницу Леони́д Ива́нович был у сы́на в общежи́тии, пото́м он пое́хал к жене́ на рабо́ту, а ве́чером он прие́хал домо́й.
4. В сре́ду Ольга была́ у подру́ги, пото́м она́ пошла́ к ба́бушке, а от ба́бушки она́ побежа́ла в апте́ку купи́ть лека́рство.
5. Во вто́рник Ма́ша была́ в университе́те, пото́м она́ пое́хала к подру́ге. Ма́ша прие́хала от подру́ги домо́й в 8 часо́в ве́чера.

16-10.  **День Макси́ма. Make up an interesting story. Look at Макси́м's schedule. Tell what Макси́м did Friday morning, afternoon, and evening. One student should give the first sentence, the next student another sentence, etc. Pay attention to the verbs; be sure to use them in the past tense.**

Но́вые слова́

встать *pfv.* – *to get up*
   Past: он встал, она́ вста́ла, они́ вста́ли
лечь спать *pfv.* – *to go to bed*
   Past: он лёг, она́ легла́, они́ легли́
посмотре́ть *pfv.* что? – *to watch*

Пя́тница

Когда́?	Что?
7:00	встать
7:05	приня́ть душ
7:15	съесть за́втрак
9:00	пое́хать в университе́т
9:10	хи́мия (ауд.[1]241)
11:10	переры́в
11:20	ру́сский язы́к (ауд.350)
1:00	быть у проф. Петро́ва (ауд.311)
2:00	пообе́дать
3:00	пойти́ в библиоте́ку
4:00	Све́та
5:30	поу́жинать
8:00	пойти́ в бо́улинг
10:00	посмотре́ть фильм «Брат» (НТВ[2])
12:00	лечь спать

[1]**ауд.** – аудито́рия
[2]**НТВ** – NTV is a popular TV channel in Russia

16-11. До и по́сле. Look at «День Макси́ма» in 16-10 again, and answer the following questions. See Grammar comment 16-4.

1. Что Макси́м де́лал до за́втрака?

2. Что Макси́м де́лал по́сле за́втрака?

3. Что у Макси́ма бы́ло до ру́сского языка́?

4. Что Макси́м де́лал до обе́да?

5. Что Макси́м де́лал по́сле обе́да?

6. Что Макси́м де́лал по́сле библиоте́ки?

7. Что Макси́м де́лал до у́жина?

8. Что Макси́м де́лал по́сле бо́улинга?

9. Что Макси́м де́лал по́сле у́жина?

Grammar comment 16-4
Before and After

Use the preposition **до** with a noun in the Genitive case to indicate "time before":

Он пришёл домо́й **до** у́жина.
He came home before supper.

Use the preposition **по́сле** with a noun in the Genitive case to indicate "time after":

Она́ пришла́ домо́й **по́сле** у́жина.
She came home after supper.

16-12. Вопро́сы. You are interviewing a prospective roommate (сосе́д/сосе́дка по ко́мнате). 1) Think of the questions you could ask about this person's everyday habits, and write them down. 2) Ask your questions and write down the answers.

@ **Complete exercises on the Web site.**

Chapter 16: 16-5, 16-6, 16-7.

Дава́йте послу́шаем и поговори́м!

16-13. 🎧 💬 👥 **Listen to the conversations and circle the words you hear. Then practice the conversations using "Material for practice – Пра́ктика."**

Но́вые слова́

за́нят/занята́/за́няты – *busy, occupied*
ночно́й клуб – *nightclub*
прав/права́/пра́вы – *right, correct*
свобо́д|е|н, -а, -о, -ы – *free*
и т.д. – *etc.*

Разгово́р 1

— Почему́ ты **сего́дня/вчера́** опозда́л **на рабо́ту/на ле́кции**?
— Я встал то́лько в 11 часо́в, потому́ что вчера́ лёг спать о́чень **ра́но/по́здно**.
— Я не понима́ю, почему́ ты **ра́но/по́здно** лёг спать?
— **Занима́лся/гуля́л** всю ночь, о́чень уста́л.
— Тебе́ на́до отдохну́ть!
— Да, ты **прав/права́**, на́до отдохну́ть.

Material for practice – Пра́ктика

Student A. Your friend is late (**опозда́л/а**). Ask him/her why.
Student B. Explain why you are late:
1) был/а́ о́чень за́нят/занята́ на рабо́те
2) вста́л/а поздно́, вчера́ был/была́ в ночно́м клу́бе
3) занима́лся/занима́лась в библиоте́ке, не знал/а, кото́рый час
4) потеря́л/а часы́ и не зна́ла, кото́рый час, и т.д.

Разгово́р 2

— Алло́, позови́те, пожа́луйста, Аллу.
— Э́то Алла.
— Что? Что вы сказа́ли? Повтори́те, пожа́луйста, я пло́хо слы́шу!
— Э́то я, Алла! Све́та, как дела́?
— **Хорошо́/Пло́хо**. А у тебя́?
— **Норма́льно/Пло́хо**. Уста́ла!

— Тебе́ на́до отдохну́ть! Что бу́дешь дела́ть за́втра **ве́чером/днём**?
— За́втра я **занята́/свобо́дна**. По́сле рабо́ты е́ду к ма́ме. Ну́жно помо́чь.
— Жаль, мы идём **в кино́/в теа́тр**, а до **теа́тра/кино́** хоти́м поу́жинать.

Material for practice – Пра́ктика

Student A. Call you friend and ask if he/she is busy tonight or tomorrow, then ask if he/she wants to go to 1) кафе́, 2) бо́улинг, 3) билья́рд, 4) теа́тр, 5) футбо́л, и т.д. Mention that you want to go out to eat before or after this event.
Student B. Answer the phone, and say that you are busy. Then mention a reason why you cannot meet tonight/tomorrow: 1) за́втра экза́мен, 2) рабо́таю, 3) мне не нра́вится футбо́л/билья́рд/бо́улинг, 4) на́до помо́чь сестре́, у неё ма́ленький ребёнок, и т.д.

16-14. 🎧👥 **Listen to the conversation and fill in the blanks. Then practice it.**

— Что ты де́лаешь _____?
— В э́ту пя́тницу я у́тром бу́ду в университе́те.
  У меня́ _____ в 10 часо́в и биоло́гия в _____.
— А _____ университе́та?
— Рабо́таю, а ве́чером мы идём в ночно́й клуб.
— В _____?
— «АПШУ».

16-15. Интервью́. Listen to the interviews in 16-1 again. 1) Summarize them in Russian and give the following information in the form of a narrative:

Интервью́ 1

a. Когда́ Ири́на обы́чно встаёт?
b. Когда́ Ири́на ложи́тся спать?

Интервью́ 2

a. Когда́ Са́ша встаёт?
b. Почему́ Са́ша всегда́ опа́здывает?

2) Conduct similar interviews with your classmates or other Russian speakers. Write down their answers and report the results in class.

Interview form

Questions	Person 1	Person 2	Person 3
1. Как тебя́ /вас зову́т?			
2. Когда́ ты встаёшь? Когда́ вы встаёте?			
3. Когда́ ты ложи́шься спать? Когда́ вы ложи́тесь спать?			
4. Ты ча́сто опа́здываешь? Вы ча́сто опа́здываете?			

@ **Complete the exercise on the Web site.**

Chapter 16: 16-8.

Дава́йте послу́шаем и почи́таем!

Спра́вка

In Russia college students usually study for five years. If one is a first-year student, we say that he/she **у́чится на пе́рвом ку́рсе**. If one is a second-year student, we say that he/she **у́чится на второ́м ку́рсе**, third-year student – he/she **у́чится на тре́тьем ку́рсе**, fourth-year student – he/she **у́чится на четвёртом ку́рсе**, and he/she **у́чится на пя́том ку́рсе** means that it's his/her fifth year at university.

Но́вые слова́

брать/взять *impf.* что? – *to take*
Pres: я беру́, ты берёшь, они́ беру́т; *Past:* брал, брала́, бра́ли
ва́жный, -ая, -ое, -ые – *important*
вообще́ – *in general*
дипло́м – *thesis*
ждать *impf.* что? кого? – *to wait for*
Pres: я жду, ты ждёшь, они́ ждут; *Past:* ждал, ждала́, жда́ли
заня́тие – *1) class, lecture, lessons; 2) pastime*
консервато́рия – *conservatory*
музыка́льная шко́ла – *music school*
па́ра – *90-minute lecture class*
раке́тка – *tennis racket*
семина́р – *seminar*
се́ссия – *exam period*
так – *so, like this*
те́ннисный корт – *tennis court*
поступи́ть *pfv.* куда́? – *to enroll in*

16-16. 🎧 Газе́та «Моско́вский университе́т». **Listen to the stories and choose the right answers. There may be more than one correct answer.**

1. **Что лю́бит Никола́й?**
   a. опа́здывать и прогу́ливать
   b. опа́здывать
   c. ра́но встава́ть

2. **Когда́/Во ско́лько встава́ла Евге́ния?**
   a. 7 часо́в утра́
   b. 9 часо́в утра́
   c. 8 часо́в утра́

3. **Куда́ Ива́н ча́сто бе́гает днём?**
   a. в бассе́йн и́ли спорти́вный зал
   b. в библиоте́ку
   c. в магази́ны

4. **Что де́лает Светла́на у́тром?**
   a. принима́ет душ, за́втракает, одева́ется
   b. за́втракает и идёт в университе́т
   c. встаёт, одева́ется и идёт на рабо́ту

5. **Как у́чится Кристи́на?**
   a. пло́хо
   b. хорошо́
   c. не о́чень хорошо́

16-17. 📖 **Чте́ние. Now read the following text, and check your answers in 16-16.**

Анна Петро́ва, студе́нтка МГУ

Оди́н день из жи́зни студе́нта

Everyone probably knows how students live, whether they study in America or in Russia. I posted the question «**Что ты де́лаешь ка́ждый день?**» on the Internet.

Никола́й, 4 курс. Вообще́, я люблю́ опа́здывать и прогу́ливать. Но я серьёзный студе́нт и всегда́ хожу́ на ва́жные ле́кции и семина́ры. По́сле университе́та ча́сто хо́дим в бо́улинг, иногда́ в кино́, а пото́м – домо́й. Ло́жусь спать, коне́чно, по́здно, а пото́м не могу́ встать у́тром. Вот почему́ я всегда́ опа́здываю.

Евге́ния, аспира́нтка. Когда́ я учи́лась на пе́рвом ку́рсе, я всегда́ была́ занята́! Я встава́ла в 8 часо́в, а в 8.10 уже́ была́ на остано́вке авто́буса и е́хала в университе́т. Когда́ опа́здывала на пе́рвую па́ру, то ча́сто ходи́ла в столо́вую за́втракать. Но прогу́ливала я ре́дко. По́сле 4-й па́ры обы́чно ходи́ла на баскетбо́л, и э́то бы́ло моё люби́мое заня́тие, потому́ что все друзья́ у меня́ там, в спортза́ле. Пото́м е́хала домо́й, у́жинала и смотре́ла телеви́зор. Ну, а дома́шнее зада́ние я никогда́ не де́лала. Тепе́рь, коне́чно, я аспира́нтка, и я мно́го занима́юсь.
Ива́н, 5 курс. Я всегда́ встаю́ в 7–9 утра́, пото́м душ и лёгкий

за́втрак. На пя́том ку́рсе в университе́т ходи́ть почти́ не на́до, пишу́ дипло́м до́ма. В два часа́ обе́даю. Ча́сто днём бе́гаю в спортза́л и́ли в бассе́йн. Иногда́ ве́чером хожу́ в кино́ и́ли в го́сти к моему́ дру́гу. В пя́тницу обы́чно хо́дим в ночно́й клуб «АПШУ». Там хоро́шая дискоте́ка!

Светла́на, 3 курс. Расскажу́ о моём обы́чном дне. Я встаю́ в 8 часо́в, принима́ю душ, за́втракаю, бы́стро одева́юсь. Жду. Роди́тели иду́т на рабо́ту, а я беру́ раке́тку и бегу́ на те́ннисные ко́рты! Коне́чно, так быва́ет не всегда́. Пе́ред се́ссией я хожу́ на ле́кции и семина́ры. Хорошо́, что се́ссия то́лько два ра́за в год!

Кристи́на, 2 курс. Я хожу́ в университе́т то́лько потому́, что так ма́ма хо́чет. Я око́нчила музыка́льную шко́лу и хоте́ла поступи́ть в консервато́рию. Но поступи́ла на экономи́ческий факульте́т, как ма́ма хоте́ла. Учу́сь хорошо́. Но му́зыка в мое́й жи́зни – э́то всё! Ма́ма э́то не понима́ет!!!

16-18. Read the «Оди́н день из жи́зни студе́нта» again and underline the following information in the text:

1. Никола́й
  a. На како́м ку́рсе у́чится Никола́й?
  b. Куда́ Никола́й ча́сто хо́дит по́сле университе́та?
  c. Почему́ Никола́й всё вре́мя опа́здывает и прогу́ливает?
  d. На каки́е ле́кции и семина́ры он хо́дит?

2. Евге́ния
  a. Что Евге́ния ра́ньше де́лала, когда́ опа́здывала на пе́рвую па́ру?
  b. Како́е её люби́мое заня́тие?
  c. Что Евге́ния де́лала ве́чером?

3. Ива́н
  a. На како́м ку́рсе у́чится Ива́н?
  b. Когда́ Ива́н обы́чно встаёт?
  c. Что он де́лает у́тром?
  d. Он ча́сто хо́дит в университе́т на заня́тия?
  e. Куда́ Ива́н обы́чно хо́дит в пя́тницу?

4. Светла́на
  a. На како́м ку́рсе у́чится Светла́на?
  b. Что Светла́на де́лает у́тром?
  c. Когда́ Светла́на хо́дит в университе́т?

5. Кристи́на
  a. На како́м ку́рсе у́чится Кристи́на?
  b. Почему́ Кристи́на у́чится на экономи́ческом факульте́те?
  c. Что она́ око́нчила?
  d. Куда́ она́ хоте́ла поступи́ть?

16-19. Talk about the students in 16-17. Use the questions in 16-18 as an outline.

16-20. 1) Review «Оди́н день из жи́зни студе́нта» and write down what students have in common (Column 1). The first one is done for you. **2)** Then take turns reading your sentences out loud. **3)** Now complete Column 2. Then take turns reading your sentences out loud.

	Студе́нты в Росси́и	Студе́нты в (your country)
1.	ча́сто прогу́ливают ле́кции и семина́ры	ре́дко прогу́ливают
2.		
3.		
4.		
5.		
6.		

16-21. Мой обы́чный день. Say what you usually do *in the morning* (у́тром), in the *afternoon* (днём), and in the *evening* (ве́чером). Write at least ten sentences.

@ Complete exercises on the Web site.

Chapter 16: 16-9, 16-10.

Дава́йте переведём!

16-22. Как сказа́ть по-ру́сски? Give Russian equivalents for the following questions. Translate ideas, not words. Take turns asking and answering the questions.

1. What time do you usually get up?
2. Where do you usually have breakfast/lunch/dinner?
3. When do you shower, in the morning or in the evening?
4. What do you do after work/school/class?
5. When do you have dinner?
6. What do you do in the evening?
7. What time do you usually go home?
8. Do you watch TV? Often, sometimes, never?
9. What time do you usually go to bed?

16-23. Мари́на. Translate the following text.

Every day I get up at 6:30. First I go to the kitchen and have a cup of tea and toast for breakfast. Then I go to the bathroom and take a shower. After that, I get dressed.

At 7:30 I leave for work. I get to my office at 8:00. At twelve o'clock I have lunch and at four o'clock I go home.

At seven o'clock I have dinner and then I watch TV. At 11:00 I go to bed.

Ци́фры и фа́кты

16-24. Review of numbers. How much time do you spend each day on the activities below. Write down your information. Then compare it with your partner's.

All in a day	Time spent
1. бе́гаю у́тром/ве́чером	
2. говорю́ по телефо́ну	
3. гото́влю еду́	
4. гуля́ю	
5. де́лаю дома́шнее зада́ние	
6. ем	
7. занима́юсь в университе́те/шко́ле	
8. занима́юсь в спортза́ле	
9. отдыха́ю	
10. рабо́таю	
11. рабо́таю на компью́тере	
12. смотрю́ телеви́зор	
13. сплю	
14. чита́ю	

16-25. Ци́фры и фа́кты. Numbers and facts. 1) Discuss the results of the following survey. 2) Conduct a similar survey among your classmates or ask other people and report the results in class.

Но́вые слова́

дава́ть эне́ргию – *to give a burst of energy*
заря́дка (**де́лать заря́дку**) – *morning exercise*
сон (*Gen.* сна) – *sleep*
холо́дный – *cold*

Вопро́с № 1: Во ско́лько (когда́) вы встаёте ка́ждое у́тро?
Результа́ты опро́са:

8.2%	До 6 утра́
32.6%	6 - 7 утра́
33.7%	7 - 8 утра́
12%	8 - 9 утра́
10.3%	9 - 12
3.3%	По́сле 12

Вопро́с № 2: Что даёт вам эне́ргию ка́ждое у́тро?
Результа́ты опро́са:

32.7%	Ко́фе и́ли зелёный чай
5.8%	Холо́дный душ
8.8%	Заря́дка
7.6%	Хоро́ший за́втрак
45%	Ещё оди́н час сна!

@ **Complete exercises on the Web site.**

Chapter 16: 16-11, 16-12.

16-25. Слова́рь. Vocabulary.

бе́гать *impf.* – to run
   Pres: я бе́гаю, ты бе́гаешь, они́ бе́гают; *Past:* бе́гал, бе́гала, бе́гали
брать/взять что? – *to take*
   Pres: я беру́, ты берёшь, они́ беру́т; *Past:* брал, брала́, бра́ли
ва́жный, -ая, -ое, -ые – *important*
вообще́ – *in general*
вре́мя *(neuter)* (*Gen.* вре́мени) – *time*
встава́ть/встать – *to get up, stand up*
   Pres: я встаю́, ты встаёшь, они́ встаю́т; *Past:* встава́л, встава́ла, встава́ли;
   Fut: я вста́ну, ты вста́нешь, они́ вста́нут; *Past:* встал, вста́ла, вста́ли
встать *pfv.* *see* встава́ть
дипло́м – *diploma; senior thesis*
до + *Gen.* – *till, until*
ждать *impf.* что? кого́? – *to wait for*
   Pres: я жду, ты ждёшь, они́ ждут; *Past:* ждал, ждала́, жда́ли

за́нят/занята́/за́няты (*ant.* свобо́ден, -а, -о, -ы) – *busy, occupied (ant. free, vacant)*
заня́тие – *1) class, lecture, lessons; 2) pastime*
иногда́ – *sometimes*
консервато́рия – *conservatory*
курс – *1) year in college; 2) course*
лечь спать *pfv. see* ложи́ться
ложи́ться/лечь спать – *to go to bed*
    Pres: я ложу́сь, ты ложи́шься, они́ ложа́тся;
    Fut: я ля́гу, ты ля́жешь, они́ ля́гут; *Past:* он лёг, она́ легла́, они́ легли́
ме́дленно (*ant.* бы́стро) – *slow(ly) (ant. fast)*
мину́та – *minute*
музыка́льная шко́ла – *school of music*
никогда́ (не) – *never*
ночно́й клуб – *nightclub*
ночь (*f.*) – *night*
одева́ться/оде́ться – *to dress oneself, get dressed*
    Pres: я одева́юсь, ты одева́ешься, они́ одева́ются;
    Fut: я оде́нусь, ты оде́нешься, они́ оде́нутся; *Past:* оде́лся, оде́лась, оде́лись
оде́ться *pfv. see* одева́ться
опа́здывать/опозда́ть куда́? – *to run late/to be late*
    Pres: я опа́здываю, ты опа́здываешь, они́ опа́здывают
    Fut: я опозда́ю, ты опозда́ешь, они́ опозда́ют
опозда́ть *pfv. see* опа́здывать
па́ра – *90-minute lecture class*
по́здно [póznə] – *late*
смотре́ть/посмотре́ть что? – *to watch, look*
    Fut: я посмотрю́, ты посмо́тришь, они́ посмо́трят
поступа́ть/поступи́ть куда́? – *to enroll in*
    Pres: я поступа́ю, ты поступа́ешь, они́ поступа́ют
    Fut: я поступлю́, ты посту́пишь, они́ посту́пят
по́сле – *after*
прав/права́/пра́вы – *right, correct*
принима́ть душ/приня́ть душ – *to take a shower*
    Pres: я принима́ю, ты принима́ешь, они́ принима́ют
    Fut: я приму́, ты при́мешь, они́ при́мут; *Past:* при́нял, приняла́, при́няли
приня́ть душ *pfv. see* принима́ть душ
прогу́ливать *impf.* что? (ле́кции, семина́ры) – *to skip (classes)*
    Pres: я прогу́ливаю, ты прогу́ливаешь, они́ прогу́ливают
раке́тка – *tennis racket*
ра́но – *early*
с, со – *from, off*
свобо́ден, -а, -о, -ы (*ant.* за́нят, -а́, -ы) – *free, vacant (ant. busy, occupied)*
семина́р – *seminar*
се́ссия – *exam period, finals week*
спать *impf.* – *to sleep*
    Pres: я сплю, ты спишь, они́ спят; *Past:* спал, спала́, спа́ли
так – *so, like this*
те́ннисный корт – *tennis court*
уста́ть *pfv.* – *to get tired*
    Past: уста́л, уста́ла, уста́ли

Expressions
Я за́нят/занята́. Они́ за́няты. – *I'm busy, occupied. They are busy.*
Кото́рый час?– *What time is it?*
Я прав/права́. Вы пра́вы. – *I'm right. You're right.*
Я свобо́ден/свобо́дна. Они́ свобо́дны. – *I'm free. They're free.*
Ско́лько вре́мени? – *What time is it?*

Themes
- leisure activities
- interests and hobbies

Intonation
- intonation Type 2: Intonation of questions with question words

Communicative situations
- inviting someone out
- asking about free time and interests

Grammar
- -овать/-евать verbs
- Instrumental case: uses and forms for pronouns, singular nouns, adjectives, and possessives
- the possessive modifier свой

Но́вые слова́

проводи́ть *impf.* что? – *to spend*
рисова́ть *impf.* – *to draw*
свобо́дное вре́мя – *free time*
танцева́ть *impf.* – *to dance*
фотографи́ровать *impf.* – *to take a picture*

Grammar comment 17-1
-ОВАТЬ/-ЕВАТЬ Verbs

Verbs with the suffix **-овать** are first conjugation verbs. **-ова-** is replaced by **-у-** before present-future endings.

рис-ова́-ть	фотографи́р-ова-ть
рис-у́-ю	фотографи́р-у-ю
рис-у́-ешь	фотографи́р-у-ешь
рис-у́-ют	фотографи́р-у-ют

Remember the spelling of **танцева́ть** (unstressed -о- is spelled -е- after hushers (**ж, ш, ч, щ**) and **ц**).

танц-ева́-ть
танц-у́-ю
танц-у́-ешь
танц-у́-ют

17-1. 🎧 🎥 **Интервью́. Listen to the interviews and summarize them in English.**

Интервью́ 1
— Ири́на, как вы прово́дите свобо́дное вре́мя?
— Гуля́ю, игра́ю в те́ннис с подру́гой ...
— А что ещё?
— Смотрю́ фи́льмы, чита́ю детекти́вы.
— А хо́бби у вас есть?
— Мне нра́вится гото́вить.
— А ещё?
— Я рису́ю и фотографи́рую.

Интервью́ 2
— Андре́й, как вы прово́дите свобо́дное вре́мя?
— Занима́юсь спо́ртом, игра́ю в футбо́л и́ли баскетбо́л.
— А ещё?
— Хожу́ с дру́гом на дискоте́ку в ночно́й клуб.
— А хо́бби у вас есть?
— Да, я интересу́юсь литерату́рой и пишу́ расска́зы.
— А ещё?
— Я люблю́ танцева́ть.

17-2. 🎧 **Интона́ция. Intonation Type 2: Intonation of questions with question words. 1) Listen to the following questions.**

The intonation of Russian sentences with question words is similar to English questions with question words. The main stress in the question can be on the question word, on the last word in the question, or on another word.

Кто́ он?   Кто́ она́?   Как вас ³⁰ву́т? [vazzʌvút]

Како́е сего́дня чи слó?   Как⁶е сего́дня число́?

Кто их р⁰ди́тели?   Кт⁰ их роди́тели?

Куда́ ты и дёшь?   Куда́ ты идёшь?

Где ты роди́лся?　Где ты роди́лся?　Где ты роди́лся?

Где ты живёшь?　Где ты живёшь?　Где ты живёшь?

2) Repeat the following questions after the speaker. Underline the emphasized word in each question.

Ско́лько? Ско́лько тебе́ лет? Ско́лько лет твоему́ бра́ту?

Куда́ ты? Куда́ ты е́дешь? Куда́ ты е́дешь на кани́кулы?

Что? Что ты хо́чешь?

Когда́ ты обы́чно встаёшь?

Где? Где ты обы́чно обе́даешь?

Как называ́ется э́та у́лица?

Как называ́ется э́та пло́щадь?

Как тебя́ зову́т? Как зову́т [kag zʌvút] твоего́ отца́?

Ле́ксика и грамма́тика

17-3. 🎧 Спорт. 1) Listen to the audio and match the words and the pictures.

a)　　　b)　　　c)

d)　　　e)　　　f)

g)　　　h)

_____ футбо́л
_____ баскетбо́л
_____ хокке́й
_____ гольф
_____ те́ннис
_____ пла́вание
_____ билья́рд
_____ бо́улинг

Grammar comment 17-2
Instrumental Case Singular

Uses and Noun Endings

1. Use the Instrumental case after the verbs **занима́ться** *to engage in* and **интресова́ться** *to be interested in*, as well as after the preposition **C** *with*:

Ты занима́ешься **спо́ртом**?
Do you play (literally: engage in) sports?

Ты интересу́ешься **му́зыкой**?
Do you like (literally: Are you interested in) music?

Я люблю́ игра́ть в те́ннис **с Ива́ном и Ни́ной**.
I like to play tennis with Ivan and Nina.

2. Masculine nouns ending in a hard consonant and neuter nouns ending in **-О** take the ending **-ОМ**.
Masculine nouns ending in a soft sign (**-Ь**) or the soft consonant **-Й** as well as neuter nouns ending in **-Е** take the ending **-ЕМ**.

NOM	INSTR
брат	с бра́т-**ом**
украи́нец	с украи́нц-**ем**[1]
Ива́н	с Ива́н-**ом**
Никола́й	с Никола́-**ем**
Игорь	с Игор-**ем**

[1]*Remember spelling rule #2*

письм-**о́**	с письм-**о́м**
пла́вани-**е**	с пла́вани-**ем**

3. Feminine (and masculine) nouns that end in **-А** take the ending **-ОЙ**; feminine (and masculine) nouns that end in **-Я** take the ending **-ЕЙ**.

NOM	INSTR
сестр-а́	с сестр-**ой**
де́душк-а	с де́душк-**ой**
Ма́ш-а	с Ма́ш-**ей**[1]
Ва́н-я	с Ва́н-**ей**
Ли́-я	с Ли́-**ей**

[1]*Remember spelling rule #2*

4. Feminine nouns that end in a soft sign (**-Ь**) take the ending **-ЬЮ**. Remember that the nouns **мать** and **дочь** have expanded stems before all endings.

NOM	INSTR
мать	с ма́тер-**ью**
дочь	с до́чер-**ью**

(CONTINUED ON PAGE 229)

2) Arrange the words into three lists:

Team sports _____
Individual sports _____
Your favorite sports _____

3) Вы игра́ете…? Do you play…? Take turns asking and answering questions about sports following the example.

Ты игра́ешь в футбо́л? Вы игра́ете в футбо́л?

Нет, но я игра́ю в те́ннис.

@ **Complete exercises on the Web site.**

Chapter 17: 17-1, 17-2.

17-4. Give English equivalents for the following sentences. Circle the nouns in the Instrumental case and explain the endings. Answer the questions. See Grammar comment 17-2.

1. Я занима́юсь спо́ртом ка́ждый день: я игра́ю в футбо́л и хожу́ в фи́тнес-клуб. А вы занима́етесь спо́ртом?

2. В шко́ле Андре́й занима́лся пла́ванием. Сейча́с он игра́ет в те́ннис. А вы занима́етесь/занима́лись пла́ванием?

3. Мари́на о́чень интересу́ется му́зыкой. А вы интересу́етесь/ интересова́лись му́зыкой?

4. Юрий ра́ньше интересова́лся бо́улингом, а тепе́рь интересу́ется билья́рдом. Чем вы сейча́с интересу́етесь?

5. Вчера́ Лю́да ходи́ла в кино́ с бра́том. А вы с кем хо́дите в кино́?

6. Я люблю́ разгова́ривать с ба́бушкой. А с кем вы лю́бите разгова́ривать?

7. Ната́ша живёт в кварти́ре с подру́гой. А с кем вы живёте?

8. Ольга прово́дит свобо́дное вре́мя с му́жем, а я провожу́ свобо́дное вре́мя с сестро́й. С кем вы прово́дите свобо́дное вре́мя?

17-5.  **Вы занима́етесь спо́ртом?** Following the example, ask and answer questions using the nouns below in the Instrumental case. See Grammar comment 17-2.

Я занима́юсь…

❑ футбо́л   ❑ гольф   ❑ билья́рд
❑ баскетбо́л   ❑ те́ннис   ❑ бо́улинг
❑ хокке́й   ❑ пла́вание   ❑ спорт

17-6. **Мои́ интере́сы.** What I'm interested in…
1) Give appropriate answers.

Каки́е телепереда́чи вы бу́дете смотре́ть, е́сли вы интересу́етесь:

a. спо́ртом   ___ Худ. фильм[1] «Анна Каре́нина»
b. теа́тром   ___ Баскетбо́л. Мужчи́ны ½ фина́ла Ку́бка
c. му́зыкой   Росси́и
d. литерату́рой   ___ Теа́тр Андре́я Гончаро́ва
e. кино́   ___ «Му́зыка на за́втрак»
                      ___ «Синема́ния»

[1]**худо́жественный фильм** – *feature film*

2) Take turns asking questions about each other's hobbies and interests. Follow the example.

227

Я интересу́юсь…

- му́зыка *music*
- теа́тр *theater*
- о́пера *opera*
- бале́т *ballet*
- фотогра́фия *photography*

- литерату́ра *literature*
- спорт *sport*
- иску́сство *art*
- жи́вопись *painting*
- кино́ *movies*

17-7. Скажи́те… **1) Read the following sentences and give English equivalents.**

a. Компози́тор пи́шет му́зыку.

b. Худо́жник рису́ет карти́ны.

c. Писа́тель пи́шет рома́ны.

d. Поэ́т пи́шет стихи́.

e. Актёры и актри́сы игра́ют в кино́.

f. Спортсме́н занима́ется спо́ртом.

g. Футболи́ст игра́ет в футбо́л.

2) Answer the following questions. Write down your answers and then compare them with your partner's. 3) Go around the class asking these questions, and find someone who has the same interests as you.

a. Ты интересу́ешься му́зыкой? Скажи́, кто твой люби́мый компози́тор?

b. Ты интересу́ешься жи́вописью? Скажи́, кто твой люби́мый худо́жник?

c. Ты интересу́ешься литерату́рой? Скажи́, кто твой люби́мый писа́тель? Скажи́, кто твой люби́мый поэ́т?

d. Ты интересу́ешься кино́? Скажи́, кто твой люби́мый актёр, кто твоя́ люби́мая актри́са?

e. Ты интересу́ешься спо́ртом? Скажи́, кто твой люби́мый спортсме́н?

f. Ты интересу́ешься футбо́лом? Скажи́, кто твой люби́мый футболи́ст?

@ **Complete the exercise on the Web site.**

Chapter 17: 17-3.

17-8. Свобо́дное вре́мя. **1) Listen to the sentences and number them in the order they are given. 2) Read the sentences out loud and give English equivalents. 3) Choose what you do *often* (ча́сто), *sometimes* (иногда́), *never* (никогда́). 4) Talk about your spare time using the expressions in the table below.**

№	Что я де́лаю в свобо́дное вре́мя?	ча́сто	иногда́	никогда́ не
	отдыха́ю до́ма			
	хожу́ в го́сти			
	рису́ю			
	гуля́ю			
	танцу́ю в ночно́м клу́бе			
	хо́жу в магази́ны			
	хожу́ в кино́			
	смотрю́ телеви́зор/телепереда́чи			
	фотографи́рую			
	чита́ю			
	хожу́ в теа́тр			
	занима́юсь спо́ртом			
	игра́ю в компью́терные и́гры			
	хожу́ в кафе́/рестора́ны			
	ча́тюсь в Интерне́те			
	хожу́ на конце́рты			
	хожу́ в фи́тнес-клуб			
	хожу́ на вы́ставки			

17-9. С кем вы прово́дите свобо́дное вре́мя? Take turns asking and answering the question below. . See Grammar comment 17-2.

С кем ты ча́сто прово́дишь свобо́дное вре́мя?

Я провожу́ свобо́дное вре́мя с мое́й ма́мой.

Я провожу́ свобо́дное вре́мя с…

1. моя́ ма́ма
2. Ни́на
3. мой друг
4. мой ста́рший брат
5. моя́ ба́бушка
6. Кири́лл
7. моя́ ста́ршая сестра́
8. мой ма́ленький сын
9. моя́ ма́ленькая дочь
10. Макси́м
11. моя́ тётя
12. моя́ подру́га
13. Ива́н Петро́вич
14. Ольга Петро́вна

(CONTINUED FROM PAGE 226)
Grammar comment 17-2
Instrumental Case Singular

Instrumental Case Singular Endings for Adjectives, Possessives, and the Demonstrative э́тот (э́то, э́та)

Possessives that describe masculine and neuter nouns in the Instrumental case take the ending -ИМ. The demonstrative э́тот (э́то) also takes the ending -ИМ.

NOM	INSTR
мой	мо-и́м
твой	тво-и́м
наш	на́ш-им
ваш	ва́ш-им
э́тот	э́т-им

Она́ ходи́ла на вы́ставку с мои́м бра́том.
She went to an exhibit with my brother.

Possessives that describe feminine nouns in the Instrumental case take the ending -ЕЙ.

NOM	INSTR
моя́	мо-е́й
твоя́	тво-е́й
на́ша	на́ш-ей
ва́ша	ва́ш-ей

Он ходи́л на вы́ставку с мое́й сестро́й.
He went to the exhibit with my sister.

Adjectives that describe masculine and neuter nouns in the Instrumental case take the ending -ЫМ.

NOM	INSTR
но́в-ый	но́в-ым
больш-о́й	больш-и́м[1]
ру́сск-ий	ру́сск-им[1]
ру́сск-ое	ру́сск-им[1]

[1]*Remember spelling rule #1: spell* **и** *after hushers (***ш, ж, ч, щ***) and velars (***к, г, х***).*

Он интересу́ется ру́сским языко́м.
He's interested in Russian.

The demonstrative э́та and adjectives that describe feminine nouns in the Instrumental case take the ending -ОЙ.

NOM	INSTR
э́т-а	э́т-ой
но́в-ая	но́в-ой
больш-а́я	больш-о́й
хоро́ш-ая	хоро́ш-ей[1]

[1]*Remember spelling rule #2.*

Она интересу́ется ру́сской литерату́рой.
She's interested in Russian literature.

(CONTINUED ON PAGE 230)

(CONTINUED FROM PAGE 229)
Grammar comment 17-2
Instrumental Case Forms for
Personal Pronouns

NOM.	INSTR.
кто?	(с) кем?
я	(со)[1] мной
ты	(с) тобо́й
он	(с) (н)им
оно́	(с) (н)им
она́	(с) (н)ей
мы	(с) на́ми
вы	(с) ва́ми
они́	(с) (н)и́ми

[1]The preposition **C** has an alternate form **CO** which is used before words beginning with **c** and another consonant (**со столо́м**) and with the Instrumental form of the pronoun **я** (**со мно́й**).

Grammar comment 17-3
The Possessive СВОЙ

Свой means "one's own." Its English equivalent is determined by the subject of the sentence. It can serve as a substitute for **мой, твой, наш, ваш** when the subject of the sentence and the possessor are the same person.

Я ча́сто провожу́ свобо́дное вре́мя с **мое́й/свое́й** сестро́й.
I often spend my free time with my sister.

Remember that **его́, её,** and **их** always refer to "someone else's"; use **свой** to refer to "one's own."

Она́ чита́ет **свои́** кни́ги.
She's reading her (own) books.

Она́ чита́ет **её** кни́ги.
She's reading her (someone else's) books.

17-10. Complete the following dialogues. See Grammar comment 17-2.

Ты хо́чешь пойти́ **со мной** на футбо́л?

С тобо́й? Коне́чно!

1. — Ты игра́ешь в те́ннис с бра́том? — Да, с (он) _____.
2. — Ты прово́дишь свобо́дное вре́мя с Та́ней?
   — Да, с (она́) _____.
3. — Это твои́ друзья́? — Да, я ходи́л на футбо́л с (они́) _____.
4. — Ты пойдёшь с (мы) _____ на баскетбо́л? — С (вы) _____?
   Коне́чно, пойду́!
5. — Мо́жно я пойду́ на пла́вание с (ты) _____? — Коне́чно!
6. — Ты хо́чешь пойти́ в спортклу́б со (я) _____? — Да!
7. — С (кто) _____ ты обы́чно игра́ешь в билья́рд? — С дру́гом.
8. — Кто хо́чет игра́ть со (я) _____ в бо́улинг? — С (ты) _____?
   Я хочу́.

@ Complete exercises on the Web site.

Chapter 17: 17-4, 17-5, 17-6.

17-11. Свой. Read the following sentences, give English equivalents, and explain the use of свой. Finish the incomplete sentences. See Grammar comment 17-3.

1. Это его́ брат. Он ходи́л на вы́ставку со свои́м бра́том.
2. Это его́ брат. Я ходи́ла на вы́ставку с его́ бра́том.
3. Это её сестра́. Она́ была́ в фи́тнес-клу́бе со свое́й сестро́й.
4. Это её сестра́. Я была́ в фи́тнес-клу́бе с её сестро́й.

5. Это моя́ сестра́. Я была́ в фи́тнес-клу́бе со свое́й сестро́й.
6. Это твоя́ сестра́. Я была́ в фи́тнес-клу́бе с твое́й сестро́й.
7. Это твоя́ сестра́. Ты была́ в фи́тнес-клу́бе со свое́й сестро́й?

8. Это его́ жена́. Он лю́бит проводи́ть вре́мя со (his) _____ жено́й.
9. Это её муж. Она́ лю́бит гуля́ть со (her) _____ му́жем.
10. Это наш брат. Мы игра́ем в те́ннис со (our) _____ бра́том.
11. Это их сестра́. Они́ игра́ют в баскетбо́л со (their) _____ сестро́й.
12. Это их сестра́. Я игра́ю в баскетбо́л с (their) _____ сестро́й.

@ Complete the exercise on the Web site.

Chapter 17: 17-7.

Дава́йте послу́шаем и поговори́м!

17-12. Listen to the conversations and circle the words you hear. Then practice the conversations. Use "Material for practice – Пра́ктика."

Разгово́р 1

— Алло́, Ира?
— Да, Ди́ма, я тебя́ слу́шаю.
— Как у тебя́ дела́?
— Спаси́бо, **хорошо́/норма́льно**. А у тебя́?
— Всё **хорошо́/норма́льно**. Ира, ты хо́чешь пойти́ со мной на **вечери́нку/вы́ставку** в пя́тницу?
— Извини́, но я не могу́. Я занята́.
— Что ты сказа́ла?

— Я не по́нял. Повтори́, пожа́луйста!
— Я занята́.
— Мо́жет быть, пойдём в **суббо́ту/воскресе́нье**?
— С удово́льствием! В **суббо́ту/воскресе́нье** я свобо́дна.
— Встреча́емся в 7 часо́в. Я бу́ду ждать тебя́ о́коло метро́ «Аэропо́рт».

Material for practice – Пра́ктика

Student A. Choose a leisure activity and invite a partner to go with you.

a. на дискоте́ку
b. на футбо́л
c. на баскетбо́л
d. на хокке́й
e. в бо́улинг

f. в теа́тр
g. на конце́рт
h. в ночно́й клуб
i. в го́сти к ____
j. в о́перу

k. в музе́й
l. на бале́т
m. на вы́ставку

Student B. Your partner invites you out. Either accept the invitation or say you are sorry and give an excuse.

Разгово́р 2

— Как ты провела́ выходны́е?
— Спаси́бо, **хоро́шо/пло́хо**.
— Что ты де́лала?
— В суббо́ту **тацева́ла/пе́ла** в ночно́м клу́бе до утра́, в воскресе́нье ничего́: спала́, е́ла, чита́ла расска́зы **Пеле́вина/Толсто́го**. А ты?
— В суббо́ту игра́ла с подру́гой в билья́рд.

— А в воскресе́нье была́ на вы́ставке **фотогра́фии/жи́вописи**.
— Ты интересу́ешься **фотогра́фией/жи́вописью**?
— Да, мне нра́вится **фотографи́ровать/рисова́ть**.

Material for practice – Пра́ктика

Talk about your last weekend. Use the list of leisure activities above and in 17-8.

17-13. 🎧👤🧑 **Listen to the conversation and fill in the blanks. Then practice it.**

— Как ты прово́дишь _____?
— С _____.
— Что вы де́лаете?
— Гуля́ем, хо́дим в кино́, теа́тр, игра́ем в _____ и́ли футбо́л, _____ вме́сте у́жин.
— Молодцы́! А что вы бу́дете де́лать в э́то воскресе́нье? Хоти́те пойти́ на конце́рт?
— Извини́, не мо́жем. Мы идём в теа́тр.

17-14. Интервью́. Listen to the interviews in 17-1 again. 1) Summarize them in Russian and give the following information in the form of a narrative:

Интервью́ 1
    a. Как Ири́на прово́дит свобо́дное вре́мя?
    b. Како́е у неё хо́бби?
Интервью́ 2
    a. Как Андре́й прово́дит свобо́дное вре́мя?
    b. Како́е у него́ хо́бби?

2) Conduct similar interviews with your classmates or other Russian speakers. Write down their answers and report the results in class.

Interview form

Questions	Person 1	Person 2	Person 3
1. Как тебя́/вас зову́т?			
2. Как ты прово́дишь свобо́дное вре́мя? Как вы прово́дите свобо́дное вре́мя?			
3. Како́е у тебя́/у вас хо́бби?			

@ Complete the exercise on the Web site.

Chapter 17: 17-8.

Дава́йте послу́шаем и почи́таем!

17-15. 🎧 📝 **Фо́рум в Интерне́те. Те́ма: «Чем вы интересу́етесь?»** Listen to the forum and make a list of hobbies. Answer the question: **«Чем сейча́с интересу́ются молоды́е лю́ди? ».**

Кто?	Чем интересу́ется?
1. Ле́на 2. Макси́м 3. Ка́тя 4. Никола́й 5. Ира 6. Ди́ма 7. Ни́на	

17-16. 📖 **Чте́ние. Now read the following text, and check your answers in 17-15.**

Гла́вная > Фо́рум > Чем вы интересу́етесь ?

ФО́РУМ в ИНТЕРНЕ́ТЕ

Ле́на

Мой вопро́с: кто чем интересу́ется в жи́зни?
Я интересу́юсь веб-диза́йном и пла́ванием, пла́ваю четы́ре ра́за в неде́лю. Ещё мне о́чень нра́вится англи́йский язы́к (сейча́с учу́). А вы? Пиши́те!!!!!

Макси́м

Мои́ интере́сы: компью́тер и рок-му́зыка. Люблю́ ходи́ть на рок-конце́рты! Люблю́ сиде́ть в Интерне́те и ча́титься, смотре́ть но́вости, слу́шать му́зыку, чита́ть кни́ги. Мой люби́мый писа́тель - Марк Твен.
Да, спорт не люблю́, никогда́ не занима́лся и занима́ться не бу́ду!!!

Ка́тя

Мои́ интере́сы в жи́зни:
1) спорт - занима́юсь баскетбо́лом и бе́гаю ка́ждое у́тро до за́втрака; 2) му́зыка - игра́ю на гита́ре, пою́, пишу́ пе́сни; 3) фотогра́фия - люблю́ всё фотографи́ровать!

Никола́й

Гуля́ть - э́то хо́бби? Е́сли да, то и у меня́ хо́бби - гуля́ть! Не люблю́ сиде́ть до́ма, ску́чно! А вот на дискоте́ке, на футбо́ле всегда́ ве́село…

Но́вые слова́

е́сли – *if*
игра́ть на гита́ре – *to play guitar*
научи́ться *pfv.+ impf. inf.* – *to learn how to do something*
пе́сня – *song*
пиани́но – *piano*
пла́вать *impf.* – *to swim*
после́дний, -яя, -ее, -ие – *last*
сиде́ть *impf.* – *to sit*
    Pres: я сижу́, ты сиди́шь, они́ сидя́т

Ира

А я люблю́ рисова́ть. Мой люби́мый худо́жник – Шага́л. Вчера́ была́ на его́ вы́ставке – о́чень интере́сно! Да, игра́ю на пиани́но!

Ди́ма

А моё после́днее хо́бби – НАУЧИ́ТЬСЯ ГОТО́ВИТЬ!!! Потому́ что моя́ жена́ гото́вить «не лю́бит»... А я люблю́ есть!

Ни́на

Я интересу́юсь теа́тром и му́зыкой! Мой люби́мый компози́тор – Страви́нский. Люблю́ бале́т. Я танцева́ла в бале́те 10 лет.

17-17. 1) Read the forum «Чем вы интересу́етесь?» in 17-16 again. 2) Complete the sentences below, and talk about the hobbies and interests of the forum participants. 3) Would you like to meet any of them? Explain why.

1. **Ле́на** интересу́ется... Она́ пла́вает... Ей нра́вится...
2. **Макси́м** лю́бит сиде́ть... и... Он лю́бит слу́шать..., смотре́ть..., чита́ть... Его́ люби́мый писа́тель... Макси́м не лю́бит ...
3. **Ка́тя** занима́ется... и бе́гает... Она́ игра́ет на..., поёт и... Она́ лю́бит...
4. **Никола́й** лю́бит... Он не лю́бит..., потому́ что...
5. **Ира** лю́бит... Её люби́мый худо́жник... Она́ была́... Бы́ло... Да, она́ игра́ет на...
6. **Ди́ма** лю́бит... Он хо́чет..., потому́ что его́ жена́ не лю́бит...
7. **Ни́на** интересу́ется... Её люби́мый компози́тор... Она́ лю́бит... Она́ танцева́ла...

17-18. **Расскажи́те о себе́. Talk about your hobbies/ interests and what you do in your spare time. (Minimum 10 sentences.)**

@ **Complete exercises on the Web site.**

Chapter 17: 17-9, 17-10.

Дава́йте переведём!

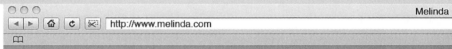

17-19. Как сказа́ть по-ру́сски? Give Russian equivalents for the following questions. Translate ideas, not words. Take turns asking and answering the questions.

1. Do you play sports?
2. Do you play football?
3. Do you play golf?
4. Do you swim?
5. Do you play tennis?
6. What do you do in your free time?
7. What are you interested in?
8. Do you like to go to exhibits?
9. Do you like to go to concerts?
10. Are you interested in art?
11. Are you interested in painting?
12. Do you like opera?
13. Do you like ballet?
14. Who is your favorite writer, composer, musician, artist, athlete?

17-20. Помоги́те! Help Melinda create a Russian version of her website.

Melinda

http://www.melinda.com

Hey all! My name is Melinda and this is a page about me.

My Hobbies and Interests

Welcome to my hobbies and interests page! Here you will find out a little bit more about what I do in my spare time.

Sports

Sports are my life. I've been playing sports for as long as I can remember. I started (начала́) playing basketball when I was 12.

Music

Music is the other passion in my life. I have been a huge fan of all types of music for as long as I can remember. My tastes in music are eclectic, ranging from pop to rock, classical to rap, R&B to country.

Song Writing

Because I love music so much, I write songs. So far I have written ten songs.

Ци́фры и фа́кты

¹**Щелку́нчик** – *The Nutcracker*

17-21. 🎧 🎧 **Review of numbers. Listen to the messages on your answering machine, and jot down the times when you'll be meeting your friends.**

a. Футбо́л _____

b. Рок-конце́рт _____

c. Вы́ставка «Шеде́вры ру́сского иску́сства» _____

d. Опе́ра «Евге́ний Оне́гин» _____

e. Бале́т «Щелку́нчик»¹ _____

17-22. Ци́фры и фа́кты. Numbers and facts. Discuss the results of the following survey.

²**Росси́яне** are all citizens of the Russian Federation as opposed to those who consider themselves ethnic Russians **ру́сские**.

Вопро́с: Где россия́не² прово́дят свобо́дное вре́мя?

Результа́ты опро́са:

24 %	хо́дят в го́сти	7%	хо́дят в кафе́/рестора́ны
11%	отдыха́ют то́лько до́ма	6%	гуля́ют о́коло до́ма
11 %	е́здят на да́чу	6%	танцу́ют на дискоте́ке в клу́бе
11%	занима́ются спо́ртом		
9%	хо́дят в кино́	6%	хо́дят в теа́тр/на концерты/на вы́ставки
9%	гуля́ют в це́нтре го́рода		

Но́вое сло́во

да́ча – *country house*

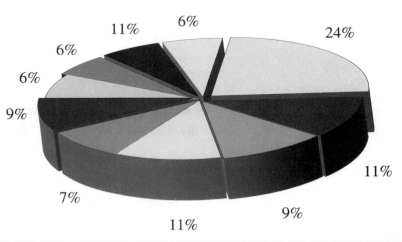

@ **Complete exercises on the Web site.**

Chapter 17: 17-11, 17-12.

17-23. Слова́рь. Vocabulary.

а́втор – *author, writer*

бале́т – *ballet*

вечери́нка – *party*

встреча́ться *impf.* с кем? – *to meet with*
   Pres: я встреча́юсь, ты встреча́ешься, они́ встреча́ются

вы́ставка чего́? – *exhibit (of)*

гита́ра (игра́ть на гита́ре) – *guitar (to play the guitar)*

е́сли – *if*

жи́вопись *(f.)* – *painting*

занима́ться спо́ртом *impf.* – *to play (engage in) sports*

игра́ть *impf.* во что? – *to play a game*

интересова́ться *impf.* чем?– *to be interested in*
   Pres: я интересу́юсь, ты интересу́ешься, они́ интересу́ются

интере́сы – *interests*

иску́сство – *art*

компози́тор – *composer*

молод|е́|ц *(m. only; pl.* молодцы́*)* – *Great! Good job! Well done!*

научи́ться *pfv.* – *see* учи́ться

ничего́ – *nothing*

о́пера – *opera*

пе́сня – *song*

петь *impf.* что? – *to sing*
   Pres: я пою́, ты поёшь, они́ пою́т; *Past*: пел, пе́ла, пе́ли

пиани́но *(neut. indecl.;* игра́ть на пиани́но*)* – *piano (play the piano)*

пла́вать *impf.* – *to swim*
   Pres: я пла́ваю, ты пла́ваешь, они́ пла́вают

поня́ть *pfv.* что? кого́? – *to understand*
   Pres: я пойму́, ты поймёшь, они́ пойму́т; *Past*: по́нял, поняла́, по́няли

после́дний, -яя, -ее -ие – *last*

проводи́ть/провести́ вре́мя с кем? где? – *to spend time with*
   Pres: я провожу́, ты прово́дишь, они́ прово́дят
   Fut: я проведу́, ты проведёшь, они́ проведу́т; *Past*: провёл, провела́, провели

расска́з – *story, tale*

рисова́ть *impf.* что? – *to draw*
   Pres: я рису́ю, ты рису́ешь, они́ рису́ют

с, со – *with; from, off*

свобо́дный, -ая, -ое, -ые – *free*

свобо́дное вре́мя – *free, spare time*

свой, своя́, своё, свой – *one's own, my, your, his, her, their*

сиде́ть *impf.* где? – *to sit*
   Pres: я сижу́, ты сиди́шь, они́ сидя́т

спорт *(sg. only)* – *sport, sports*

спортсме́н – *sportsman*

танцева́ть *impf.* – *to dance*
   Pres: я танцу́ю, ты танцу́ешь, они́ танцу́ют

телепереда́ча – *TV program*

удово́льствие > С удово́льствием! – *pleasure; With pleasure!*

учи́ться/научи́ться + *impf. inf.* – *to learn how to do something*

фотографи́ровать *impf.* что? – *to photograph, take a picture of*
   Pres: я фотографи́рую, ты фотографи́руешь, они́ фотографи́руют

футболи́ст – *football player*

худо́жник – *artist*

ча́титься *impf.* с кем? – *to chat*
   Pres: я ча́тюсь, ты ча́тишься, они́ ча́тятся

Спорт – *Sports*

баскетбо́л – *basketball*

билья́рд – *pool, billiards*

бо́улинг – *bowling*

гольф – *golf*

пла́вание – *swimming*

те́ннис – *tennis*

футбо́л – *football*

хокке́й – *hockey*

Themes
- asking about and describing a city
- talking about your home town

Intonation
- intonation Type 3: Questions without a question word

Communicative situation
- giving advice about visiting a city

Grammar
- Genitive plural forms for masculine nouns
- using the Genitive case with numerals
- Genitive plural forms for adjectives, possessives, and the demonstrative э́тот

Какое сегодня число?
Сегодня...

Date (ordinal number) число		Month (Gen. case) ме́сяц
пе́рвое	17-ое	января́
второ́е	18-ое	февраля́
тре́тье	19-ое	ма́рта
четвёртое	20-ое	апре́ля
пя́тое	21-ое	ма́я
6-ое	22-ое	ию́ня
7-ое	23-ое	ию́ля
8-ое	24-ое	а́вгуста
9-ое	25-ое	сентября́
10-ое	26-ое	октября́
11-ое	27-ое	ноября́
12-ое	28-ое	декабря́
13-ое	29-ое	
14-ое	30-ое	
15-ое	31-ое	
16-ое		

18-1. Интервью́. Listen to the interviews and summarize them.

Интервью́ 1

— Ольга, вы давно́ живёте в Москве́?
— Я здесь родила́сь и вы́росла.
— Вам нра́вится здесь жить?
— Да, коне́чно...
— Что вы лю́бите бо́льше всего́ в Москве́?
— Ста́рые у́лицы в це́нтре го́рода и Москву́-реку́...

Интервью́ 2

— Ле́на, ско́лько тебе́ лет?
— 17.
— Где ты родила́сь?
— В Петербу́рге.
— Тебе́ нра́вится здесь жить?
— Да.
— Что тебе́ нра́вится бо́льше всего́?
— Нева́ и центр го́рода.
— А где ты живёшь?
— В но́вом райо́не, далеко́ от це́нтра.
— Ты ча́сто быва́ешь в це́нтре?
— Обы́чно в суббо́ту и́ли воскресе́нье.

18-2. Интона́ция. Intonation Type 3: Questions without a question word.

The word order for a declarative sentence and a question without a question word is the same. Only the intonation distinguishes a declarative sentence from a question.

1) Repeat the following questions after the speaker. Be sure to raise your voice sharply on the stressed syllable of the word in question.

Ты идёшь домо́й?   Это хорошо́?

After raising your voice on the stressed syllable of the word in question, let it fall to a point lower than that of the first part of the question.

Они́ говоря́т по-ру́сски?

Ты игра́ешь в футбо́л?

Хо́чешь?

Ты хо́чешь?

Ты хо́чешь пойти́ в кино́?

Ты хо́чешь пойти́ в кино́ сего́дня ве́чером?

2) Repeat the following questions after the speaker. Indicate where your voice should rise sharply in each question.

Ты игра́ешь в футбо́л?

Ты занима́ешься спо́ртом?

Они́ жена́ты?

У неё све́тлые во́лосы?

Ты лю́бишь танцева́ть?

Вы интересу́етесь кино́?

Ле́ксика и грамма́тика

18-3. 🎧 1) Listen to the sentences and number them in the order they are given. 2) Read the sentences out loud and give English equivalents.

a) ___ Это вокза́л.
___ В Москве́ мно́го вокза́лов.
___ Это Каза́нский вокза́л.

b) ___ Это аэропо́рт.
___ В Москве́ не́сколько аэропо́ртов.
___ Это аэропо́рт «Шереме́тьево».

c) ___ Это пло́щадь.
___ Это центра́льная пло́щадь Москвы́.
___ Это Кра́сная пло́щадь.

Но́вые слова́

вокза́л – *train station*
гла́вный, -ая, -ое, -ые – *main*
гости́ница – *hotel*
дорого́й, -а́я, -о́е, -и́е – *expensive*
на́бережная – *(river) embankment*
находи́ться *impf.* где? (нахо́дится, нахо́дятся) – *to be located*
па́мятник кому́? – *statue (of someone); monument*
пло́щадь (f.) – *city square*
прави́тельство – *government*
река́ – *river*
кра́сный, -ая, -ое, -ые – *red*

d) ___ Это гла́вная у́лица.
___ Это гла́вная у́лица Москвы́.
___ Это у́лица Тверска́я.

e) ___ Это река́.
___ Эта река́ нахо́дится в Москве́.
___ Это Москва́-река́.
___ Это на́бережная.
___ Это на́бережная Москвы́-реки́.

f) ___ Это Театра́льная пло́щадь.
___ Это теа́тр.
___ Это Большо́й теа́тр.
___ Здесь мо́жно послу́шать о́перу и́ли посмотре́ть бале́т.

h) ___ Это гости́ница.
___ Это дорога́я гости́ница.
___ Это гости́ница «Национа́ль».

g) ___ Это па́мятник.
___ Это изве́стный па́мятник.
___ Это па́мятник Пу́шкину.

i) ___ Это мэ́рия.
___ Это мэ́рия Москвы́.
___ Здесь рабо́тает прави́тельство Москвы́.

18-4. Мой родной город. My hometown. 1) Indicate which items below can be found in your родной город. 2) Tell your classmates what would be most important for you to have in a город you are planning to move to. Use nominative plural forms when possible.

- ❑ аэропорт
- ❑ вокзал
- ❑ главная улица
- ❑ городская библиотека
- ❑ больница
- ❑ гостиница
- ❑ кафе
- ❑ кинотеатр

- ❑ магазин
- ❑ музей
- ❑ набережная
- ❑ ночной клуб
- ❑ памятник
- ❑ парк
- ❑ почта
- ❑ река
- ❑ ресторан

- ❑ спортклуб
- ❑ стадион
- ❑ университет
- ❑ центр города
- ❑ площадь
- ❑ школа
- ❑ банк
- ❑ мэрия
- ❑ театр

18-5. Cross out the words below that do not belong together.

Центр города:

театр, вокзал, кинотеатр, банки, центральная площадь, аэропорт, гостиницы, ночные клубы, почта, мэрия, памятники, рестораны, главная улица, музеи, почта, магазины, вокзал, река, стадион, школа, парк, спортклуб

Новый район:

памятники, музеи, магазины, река, набережная, аэропорт, спортклуб, больница, вокзал, дома, школы, университет, театры, городская поликлиника, банки, гостиницы, стадион, кинотеатр, мэрия

18-6. Match the Russian and the English.

1. вокзал   ___ main street
2. аэропорт   ___ monument
3. главная улица   ___ river
4. площадь   ___ public library
5. памятник   ___ city hall
6. река   ___ hotel
7. набережная   ___ airport
8. гостиница   ___ train station
9. городская библиотека   ___ square
10. мэрия   ___ embankment

Grammar comment 18-1
Genitive Plural Forms for Masculine Nouns

Genitive plural forms of nouns that can be counted are used after words that denote quantity:

мно́го – *a lot (of)*
ма́ло – *a few, not many, not enough*
Ско́лько? – *How much? How many?*
не́сколько – *several*

Masculine nouns with a Nominative Singular form ending in a soft sign (**ь**) or a husher (**ж, ш, щ, ч**) take the ending **-ЕЙ** in the Genitive plural.

оди́н	мно́го
учи́тель	учител-**е́й**
врач	врач-**е́й**

All other masculine nouns take the ending **-ОВ (-ЕВ)** in the Genitive plural.

оди́н	мно́го
студе́нт	студе́нт-**ов**
парк	па́рк-**ов**
от|е́ц	отц-**о́в**
украи́н|е|ц	украи́нц-**ев**[1]

[1]*Remember spelling rule #2*

Masculine nouns that end in the consonant **Й** take the ending **-ЕВ**:

оди́н	мно́го
музе́й	музе́-**ев**
кафете́рий	кафете́ри-**ев**

Exceptional Forms
The Nominative plural form of **челове́к** *person* is **лю́ди** *people*; the Genitive plural form is **люде́й**. A second Genitive plural form, **челове́к** *persons*, is used after numerals and the adverb **не́сколько**.

оди́н **челове́к** NS
два, три, четы́ре **челове́ка** GS
пять, сто, ты́сяча **челове́к** GP
не́сколько **челове́к** GP

В Петербу́рге живёт 4 миллио́на **челове́к**.
Four million people live in St. Petersburg.

Use the Genitive plural form **люде́й** after the adverbs **мно́го** and **ма́ло**.

В Петербу́рге живёт мно́го **люде́й**.
A lot of people live in St. Petersburg.
Там бы́ло ма́ло **люде́й**.
There weren't many people there.

(CONTINUED ON PAGE 243)

@ Complete exercises on the Web site.

Chapter 18: 18-1, 18-2.

18-7. Read the sentences and circle the nouns in the Genitive plural. Explain the endings. See Grammar comment 18-1.

1. В моём родно́м го́роде нет теа́тров, но есть не́сколько кинотеа́тров.
2. В Москве́ нахо́дится мно́го музе́ев и па́мятников.
3. В Петербу́рге живёт мно́го писа́телей и худо́жников.
4. В Лос-Анджелесе живёт мно́го актёров.
5. Не́сколько студе́нтов на́шего университе́та бы́ли в Москве́.
6. Ско́лько рестора́нов в Москве́?
7. В це́нтре го́рода нахо́дится не́сколько рестора́нов.
8. Ско́лько ба́нков рабо́тает в Росси́и?
9. В Бо́стоне живёт мно́го студе́нтов, потому́ что там нахо́дится изве́стный университе́т.
10. Вчера́ в музе́е бы́ло мно́го дете́й.
11. Ско́лько люде́й живёт в Москве́?
12. Ско́лько люде́й живёт в ва́шем родно́м го́роде?

18-8. Take turns asking and answering. Follow the example, and use the words below.

В на́шем го́роде **мно́го/ма́ло/не́сколько** …
банк, кинотеа́тр, магази́н, музе́й, клуб, па́мятник, парк, рестора́н, теа́тр, дом, спортклу́б, стадио́н, университе́т, спортсме́н, писа́тель, худо́жник, поэ́т, актёр, студе́нт, учи́тель, преподава́тель, архите́ктор, врач, юри́ст, инжене́р, журнали́ст, челове́к (лю́ди), ребёнок (де́ти)

18-9. 🖎 **Посчитáйте. Complete the table below. The first one is done for you. See Grammar comment 18-2.**

	теáтр	дом	банк	ресторáн	магазúн
одúн	теáтр				
два	теáтра				
три	теáтра				
четы́ре	теáтра				
пять	теáтров				
шесть	теáтров				
семь	теáтров				
вóсемь	теáтров				
дéвять	теáтров				
дéсять	теáтров				

	студéнт	учúтель	друг	врач	человéк
двáдцать					
двáдцать одúн					
двáдцать пять					
трúдцать					
трúдцать пять					
трúдцать семь					
трúдцать дéвять					
сóрок три					
пятьдеся́т вóсемь					
сто					

@ **Complete exercises on the Web site.**

Chapter 18: 18-3, 18-4.

18-10. 1) Read the sentences, and give English equivalents. 2) Circle the adjectives in the Genitive plural. Explain the endings. See Grammar comment 18-3.

1. В Москвé мнóго хорóших магазúнов.
2. В Москвé нéсколько ночны́х клýбов.
3. В Петербýрге мнóго интерéсных пáмятников.
4. Кто архитéктор нóвых домóв в Москвá-Сúти?
5. В нáшем магазúне всегдá мнóго хорóших продýктов.
6. В Петербýрге 200 [двéсти] извéстных супермáркетов «Пятёрочка».
7. В нáшей поликлúнике рабóтает нéсколько хорóших врачéй.
8. В Москвé жúло мнóго извéстных рýсских худóжников.
9. В Петербýрге живёт нéсколько популя́рных композúторов.

(CONTINUED FROM PAGE 242)
Grammar comment 18-1

The Nominative plural form of **ребён|о|к** is **дéти**; the Genitive plural form is **детéй**.

The Nominative plural form of **друг** is **друзья́**; the Genitive plural form is **друзéй** (no soft sign!).

The Nominative plural form of **брат** is **брáтья**; the Genitive plural form is **брáтьев** (with a soft sign!).

Using Verbs with Words Denoting Quantity
Use the third-person singular form with words denoting quantity.

> В Петербýрге **живёт** мнóго писáтелей и худóжников.
> *A lot of writers and artists live in St. Petersburg*

Grammar comment 18-2
Using the Genitive Case with Numerals

Remember to use the Nominative singular after the numeral **одúн** (**однá, однó**) and all numbers that end in one.

> 1 парк (одúн парк)
> 21 кнúга (двáдцать однá кнúга)
> 101 письмó (сто однó письмó)

Use the Genitive singular after the numerals **2** (**два, две**), **3** (**три**) and **4** (**четы́ре**) and all numbers that end in **2, 3,** and **4.**

> 2 пáрка (два пáрка)
> 22 кнúги (двáдцать две кнúги)
> 104 письмá (сто четы́ре письмá)

Use the Genitive Plural after all other numerals.

> 5 пáрков (пять пáрков)
> 25 пáрков (двáдцать пять пáрков)
> 105 пáрков (сто пять пáрков)

Grammar comment 18-3

Genitive Plural Forms for Adjectives
Adjectives take the Genitive plural ending -**ЫХ**, but spelling rules apply. Remember to write -**И** instead of -**Ы** after velars (**к, г, х**) and hushers (**ж, ш, ч, щ**):

(CONTINUED ON PAGE 244)

(CONTINUED FROM PAGE 243)
Grammar comment 18-3

NOM PL	GEN PL
но́в-**ые**	но́в-**ых**
ру́сск-**ие**	ру́сск-**их**
больш-**и́е**	больш-**и́х**

В Москве́ живёт мно́го
изве́ст**ных** писа́телей.
*A lot of famous writers live in
Moscow.*

**Genitive Plural Forms for Possessives
and the Demonstrative э́тот**
The possessive modifiers **мой** (**моя́,
моё**), **твой** (**твоя́, твоё**), **наш** (**на́ша,
на́ше**), and **ваш** (**ва́ша, ва́ше**) and the
demonstrative э́**тот** (э́**та,** э́**то**) take the
Genitive plural ending **-ИХ**. Remember
that the possessive pronouns **его́, её**,
and **их** never change form.

NOM PL	GEN PL
мой	мо-и́х
твой	тво-и́х
на́ши	на́ш-их
ва́ши	ва́ш-их
э́ти	э́т-их

У **мои́х** друзе́й мно́го дете́й
My friends have a lot of children.

18-11. Complete the following sentences using the words in parentheses. Explain the endings.

1. В Москве́ жи́ло мно́го (изве́стные ру́сские писа́тели и поэ́ты).
2. У Мари́ны Цвета́евой есть мно́го (краси́вые стихи́) о Москве́.
3. В Москве́ мно́го (интере́сные музе́и).
4. В Москве́ не́сколько (изве́стные теа́тры).
5. У Толсто́го мно́го (интере́сные рома́ны).
6. Пу́шкин написа́л мно́го (хоро́шие стихи́).
7. В Москве́ мно́го (истори́ческие па́мятники).
8. В музе́е Пу́шкина в Москве́ нахо́дятся карти́ны (францу́зские, ру́сские худо́жники).

@ Complete exercises on the Web site.

Chapter 18: 18-5, 18-6.

Дава́йте послу́шаем и поговори́м!

18-12. Listen to the conversations and circle the words you hear. Then practice the conversations. Use "Material for practice."

Но́вые слова́

весно́й – *in the spring*
ле́том – *in the summer*
посмотре́ть *pfv.* что? – *to take a look*
обяза́тельно – *without fail*
называ́ться *impf.* (называ́ется, называ́ются) – *to be called*
собо́р – *cathedral*
двор|е́|ц – *palace*
це́рк|о|вь (*f.*) – *church*

Ки́ев

Разгово́р 1
— Ты мо́жешь рассказа́ть мне о **Ки́еве/Москве́**?
— Коне́чно, а что ты хо́чешь знать?
— Когда́ лу́чше туда́ пое́хать?
— Лу́чше пое́хать весно́й и́ли ле́том.
— А что там мо́жно посмотре́ть?
— В Ки́еве о́чень **ста́рый/краси́вый** центр го́рода: мно́го па́мятников, дворцо́в, церкве́й, **музе́ев/магази́нов**, теа́тров, **па́рков/рестора́нов**. Тебе́ обяза́тельно на́до посмотре́ть Ла́вру.
— Ско́лько **люде́й/челове́к** живёт в Ки́еве?
— Три миллио́на.

Material for practice – Пра́ктика
Take turns. Talk about Washington, New York, Moscow, your favorite city.

Разгово́р 2

— Како́й твой родно́й го́род?

— **Ту́ла/Петербу́рг.**

— Я там никогда́ **не́ был/не была́. Ста́рый/краси́вый** го́род?

— Да, мно́го краси́вых собо́ров, музе́ев, дворцо́в, стои́т на реке́ Нева́…

— Там есть хоро́шие **гости́ницы/магази́ны** и **рестора́ны/кафе́**?

— Коне́чно!

— Там до́рого жить?

— **Не до́рого/до́рого.**

— А как называ́ется гла́вная у́лица **Петербу́рга/Ту́лы**?

— Не́вский **проспе́кт/бульва́р.**

Note:
Use **Как называ́ется?** to ask for the name of something; use **Как зову́т?** to ask for the name of a person or pet.

Санкт-Петербу́рг

Material for practice – Пра́ктика

Take turns. Talk about your city or hometown.

18-13. Listen to the conversation and fill in the blanks. Then practice it.

— Как называ́ется центра́льная _____ в Ки́еве?

— Пло́щадь Незави́симости.

— А что на ней нахо́дится?

— Гости́ница, консервато́рия, _____ и фонта́ны.

— А как называ́ется _____ у́лица?

— Креща́тик.

— А что на ней нахо́дится?

— Мно́го _____, рестора́нов, кинотеа́тров, ста́нция метро́.

18-14. Интервью́. Listen to the interviews in 18-1 again.
1) Summarize them in Russian and give the following information in the form of a narrative:

Интервью́ 1

   a. В како́м го́роде живёт Ольга?

   b. Ей нра́вится жить в э́том го́роде?

   c. Что она́ лю́бит бо́льше всего́ в э́том го́роде?

Интервью́ 2

   a. Ско́лько лет Ле́не?

   b. В како́м го́роде она́ родила́сь?

   c. Что ей нра́вится бо́льше всего́ в э́том го́роде?

   d. В како́м райо́не она́ живёт?

   e. Она́ ча́сто быва́ет в це́нтре го́рода?

2) Conduct similar interviews with your classmates or other Russian speakers. Write down their answers and report the results in class.

Interview form

Questions	Person 1	Person 2	Person 3
1. Как тебя́/вас зову́т?			
2. Где ты роди́лся/родила́сь? Где вы роди́лись?			
3. Что ты лю́бишь бо́льше всего́ в э́том го́роде? Что вы лю́бите бо́льше всего́ в э́том го́роде?			

@ **Complete the exercise on the Web site.**

Chapter 18: 18-7.

Дава́йте послу́шаем и почита́ем!

18-15. 🎧 **Ру́сские города́. Listen to the text and choose the correct answer. There may be more than one correct answer.**

1. **Russian cities**
   a. are like European cities
   b. are like American cities
   c. resemble each other
2. **Every Russian city has a**
   a. downtown
   b. main street
   c. main square
3. **Downtown you can find**
   a. stores
   b. monuments
   c. theaters
   d. an airport
   e. museums
   f. a train station
4. **Offices are located**
   a. in new neighborhoods
   b. downtown
5. **People walk**
   a. in parks
   b. downtown
6. **In the evening people**
   a. eat outside
   b. eat ice-cream
   c. chat
   d. drink beer
   e. drink coffee

18-16. 📖 **Чте́ние. Ру́сские города́. Read the text.**
1) Supply Russian equivalents from the text to the answers you've chosen in 18-15. 2) Compare your answers with your classmates'.

Но́вые слова́

зда́ние – *building*
похо́ж/похо́жа/похо́жи (на что?) – *similar (to)*
пра́вда – *the truth*
центра́льный, -ая, -ое, -ые – *central*

Ру́сские города́

Ру́сские города́ похо́жи на европе́йские. В ка́ждом ру́сском го́роде есть центр го́рода, центра́льная пло́щадь и гла́вная у́лица. В це́нтре го́рода и на гла́вной у́лице мно́го магази́нов,

246

рестора́нов, кафе́, кинотеа́тров, теа́тров, музе́ев, па́мятников. Здесь есть по́чта, не́сколько ба́нков. Хоро́шие гости́ницы то́же нахо́дятся в це́нтре го́рода.

В це́нтре нахо́дятся о́фисы, и днём здесь рабо́тает мно́го люде́й. Ве́чером в це́нтре го́рода встреча́ются, гуля́ют, иду́т в теа́тр и́ли в кино́, сидя́т в кафе́ и́ли в рестора́не и разгова́ривают.

Коне́чно, в це́нтре лю́ди не то́лько рабо́тают, но и живу́т. На пе́рвом этаже́ зда́ния мо́жет находи́ться магази́н, кафе́ и́ли рестора́н, а на второ́м, тре́тьем, четвёртом обы́чно нахо́дятся кварти́ры. Пра́вда, кварти́ры в це́нтре го́рода обы́чно о́чень дороги́е.

Что ещё нахо́дится в це́нтре? Городска́я библиоте́ка, городска́я больни́ца и поликли́ника, вокза́л.

18-17. Отве́тьте на вопро́сы. Read the text in 18-16 again and answer the questions.

1. Ру́сские города́ похо́жи на европе́йские и́ли на америка́нские?
2. Что обы́чно есть в це́нтре го́рода?
3. Что нахо́дится на гла́вной у́лице?
4. Что де́лают лю́ди в це́нтре го́рода ве́чером?
5. В це́нтре го́рода лю́ди рабо́тают и́ли живу́т?
6. Где нахо́дится вокза́л?
7. Что ещё есть в це́нтре го́рода?

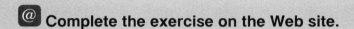 **Complete the exercise on the Web site.**

Chapter 18: 18-8.

18-18. О Москве́. Listen to the text, read the sentences below, and mark as correct those that correspond to the text.

1. Центр Москвы́ – э́то ста́рый го́род, Кремль и Кра́сная пло́щадь.
2. На на́бережной Москвы́-реки́ нахо́дится «Бе́лый дом».
3. В Кремле́ рабо́тает прави́тельство Москвы́.
4. Гла́вная у́лица Москвы́ – э́то у́лица Тверска́я.
5. Гла́вная у́лица Москвы́ – э́то у́лица Авиа́торов.
6. На Тверско́й мно́го магази́нов, клу́бов, рестора́нов, кафе́, ба́ров.
7. На Тверско́й нет ба́нков, музе́ев и теа́тров.
8. На Тверско́й нахо́дится мэ́рия Москвы́.
9. На Тверско́й мно́го теа́тров, наприме́р, теа́тр и́мени М.Н. Ермо́ловой.

Но́вые слова́

бе́лый -ая, -ое, -ые – *white*
галере́я – *gallery*
гастроно́м – *delicatessen; grocery store*
дли́нный, -ая, -ое, -ые – *long*
и́мени кого́? – *named after*[1]
конце́ртный зал – *concert hall*
кро́ме + *Gen.* – *besides*
наприме́р – *for example*
парла́мент – *parliament*
пое́сть *pfv.* – *to eat (a bit)*
популя́рный – *popular*
постро́ен, -а, -о, -ы – *built*
путеводи́тель (*m.*) – *guide book*
совреме́нный, -ая, -ое, -ые – *contemporary*
столи́ца – *capital*
уви́деть *pfv.* что? (я уви́жу, ты уви́дишь, они́ уви́дят) – *to see*

[1]Many public buildings in Russia are named after famous people. In English we say Reagan Airport. In Russian it would be **Аэропо́рт и́мени Ре́йгана**.

18-19. 📖 **Чте́ние. Read the following text about Moscow and give English equivalents. Then make a list of places in Moscow that are mentioned in the text.**

Путеводи́тель по Москве́

Москва́ – столи́ца Росси́и. Она́ нахо́дится на Москве́-реке́. Центр Москвы́ – э́то ста́рый го́род, Кремль и Кра́сная пло́щадь. В Кремле́ рабо́тает прави́тельство Росси́и.

На на́бережной Москвы́-реки́ нахо́дится «Бе́лый дом», где рабо́тает росси́йский парла́мент – Ду́ма.

Гла́вная у́лица Москвы́ – э́то Тверска́я. Тверска́я – са́мая дли́нная у́лица Москвы́. Она́ идёт от Кра́сной пло́щади до Белору́сского вокза́ла. На Тверско́й у́лице мно́го магази́нов, наприме́р, дом кни́ги «Москва́» (Тверска́я, 8), изве́стный «Елисе́евский» гастроно́м (Тверска́я, 14), но́вые магази́ны «Diesel» (Тверска́я, 6) и «Levi's» (Тверска́я, 15).

Кро́ме магази́нов, на Тверско́й мно́го клу́бов, рестора́нов, кафе́, ба́ров. Наприме́р, рестора́н «Эта́ж» (Тверска́я, 14), дорого́й и популя́рный рестора́н «Пу́шкин» (Тверска́я, 26А), кафе́ «Ёлки-па́лки» (Тверска́я, 18А), где вы мо́жете бы́стро и вку́сно пое́сть.

На Тверско́й нахо́дится мэ́рия Москвы́, где рабо́тает прави́тельство столи́цы, газе́та «Моско́вские но́вости» и «Банк Москвы́».

Здесь есть дороги́е гости́ницы, наприме́р, гости́ница «Марри́отт Тверска́я», гости́ница «Национа́ль». Гости́ница «Национа́ль» была́ постро́ена ещё в 1903 году́.

На Тверско́й мно́го теа́тров, наприме́р, теа́тр и́мени М.Н.Ермо́ловой, теа́тр и́мени К.С. Станисла́вского. Недалеко́ конце́ртный зал и́мени П.И. Чайко́вского.

В це́нтре Москвы́ мо́жно уви́деть мно́го па́мятников, наприме́р, па́мятник Пу́шкину, па́мятник Маяко́вскому. Музе́й совреме́нной исто́рии Росси́и, Музе́й и́мени А.С. Пу́шкина, Третьяко́вская галере́я то́же нахо́дятся в це́нтре Москвы́.

Третьяко́вская галере́я

18-20. Что тако́е...? Situation. You've been living in Moscow and know the city well. A newcomer asks about some places in the city. Ask and answer questions using the information from the text you've just read, and following the example.

Example: «Пу́шкин»

— Что тако́е «Пу́шкин»?
— Это рестора́н.
— А где он нахо́дится?
— На Тверско́й, 26А.
— Поня́тно. Спаси́бо.

«Эта́ж», «Diesel», «Ёлки-па́лки», «Levi's», «Националь», «Моско́вские но́вости», «Марри́отт Тверска́я», «Елисе́евский», «Бе́лый дом», «Кремль», «Тверска́я».

Note:
Use **Что тако́е** + *an inanimate noun* to ask for the definition of something:

Что тако́е «исто́рия»?
What is "history"?

Что тако́е «пединститу́т»?
What's a "pedagogical institute"?

18-21. Отве́тьте на вопро́сы. Answer the following questions.

1. Где нахо́дится Москва́?
2. Как называ́ется центра́льная пло́щадь Москвы́?
3. Как называ́ется гла́вная у́лица Москвы́?
4. Где нахо́дится мэ́рия Москвы́?
5. Каки́е магази́ны нахо́дятся на гла́вной у́лице?
6. Каки́е рестора́ны нахо́дятся на гла́вной у́лице?
7. Каки́е ба́нки нахо́дятся в це́нтре?
8. Каки́е гости́ницы нахо́дятся на гла́вной у́лице?
9. Каки́е па́мятники нахо́дятся в це́нтре го́рода?
10. Каки́е теа́тры нахо́дятся в це́нтре го́рода?
11. Каки́е музе́и нахо́дятся в це́нтре го́рода?
12. Что ещё нахо́дится в це́нтре Москвы́?

18-22. Talk about your home town, родно́й го́род, using the questions in 18-21 as an outline.

@ **Complete exercises on the Web site.**

Chapter 18: 18-9, 18-10.

Дава́йте переведём!

18-23. Как сказа́ть по-ру́сски? **Give Russian equivalents for the following questions. Take turns asking and answering the questions.**

1. What's your home town?
2. Where is it (located)?
3. What's the name of the main (central) square in your town?
4. What's the name of the main street?
5. Do you go downtown often?
6. What do people usually do downtown?
7. What (kind of) stores are located on the main street?
8. What restaurants are on the main street?
9. What banks are downtown?
10. What hotels are downtown?
11. What monuments are downtown?
12. What theaters are downtown?
13. What museums are downtown?
14. What else is (located) downtown?

18-24. Переведи́те на англи́йский. **Translate the following text.**

Экску́рсия по Москве́

Экскурсио́нный маршру́т (*route*): истори́ческий центр го́рода, ста́рые моско́вские у́лицы, Театра́льная пло́щадь, Воробьёвы го́ры (*here: hills*), на́бережные Москвы́-реки́, проспе́кт (*avenue*) Акаде́мика Са́харова и пло́щадь трёх вокза́лов, Ленингра́дский проспе́кт и гла́вная у́лица го́рода –Тверска́я. Вы уви́дите кремлёвские собо́ры, Петро́вский дворе́ц и МГУ на Воробьёвых гора́х, но́вый высо́тный (*skyscraper*) дом «Триу́мф-Пала́с» в Чапа́евском па́рке, Москву́-Си́ти и мно́гое друго́е.

18-25. 🎧 **Переведи́те на ру́сский. Translate the following text. After you've done your translation, listen to Olga's translation and compare it with your own.**

Excursion around Moscow

The excursion begins on Red Square with a visit to St. Basil's Cathedral, the Historical Museum and others, and continues along the Moscow-River embankment with a panorama of the Kremlin. After visiting the viewing overlook on the Vorobiov Hills (**Воробьёвы го́ры**), the excursion continues to the Kutuzovsky Prospect, the Novy Arbat, Pushkin Square, Tverskaya Street, and Manege (**Мане́жная**) Square.

Ци́фры и фа́кты

18-26. 🎧 **Review of numbers. You have set out on a tour around Moscow. Listen to the guide and write down in what year each building was built.**

1. Моско́вский Кремль был постро́ен в _____ году́.
2. Моско́вский университе́т был постро́ен в _____ году́.
3. Елисе́евский гастроно́м был постро́ен в _____ году́.
4. Ки́евский вокза́л был постро́ен в _____ году́.
5. Бе́лый дом был постро́ен в _____ году́.
6. Мэ́рия Москвы́ была́ постро́ена в _____ году́.
7. Аэропо́рт «Шереме́тьево» был постро́ен в _____ году́.
8. Большо́й теа́тр был постро́ен в _____ году́.
9. Ма́лый теа́тр был постро́ен в _____ году́.
10. Конце́ртный зал и́мени Чайко́вского был постро́ен в _____ году́.
11. Гости́ница «Национа́ль» была́ постро́ена в _____ году́.

18-27. Ци́фры и фа́кты. Discuss the results of the following survey.

Спра́вка

Санкт-Петербу́рг и Москва́: две столи́цы? There has always been a dispute between Moscow and St. Petersburg as to what city is "most important" for Russia. Москва́ ста́ла столи́цей Росси́и в 1485 году́. Петербу́рг стал столи́цей Росси́йской импе́рии в 1712 году́ и был официа́льно столи́цей до 1918 го́да.

Вопро́с: Санкт-Петербу́рг и Москва́: две столи́цы? Что вы ду́маете о том, что Санкт-Петербу́рг бу́дет второ́й столи́цей Росси́и?

Но́вые слова́

затрудня́юсь отве́тить – *it's hard for me to answer*
нейтра́льно – *neutral*
отрица́тельно – *negative*
положи́тельно – *positive*
стать чем? – *to become (what?)*

Результа́ты опро́са:

положи́тельно 20%

затрудня́юсь отве́тить 3%

отрица́тельно 35%

нейтра́льно 42%

ROMIR Monitoring. Всеросси́йский опро́с. 1500 респонде́нтов.

@ **Complete exercises on the Web site.**

Chapter 18: 18-11, 18-12.

18-28. Слова́рь. Vocabulary.

бе́лый, -ая, -ое, -ые – *white*

весно́й – *in the spring*

вокза́л – *train station*

галере́я – *gallery*

гастроно́м – *delicatessen; grocery store*

гла́вный, -ая, -ое, -ые – *main*

городско́й, -а́я, -о́е, -и́е (библиоте́ка, больни́ца) – *city (adj.)*

гости́ница – *hotel*

двор|е́|ц – *palace*

дли́нный, -ая, -ое, -ые – *long*

зда́ние – *building*

и́мени кого́? (*Gen.*) – *named after*

конце́ртный зал – *concert hall*

кра́сный, -ая, -ое, -ые – *red*

кро́ме + *Gen.* – *besides*

ма́ло + *Gen.* – *little, not enough*

миллио́н – *million*

мэ́рия – *city hall; mayor's office*

на́бережная – *(river) embankment*

называ́ться *impf.* – *to be called*
    Pres: называ́ется, называ́ются

наприме́р – *for example*

находи́ться *impf.* – *to be located, situated*
    Pres: я нахожу́сь, ты нахо́дишься, они́ нахо́дятся

не́сколько – *several*

обяза́тельно – *without fail; for sure*

па́мятник кому́? – *statue (of); monument, memorial (to)*

парла́мент – *parliament*

пло́щадь (*f.*) – *city square*

популя́рный, -ая, -ое, -ые – *popular*

посмотре́ть *pfv.* на что? на кого́? – *to take a look at*
    Fut: я посмотрю́, ты посмо́тришь, они́ посмо́трят

пое́сть *pfv.* – *to eat (a bit)*

постро́ен, постро́ена, постро́ено, постро́ены – *built*

похо́ж/похо́жа/похо́жи на что? на кого́? – *similar to*

пра́вда – *truth*

прави́тельство – *government*

путеводи́тель (*m.*) – *guidebook*

река́ – *river*

родно́й, -а́я, -о́е, -ы́е – *native, home*

собо́р – *cathedral*

совреме́нный, -ая, -ое, -ые – *contemporary*

столи́ца – *capital*

тако́е > Что тако́е…? – *What is…?*

уви́деть *pfv.* что? – *to see, catch sight of*
    Fut: я уви́жу, ты уви́дишь, они́ уви́дят

центра́льный, -ая, -ое, -ые – *central*

це́рк|о|вь (*f.*) – *church*

ГЛАВА 19. КАК ДОЕХАТЬ?

Chapter 19. How can I get there?

Themes
- getting around town
- giving and understanding simple directions

Intonation
- practice with Intonation Type 3: Questions without a question word

Communicative situations
- giving and understanding simple directions
- using the subway

Grammar
- Genitive plural endings for feminine and neuter nouns
- Accusative case plural forms for animate nouns and their modifiers

Но́вые слова́

тра́нспорт – *transportation*
ходи́ть пешко́м – *to walk (as opposed to riding, to driving)*

Како́е сего́дня число́?
Сего́дня...

Date (ordinal number) число́		Month (Gen. case) ме́сяц
пе́рвое	17-ое	января́
второ́е	18-ое	февраля́
тре́тье	19-ое	ма́рта
четвёртое	20-ое	апре́ля
пя́тое	21-ое	ма́я
6 -ое	22-ое	ию́ня
7-ое	23-ое	ию́ля
8-ое	24-ое	а́вгуста
9-ое	25-ое	сентября́
10-ое	26-ое	октября́
11-ое	27-ое	ноября́
12-ое	28-ое	декабря́
13-ое	29-ое	
14-ое	30-ое	
15-ое	31-ое	
16-ое		

19-1. 🎧 🎥 Интервью́. Listen to the interviews and summarize them in English.

Интервью́ 1

— Андре́й, где вы живёте в Москве́?

— Я живу́ в но́вом райо́не.

— Рабо́та о́коло до́ма?

— Нет, рабо́таю в це́нтре.

— А как вы е́здите на рабо́ту?

— Обы́чно я е́зжу на метро́, а пото́м на авто́бусе не́сколько остано́вок.

— Мно́го люде́й в тра́нспорте?

— Да, у́тром и ве́чером в метро́ о́чень мно́го люде́й.

Интервью́ 2

— Ли́дия Ива́новна, где вы живёте в Москве́?

— Живу́ в це́нтре.

— Рабо́та о́коло до́ма?

— Да, недалеко́.

— Вы е́здите и́ли хо́дите пешко́м?

— Обы́чно хожу́ пешко́м. Когда́ опа́здываю, е́ду на такси́ и́ли на тролле́йбусе.

— А де́ти хо́дят в шко́лу пешко́м?

— Да, их шко́ла 5 мину́т от до́ма.

19-2. 🎧 Интона́ция. Practice with Intonation Type 3: Questions without a question word. Repeat after the speaker. Be sure to raise your voice on the same word in each group.

1. *На авто́бусе* [nə ʌftóbuşı]
   Вы е́здите на *авто́бусе*?
   Вы е́здите на рабо́ту на *авто́бусе*?

2. *Мно́го*?
   Мно́го студе́нтов?
   Мно́го иностра́нных студе́нтов?
   В ва́шем университе́те *мно́го* иностра́нных студе́нтов?
   В ва́шем университе́те у́чится *мно́го* иностра́нных студе́нтов?

3. *Пешко́м?*
Вы хо́дите *пешко́м?*
Вы хо́дите на рабо́ту
пешко́м?

4. *Нра́вится?*
Тебе́ *нра́вится?*
Тебе́ *нра́вится* футбо́л?
[fudból]
Тебе́ *нра́вится* смотре́ть
футбо́л по телеви́зору?

5. *Давно́?*
Вы *давно́* живёте в
Москве́?

6. *Ча́сто?*
Ты *ча́сто* быва́ешь в
це́нтре?

Ле́ксика и грамма́тика

19-3. 🎧 **1) Listen to the sentences and number them in the order they are given. 2) Read the sentences out loud and give English equivalents. Answer the questions.**

Но́вые слова́

авто́бус – *bus*
биле́т – *ticket*
води́тель – *driver*
ка́сса – *ticket office*
кио́ск – *kiosk, newsstand*
маршру́тка – *fixed route van/ minibus*
маши́на – *car*
стоя́нка такси́ – *taxi stand*
такси́ (*neut. indecl.*) – *taxi*
трамва́й – *streetcar*
тролле́йбус – *trolleybus*

Городско́й тра́нспорт Москвы́

a) ___ Это авто́бус.
___ Это восьмо́й авто́бус.
___ Этот авто́бус идёт в це́нтр.
___ Како́й авто́бус идёт до це́нтра го́рода?

b) ___ Это тролле́йбус.
___ Это шесто́й тролле́йбус.
___ Этот тролле́йбус идёт до Истори́ческой библиоте́ки.
___ Како́й авто́бус идёт до библиоте́ки?

c) ___ Это трамва́й.
___ Это двена́дцатый трамва́й.
___ Этот трамва́й идёт до музе́я.
___ Куда́ идёт э́тот трамва́й?

d) ___ Это маршру́тка.
___ Эта маршру́тка идёт до метро́.
___ Куда́ идёт э́та маршру́тка?

e) ___ Это маши́на.
___ Это такси́.
___ Здесь стоя́нка такси́.
___ Где стоя́нка такси́?

Note: ДО + *Genitive case (until, as far as)*

255

f) ____ Метро́ – э́то удо́бный тра́нспорт.
____ Это метро́.
____ Вход здесь.
____ Вы́ход там.
____ Где вход в метро́?

g) ____ Это биле́т на метро́.
____ Это ка́сса.
____ Биле́т на метро́ мо́жно купи́ть в ка́ссе.
____ Где купи́ть биле́т на метро́?

h) ____ Это биле́т на авто́бус.
____ Это кио́ск.
____ Биле́т на авто́бус мо́жно купи́ть в кио́ске.
____ Биле́т на авто́бус мо́жно купи́ть у води́теля.
____ Где мо́жно купи́ть биле́т на авто́бус?

19-4. **На чём вы е́здите?** 1) **Review the conjugations of е́хать/е́здить.** 2) **Choose the statements that apply to you.** 3) **Ask and answer following the example.**

На чём ты обы́чно е́здишь в университе́т/ на рабо́ту?

На чём вы обы́чно е́здите в университе́т/на рабо́ту?

Я е́зжу в университе́т/на рабо́ту...

❏ на авто́бусе
❏ на тролле́йбусе
❏ на метро́
❏ на такси́
❏ на трамва́е

❏ на маршру́тке
❏ Я не е́зжу, я хожу́ в университе́т/на рабо́ту пешко́м.

Но́вые слова́

зоопа́рк – *zoo*
оде́жда (*sg. only*) – *clothing*
торго́вый центр – *shopping center*
универма́г – *department store*

Note
Use **на** with the Prepositional case to indicate modes of transportation:

Я е́зжу **на рабо́ту** на авто́бусе.
I take the bus to work.

19-5. **Како́й авто́бус идёт до зоопа́рка? Ask and answer following the example below.**

Note: ДО + *Genitive case*
(until, as far as)

Зоопа́рк

Example:

№ 32

— Скажи́те, како́й авто́бус идёт до
  зоопа́рка?
— Три́дцать второ́й.

зоопа́рк	библиоте́ка	торго́вый центр	теа́тр	аэропо́рт

№ 32	№ 48	№ 14	№ 101	№ 96

вокза́л	ры́нок	метро́	магази́н «Оде́жда»	универма́г

№ 3	№ 62	№ 75	№ 12	№ 82

19-6. **Как дое́хать? To find your way around a city, learn how to ask the question below. Take turns asking and answering it.**

Note: дое́хать ДО + *Genitive case*
(to get to)

Example: зоопа́рк – авто́бус № 5

— Скажи́те, как дое́хать до зоопа́рка?
— Мо́жно дое́хать на пя́том авто́бусе.

1. центр го́рода – трамва́й №7
2. универма́г – авто́бус № 10
3. больни́ца – метро́
4. вокза́л – троллейбус № 23
5. аэропо́рт – такси́
6. ры́нок – маршру́тка № 14
7. библиоте́ка – трамва́й № 8
8. торго́вый центр – авто́бус № 19
9. апте́ка – трамва́й № 56
10. магази́н «Оде́жда» – авто́бус № 5

19-7. **Где? 1) Read out loud what the following signs mean.**

Иди́/те пря́мо!　　　Иди́/те нале́во!　　　Иди́/те напра́во!

2) Listen to the conversations. Explain how to get to …

a) Магази́н «Сувени́ры»: пото́м

b) Центра́льный универма́г Москвы́, ЦУМ:

c) Магази́н «Мужска́я оде́жда» :

d) Магази́н «Обувь»:

e) Магази́н «Косме́тика»: пото́м

f) Магази́н «Же́нская оде́жда»: пото́м

g) Торго́вый це́нтр:

@ Complete exercises on the Web site.

Chapter 19: 19-1, 19-2, 19-3.

19-8. **Моско́вское метро́. 1) You are taking the metro. To get used to the map, find the following stations в це́нтре:**

1. Библиоте́ка им. Ле́нина
2. Арба́тская
3. Добры́нинская
4. Белору́сская
5. Мая́ко́вская
6. Пу́шкинская
7. Че́ховская
8. Третьяко́вская
9. Охо́тный ряд
10. Лубя́нка
11. Кита́й-Го́род

Но́вые слова́
же́нский – women's
иди́ (ты), иди́те (вы) – go (Imperative)
косме́тика – cosmetics
мужско́й – men's
нале́во – to the left
напра́во – to the right
о́бувь (f.) – footwear
пря́мо – straight ahead
сувени́р – souvenir

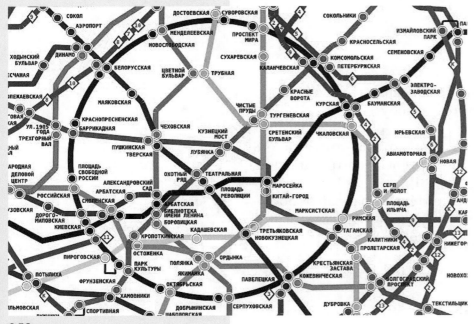

2) В метро́. Listen to the recording, repeat, and mark which station is next.

1. **Осторо́жно, две́ри закрыва́ются. Сле́дующая ста́нция...**
   Attention, the doors are closing. The next station is…
   Серпуховска́я – Поля́нка – Борови́цкая – Че́ховская – Цветно́й бульва́р

2. **Осторо́жно, две́ри закрыва́ются. Сле́дующая ста́нция...**
   Парк культу́ры – Кропо́ткинская – Библиоте́ка и́мени Ле́нина – Охо́тный ряд – Лубя́нка

3. **Осторо́жно, две́ри закрыва́ются. Сле́дующая ста́нция...**
   Павеле́цкая – Новокузне́цкая – Театра́льная – Тверска́я – Маяко́вская

4. **Осторо́жно, две́ри закрыва́ются. Сле́дующая ста́нция...**
   Тага́нская – Кита́й-Го́род – Кузне́цкий мост – Пу́шкинская – Краснопре́сненская

19-9. Read the sentences and circle the nouns in the Genitive case plural. Fill in the following chart below. Explain the endings. See Grammar comment 19-1.

Nouns in Genitive plural		
-ов/-ев	**-ей/-й**	**Zero ending**

Мне о́чень нра́вится Москва́. Я люблю́ больши́е города́: мно́го люде́й, маши́н, рестора́нов, галере́й и музе́ев. Сейча́с в Москве́ о́чень мно́го стро́ят. Постро́или мно́го гости́ниц, рестора́нов, больни́ц, поликли́ник, ба́нков, ста́нций метро́, домо́в, кварти́р.

Grammar comment 19-1
Genitive Plural Endings for Feminine and Neuter Nouns

The Genitive plural for feminine nouns ending in -А or -Я and for neuter nouns is formed by removing the final vowel sound.

де́л-**о**	мно́го дел
учи́лищ-**е**	мно́го учи́лищ
маши́н-**а**	мно́го маши́н
газе́т-**а**	мно́го газе́т
неде́л-**я**	мно́го неде́ль (soft л must be indicated)

For nouns with a Nominative singular form ending in -ИЕ or -ИЯ, remove the -Е or -Я and add -Й.

зда́ни-**е**	мно́го зда́ни-**й**
ста́нци-**я**	мно́го ста́нци-**й**

When the final vowel is dropped, some nouns end in a consonant cluster that will add a "fill vowel." The fill vowel is "о" if there is a "к" in the consonant cluster. Otherwise it is "е." Spelling rules also apply to these forms.

окн-**о́**	мно́го о́к**он**
остано́**вк**-а	мно́го остано́**вок**
студе́н**тк**-а	мно́го студе́н**ток**
стоя́**нк**-а	мно́го стоя́**нок**
де́ву**шк**-а	мно́го де́ву**шек** *(spelling rule #2)*
сес**тр**-а́	мно́го сест**ё́р** *(stressed е becomes ё)*
пи**сьм**-о́	мно́го пи́**сем** *(use е to replace ь)*
де́**ньг**-и[1]	мно́го де́**нег** *(use е to replace ь)*

[1]*this noun is always plural*

Feminine nouns with a Nominative singular form ending in a soft sign (-Ь) take the ending -ЕЙ in the Genitive plural.

двер-**ь**	мно́го двер-**е́й**
пло́щад-**ь**	мно́го площад-**е́й**

А вот ци́фры:

1. В Москве́ живёт 10 миллио́нов 425 ты́сяч челове́к.
2. В це́нтре Москвы́ живёт 800 ты́сяч челове́к, рабо́тает 1 миллио́н челове́к.
3. В Москве́ 160 гости́ниц.
4. В Москве́ 119 ры́нков.
5. В Москве́ 246 больни́ц.
6. В Москве́ 60 университе́тов, 90 колле́джей, 1630 школ, в том числе́, 25 лице́ев, 46 гимна́зий.
7. В Москве́ 40 дворцо́в спо́рта, 60 стадио́нов, 200 бассе́йнов, 2635 спортза́лов.
8. В Москве́ 93 теа́тра, 132 кинотеа́тра, 60 музе́ев, 430 библиоте́к.
9. В Москве́ 96 па́рков, 18 садо́в, 160 бульва́ров.
10. Тра́нспорт: 5485 авто́бусов, 1603 тролле́йбуса, 896 трамва́ев, 170 ста́нций метро́, 9 вокза́лов, 4 аэропо́рта, 109 авиакомпа́ний.

19-10. ✍ Complete the following sentences.

1. На пло́щади гуля́ет мно́го (лю́ди) _____.
2. В Москве́ нахо́дится мно́го (библиоте́ка) _____.
3. В Москве́ мно́го краси́вых (пло́щадь) _____.
4. На у́лице Тверско́й нахо́дится мно́го хоро́ших (гости́ница) _____.
5. В це́нтре го́рода нахо́дится мно́го карти́нных (галере́я) _____.
6. В го́роде 79 (апте́ка) _____.
7. В Ки́еве 69 (больни́ца) _____.
8. В Москве́ 170 (ста́нция) _____ метро́.
9. В це́нтре го́рода мно́го (стоя́нка) _____ такси́.
10. В на́шем райо́не нахо́дится 5 сре́дних (шко́ла) _____.
11. В Москве́ 1584 (поликли́ника) _____.
12. В це́нтре го́рода всегда́ мно́го (маши́на) _____.
13. В Росси́и мно́го ста́рых (це́рковь) _____.
14. В на́шей шко́ле у́чится 300 (челове́к) _____.

@ Complete the exercise on the Web site.

Chapter 19: 19-4.

19-11. Read the sentences and give English equivalents. Circle the animate nouns in the Accusative case plural. Fill in the following chart below. Explain the endings. See Grammar comment 19-2.

1. Наш профе́ссор зна́ет всех знамени́тых ру́сских архите́кторов.
2. Каки́х ру́сских худо́жников вы зна́ете?
3. Каки́е вы зна́ете хоро́шие магази́ны в Москве́?
4. Мы ви́дели ру́сские карти́ны в музе́е.
5. Мы ви́дели на́ших друзе́й в музе́е Пу́шкина.
6. Мои́х друзе́й зову́т Ка́тя и И́горь.
7. Как зову́т твои́х роди́телей?
8. Мы купи́ли ру́сские сувени́ры.

Case	modifiers	nouns
Accusative inanimate		
Accusative animate		

@ **Complete exercises on the Web site.**

Chapter 19: 19-5, 19-6.

Дава́йте послу́шаем и поговори́м!

19-12. 🎧 👥 **Listen to the conversations and circle the words you hear. Then practice the conversations, using "Material for practice – Пра́ктика."**

Разгово́р 1

— Извини́те, вы не зна́ете, где нахо́дится Дом кни́ги «Москва́»/Ко́фе Ха́уз?
— Зна́ю, коне́чно. В це́нтре го́рода, на Тверско́й.
— Како́й **авто́бус/тролле́йбус** идёт до це́нтра?
— **Пятна́дцатый/ пятидеся́тый**.
— Далеко́?
— Нет, бли́зко, **5/15** мину́т **на авто́бусе/на тролле́йбусе**.
— Спаси́бо.
— Пожа́луйста.

Grammar comment 19-2
Accusative Case Plural Forms for Animate Nouns and their Modifiers

All animate nouns and their modifiers take the same endings in the Accusative plural that they do in the Genitive plural.

Мы ви́дели **на́ших друзе́й** в музе́е Пу́шкина.
We saw our friends in the Pushkin Museum.

Они́ встре́тили **мои́х сестёр** в магази́не о́буви.
They met my sisters in the shoe store.

Но́вое сло́во
бли́зко (*ant.* далеко́) – *near*

261

Разгово́р 2

— Скажи́те, пожа́луйста, как дое́хать **до Ки́евского вокза́ла/до университе́та**?
— На́до дое́хать на метро́ до ста́нции **«Ки́евский вокза́л»/«Университе́т»**.

От метро́ иди́те пря́мо, а пото́м **нале́во/напра́во**. Там уви́дите.
— Спаси́бо!
— Пожа́луйста!

Material for practice – Пра́ктика

Take turns. Ask and explain how to get downtown, to a railway station, to the airport, to your local coffee shop, to the theatre, to the library, or to the shopping mall.

19-13. 🎧 Listen to the conversation and fill in the blanks. Then practice it.

— Вы пое́дете за́втра с на́ми в _____.
— Коне́чно, а когда́ вы пое́дете туда́?
— Я ду́маю, что у́тром, сра́зу по́сле _____.
— А как вы _____?
— На метро́, а пото́м 10 мину́т _____.
— Мо́жет, пое́дем _____?
— Нет, э́то _____. У меня́ нет де́нег на такси́.

19-14. 🎧 Интервью́. Listen to the interviews in 19-1 again. 1) Summarize them in Russian and give the following information in the form of a narrative:

Интервью́ 1

a. В како́м райо́не Москвы́ живёт Андре́й?
b. Где нахо́дится его́ рабо́та?
c. Как он е́здит на рабо́ту?

Интервью́ 2

a. В како́м райо́не Москвы́ живёт Ли́дия Ива́новна?
b. Где нахо́дится её рабо́та?
c. Как она́ е́здит на рабо́ту?

2) Conduct similar interviews with your classmates or other Russian speakers. Write down their answers and report the results in class.

Interview form

Questions	Person 1	Person 2	Person 3
1. Как тебя́/вас зову́т?			
2. Где нахо́дится твоя́/ва́ша рабо́та?			
3. Как ты е́здишь на рабо́ту? Как вы е́здите на рабо́ту?			

Complete exercises on the Web site.

Chapter 19: 19-7.

Дава́йте послу́шаем и почи́таем!

19-15. 🎧 **Библиоте́ки Москвы́. Listen to the text and choose the correct answer. There may be more than one correct answer.**

1. Ско́лько в Москве́ библиоте́к?
  a.   140 библиоте́к
  b.   430 библиоте́к
  c.   300 библиоте́к

2. Кака́я библиоте́ка нахо́дится в це́нтре го́рода?
  a.   Госуда́рственная публи́чная истори́ческая библиоте́ка
        Росси́и
  b.   Росси́йская госуда́рственная библиоте́ка
  c.   Городска́я медици́нская библиоте́ка

3. Когда́ была́ откры́та Истори́ческая библиоте́ка Росси́и?
  a.   в 1863 году́
  b.   в 1860 году́
  c.   в 1963 году́

19-16. 📖 **Чте́ние. Read the text and answer the questions.**

1.   Как ра́ньше называ́лась истори́ческая библиоте́ка?
2.   Почему́ она́ так называ́лась?
3.   Кто тако́й Алекса́ндр Дми́триевич Чертко́в?
4.   Кто ча́сто быва́л в библиоте́ке Чертко́ва?

Путеводи́тель по Москве́

Библиоте́ки

В Москве́ 430 библиоте́к. В це́нтре го́рода нахо́дится Городска́я библиоте́ка и́мени Никола́я Васи́льевича Го́голя, Росси́йская госуда́рственная библиоте́ка, Госуда́рственная публи́чная истори́ческая библиоте́ка Росси́и.

Истори́ческая библиоте́ка Росси́и была́ откры́та ещё в 1863 году́. Она́ называ́лась «Моско́вская городска́я публи́чная библиоте́ка Чертко́ва». Почему́ Чертко́ва? Потому́ что ра́ньше э́то была́ ча́стная библиоте́ка моско́вского коллекционе́ра Алекса́ндра Дми́триевича Чертко́ва. В библиоте́ке Чертко́ва быва́ли изве́стные писа́тели Росси́и: Жуко́вский, Пу́шкин, Го́голь, Толсто́й…

Note:
Use **Кто тако́й? (Кто така́я? Кто таки́е?)** when asking who someone is or what they do.

Но́вые слова́

закры́т, -а, -о, -ы – *closed*
коллекционе́р – *collector*
откры́т, -а, -о, -ы – *open*
публи́чный – *public*
так – *so, therefore, that's why*

19-17.  **Истори́ческая библио́тека. Ситуа́ция.** You and your friend are going to **Истори́ческая библиоте́ка.** You have found on the Internet the library's hours and directions to the library. Explain it in English to your friend.

Госуда́рственная публи́чная истори́ческая библиоте́ка Росси́и
Адрес: Старосáдский переу́лок, д.9

Часы́ рабо́ты

Госуда́рственная публи́чная истори́ческая библиоте́ка Росси́и откры́та все дни неде́ли с 9.00 до 20.00 часо́в (переры́ва нет), кро́ме воскресе́нья. В воскресе́нье библиоте́ка закры́та.

Как дое́хать до библиоте́ки?

Библиоте́ка нахо́дится недалеко́ от остано́вки тролле́йбуса «Армя́нский переу́лок». До остано́вки «Армя́нский переу́лок» мо́жно дое́хать:

1. От метро́ Лубя́нка – 2 остано́вки на тролле́йбусе №25.
2. От метро́ Кита́й-Го́род – 2 остано́вки на тролле́йбусе №45.

19-18.  **Как дое́хать до библиоте́ки?** Using the information in 19-17 explain in Russian how to get to the library.

— Как дое́хать до библиоте́ки?
— На́до дое́хать до ста́нции метро́ _____, а пото́м от метро́ _____ дое́хать на тролле́йбусе № _____ до остано́вки «Армя́нский переу́лок». Там бли́зко, пешко́м 5 мину́т.

19-19.  **Моско́вский зоопа́рк. Ситуа́ция.** You and your friend want to see the Моско́вский зоопа́рк. You have found on the Internet when the зоопа́рк is open and how to get there. Read the information below and explain it in English to your friend.

Моско́вский зоопа́рк
Адрес: Больша́я Грузи́нская, 1

Моско́вский зоопа́рк нахо́дится в це́нтре Москвы́. Это пе́рвый зоопа́рк в Росси́и. Он был откры́т в 1864 году́. Сейча́с в зоопа́рке – 8000 живо́тных.

Часы́ рабо́ты

Зоопа́рк рабо́тает с 10 до 17 часо́в, переры́ва нет. Понеде́льник – выходно́й. Биле́ты мо́жно купи́ть в ка́ссе зоопа́рка. Ка́ссы рабо́тают до 16.00 часо́в.

Как дое́хать до зоопа́рка?

Зоопа́рк нахо́дится недалеко́ от ста́нций метро́ «Баррика́дная» и «Краснопре́сненская».

Моско́вский зоопа́рк

19-20. Как дое́хать до зоопа́рка? Using the information in 19-19 explain in Russian how to get to the Moscow zoo.

— Как дое́хать до зоопа́рка?
— На́до дое́хать до ста́нции метро́ _____,
   а пото́м от метро́ по у́лице _____ дойти́
   до зоопа́рка. Это бли́зко, 5 мину́т пешко́м от метро́.

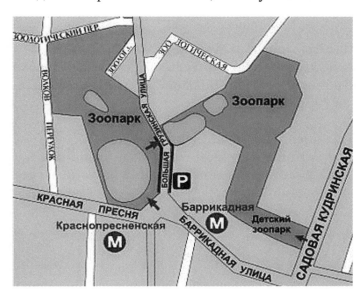

@ **Complete exercises on the Web site.**

Chapter 19: 19-8, 19-9, 19-10.

Дава́йте переведём!

19-21. Как сказа́ть по-ру́сски? Give Russian equivalents for the following questions. Translate ideas, not words. Take turns asking and answering the questions.

1. How can I get to the university?
2. What bus goes to the subway?
3. How can I get to downtown?
4. How can I get to the hospital?
5. Where is the bus stop?
6. Where is the subway station?
7. Where is the taxi stop?
8. Where can I buy a streetcar ticket?
9. Where can I buy a subway ticket?

19-22. Опро́с. This survey was conducted in Новочерка́сск, a city on the Black Sea. Twenty high school students were asked to answer questions about Moscow even though they had never been there. Translate the text into English.

Пе́рвый вопро́с: **Как ты ду́маешь, како́й го́род Москва́?**
Почти́ все отве́тили, что э́то о́чень большо́й го́род. В Москве́ чи́стые у́лицы, больши́е дома́, мно́го люде́й и маши́н. Бы́ли и оригина́льные отве́ты, наприме́р, что в Москве́ ме́ньше (*not so many*) наркома́нов (*drug addicts*) и банди́тов (*criminals*), чем в Новочерка́сске. И абсолю́тно все ду́мают, что Москва́ – са́мый (*the most*) краси́вый го́род в ми́ре (*in the world*).

Второ́й вопро́с: **Что ты зна́ешь в Москве́?**
Абсолю́тно все назва́ли Кра́сную пло́щадь и Кремль, 2 челове́ка – Бе́лый дом и по одному́ назва́ли: Большо́й теа́тр, Театра́льная пло́щадь, Тверска́я у́лица.

Тре́тий вопро́с: **Ты хо́чешь жить в Москве́?**
19 челове́к отве́тили: «Коне́чно, да», и то́лько одна́ де́вочка сказа́ла: «Нет». Она́ ду́мает, что челове́к до́лжен жить там, где роди́лся и вы́рос.

19-23. Translate the text into Russian.

The Moscow Metro

The Moscow Metro was built in 1935. The modern Moscow Metro includes 170 stations and 12 lines. The Moscow Metro is very beautiful. The old metro stations are the most beautiful. They have mosaics, paintings, and monuments. Tourists always visit the Metro, especially such stations as "Komsomolskaya-Koltsevaya," "Ploschad Revolutsii," "Mayakovskaya."

Ци́фры и фа́кты

19-24. Review of numbers. Listen to the dialogues and write down what авто́бус, тролле́йбус и́ли маршру́тка идёт в центр.

1. _____
2. _____
3. _____
4. _____

5. _____
6. _____
7. _____
8. _____

9. _____
10. _____
11. _____
12. _____

13. _____
14. _____

19-25. Ци́фры и фа́кты. Study the table below and answer the questions in Russian.

The survey: "What's the most popular type of transportation?"

Вид тра́нспорта		Авто́бусы	Троллле́йбусы	Трамва́и	Маршру́тки	Метро́
Коли́чество пассажи́ров[1] [млн. челове́к]	в ме́сяц	243	82	55	52	266
	в год	2 920	985	658	620	3 194

[1]Number of passengers

1. Како́й са́мый популя́рный тра́нспорт в Москве́?
2. Ско́лько москвиче́й в год е́здит на авто́бусе?
3. Ско́лько москвиче́й в ме́сяц е́здит на троллле́йбусе?
4. Ско́лько москвиче́й в год е́здит на трамва́е?
5. Ско́лько москвиче́й в ме́сяц е́здит на маршру́тке?

@ **Complete exercises on the Web site.**

Chapter 19: 19-11, 19-12.

19-26. Слова́рь. Vocabulary.

авто́бус – *bus*
биле́т – *ticket*
бли́зко (*ant.* далеко́) – *near*
води́тель – *driver*
до + *Gen.* – *until, as far as*
дое́хать *pfv.* до чего́/кого́?– *to get to*
же́нский, -ая, -ое, -ие – *women's*
живо́тное – *animal, pet*
закры́т, -а, -о, -ы – *closed*
зоопа́рк – *zoo*
ка́сса – *ticket office*
кио́ск – *kiosk, newsstand*
коллекционе́р – *collector*
косме́тика – *cosmetics*
маршру́тка – *fixed route minibus/van*
маши́на – *car*
мужско́й, -а́я, -о́е, -и́е – *men's*
нале́во – *to the left*
напра́во – *to the right*
о́бувь (*f.*) – *footwear*
оде́жда (*sg. only*) – *clothing; clothes*
осторо́жно – *careful(ly)*

откры́т, -а, -о, -ы – *open*
пешко́м – *by foot*
пря́мо – *straight ahead*
публи́чный, -ая,-ое,-ые – *public*
сле́дующий, -ая, -ее, -ие – *next*
стоя́нка – *(taxi) stand*
сувени́р – *souvenir*
так – *so, therefore, thus*
такси́ (*neut. indecl.*) – *taxi*
торго́вый центр – *shopping center, mall*
трамва́й – *streetcar*
тра́нспорт – *transportation*
троллле́йбус – *trolleybus*
универма́г – *department store*

Themes
- world geography
- people and languages

Intonation
- Intonation Type 4: Incomplete questions introduced by the conjunction **A**

Communicative situations
- asking and answering questions about geography
- small talk: What language do you speak?

Grammar
- more about the prepositions **B** and **HA**
- **по-ру́сски, ру́сский язы́к**, and the names of other languages
- Prepositional plural forms for nouns and their modifiers

Но́вые слова́

восто́к – *east*
гора́ (*pl.* го́ры) – *mountain*
когда́-нибудь – *ever, sometime*
океа́н – *ocean*
со́лнце – *sun*

Како́е сего́дня число́?
Сего́дня…

Date (ordinal number) число́		Month (Gen. case) ме́сяц
пе́рвое	17-ое	января́
второ́е	18-ое	февраля́
тре́тье	19-ое	ма́рта
четвёртое	20-ое	апре́ля
пя́тое	21-ое	ма́я
6 -ое	22-ое	ию́ня
7-ое	23-ое	ию́ля
8-ое	24-ое	а́вгуста
9-ое	25-ое	сентября́
10-ое	26-ое	октября́
11-ое	27-ое	ноября́
12-ое	28-ое	декабря́
13-ое	29-ое	
14-ое	30-ое	
15-ое	31-ое	
16-ое		

20-1. 🎧 📹 **Интервью́. Listen to the interviews and summarize them in English.**

Интервью́ 1

— Ви́ктор, вы когда́-нибудь бы́ли в Аме́рике?
— Да, не́сколько раз.
— В каки́х города́х Аме́рики вы быва́ли?
— Я был в Нью-Йо́рке, в Вашингто́не и в Лос-Анджелесе.
— А где вам понра́вилось бо́льше всего́?
— Мне о́чень понра́вился Лос-Анджелес.
— Почему́?
— Океа́н, го́ры и со́лнце.
— А Нью-Йо́рк?
— Коне́чно, понра́вился. Нью-Йо́рк, как Москва́. Мно́го теа́тров и музе́ев.

Интервью́ 2

— Ната́лья, ты когда́-нибудь была́ на восто́ке Росси́и?
— Да, оте́ц рабо́тал на Ура́ле и в Сиби́ри.
— Что тебе́ бо́льше всего́ понра́вилось?
— Ура́льские го́ры.
— А на Ти́хом океа́не ты была́?
— Да, мы жи́ли во Владивосто́ке два го́да.

20-2. 🎧 **Интона́ция. Intonation Type 4: Incomplete questions introduced by the conjunction A. Listen and repeat the following incomplete questions.**

Note that the speaker's voice falls slightly on the stressed syllable of the word in question and then gradually rises. This type of intonation pattern is similar to the intonation of English questions without question words.

А ва́ша ба́бушка?   А пото́м?

А мне? А Анна Серге́евна?
А ва́ши роди́тели? А твой друзья́?

Use intonation Type 1 in declarative sentences introduced by the contrastive conjunction **А**:

А мы сего́дня идём в кино́.

Use intonation Types 2 and 3 in complete questions introduced by the contrastive conjunction **А**:

А что ты хо́чешь? А куда́ вы сего́дня пойдёте?

А ты пойдёшь в кино́ с ни́ми? А тебе́ э́то нра́вится?

Use intonation Type 4 in a complete question to express surprise or mild disbelief:

Он амери_{ка́не}ц? А я ду́мал/а, что он ру́сский.

Они́ ру́сские? Они́ так хорошо́ говоря́т по-англи́йски.
Вам нра́вится Лос-Анджелес? Там так мно́го люде́й и маши́н!

Ле́ксика и грамма́тика

20-3. 🎧 **Геогра́фия. 1) Listen to the sentences and number them in the order they are given. 2) Read the sentences out loud and give English equivalents.**

a) ___ Это океа́н.
 ___ Это Ти́хий океа́н.
 ___ Это Атланти́ческий океа́н.
 ___ Это Се́верный Ледови́тый океа́н.

Но́вые слова́
Атланти́ческий океа́н – *Atlantic Ocean*
Ти́хий океа́н – *Pacific Ocean*
Се́верный Ледови́тый океа́н – *Arctic Ocean*
о́зеро (*pl.* озёра) – *lake*
о́стров (*pl.* острова́) – *island*

b) ___ Это мо́ре.
 ___ Это Чёрное мо́ре.
 ___ Это Азо́вское мо́ре.

c) ___ Это о́зеро.
 ___ Это о́зеро Байка́л.
 ___ Это Ла́дожское о́зеро.

Grammar comment 20-1
В и́ли НА?

When expressing "place" use the preposition **НА** with points of the compass, with the names of mountain ranges, islands, and bodies of water. Use the preposition **В** with the names of continents, countries, cities, and states.

Роди́тели живу́т **на восто́ке**.
My parents live in the East.

Сестра́ живёт **в Москве́**.
My sister lives in Moscow.

В воскресе́нье мы е́дем **на мо́ре (на океа́н)**.
On Sunday we're going to the beach (the ocean).

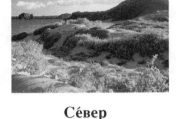

Се́вер

За́пад — **Восто́к**

Юг

d) ___ Это гора́.
   ___ Это го́ры.
   ___ Это Кавка́зские го́ры, Кавка́з.
   ___ Это Ура́льские го́ры, Ура́л.
   ___ Ура́л нахо́дится на восто́ке Росси́и.

e) ___ Это о́стров.
   ___ Это острова́.
   ___ Это о́стров Сахали́н.
   ___ Это Кури́льские острова́.

f) ___ Это юг. ___ Это се́вер.
   ___ Это за́пад. ___ Это восто́к.

g) ___ Чёрное мо́ре на ю́ге Росси́и.
   ___ Озеро Байка́л на восто́ке Росси́и.
   ___ Му́рманск на се́вере Росси́и.
   ___ Смоле́нск на за́паде Росси́и.

20-4.  **Ко́мпас. Look at the map of Russia, and ask and answer questions following the example. Take turns. See Grammar comment 20-1.**

Где нахо́дятся Ура́льские го́ры?

На восто́ке Росси́и.

Север

Запад — Восток

Юг

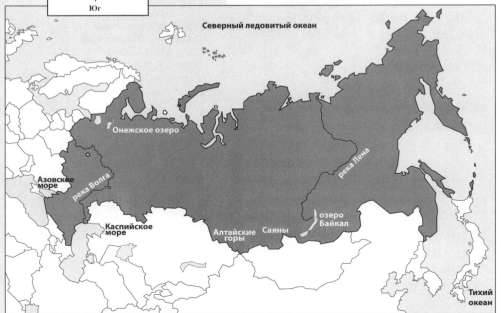

Се́верный ледови́тый океа́н

Оне́жское о́зеро

Азо́вское мо́ре

река́ Во́лга

река́ Ле́на

Каспи́йское мо́ре

Алта́йские го́ры

Сая́ны

о́зеро Байка́л

Ти́хий океа́н

1. Азо́вское мо́ре
2. Каспи́йское мо́ре
3. Сая́ны
4. Алта́йские го́ры
5. река́ Во́лга
6. река́ Ле́на
7. Ти́хий океа́н
8. Се́верный Ледови́тый океа́н
9. о́зеро Байка́л
10. Оне́жское о́зеро

20-5. Геогра́фия ми́ра. Match the Russian and the English.

1. Австра́лия
2. Азия
3. Се́верная Аме́рика
4. Ю́жная Аме́рика
5. Африка
6. Восто́чная Евро́па
7. За́падная Евро́па

___ Africa
___ Eastern Europe
___ South America
___ Australia
___ North America
___ Western Europe
___ Asia

20-6. Стра́ны, контине́нты и регио́ны. Contries, continents, and regions. Read the names out loud. Match each country to its continent or region.

Контине́нты и регио́ны
Continents and regions

1. Австра́лия
2. Азия
3. Африка
4. Восто́чная Евро́па
5. За́падная Евро́па
6. Се́верная Аме́рика
7. Ю́жная Аме́рика

Стра́ны
Countries

___ Аме́рика (США) *America (USA)*
___ Англия *England*
___ Аргенти́на *Argentina*
___ Брази́лия *Brazil*
___ Герма́ния *Germany*
___ Еги́пет *Egypt*
___ Индия *India*
___ Испа́ния *Spain*
___ Ита́лия *Italy*
___ Кита́й *China*
___ Коре́я *Korea*
___ Ме́ксика *Mexico*
___ Росси́я *Russia*
___ Фра́нция *France*
___ Швейца́рия *Switzerland*
___ Япо́ния *Japan*

271

Grammar comment 20-2
По-рýсски vs. рýсский язы́к

Use the adverb **по-рýсски** (or **по-англи́йски** *etc.*) after verbs that denote the ability to speak, read, write, or understand a language.

> Я пишý **по-рýсски.**
> *I write in Russian.*

> Вы говори́те **по-испáнски**?
> *Do you speak Spanish?*

Use the adjective-noun combination **рýсский язы́к** (or **англи́йски язы́к** *etc.*) after the verbs **знáть, изучáть** and **учи́ть.**

> Они́ знáют **рýсский язы́к**?
> *Do they know Russian?*

Use the phrase **На какóм языкé...** (**На каки́х языкáх...**) in questions.

> На какóм языкé говоря́т в Росси́и?
> *What language do people speak in Russia?*

> На каки́х языкáх говоря́т в Росси́и?
> *What languages do people speak in Russia?*

If you want to ask how to say something in Russian or English, say: «**Как по-рýсски...?, Как по-англи́йски...?**»

20-7. 🎧 **Лю́ди и стрáны. People and countries. Listen to the following and repeat after the speaker. Fill in the blanks.**

1. Он америкáнец. Онá америкáнка. Они́ америкáнцы.
   Америкáнцы живýт в _____.
2. Он англичáнин. Онá англичáнка. Они́ англичáне.
   Англичáне живýт в _____.
3. Он испáнец. Онá испáнка. Они́ испáнцы.
   Испáнцы живýт в _____.
4. Он итальáнец. Онá итальáнка. Они́ итальáнцы.
   Итальáнцы живýт в _____.
5. Он китáец. Онá китая́нка. Они́ китáйцы.
   Китáйцы живýт в _____.
6. Он корéец. Онá корея́нка. Они́ корéйцы.
   Корéйцы живýт в _____.
7. Он нéмец. Онá нéмка. Они́ нéмцы.
   Нéмцы живýт в _____.
8. Он францýз. Онá францýженка. Они́ францýзы.
   Францýзы живýт во _____.
9. Он япóнец. Онá япóнка. Они́ япóнцы.
   Япóнцы живýт в _____.

@ **Complete exercises on the Web site.**

Chapter 20: 20-1, 20- 2, 20-3.

20-8. 👥 **Каки́е языки́ вы знáете/ýчите? What languages do you speak? Read and choose the statements that apply to you. Ask your classmates what languages they know. See Grammar comment 20-2.**

Example: — Каки́е языки́ ты знáешь/ýчишь?
 — Я знáю англи́йский и учý рýсский язы́к.

❏ **Я знáю...**

❏ англи́йский язы́к
❏ арáбский язы́к
❏ испáнский язы́к
❏ итальáнский язы́к
❏ китáйский язы́к
❏ корéйский язы́к
❏ немéцкий язы́к
❏ рýсский язы́к
❏ францýзский язы́к
❏ япóнский язы́к
❏ португáльский язы́к

❏ **Я учý...**

❏ англи́йский язы́к
❏ арáбский язы́к
❏ испáнский язы́к
❏ итальáнский язы́к
❏ китáйский язы́к
❏ корéйский язы́к
❏ немéцкий язы́к
❏ рýсский язы́к
❏ францýзский язы́к
❏ япóнский язы́к
❏ португáльский язы́к

20-9. 🧑 **Языки́. Describe your ability to speak, read, write, and understand a foreign language.**

Example: Я говорю́ по-ру́сски хорошо́!

Я говорю́ Я чита́ю Я пишу́ Я понима́ю	по-англи́йски по-ара́бски по-испа́нски по-италья́нски по-кита́йски по-коре́йски по-неме́цки по-ру́сски по-францу́зски по-япо́нски по-португа́льски	хорошо́ немно́го непло́хо пло́хо бы́стро ме́дленно

@ Complete the exercise on the Web site.

Chapter 20: 20-4.

20-10. 🧑🧑 **На каки́х языка́х говоря́т? Ask and answer questions following the example below. See Grammar comment 20-3.**

Example: — На како́м языке́/На каки́х языка́х говоря́т в Аме́рике?
— В Аме́рике говоря́т на ра́зных языка́х, наприме́р, по-англи́йски и по-испа́нски.

Страна́	Язы́к
1. Соединённые Шта́ты Аме́рики 2. Англия 3. Аргенти́на 4. Брази́лия 5. Герма́ния 6. Еги́пет 7. Индия 8. Испа́ния 9. Ита́лия 10. Кита́й 11. Коре́я 12. Ме́ксика 13. Росси́я 14. Фра́нция 15. Швейца́рия 16. Япо́ния	англи́йский язы́к ара́бский язы́к испа́нский язы́к италья́нский язы́к кита́йский язы́к коре́йский язы́к неме́цкий язы́к португа́льский язы́к ру́сский язы́к францу́зский язы́к япо́нский язы́к

Grammar comment 20-3
Prepositional Plural forms for Nouns and Modifiers

1. **Prepositional Plural forms for Nouns.** Nouns with stems ending in a hard consonant or a husher (ш, ж, щ, ч) take the ending **-АХ** in the Prepositional plural.

NOM SG	PREP PL
о́стров	на остров-**а́х**
страна́	в стра́н-**ах**
о́зеро	на озёр-**ах**

Nouns with stems ending a soft consonant or **-Й** take the ending **-ЯХ**.

NOM SG	PREP PL
мо́ре	на мор-**я́х**
музе́й	в музе́-**ях**

2. Possesssives and the demonstrative э́тот (э́то, э́та, э́ти) take the ending **-ИХ**.

NOM PL	PREP PL
мои́	мо-**и́х**
твои́	тво-**и́х**
на́ши	на́ш-**их**
ва́ши	ва́ш-**их**

Они́ уже́ бы́ли в э́тих гора́х.
They've already been in these mountains.

3. Adjectives take the Prepositional plural ending **-ЫХ**, but spelling rules apply. Remember to write **-И** instead of **-Ы** after velars (к, г, х) and hushers (ж, ш, ч, щ).

NOM PL	PREP PL
но́в-**ые**	но́в-**ых**
ру́сск-**ие**	ру́сск-**их**
больш-**и́е**	больш-**и́х**

— На каки́х языка́х говоря́т в Аме́рике?
— В Аме́рике говоря́т на ра́зных языка́х.
"What languages are spoken in America?"
"Various languages are spoken in America."

20-11. Read the sentences and circle the nouns in the prepositional plural, then fill in the blanks and explain the endings. See Grammar comment 20-3.

1. Мои́ роди́тели быва́ли в ра́зных стра́нах.
2. В Росси́и говоря́т на ра́зных языка́х, но госуда́рственный язы́к – ру́сский.
3. В Росси́и мно́го люде́й живёт в города́х.
4. В Соединённых Шта́тах Аме́рики живёт мно́го люде́й ра́зных национа́льностей.
5. Лю́ди говоря́т по-ру́сски на всех контине́нтах и во мно́гих стра́нах.
6. Мно́го ру́сских у́чится в америка́нск___ университе́т ___.
7. Моя́ подру́га говори́т на ра́зн___ язы́к___.
8. Мы отдыха́ли на Кари́бск___ остров ___.
9. Я всегда́ мечта́ла побыва́ть на Кури́льск___ остров___.
10. Вчера́ мы говори́ли об иностра́нн___ язы́к___.
11. На уро́ке мы говори́ли о ре́к____ и озёр____ Росси́и, о мор___ и океа́н___, о контине́нт___ и ра́зн___ стра́н___.
12. Мы всегда́ мечта́ли жить в гор___.

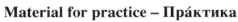 **Complete exercises on the Web site.**

Chapter 20: 20-5, 20-6.

Дава́йте послу́шаем и поговори́м!

20-12. Listen to the conversations and circle the words you hear. Then practice them out loud. Use "Material for practice – Пра́ктика."

Разгово́р 1
— Ты зна́ешь, где нахо́дится **Ита́лия/Коре́я**?
— Зна́ю, коне́чно, **в Евро́пе/в А́зии**.
— А на каки́х языка́х говоря́т там?
— Говоря́т **по-италья́нски/по-коре́йски**, но мно́го люде́й говори́т и понима́ет по-англи́йски.

Material for practice – Пра́ктика
Take turns. Ask and answer where the following countries are located, and what languages are spoken there.

1. Соединённые Шта́ты Аме́рики
2. Герма́ния
3. Еги́пет
4. Испа́ния
5. Коре́я
6. Ме́ксика
7. Швейца́рия

Разгово́р 2

— Каки́е ты зна́ешь **го́ры/ре́ки/озёра** в Росси́и?

— Я зна́ю **реку́ Во́лгу/о́зеро Байка́л**.

— А где **она́/оно́** нахо́дится?

— На **восто́ке/ю́ге** страны́.

Material for practice – Пра́ктика

Take turns. Ask and answer what **ре́ки, озёра, моря́, океа́ны, острова́, го́ры** you know, and where they are.

Москва́

20-13. **Listen to the following conversation and fill in the missing words. Then practice it.**

— Росси́я нахо́дится в _____ и́ли в _____?

— Росси́я нахо́дится и в _____, и в _____.

— А где нахо́дится Сиби́рь?

— В _____.

— А Москва́?

— В _____.

20-14. Интервью́. Listen to the interviews in 20-1 again. **1) Summarize them in Russian and give the following information in the form of a narrative:**

Интервью́ 1

a. Викто́р был в Аме́рике?

b. Где он был в Аме́рике?

c. Где ему́ понра́вилось бо́льше всего́ и почему́?

d. Почему́ ему́ понра́вился Нью-Йо́рк?

Интервью́ 2

a. Где Ната́ша быва́ла/жила́ в Росси́и?

b. Где ей бо́льше всего́ понра́вилось?

c. Она́ жила́ на Ти́хом океа́не и́ли на Атланти́ческом?

2) Conduct similar interviews with your classmates or other Russian speakers. Write down their answers and report the results in class.

Interview form

Questions	Person 1	Person 2	Person 3
1. Как тебя́/вас зову́т?			
2. В како́й стране́ ты был/была́? В како́й стране́ вы бы́ли?			
3. Где нахо́дится э́та страна́?			
4. На како́м языке́ там говоря́т?			

@ **Complete the exercise on the Web site.**

Chapter 20: 20-7.

Дава́йте послу́шаем и почита́ем!

Флаг Росси́и
the Russian flag

→ бе́лый

→ си́ний

→ кра́сный

Герб Росси́и
*the Russian coat
of arms*

Но́вые слова́

азиа́тский – *Asian*
грани́чить *impf.* с чем? – *to share a
    border with*
    Pres: грани́чит, грани́чат
евре́и (*sg.* евре́й) – *Jews*
наро́д – *people, folk, nation*
населе́ние – *population*
си́ний, -яя, -ее, -ие – *dark blue*
столи́ца – *capital*
тата́ры – *Tatars*
террито́рия – *territory*
украи́нцы – *Ukrainians*
часть (*f.*) – *part*

20-15. 🎧 **Росси́я. Listen to the text and choose the correct
answer. There may be more than one correct answer.**

1. **Где нахо́дится Росси́я?**
   a. в Восто́чной Евро́пе   e. в Се́верной Аме́рике
   b. в За́падной Евро́пе   f. в Южной Аме́рике
   c. в Азии   g. в Африке
   d. в Австра́лии

2. **Ско́лько люде́й живёт в Росси́и?**
   a. 142 миллио́на челове́к   c. 200 миллио́нов челове́к
   b. 182 миллио́на челове́к

3. **Лю́ди каки́х национа́льностей живу́т в Росси́и?**
   a. ру́сские   d. коре́йцы   g. францу́зы
   b. украи́нцы   e. тата́ры   h. кита́йцы
   c. не́мцы   f. япо́нцы

4. **Како́й госуда́рственный язы́к в Росси́и?**
   a. англи́йский язы́к   e. неме́цкий язы́к
   b. испа́нский язы́к   f. ру́сский язы́к
   c. кита́йский язы́к   g. францу́зский язы́к
   d. коре́йский язы́к   h. япо́нский язы́к

5. **На каки́х языка́х говоря́т в Росси́и?**
   a. по-ру́сски   c. по-япо́нски   e. по-кита́йски
   b. по-украи́нски   d. по-коре́йски   f. по-тата́рски

20-16. 📖 **Чте́ние. Read the text below and translate into
English.**

Росси́я

Росси́я нахо́дится на террито́рии Восто́чной Евро́пы и
се́верной Азии. В азиа́тской ча́сти Росси́и нахо́дится Сиби́рь и
Да́льний Восто́к. Столи́ца Росси́и – Москва́. Кру́пные города́:
Москва́, Санкт-Петербу́рг, Новосиби́рск, Ни́жний Но́вгород,
Сама́ра, Омск.
Росси́я грани́чит с Норве́гией, Финля́ндией, Эсто́нией,
Ла́твией, Литво́й, По́льшей, Белору́ссией, Украи́ной, Гру́зией,
Азербайджа́ном, Казахста́ном, Кита́ем, Монго́лией, Се́верной
Коре́ей, Япо́нией и США.

Населе́ние Росси́и – 142 миллио́на челове́к. 73% (проце́нта) населе́ния живёт в города́х.

В Росси́и живу́т ру́сские, украи́нцы, евре́и, не́мцы, коре́йцы, кита́йцы, тата́ры. Всего́ – 180 наро́дов. И говоря́т они́ на ра́зных языка́х: по-ру́сски, по-украи́нски, по-коре́йски, по-кита́йски, по-тата́рски. Госуда́рственный язы́к Росси́и – ру́сский.

20-17. Ка́рта Росси́и. Find the countries that share a border with Russia. Give their English names.

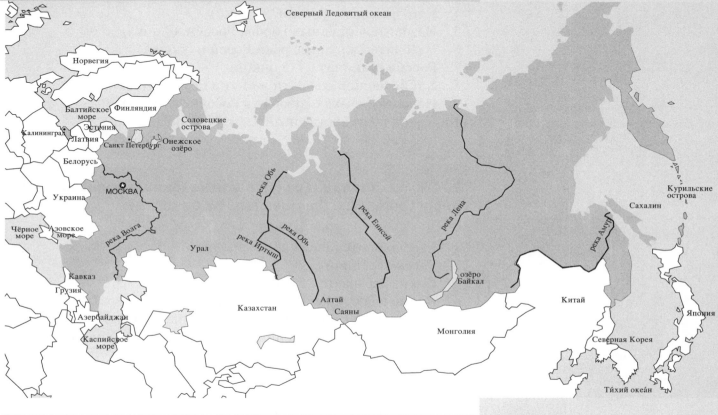

Страна́	Норве́гия	Финля́ндия	Эсто́ния	Ла́твия	Литва́	По́льша	Белору́сь	Украи́на
Country								

Страна́	Гру́зия	Азербайджа́н	Казахста́н	Кита́й	Монго́лия	Се́верная Коре́я	Япо́ния	США
Country								

20-18. Из геогра́фии Росси́и. Find the following places on the map of Russia and write down where they are in Russia.

Океа́ны: Ти́хий океа́н, Се́верный Ледови́тый океа́н.
Острова́: Кури́льские острова́, Сахали́н, Солове́цкие острова́
Моря́: Балти́йское, Чёрное, Азо́вское.
Го́ры: Кавка́з, Ура́л, Алта́й, Са́яны.
Кру́пные ре́ки: Ле́на, Ирты́ш, Енисе́й, Обь, Во́лга, Аму́р.
Кру́пные озёра: Каспи́йское мо́ре, Байка́л, Ла́дожское, Оне́жское.

20-19. Викторина. Divide the class into two teams and choose a host who will ask the questions and keep score. Each person on each team should take turns answering the questions. The team with the most points wins. The maximum number of points for each team is 14.

1. Где нахо́дится Росси́я? (2 очка́)
2. Что тако́е Кавка́з, Ура́л, Алта́й? (2 очка́)
3. Назови́те столи́цу Росси́и. (1 очко́)
4. Кто президе́нт Росси́и? (1 очко́)
5. Назови́те 4 кру́пных го́рода Росси́и. (4 очка́)
6. Назови́те 2 кру́пные реки́ Росси́и. (4 очка́)
7. Росси́я грани́чит...? (5 очко́в)
8. Каки́е национа́льности живу́т в Росси́и? (5 очко́в)
9. На каки́х языка́х говоря́т в Росси́и? (2 очка́)
10. Како́й госуда́рственный язы́к Росси́и? (2 очка́)

20-20. Докла́д. Tell what you've learned about Russian geograpahy. Use the questions as an outline.

1. Где нахо́дится Росси́я?
2. Росси́я грани́чит...?
3. Каки́е вы зна́ете кру́пные города́ Росси́и?
4. Каки́е в Росси́и есть кру́пные ре́ки, го́ры, озёра?
5. Каки́е моря́ есть в Росси́и? Где они́ нахо́дятся?
6. Каки́е вы зна́ете росси́йские острова́? Где они́ нахо́дятся?
7. Ско́лько люде́й живёт в Росси́и?
8. Каки́е наро́ды живу́т в Росси́и?
9. На каки́х языка́х говоря́т в Росси́и?
10. Како́й язы́к госуда́рственный?

@ Complete exercises on the Web site.

Chapter 20 : 20-8, 20-9.

Дава́йте переведём!

20-21. Как сказа́ть по-ру́сски? Give Russian equivalents for the following questions. Translate ideas, not words. Take turns asking and answering the questions.

1. Where is Russia/America located?
2. What is the population of Russia/America?
3. What nationalities live in Russia/America?
4. What languages are spoken in Russia/America?

5. What is the capital of Russia/America?
6. What major Russian/American cities do you know of?
7. What major rivers, lakes, and mountains do you know of in Russia/America?
8. What Russian/American islands do you know of?
9. What oceans do you know of?

20-22. Ру́сский язы́к в Аме́рике. Translate ideas, not words.

Ру́сский язы́к в Аме́рике

На ру́сском языке́ в США говоря́т о́коло 700 ты́сяч челове́к. Мно́го русскоязы́чных (говоря́т на ру́сском языке́) живёт в шта́те Нью-Йорк в райо́не Бра́йтон-Бич (218 765 челове́к). Бра́йтон-Бич нахо́дится на ю́ге Бру́клина. Тут мно́го ру́сских магази́нов, рестора́нов, кафе́, конце́ртных за́лов, дискоте́к. Здесь нахо́дятся русскоязы́чные радиоста́нции, телесту́дии, реда́кции газе́т. Мно́го русскоязы́чных живёт та́кже в Калифо́рнии, Нью-Дже́рси, Иллино́йсе, Массачу́сетсе, Пенсильва́нии, Вашингто́не, Флори́де, Мэ́риленде и Орего́не. Большо́е коли́чество русскоязы́чных живёт на Аля́ске, потому́ что Аля́ска ра́ньше, до 1867 го́да, была́ террито́рией Росси́и.

20-23. США. Give the Russian equivalents.

Country	USA
Capital	Washington, D.C.
Largest cities	New York, Chicago, Los Angeles
National language	English
Population	302,788,000
Territory	3.79 million square miles (9.83 million km²)
Oceans	Atlantic, Pacific
Large mountain ranges	The Appalachians in the East; the Rockies in the West; the Sierra Nevada
Large rivers	The Mississipi, Missouri, Ohio, Columbia, Colorado
Large lakes	Lake Michigan, Great Salt Lake

The United States of America is situated almost entirely in the western hemisphere: its forty-eight states and Washington, D.C., the capital district, lie in central North America between the Pacific and Atlantic Oceans. The United States shares a border with Canada to the north and Mexico to the south. The state of Alaska is in the northwest of the continent with Canada to its east, and the state of Hawaii is in the mid-Pacific.

Цифры и факты

Но́вые слова́

для + *Gen. – for*
россия́не – *citizens of Russia*

2007
ГОД РУССКОГО
ЯЗЫКА В МИРЕ

20-24. 🎧 **Review of numbers. Listen to the speaker and complete the information below. Then read it out loud.**

1. Ру́сский язы́к – э́то родно́й язы́к для _____ миллио́нов челове́к и _____ миллио́нов его́ понима́ют.
2. Э́то госуда́рственный язы́к для _____ миллио́нов россия́н.
3. _____ миллио́нов ру́сских живёт в ра́зных стра́нах ми́ра: в Аме́рике, в Кана́де, в Австра́лии, в Герма́нии и т.д.
4. Ру́сский язы́к – э́то язы́к глоба́льного обще́ния и оди́н из _____ рабо́чих языко́в Организа́ции Объединённых На́ций (*U.N.*).
5. Ру́сский язы́к изуча́ют _____ миллио́нов челове́к на всех контине́нтах.

20-25. Цифры и факты. Look at the graph and complete the sentences below.

Мно́го языко́в – одна́ Аме́рика

1. Англи́йский язы́к – э́то родно́й язы́к для _____ проце́нтов америка́нцев.
2. Испа́нский язы́к – э́то родно́й язы́к для _____ проце́нтов америка́нцев.
3. Ру́сский язы́к – э́то родно́й язы́к для _____ проце́нтов америка́нцев.

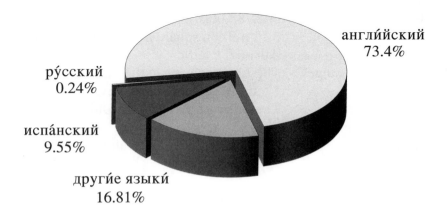

По материа́лам Фо́нда англи́йского языка́ США.

@ **Complete exercises on the Web site.**

Chapter 20: 20-10, 20-11, 20-12.

20-26. Слова́рь. Vocabulary.

азиа́тский, -ая, -ое, -ие – *Asian*
Атланти́ческий океа́н – *Atlantic Ocean*
бо́льше всего́ – *most of all*
восто́чный, -ая, -ое, -ые – *east(ern)*
гора́ (*pl.* го́ры) – *mountain*
госуда́рство – *state, country*
грани́чить *impf.* с чем? – *to share a border with*
     Pres: грани́чит, грани́чат
за́падный, -ая, -ое, -ые – *west(ern)*
ка́рта – *map*
когда́-нибудь – *ever*
контине́нт – *continent*
кру́пный, -ая,-ое,-ые – *large*
многонациона́льный, -ая, -ое, -ые – *multinational*
мо́ре – *sea*
наро́д – *people, nation*
населе́ние – *population*
национа́льность (*f.*) – *nationality*
не́сколько – *several, a few*
океа́н – *ocean*
о́стров (*pl.* острова́) – *island*
о́зеро (*pl.* озёра) – *lake*
ра́зный, -ая, -ое, -ые – *various, different*
регио́н – *region*
се́верный, -ая, -ое, -ые – *north(ern)*
Се́верный Ледови́тый океа́н – *Arctic Ocean*
Сиби́рь (f.), в Сиби́ри – *Siberia, in Siberia*
си́ний, -яя, -ее, -ие – *dark blue*
со́лнце – *sun*
столи́ца – *capital*
страна́ – *country*
тата́ры – *Tatars*
террито́рия – *territory*
Ти́хий океа́н – *Pacific Ocean*
часть (*f.*) – *part*
ю́жный, -ая, -ое, -ые – *south(ern)*

Ко́мпас – *Points of the compass*
восто́к – *East*
за́пад – *West*
се́вер – *North*
юг – *South*

Контине́нты и регио́ны – *Continents and regions*
Австра́лия – *Australia*
А́зия – *Asia*
А́фрика – *Africa*
Евро́па – *Europe*
Восто́чная Евро́па – *Eastern Europe*
За́падная Евро́па – *Western Europe*
Се́верная Аме́рика – *North America*
Ю́жная Аме́рика – *South America*

Стра́ны – *Countries*
Аме́рика (США: Соединённые Шта́ты Аме́рики) – *America (USA: United States of America)*
А́нглия – *England*
Аргенти́на – *Argentina*
Брази́лия – *Brazil*
Герма́ния – *Germany*
Еги́пет – *Egypt*
И́ндия – *India*
Испа́ния – *Spain*
Ита́лия – *Italy*
Кита́й – *China*
Коре́я – *Korea*
Ме́ксика – *Mexico*
Росси́я – *Russia*
Фра́нция – *France*
Швейца́рия – *Switzerland*
Япо́ния – *Japan*

Национа́льности – *Nationalities*
америка́н|е|ц (америка́нка, америка́нцы) – *American*
англича́нин (англича́нка, англича́не) – *English, British*
евре́й (евре́йка, евре́и) – *Jewish (considered a nationality in Russia)*
испа́н|е|ц (испа́нка, испа́нцы) – *Spanish, Spaniard*
италья́н|е|ц (италья́нка, италья́нцы) – *Italian*
кита́|е|ц (китая́нка, кита́йцы) – *Chinese*
коре́|е|ц (корея́нка, коре́йцы) – *Korean*
не́м|е|ц (не́мка, не́мцы) – *German*
ру́сский (ру́сская, ру́сские) – *Russian*
укра́ин|е|ц (украи́нка, украи́нцы) – *Ukrainian*
францу́з (францу́женка, францу́зы) – *French*
япо́н|е|ц (япо́нка, япо́нцы) – *Japanese*

Языки́ – Languages
англи́йский язы́к – *English*
ара́бский язы́к – *Arabic*
испа́нский язы́к – *Spanish*
италья́нский язы́к – *Italian*
кита́йский язы́к – *Chinese*
коре́йский язы́к – *Korean*
неме́цкий язы́к – *German*
португа́льский язы́к – *Portuguese*
ру́сский язы́к – *Russian*
францу́зский язы́к – *French*
япо́нский язы́к – *Japanese*

Themes
- traveling by train, by plane, by car
- reading travel brochures

Intonation
- the intonation of complex questions

Communicative situation
- buying train/plane tickets, booking a hotel, renting a car

Grammar
- more about verbs of motion
- using the prefixes **по-**, **при-** and **у-** with verbs of motion
- using the preposition **по** with the Dative case

Но́вые слова

по́езд – *train*
путеше́ствовать *impf. – to travel*
самолёт – *airplane*

Како́е сего́дня число́?
Сего́дня…

Date (ordinal number) число́		Month (Gen. case) ме́сяц
пе́рвое	17-ое	января́
второ́е	18-ое	февраля́
тре́тье	19-ое	ма́рта
четвёртое	20-ое	апре́ля
пя́тое	21-ое	ма́я
6 -ое	22-ое	ию́ня
7-ое	23-ое	ию́ля
8-ое	24-ое	а́вгуста
9-ое	25-ое	сентября́
10-ое	26-ое	октября́
11-ое	27-ое	ноября́
12-ое	28-ое	декабря́
13-ое	29-ое	
14-ое	30-ое	
15-ое	31-ое	
16-ое		

21-1. 🎧 🎥 Интервью́. Listen to the interviews and summarize them.

Интервью́ 1

— Ле́на, вы лю́бите путеше́ствовать?
— Да, о́чень.
— А где вы уже́ бы́ли?
— В ра́зных стра́нах: наприме́р, в Индии, в Кита́е и в Швейца́рии.
— А где вы бы́ли в Росси́и?
— На Кавка́зе, в Сиби́ри и на Байка́ле.

Интервью́ 2

— Андре́й Ива́нович, как вы лю́бите путеше́ствовать: на по́езде, на самолёте и́ли на маши́не?
— На по́езде, е́сли у меня́ есть вре́мя.
— Почему́?
— Мо́жно уви́деть всю страну́: ра́зные города́, ре́ки, го́ры, озёра …
И со свое́й жено́й я познако́мился в по́езде Москва́ – Петербу́рг.

21-2. 🎧 Интона́ция. The intonation of complex questions.

When asking someone a question that begins with «**Вы не зна́ете…**» or «**Вы не ска́жете…**», use intonation Type 3 and pronounce the entire question as one intonational unit.

Вы не зна́ете, где нахо́дится Дом кни́ги?

Вы не ска́жете, где ста́нция метро́?

Repeat the following questions after the speaker.

Вы не зна́ете, како́й авто́бус идёт в зоопа́рк?

где магази́н «Косме́тика»?

как зову́т его́ роди́телей?

куда́ они́ пошли́?

Вы не ска́жете, где остано́вка авто́буса № 111?

где мо́жно купи́ть биле́т на авто́бус?

где дом № 8?

како́й авто́бус идёт до це́нтра?

как дое́хать до зоопа́рка?

Ле́ксика и грамма́тика

21-3. 1) Listen to the sentences and number them in the order they are given. 2) Read the sentences out loud and give English equivalents.

Запо́мните! Memorize!

Conjugation: **лете́ть** – *to fly*
я лечу́	мы лети́м
ты лети́шь	вы лети́те
он/она́ лети́т	они́ летя́т

Note:
По-англи́йски мы говори́м «on the Internet». Ру́сские говоря́т «в Интерне́те» и «по Интерне́ту»:

Я посмотрю́ в Интерне́те.
I'll look on the Internet.

Я купи́л/а э́ти биле́ты по Интерне́ту.
I bought these tickets on the Internet.

a) ___ Это по́езд.

___ По́езд идёт в Ирку́тск.

___ Я е́ду на по́езде в Ирку́тск.

b) ___ Это мой ваго́н.

___ Это моё ме́сто.

c) ___ Это самолёт.

___ Самолёт лети́т в Ирку́тск.

___ Я лечу́ на самолёте в Ирку́тск.

___ Это моё ме́сто о́коло окна́.

d) ___ Это биле́т на по́езд.

___ Я купи́ла биле́т в ка́ссе на вокза́ле.

___ Я купи́ла биле́т по Интерне́ту.

___ Где мо́жно купи́ть биле́т на по́езд?

e) ___ Это биле́т на самолёт.

___ Я купи́ла биле́т в ка́ссе в аэропорту́.

___ Я купи́ла биле́т по Интерне́ту.

Conjugation: **лета́ть** – *to fly*

я лета́ю	мы лета́ем
ты лета́ешь	вы лета́ете
он/она́ лета́ет	они́ лета́ют

Conjugation: **е́здить** – *to go (not by foot)*

я е́зжу	мы е́здим
ты е́здишь	вы е́здите
он/она́ е́здит	они́ е́здят

Conjugation: **путеше́ствовать** – *to travel*

я путеше́ствую
ты путеше́ствуешь
он/она́ путеше́ствует
мы путеше́ствуем
вы путеше́ствуете
они́ путеше́ствуют

Note:

Don't confuse **путеше́ствовать + где?** *to be somewhere and travel around that place* with **е́здить + куда́?** *to travel to a place.*

Ле́том мы **путеше́ствовали по** Евро́пе.
Last summer we travelled in (around) Europe.

Ле́том мы **е́здили в** Евро́пу
Last summer we travelled to Europe.

Но́вые слова́

вы́езд, вы́лет – *departure*
киломе́тр (км.) – *kilometer*
прие́зд, прилёт – *arrival*

Спра́вка

Кла́ссы ваго́нов в по́езде:
• Спа́льный ваго́н, 16-18 мест, двухме́стные купе́ (СВ, Л) – *First class, double occupancy*
• Купе́йный ваго́н, 36-38 мест, четырёхме́стные купе́ (КП) – *Second class, quadruple occupancy*
• Плацка́ртный ваго́н, 54 ме́ста (ПЛ) – *Reserved seats*
• Общий ваго́н, 81 ме́сто (О) – *Non-reserved seats*

Класс биле́тов на самолёт:
• Эконо́м-класс – *Economy class*
• Би́знес-класс – *Business class*
• Пе́рвый класс – *First class*

21-4.  **Choose the statements that apply to you and finish the sentences. Compare them with the choices of your classmates.**

Как ты лю́бишь путеше́ствовать?

Как вы лю́бите путеше́ствовать?

— Я люблю́…

☐ е́здить на по́езде.   Я е́здил/а на по́езде (куда́?) ….
☐ лета́ть на самолёте.   Я лета́л/а на самолёте (куда́?) …
☐ е́здить на маши́не.   Я е́здил/а на маши́не (куда́?) …
☐ е́здить на авто́бусе.   Я е́здил/а на авто́бусе (куда́?) …

21-5. 📝 **В Ирку́тск! To Irkutsk! You're planning to go to Irkutsk. Read the following information and decide how you will go to Irkutsk, and order your tickets online.**

1. Вы мо́жете дое́хать до Ирку́тска на по́езде. По́езд идёт из Москвы́, с Яросла́вского вокза́ла, в Ирку́тск 77 часо́в. Биле́т «Москва́ – Ирку́тск» (купе́йный ваго́н) сто́ит 6 ты́сяч рубле́й. Что́бы купи́ть биле́т, ну́жен па́спорт.

2. До Ирку́тска мо́жно лете́ть на самолёте. Самолёт лети́т из Москвы́, из аэропо́рта «Шереме́тьево», до Ирку́тска 6 часо́в. В Ирку́тске есть аэропо́рт. Аэропо́рт нахо́дится недалеко́ от це́нтра го́рода (8 км.). Биле́т «Москва́ – Ирку́тск – Москва́» в эконо́м-кла́ссе сто́ит 10 ты́сяч рубле́й. Что́бы купи́ть биле́т, ну́жен па́спорт.

Я пое́ду на по́езде. Зака́з биле́та на по́езд:

Имя: ▭   **Фами́лия:** ▭

Отку́да: ▭   **Куда́:** ▭

Да́та вы́езда: ▭   **Да́та прие́зда:** ▭

Коли́чество (ско́лько) биле́тов: ▭

Класс ваго́на:
СВ ○   КП ○   ПЛ ○   О ○

Ваш телефо́н: ▭   **Ваш e-mail:** ▭

Я полечу́ на самолёте. Зака́з биле́та на самолёт:

Имя: _____	Фами́лия: _____
Отку́да: _____	Куда́: _____
Вы́лет: _____	Прилёт: _____

Коли́чество (ско́лько) биле́тов: _____

Класс биле́та:

эконо́м ◯   би́знес ◯   пе́рвый ◯

Ваш телефо́н: _____   Ваш e-mail: _____

@ Complete exercises on the Web site.

Chapter 21: 21-1, 21-2, 21-3.

21-6. Complete the following sentences. See Grammar comment 21-1.

1. В э́том году́ мы хоти́м (е́хать/идти́) на по́езде в Ирку́тск.
2. Ле́на (шла/лете́ла) на самолёте из Ки́ева в Нью-Йо́рк.
3. Вы сего́дня (идёте/лети́те) на ле́кцию?
4. И́горь лю́бит (ходи́ть/лета́ть) на самолёте, а я люблю́ (ходи́ть/е́здить) на по́езде.
5. Как вы (идёте/е́дете) в Вашингто́н, на самолёте и́ли на маши́не?
6. Куда́ (идёт/лети́т) э́тот самолёт?
7. Сего́дня мы (идём/лети́м) в го́сти к ба́бушке.
8. Вы (идёте/е́дете) в Росси́ю в э́том году́?

21-7. Глаго́лы движе́ния. Read the sentences and circle the appropriate words. Explain the use of the verbs of motion.

ходи́ть *vs.* **идти́**

1. Вчера́ мы (ходи́ли/шли) в музе́й.
2. Куда́ ты (хо́дишь/идёшь) сейча́с?
3. Куда́ ты (ходи́л/шёл) вчера́?
4. Мы ча́сто (хо́дим/идём) в библиоте́ку.
5. Они́ ре́дко (хо́дят/иду́т) в рестора́ны.
6. Мы (хо́дим/идём) на ру́сский язы́к 3 ра́за в неде́лю.

Grammar comment 21-1
More about Verbs of Motion

1. By foot or not by foot
The imperfective verbs **идти́**, **е́хать**, and **лете́ть** denote motion in one direction toward a specific goal.

> **идти́** denotes motion on foot
> **е́хать** denotes motion in a vehicle or in a plane
> **лете́ть** denotes motion in the air, flying

> • **Usage hint.** Use **е́хать** or **лете́ть** when referring to traveling from one city or country to another.

> За́втра я е́ду в Вашингто́н.
> *I am going to Washington tomorrow.*

2. Unidirectional vs. multidirectional
The imperfective verbs **ходи́ть**, **е́здить**, and **лета́ть** denote motion in more than one direction. This is often motion to a specific destination and departure from it.

> • **Usage hint.** Use all tenses of **ходи́ть**, **е́здить** or **лета́ть** to describe repeated trips to a specific destination.

> Я ча́сто е́зжу в Москву́.
> *I often travel to Moscow.*

Use only the past tense forms **ходи́л (ходи́ла, ходи́ли)**, **е́здил (е́здила, е́здили)** and **лета́л (лета́ла, лета́ли)** to describe one round trip to a specific goal.

> Год наза́д я е́здила в Москву́.
> *I traveled (went) to Moscow a year ago.*

**Grammar comment 21-2
Using the Prefixes ПО-, ПРИ- and У-
with Verbs of Motion**

• Use the prefixed perfective verbs **пойти́**, **пое́хать**, and **полете́ть** to describe setting out for a particular goal.

> Они́ **пошли́/пое́хали/полете́ли** домо́й.
> *They went (set out for) home.*

• Use the prefixed perfective verbs **прийти́**, **прие́хать**, and **прилете́ть** to indicate arrival or return.

> Они́ **пришли́/прие́хали/прилете́ли** в 12 часо́в.
> *They arrived (got here) at 12 o'clock.*

• Use prefixed perfective verbs **уйти́**, **уе́хать**, and **улете́ть** to indicate departure.

> Они́ **ушли́/уе́хали/улете́ли**.
> *They've left. They're gone.*

е́здить *vs.* **е́хать**

7. В э́том году́ они́ (е́здили/е́хали) на Байка́л.
8. Вы куда́-нибудь (е́здите/е́дете) в э́том году́?
9. Вы ча́сто (е́здите/е́дете) во Владивосто́к?
10. Когда́ я была́ ма́ленькой, я ча́сто (е́здила/е́хала) к ба́бушке и де́душке.
11. Мы (е́здим/е́дем) в Ирку́тск за́втра.
12. Они́ ре́дко (е́здят/е́дут) в Ки́ев.

лета́ть *vs.* **лете́ть**

13. — Куда́ вы сейча́с (лета́ете/лети́те)?
    — Я (лета́ю/лечу́) в Москву́.
14. — Вы ча́сто (лета́ете/лети́те) в Москву́?
    — Я (лета́ю/лечу́) в Москву́ 2-3 ра́за в год.
15. Куда́ вы (лета́ли/лете́ли) в э́том году́?
16. Они́ лю́бят (лета́ть/лете́ть) на самолёте.

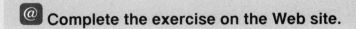

Complete the exercise on the Web site.

Chapter 21: 21-4.

21-8. Приста́вки. Complete the following sentences using the correct prefix: ПРИ-, У-, or ПО-. Give English equivalents. See Grammar comment 21-2.

Москва́, аэропо́рт «Шереме́тьево»

Сего́дня я вста́л в 5 утра́ и ___е́хал в аэропо́рт. Когда́ я ___е́хал в аэропо́рт, я ___шёл в ка́ссу, что́бы купи́ть биле́т на самолёт в Ирку́тск. Я хоте́л ___ лете́ть в Ирку́тск в 9 часо́в. Но биле́тов на 9 часо́в не́ было. Я купи́л биле́т на 12 часо́в и ___шёл в кафе́, что́бы вы́пить ко́фе. Я ___лете́л из Москвы́ в 12 часо́в и ___лете́л в Ирку́тск в 7 часо́в ве́чера. Из аэропо́рта я хоте́л ___е́хать в общежи́тие на авто́бусе. Я ждал авто́бус час, уста́л и ___е́хал в общежи́тие на такси́. Я ___е́хал то́лько в 9 часо́в.

Complete the exercise on the Web site.

Chapter 21: 21-5.

21-9. Read the sentences and circle the nouns in the Dative case. Fill in the blanks. Explain the endings and usage of the Dative case. Give English equivalents. See Grammar comment 21-3.

1. В э́том году́ моя́ сестра́ хо́чет путеше́ствовать по Росси́и.
2. Вчера́ мы весь день гуля́ли по го́роду.
3. Тури́сты ходи́ли по музе́ю 3 часа́.
4. По́сле обе́да тури́сты пое́хали на экску́рсию по (го́род) _____.
5. Мы путеше́ствовали по (Сиби́рь) _____ це́лый ме́сяц.
6. Мой друг хо́чет купи́ть кни́гу по (исто́рия) _____ Росси́и.
7. Я ви́дела о́зеро Байка́л то́лько по (телеви́зор) _____.
8. Мы слу́шали по (ра́дио) _____ репорта́ж о ре́ках Сиби́ри.
9. Вчера́ я была́ на заня́тии по (ру́сская исто́рия) _____ _____.
10. Мы заказа́ли гости́ницу по (телефо́н) _____.
11. Мари́на купи́ла биле́ты на самолёт по (Интерне́т) _____.

@ **Complete the exercise on the Web site.**

Chapter 21: 21-6.

21-10. Однокоренны́е слова́. Words with the same root. Find and circle the root (the common part) in the following words. Match the right and left columns.

1. **е́здить – по́езд – пое́здка – вы́езд – прие́зд**
    - a. е́здить ____ a trip
    - b. по́езд ____ departure
    - c. пое́здка ____ to go
    - d. вы́езд ____ arrival
    - e. прие́зд ____ a train

2. **тур – тури́ст – туристи́ческий**
    - a. тур ____ a tourist
    - b. тури́ст ____ tourist's (adj.)
    - c. туристи́ческий ____ a tour

3. **путеше́ствовать – путеше́ствие – путеше́ственник**
    - a. путеше́ствовать ____ a traveler
    - b. путеше́ствие ____ to travel
    - c. путеше́ственник ____ a trip

Grammar comment 21-3
Using the Preposition ПО with a Noun in the Dative Case

Use the preposition **ПО** with a noun in the Dative case to show:

1. the place where an action occurs.

Они́ путеше́ствуют **по Росси́и.**
They're traveling in (all around) Russia.

2. the subject of a book, lecture, examination, etc.

кни́га **по геогра́фии** – *a geography book*
ле́кция **по фи́зике** – *a physics lecture*

3. to show how certain forms of communication take place.

Мы два часа́ говори́ли **по телефо́ну.**
We spoke on the phone for two hours.

Мы смо́трим ру́сские но́вости **по телеви́зору** и **по Интерне́ту.**
We watch the Russian news on TV and on the Internet.

4. **экску́рсия – экскурсово́д – экскурсио́нный**

    a. экску́рсия   ___ tour guide

    b. экскурсово́д   ___ excursion *(adj.)*

    c. экскурсио́нный   ___ an excursion, tour

21-11. 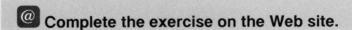 **Нача́ться, продолжа́ться, зако́нчиться. Ask and answer questions following the example and using the words below.**

Note:

The verbs **нача́ться, продолжа́ться,** and **зако́нчиться** are used only with inanimate subjects.

Example: экску́рсия (10:00 – 12:00)

    — Когда́ **начнётся** экску́рсия?

    — Экску́рсия начнётся в 10 часо́в.

    — Ско́лько бу́дет **продолжа́ться экску́рсия**?

    — Она́ бу́дет продолжа́ться два часа́.

    — Когда́ экску́рсия **зако́нчится**?

    — Она́ зако́нчится в 12 часо́в.

1. Экску́рсия по го́роду (9:00 – 12:00)
2. Путеше́ствие на Байка́л (в понеде́льник – в пя́тницу)
3. Фильм о Байка́ле (10:00 – 11:30)
4. Тур в Испа́нию (в э́ту сре́ду – в сле́дующую сре́ду)
5. Пое́здка на о́стров Ольхо́н (во вто́рник – в сре́ду)

@ **Complete the exercise on the Web site.**

Chapter 21: 21-7.

Дава́йте послу́шаем и поговори́м!

Но́вые слова́

докуме́нты – *(official) papers, i.e. passport, visa, etc.*

ключ – *key*

на когда́? – *for when*

но́мер (в гости́нице, *pl.* номера́) – *hotel room*

свобо́дный (но́мер в гости́нице) – *vacancy (at a hotel)*

су́тки (в су́тки) – *day; 24 hr period (per day)*

21-12.   **Listen to the conversations and circle the words you hear. Then practice them. Use "Material for practice – Пра́ктика."**

Разгово́р 1

— Алло́! Гости́ница «**Байка́л**»/«**Ирку́тск**» слу́шает.

— Здра́вствуйте. Я хочу́ заказа́ть **гости́ницу/маши́ну**.

— Пожа́луйста. На когда́?

— Я прилета́ю в э́тот **понеде́льник/пя́тницу** и улета́ю в суббо́ту.

— Да, у нас есть **свобо́дные номера́/есть два свобо́дных но́мера**.

— Ско́лько сто́ит но́мер?

— Станда́ртный – **3200/4200** рубле́й в су́тки. Бу́дете брать?

— Да, возьму́.

— Ва́ше и́мя и фами́лия?

— Кня́зик Андре́й Ива́нович.

Material for practice – Пра́ктика

You want to book a hotel, an excursion around **Но́вгород** with a tour guide (around 260 rubles per person), and you also want to rent a car. Look at the hotel and the car rental price lists, and then make a phone call.

Гости́ница «Интури́ст»

номера́	цена́ в су́тки
Станда́рт	3200 рубле́й
Би́знес класс Одноме́стный но́мер	3800 рубле́й
Би́знес класс Двухме́стный но́мер	3800 рубле́й
Люкс	4700 рубле́й
1 класс Одноме́стный но́мер	3960 рубле́й
1 класс Двухме́стный но́мер	3960 рубле́й

Аре́нда автомоби́ля, цена́ в су́тки

На 1-15 дней – 1782 рубля́
На 16-30 дней – 1593 рубля́

Разгово́р 2
— Здра́вствуйте, я заказа́л но́мер в ва́шей гости́нице.
— Здра́вствуйте, ва́ше и́мя и фами́лия.
— Андре́й Ива́нович Кня́зик. Вот мой **па́спорт/докуме́нты**.
— Да, ваш но́мер **301/401**, он нахо́дится на **тре́тьем/четвёртом** этаже́. Вот ключи́. Лифт там.
— **401/301**, я пра́вильно по́нял?
— Нет, **301/401**.
— Спаси́бо.
— Пожа́луйста.

21-13. 🎧 👥 **Listen to the conversation and fill in the blanks. Then practice it.**

— Приве́т, Ира! Когда́ ты _____ в Москву́?
— В понеде́льник. Я _____ из Ки́ева в 5 часо́в ве́чера и бу́ду в Москве́ уже́ в 6.30.
— А в како́й _____ ты прилета́ешь, в Шереме́тьево и́ли во Вну́ково?
— Во Вну́ково. Ты меня́ мо́жешь _____?
— Коне́чно.
— Спаси́бо!

21-14. Интервью́. Listen to the interviews in 21-1 again.
1) Summarize them in Russian and give the following information in the form of a narrative:

Интервью́ 1

a. Что Ле́на лю́бит?
b. Где она́ уже́ была́?
c. Где она́ была́ в Росси́и?

Интервью́ 2

a. Почему́ Андре́й Ива́нович лю́бит путеше́ствовать на по́езде?
b. Где он познако́мился со свое́й жено́й?

2) Conduct similar interviews with your classmates or other Russian speakers. Write down their answers and report the results in class.

Interview form

Questions	Person 1	Person 2	Person 3
1. Как тебя́/вас зову́т?			
2. Как ты лю́бишь/вы лю́бите путеше́ствовать: на по́езде/на самолёте/на маши́не?			
3. Почему́ ты лю́бишь/вы лю́бите путеше́ствовать на по́езде/на самолёте/на маши́не?			

@ **Complete the exercise on the Web site.**

Chapter 21: 21-8.

Дава́йте послу́шаем и почита́ем!

21-15. 🎧 Байка́л. Listen to the text and choose the correct answer. There may be more than one correct answer.

1. Куда́ приглаша́ет пое́хать тури́сти́ческая фи́рма «Но́вая земля́»?
a. в Сиби́рь   b. на о́зеро Байка́л   c. в Москву́

2. Ско́лько сто́ит тур?
a. 8715 рубле́й   b. 8570 рубле́й   c. 875 рубле́й

3. Где начнётся и зако́нчится путеше́ствие?
a. в Листвя́нке   b. в Москве́   c. в Ирку́тске

4. Ско́лько дней бу́дет продолжа́ться путеше́ствие на Байка́л?

a. 3 дня   b. 5 дней   c. 4 дня

5. Что тури́сты уви́дят во вре́мя путеше́ствия?

a. Москву́

b. Ирку́тск

c. о́стров Ольхо́н

d. посёлок Листвя́нку

e. о́зеро Байка́л

21-16. 📖 **Чте́ние. Read the Информацио́нная брошю́ра below and give English equivalents for each sentence. What kind of itinerary does the firm offer for a trip to Lake Baikal?**

1. Ирку́тск—Листвя́нка — о́стров Ольхо́н — Ирку́тск
2. Ирку́тск — о́стров Ольхо́н — Листвя́нка — Ирку́тск
3. Москва́ — Листвя́нка — о́стров Ольхо́н — Ирку́тск

Туристи́ческая фи́рма «Но́вая земля́» Байка́л

Вы лю́бите путеше́ствовать?! А Вы бы́ли в Сиби́ри? Не́ были?! Туристи́ческая фи́рма «Но́вая земля́» приглаша́ет Вас на о́зеро Байка́л!

Вы уви́дите восто́чную столи́цу Сиби́ри – го́род Ирку́тск, посёлок Листвя́нку на Байка́ле, посмо́трите це́ркви, музе́и, отдохнёте на о́строве Ольхо́н.

Тур сто́ит (от Ирку́тска): 8570 рубле́й.
В гру́ппе: 6-12 тури́стов.

Путеше́ствие начнётся и зако́нчится в Ирку́тске. В Ирку́тск вы мо́жете прилете́ть на самолёте. Аэропо́рт нахо́дится недалеко́ от це́нтра го́рода. Если у вас есть вре́мя, но нет де́нег, вы мо́жете прие́хать в Ирку́тск на по́езде по Транссиби́рской магистра́ли. По́езд идёт из Москвы́ в Ирку́тск 3 дня. Из окна́ по́езда вы уви́дите всю Росси́ю!

Но́вые слова́

встре́ча – *meeting*
земля́ – *earth, ground*
о́тдых – *vacation, rest*
отъе́зд – *departure*
посёл|о|к – *village, settlement*
посеще́ние чего? – *visit*
посмотре́ть *pfv.* что? – *to take a look*
приглаша́ть *impf.* кого? куда́? – *to invite*
регистра́ция – *registration*
уви́деть *pfv.* что? кого? – *to see, catch sight of*
   Fut: я уви́жу, ты уви́дишь, они́ уви́дят

Спра́вка
Транссиби́рская магистра́ль. The Trans-Siberian Railway (or Railroad) **Транссиби́рская магистра́ль, Трансси́б,** is a network of railways connecting Moscow and European Russia with the Russian Far East provinces, Mongolia, China, and the Sea of Japan.

Спра́вка
Декабри́сты On December 14, 1825, Russian army officers led about 3,000 soldiers in a protest against Nicholas I of Russia. Because this revolt occurred in December, the rebels were called the *Decembrists*, **декабри́сты**. The revolt was suppressed, and **декабри́сты** were exiled to **Сиби́рь**, and five of them were hanged.

Тро́ицкая це́рковь – the Holy Trinity Church
Каза́нская це́рковь – the Kazan Mother of God Church

Но́вые слова́

забы́ть *pfv*. что? кого́? – *to forget*
показа́ть *pfv*. что? – *to show*
понра́виться *pfv*. кому́? – *to like*
   Past: понра́вился, понра́вилась, понра́вилось, понра́вились
провести́ *pfv*. что? – *to spend*
   Past: он провёл, она́ провела́, они́ провели́

Програ́мма путеше́ствия

День 1:
Встре́ча в аэропорту́ и́ли на вокза́ле в Ирку́тске. Регистра́ция в гости́нице «Ирку́тск». Обе́д. Экску́рсия по Ирку́тску. Посеще́ние До́ма-музе́я декабри́стов, Тро́ицкой и Каза́нской церкве́й. Ужин. Свобо́дное вре́мя.

День 2:
За́втрак в гости́нице. Отъе́зд на авто́бусе в посёлок Листвя́нку на Байка́ле. Регистра́ция и обе́д в гости́нице «Байка́л» в Листвя́нке. Экску́рсия с посеще́нием Байка́льского музе́я. Ужин в гости́нице. Свобо́дное вре́мя.

День 3:
За́втрак в гости́нице «Байка́л». Отъе́зд на о́стров Ольхо́н. Экску́рсия по о́строву. Обе́д. Свобо́дное вре́мя.

День 4:
Отдых на о́строве Ольхо́н.

День 5:
По́сле за́втрака – отъе́зд в Ирку́тск. Свобо́дное вре́мя в Ирку́тске. Отъе́зд домо́й.

21-17. **Расскажи́те. Talk about:**

1) как дое́хать до Ирку́тска
2) о програ́мме путеше́ствия
   a. пе́рвый день
   b. второ́й день
   c. тре́тий день
   d. четвёртый день
   e. пя́тый день

21-18. **You work for a travel agency. Use the questions below as an outline to describe a tour to Lake Baikal.**

1. Где начнётся и зако́нчится путеше́ствие?
2. Ско́лько бу́дет продолжа́ться пое́здка?
3. Что мо́жно посмотре́ть?
4. Где бу́дут жить тури́сты?
5. Ско́лько сто́ит тур?

21-19. **Чте́ние. Пое́здка на Байка́л. A Trip to Lake Baikal. Read what people who have visited Lake Baikal write about their trip.**

Что нам пи́шут о пое́здке на Байка́л …

Ка́тя Ивано́ва, г. Москва́
   Пое́здка мне о́чень понра́вилась. У нас не́ было де́нег на самолёт, и мы с подру́гой купи́ли биле́ты на по́езд Москва́-

Ирку́тск. И хорошо́! Мы ве́село провели́ 3 дня. Уви́дели всю Росси́ю! Прие́хали в Ирку́тск. Нас встре́тили, показа́ли го́род. Жи́ли мы в гости́нице «Ирку́тск», кото́рая нахо́дится в це́нтре го́рода. Хоро́шая гости́ница, 3 рестора́на, ба́ры, ночно́й клуб с дискоте́кой, магази́ны, где мо́жно купи́ть сувени́ры. Экску́рсии бы́ли о́чень интере́сные. Наш экскурсово́д, Ди́ма Петро́в, симпати́чный и весёлый па́рень! Спаси́бо, Ди́ма и «Но́вая земля́»!

Игорь Соколо́в, г. Санкт-Петербу́рг

Я пое́хал на Байка́л с дру́гом. Мы хорошо́ отдохну́ли. Всё интере́сное, что мо́жно уви́деть, мы уви́дели. Экску́рсии бы́ли о́чень интере́сные! Нам не́ было ску́чно. Байка́л о́чень краси́вый! Спаси́бо. Я никогда́ не забу́ду Байка́л!

 Complete the exercise on the Web site.

Chapter 21: 21-9.

Дава́йте переведём!

21-20. Как сказа́ть по-ру́сски? **Give Russian equivalents for the following questions. Translate ideas, not words. Take turns asking and answering the questions.**

1. Do you like to travel?
2. Do you like to fly?
3. Do you like to travel by train?
4. Have you ever traveled by bus?
5. How can I get a hotel room?
6. How can I buy a plane ticket?
7. How much does a ticket cost?
8. How much does a tour cost?
9. How can I rent a car?
10. Do you have (any/some) money?
11. Do you have a passport?

21-21. Гости́ницы го́рода Ирку́тск. Translate ideas, not words.

Гости́ница «Байка́л-би́знес центр» * * * *

Гости́ница постро́ена в 1996 году́, всего́ 59 номеро́в. Нахо́дится в двух киломе́трах от аэропо́рта и в восьми́ киломе́трах от це́нтра го́рода. В номера́х есть спу́тниковое телеви́дение, телефо́н, Интерне́т, холоди́льник. В гости́нице есть рестора́н, бар, са́уна, парикма́херская (barber's and hairdresser's), косметический сало́н, магази́ны. Мо́жно заказа́ть экску́рсии, автотра́нспорт. В гости́нице мо́жно проводи́ть конфере́нции и конгре́ссы, а та́кже арендова́ть о́фисы.

293

21-22. Выходны́е на Байка́ле. Translate ideas, not words. Use full sentences.

Week-end at Baikal NEW!!!

to book

630 USD

Duration: 4 days, 3 nights
Accommodation: hotel 3*, Listvyanka village
Program:

Day	Program
Thursday	Departure for Irkutsk.
Friday	Arrival in Irkutsk. Transfer to the Hotel Baikal, village of Listvyanka. Free time.
Saturday	Staying at the Hotel Baikal, Listvyanka. Tour of the city. Free time.
Sunday	Transfer to the Irkutsk airport. Departure for Moscow.

Note: The price includes flight Moscow-Irkutsk-Moscow (Sibir Airlines), transfer airport-hotel-airport, accommodations, breakfast, and excursions.

@ Complete the exercise on the Web site.

Chapter 21: 21-10.

Ци́фры и фа́кты

21-23. **Review of numbers. Listen to the speaker and complete the information below. Then read it out loud.**

Ско́лько сто́ит биле́т на самолёт/на по́езд?

1. Биле́т на самолёт Москва́ - Хаба́ровск - Москва́ сто́ит _____ рубле́й.
2. Биле́т на самолёт Москва́ - Ки́ев - Москва́ сто́ит _____ рубля́.
3. Биле́т на самолёт Москва́ - Нори́льск - Москва́ сто́ит _____ рубле́й.
4. Биле́т на самолёт Москва́ - Омск - Москва́ сто́ит _____ рубле́й.
5. Биле́т на по́езд Москва́ - Петербу́рг (купе́) сто́ит _____ рубле́й.
6. Биле́т на по́езд Москва́ - Адлер (купе́) сто́ит _____ рубле́й.
7. Биле́т на по́езд Москва́ - Хаба́ровск (купе́) сто́ит _____ рубль.
8. Биле́т на по́езд Москва́ - Росто́в (купе́) сто́ит _____ рубля́.

21-24. Ци́фры и фа́кты. 1) Look at the graph and discuss the responses. 2) Conduct a similar survey among your classmates or ask other people and report the results in class.

Вопро́с: Как вы лю́бите путеше́ствовать?
Результа́ты опро́са:

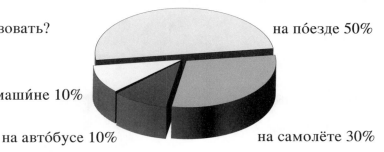

на по́езде 50%

на маши́не 10%

на авто́бусе 10%

на самолёте 30%

@ **Complete exercises on the Web site.**

Chapter 21: 21-11, 21-12.

21-25. Слова́рь. Vocabulary.

ваго́н – *(train) car*
встре́ча – *meeting*
вы́езд, вы́лет– *departure*
докуме́нт – *(official) paper*
е́здить *impf.* – *to go by vehicle (repeatedly)*
    Pres: я е́зжу, ты е́здишь, он/она́ е́здит, они́ е́здят
забы́ть *pfv.* – *to forget*
    Fut: я забу́ду, ты забу́дешь, они́ забу́дут; *Past:* забы́л, забы́ла, забы́ли
зака́з – *order*
зако́нчиться *pfv.* – *to end, be over (for things)*
    Fut: зако́нчится, зако́нчатся
земля́ – *earth, ground*
лета́ть *impf.* – *to fly (repeatedly)*
    Pres: я лета́ю, ты лета́ешь, они́ лета́ют
лете́ть *impf.* – *to fly (in one direction)*
    Pres: я лечу́, ты лети́шь, они́ летя́т
ме́сто (в ваго́не) – *seat, berth number*
на когда́? – *for when?*
нача́ться *pfv.* – *to begin, start (for things)*
    Fut: начнётся, начну́тся; *Past:* начался́, начала́сь, начало́сь, начали́сь
но́мер (в гости́нице, *pl.* номера́) – *hotel room*
о́тдых – *vacation, rest*
отъе́зд, вы́лет – *departure*
па́спорт (*pl.* паспорта́) – *passport*
по́езд (*pl.* поезда́) – *train*
пое́здка – *trip*
показа́ть *pfv.* что? кому́? – *to show*
    Fut: я покажу́, ты пока́жешь, они́ пока́жут
понра́виться *pfv.* кому́? – *to like*
    Fut: понра́вится, понра́вятся
посёл|о|к – *village, settlement*
посеще́ние чего́? – *visit*

посмотре́ть *pfv.* что? – *to take a look*
приглаша́ть *impf.* кого́? куда́? – *to invite*
    Pres: я приглаша́ю, ты приглаша́ешь, они́ приглаша́ют
прие́зд, прилёт – *arrival*
прилете́ть *pfv.* куда́? отку́да? – *to arrive*
    Fut: я прилечу́, ты прилети́шь, они́ прилетя́т
провести́ *pfv.* что? – *to spend*
    Fut: я проведу́, ты проведёшь, они́ проведу́т; *Past:* провёл, провела́, провели́
програ́мма – *program, schedule*
продолжа́ться *impf.* – *to continue (for things)*
    Pres: продолжа́ется, продолжа́ются
путеше́ствие – *trip, journey (usually long)*
путеше́ствовать *impf.* – *to travel, to journey*
    Pres: я путеше́ствую, ты путеше́ствуешь, они́ путеше́ствуют
регистра́ция – *registration*
самолёт – *airplane*
свобо́дный (но́мер в гости́нице) – *vacant*
су́тки (в су́тки) – *day; 24 hr period (per day)*
тур – *tour*
тури́ст – *tourist*
туристи́ческий, -ая, -ое, ие – *tourist (adj.)*
уви́деть *pfv.* что? кого́? – *to see, catch sight of*
    Fut: я уви́жу, ты уви́дишь, они́ уви́дят
улете́ть *pfv.* куда́? отку́да? – *to depart*
    Fut: я улечу́, ты улети́шь, они́ улетя́т
экску́рсия – *tour, excursion*
экскурсово́д – *tour guide*

Themes
- seasons and weather
- clothing

Intonation
- syntagmas

Communicative situations
- small talk: What is the weather like?
- asking and answering questions about packing for travel

Grammar
- absence or lack of someone or something
- Dative case plural forms for nouns and their modifiers
- imperatives

Но́вые слова́

время го́да – *season*
дождь *(m.)* – *rain*
жа́рко – *hot*
ле́то – *summer*
о́сень *(f.)* – *fall, autumn*
со́лнце – *sun*
тепло́ – *warm*

Како́е сего́дня число́?
Сего́дня...

Date (ordinal number) число́		Month (Gen. case) ме́сяц
пе́рвое	17-ое	января́
второе	18-ое	февраля́
тре́тье	19-ое	ма́рта
четвёртое	20-ое	апре́ля
пя́тое	21-ое	ма́я
6 -ое	22-ое	ию́ня
7-ое	23-ое	ию́ля
8-ое	24-ое	а́вгуста
9-ое	25-ое	сентября́
10-ое	26-ое	октября́
11-ое	27-ое	ноября́
12-ое	28-ое	декабря́
13-ое	29-ое	
14-ое	30-ое	
15-ое	31-ое	
16-ое		

22-1. 🎧 🎥 **Интервью́. Listen to the interviews and summarize them.**

Интервью́ 1

— Мари́на, како́е твоё люби́мое вре́мя го́да?
— Я люблю́ ле́то.
— А почему́?
— Тепло́, мо́ре, со́лнце, шо́рты, ма́йка… И учи́ться не на́до…
— А ты рабо́таешь ле́том?
— Обы́чно рабо́таю, но не мно́го.

Интервью́ 2

— Ната́лья, како́е ва́ше люби́мое вре́мя го́да?
— Осень.
— А почему́ о́сень?
— Люблю́, когда́ идёт дождь и не жа́рко. У нас о́чень краси́во о́сенью!

22-2. 🎧 **Интона́ция. Syntagmas.**

Sentences are often broken up into units which are called *syntagmas*. In a declarative sentence, the final syntagma is pronounced with a falling intonation (Intonation type 1 or type 2). We will separate individual syntagmas with the symbol ‖.

1) Listen to the following sentences:

— Она́ до́ма?   — Да, ‖ до́ма.   or — Да, ‖ до́ма.

Use either Intonation type 3 or 4 in declarative sentences to indicate an unfinished thought.

Когда́ я слу́шаю му́зыку, ‖ я отдыха́ю.

Когда́ я слу́шаю му́зыку, ‖ я отдыха́ю

Во Фра́нции ‖ живу́т францу́зы, ‖ а в Герма́нии ‖ живу́т не́мцы.

Мы бы́ли в Ло́ндоне, ‖ в Пари́же, ‖ в Варша́ве ‖ и в Пра́ге.

Осторо́жно, ‖ две́ри закрыва́ются.

2) Repeat the following sentences after the speaker. Mark the individual syntagmas, and indicate the type of intonation used.

a. Мы бы́ли в Нью-Йо́рке, в Вашингто́не и Лос-Анджелесе.
b. Оте́ц рабо́тал на Ура́ле и в Сиби́ри.
c. Я зна́ю англи́йский и учу́ ру́сский язы́к.
d. В америка́нских университе́тах у́чится мно́го ру́сских.
e. В Росси́и живу́т ру́сские, украи́нцы, евре́и, не́мцы, коре́йцы, кита́йцы и тата́ры.
f. Когда́ я опа́здываю на рабо́ту, я е́ду на такси́ и́ли тролле́йбусе.

Note: Type 3 is more frequent in rapid conversational speech; type 4 is more characteristic of formal speech, as in media broadcasts or public speaking.

Ле́ксика и грамма́тика

22-3. 🎧 **Времена́ го́да. Seasons. 1) Listen to the sentences and number them in the order they are given. 2) Read the sentences out loud and give English equivalents.**

Запо́мните! Memorize!

Времена́ го́да

ЧТО?	КОГДА?
зима́ – winter	зимо́й
весна́ – spring	весно́й
ле́то – summer	ле́том
о́сень – fall	о́сенью

a) ___ Это зима́.
   ___ Это снег.
   ___ Зимо́й идёт снег.
   ___ Сего́дня хо́лодно.

b) ___ Это весна́.
   ___ Это дождь.
   ___ Весно́й идёт дождь.
   ___ Сего́дня тепло́.

Но́вые слова́

ве́т|е|р (*pl.* ве́тры) – *wind*
пого́да – *weather*
снег – *snow*
со́лнечно – *sunny (adv.)*
со́лнечный, -ая, -ое, -ые – *sunny (adj.)*
тёплый, -ая, -ое, -ые – *warm (adj.)*
тепло́ – *warm (adv.)*
хо́лодно – *cold (adv.)*
холо́дный, -ая, -ое, -ые – *cold (adj.)*

c) ___ Это ле́то.
   ___ Сего́дня о́чень жа́рко.

d) ___ Это о́сень.
   ___ Осенью идёт дождь.
   ___ Сего́дня хо́лодно.

e) ___ Сего́дня хоро́шая пого́да. ___ Кака́я сего́дня пого́да? ___ Кака́я за́втра бу́дет пого́да? ___ За́втра бу́дет плоха́я пого́да.

f) ___ Это со́лнце. ___ Сего́дня со́лнечно. ___ Ле́том в Сиби́ри мно́го со́лнечных дней.

g) ___ Это ве́тер. ___ Это се́верный ве́тер. ___ Это холо́дный ве́тер. ___ Это ю́жный ве́тер. ___ Это тёплый ве́тер. ___ На Байка́ле быва́ют си́льные ве́тры.

22-4. Кака́я сего́дня пого́да? Check today's weather. Tell what it's like.

❑ Сего́дня хоро́шая пого́да.
❑ Сего́дня плоха́я пого́да.
❑ Идёт дождь.
❑ Идёт снег.
❑ Сего́дня си́льный ве́тер.
❑ Холо́дный се́верный ве́тер.

❑ Тёплый ю́жный ве́тер.
❑ Сего́дня со́лнечный день.
❑ Сего́дня тепло́.
❑ Сего́дня хо́лодно.
❑ Сего́дня жа́рко.

22-5. Температу́ра. Listen to the weather forecast, прогно́з пого́ды, and circle the temperature that is mentioned.

1. Москва́
   +2°C; +12°C; -2°C; +20°C; -20°C

2. Москва́
   +2°C; +12°C; -2°C; +27°C; -20°C

3. Ирку́тск
   +7°C; +17°C; -2°C; +27°C; -27°C

4. Ирку́тск
   +3°C; +13°C; -3°C; +30°C; -30°C

5. Петербу́рг
   +25°C; -5°C; -25°C; +15°C; -35°C

шкала́ Фаренге́йта	шкала́ Це́льсия
104°	+ (плюс) 40°
86°	+30°
68°	+20°
50°	+10°
32°	0°
14°	- (ми́нус) 10°(гра́дусов)
0°	-17,8°
-4°	-20°
-40°	-40°

To convert Farenheit into Centigrade, subtract 32 from the Farenheit temperature and multiply by 5/9.
For example: (100°F -32) x 5/9 = 37.8°C. **100°F = 37.8°C**

To convert Centigrade into Farenheit, multiply the Centigrade temperature by 9/5 and add 32.
For example: (10°C x 9/5) +32 = 50°F. **10°C = 50°F**

22-6. **Прогноз погоды. Talk about the weather following the example and using the information below.**

Example: — Какая завтра будет погода?

— Завтра будет дождь. Температура ночью плюс пять-шесть градусов, днём – плюс пятнадцать-шестнадцать. Ветер южный.

дождь	ночь: +3…+4°C
	день: +14 …+16°C
	ветер: северный

солнечно	ночь: +3…+4°C
	день: +14 …+16°C
	ветер: восточный

снег	ночь: -15… -16°C
	день: -10 … -11°C
	ветер: южный

снег с дождём	ночь: -3…-4°C
	день: +5 …+6°C
	ветер: северный

22-7. **Одежда. Clothing. 1) Listen to the sentences and number them in the order they are given. 2) Read the sentences out loud and give English equivalents.**

a) ___ Это свитер.
   ___ Это тёплый свитер.
   ___ Это красивый свитер.

b) ___ Это куртка.
   ___ Это тёплая куртка.
   ___ Это удобная куртка.

c) ___ Это шапка.
   ___ Это тёплая шапка.
   ___ Это шапка и шарф.

d) ___ Это джинсы.
   ___ Это старые джинсы.
   ___ Это серые джинсы.

e) ___ Это футболка.
   ___ Это красная футболка.
   ___ Это футболка и зелёные шорты.

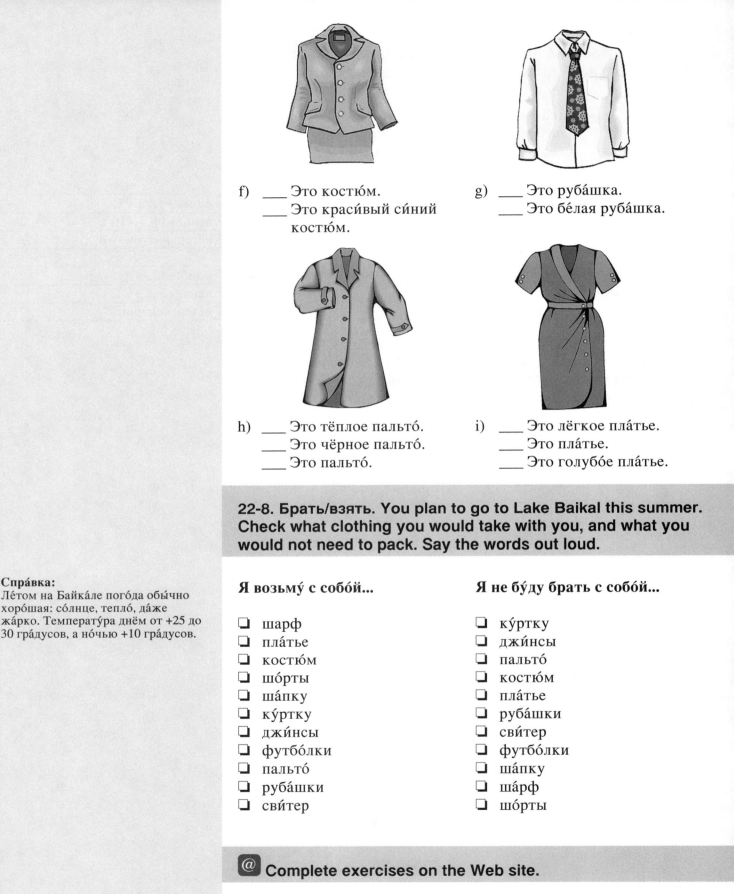

f) ___ Это костю́м.
___ Это краси́вый си́ний костю́м.

g) ___ Это руба́шка.
___ Это бе́лая руба́шка.

h) ___ Это тёплое пальто́.
___ Это чёрное пальто́.
___ Это пальто́.

i) ___ Это лёгкое пла́тье.
___ Это пла́тье.
___ Это голубо́е пла́тье.

22-8. Брать/взять. You plan to go to Lake Baikal this summer. Check what clothing you would take with you, and what you would not need to pack. Say the words out loud.

Спра́вка:
Ле́том на Байка́ле пого́да обы́чно хоро́шая: со́лнце, тепло́, да́же жа́рко. Температу́ра днём от +25 до 30 гра́дусов, а но́чью +10 гра́дусов.

Я возьму́ с собо́й...

- шарф
- пла́тье
- костю́м
- шо́рты
- ша́пку
- ку́ртку
- джи́нсы
- футбо́лки
- пальто́
- руба́шки
- сви́тер

Я не бу́ду брать с собо́й...

- ку́ртку
- джи́нсы
- пальто́
- костю́м
- пла́тье
- руба́шки
- сви́тер
- футбо́лки
- ша́пку
- ша́рф
- шо́рты

@ Complete exercises on the Web site.

Chapter 22: 22-1, 22- 2, 22-3, 22-4.

22-9. ✍️ Read the sentences and fill in the blanks. See Grammar comment 22-1.

1. Вчера́ ве́чером бы́ло хо́лодно, но (I had) _____ с собо́й тёплая ку́ртка. Вчера́ ве́чером бы́ло хо́лодно, а (I did not have) _____ с собо́й тёплой ку́ртки.
2. Вчера́ бы́ло -20 гра́дусов, но (Mila had) _____ тёплая ша́пка и шарф. Вчера́ бы́ло -20 гра́дусов, а (Mila did not have) _____ тёплой ша́пки и ша́рфа.
3. В э́том году́ на Байка́ле бы́ло хо́лодно ле́том, но (Nikita had) _____ с собо́й тёплый сви́тер. В э́том году́ на Байка́ле ле́том бы́ло хо́лодно, а (Nikita did not have) _____ _____ с собо́й тёплого сви́тера.
4. Ле́на полети́т в Ирку́тск на самолёте, потому́ что (she will have money) _____ на биле́т. Ле́на пое́дет в Ирку́тск на по́езде, потому́ что (she will not have) _____ де́нег на биле́т на самолёт.
5. На Байка́ле мы сни́мем но́мер в гости́нице «Ирку́тск», потому́ что (we will have) _____ де́ньги. На Байка́ле мы сни́мем ко́мнату, потому́ что (we will not have) _____ де́нег на хоро́шую гости́ницу.
6. В э́том году́ (we will have) _____ вре́мя пое́хать на Байка́л ле́том. В э́том году́ (we will not have) _____ вре́мени пое́хать на Байка́л ле́том.

@ Complete the exercise on the Web site.

Chapter 22: 22-5.

22-10. Read the sentences and circle the nouns in the Dative case plural. Fill in the blanks. See Grammar comment 22-2.

1. Мы бы́ли в Петербу́рге и ходи́ли по музе́ям.
2. Когда́ Ната́ша была́ на Байка́ле, она́ звони́ла свои́м роди́телям ка́ждый день.
3. Экскурсово́д сказа́л тури́стам, когда́ начнётся экску́рсия.
4. Моя́ сестра́ лю́бит ходи́ть по дороги́м магази́нам.
5. Я мечта́ю путеше́ствовать по ра́зным стра́нам и контине́нтам.
6. Ни́на написа́ла (друзья́) _____ о пое́здке на Байка́л.
7. Что ты рассказа́ла (мои́ бра́тья) _____ о на́шей пое́здке в Ирку́тск?
8. (Мои́ роди́тели) _____ Ирку́тск не понра́вился.
9. (Мои́ сёстры) _____ понра́вилось отдыха́ть на Байка́ле.

Grammar comment 22-1
Absence or Lack of Someone or Something

You already know that in the present tense, absence or lack of something (or someone) is expressed by **НЕТ** and the Genitive case of the object that is missing.

У меня́ **нет тёплой ку́ртки.**
I don't have a warm jacket.

Кого́ сего́дня **нет?**
Who's absent today?

Use **не́ было** and the Genitive case to express absence or lack of someone or something in the past tense and **не бу́дет** and the Genitive case to express absence or lack of someone or something in the future tense.

У меня́ **не́ было тёплой ку́ртки**, но тепе́рь есть.
I didn't have a warm jacket, but now I do.

Кого́ вчера́ **не́ было?**
Who was absent yesterday?

Нас за́втра **не бу́дет**, мы уезжа́ем.
We won't be (here) tomorrow; we're going away.

Grammar comment 22-2
Dative Case Plural Forms for Nouns and their Modifiers

In the Dative plural, all nouns have the endings **-АМ/-ЯМ**. Adjectives, possessives, and the demonstrative **э́тот** have the endings **-ЫМ/-ИМ**.

Я хочу́ путеше́ствовать по ра́зным стра́нам.
I want to travel in (visit) different countries.

Она́ звони́т свои́м роди́телям ка́ждый день.
She calls her parents every day.

301

@ **Complete the exercise on the Web site.**

Chapter 22: 22-6.

22-11. ✎ **Form an imperative. See Grammar comment 22-3.**

Grammar comment 22-3
Imperatives

Use imperatives when you want someone to do something. If the first-person form of a verb ends in a stressed -У́ or -Ю́ remove the -У́ or -Ю́ and add -И́ if you say **ты** to the person you are speaking to. Add -И́ТЕ if you say **вы**.

я	ты	вы
скаж-у́	скажи́	скажи́те
говор-ю́	говори́	говори́те
пиш-у́	пиши́	пиши́те
ид-у́	иди́	иди́те
хож-у́	ходи́	ходи́те[1]

[1]*Second-conjugation verbs with a consonant alternation in the first-person singular have the consonant that reappears in the second-person form.*

1. (Смотре́ть: я смотрю́) _____, как краси́во!
2. (Взять: я возьму́) _____ с собо́й тёплую ку́ртку!
3. Юра, (не брать: я не беру́) _____ с собо́й шо́рты и ма́йку!
4. Ле́на, (рассказа́ть: я расскажу́) _____ мне о Сиби́ри.
5. (Не говори́ть: я не говорю́) _____ ему́ об э́том.
6. (Не ждать: я не жду) _____ меня́.
7. (Заплати́ть: я заплачу́) _____ за гости́ницу.
8. (Уйти́: я уйду́) _____, я не хочу́ вас ви́деть!
9. (Не звони́ть: я не звоню́) _____ мне!
10. (Помо́чь: я помогу́) _____ мне, пожа́луйста!
11. Андре́й, (принести́: я принесу́) _____ мне ку́ртку.
12. (Извини́ть: я извиню́) _____, пожа́луйста.
13. (Сказа́ть: я скажу́) _____, как дое́хать до це́нтра?
14. (Позва́ть: я позову́) _____ Ле́ну, пожа́луйста.
15. Пе́тя, (написа́ть: я напишу́) _____ ба́бушке письмо́.
16. (Не кури́ть: я не курю́) _____ здесь!

@ **Complete the exercise on the Web site.**

Chapter 22: 22-7.

Дава́йте послу́шаем и поговори́м!

22-12. 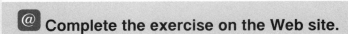 **Listen to the conversations and circle the words you hear. Then practice the conversations. Use "Material for practice – Пра́ктика."**

Разгово́р 1
— Алло́! Это туристи́ческая **фи́рма/аге́нтство** «Но́вая земля́»?
— Да, «Но́вая земля́» слу́шает.
— Скажи́те, когда́ лу́чше пое́хать **на Байка́л/в Сиби́рь**?
— **Ле́том/Весно́й**. Там о́чень хоро́шая пого́да.
— **Поня́тно!/Спаси́бо**.

Material for practice – Пра́ктика

Using the information below, ask and answer questions about the best time to go to the following places. Explain why.

1. **Петербу́рг**

   Зимо́й в Петербу́рге хо́лодно, сре́дняя температу́ра в январе́ -7°С, ча́сто идёт снег, ве́тер се́верный. Ле́то в Санкт-Петербу́рге тёплое. Сре́дняя температу́ра ию́ля +18°С. Ча́сто идёт дождь. Ле́том в Санкт-Петербу́рге «бе́лые но́чи»: но́чью светло́, как днём.

2. **Нори́льск**

   Зимо́й в Нори́льске о́чень хо́лодно. Сре́дняя температу́ра января́ -25°С, о́чень си́льный ве́тер. Минима́льная температу́ра -61°С. Сре́дняя температу́ра ию́ля +13°С.

Разгово́р 2

— Вы бы́ли на Байка́ле **ле́том/весно́й**?
— Да, я был **ле́том/весно́й**.
— Скажи́те, а что с собо́й брать туда́ из оде́жды?
— Обяза́тельно возьми́те тёплую оде́жду: **ку́ртку/футбо́лки, сви́тер/ша́пку**, джи́нсы. **Ве́чером/но́чью** о́чень хо́лодно!
— Спаси́бо!

Material for practice – Пра́ктика

You are going to **Петербу́рг** in winter and to **Нори́льск** in summer. Ask and answer questions about what clothes you should pack.

22-13. 🎧👥 **Listen to the following conversation and fill in the missing words. Then practice it.**

— Кто зна́ет, кака́я _____ бу́дет в воскресе́нье?
— Я зна́ю. Я смотре́ла по телеви́зору _____ пого́ды. Сказа́ли, что бу́дет _____ и це́лый день бу́дет идти́ _____.

22-14. Интервью́. Listen to the interviews in 22-1 again.
1) Summarize them in Russian and give the following information in the form of a narrative:

Интервью́ 1

a. Како́е люби́мое вре́мя го́да Мари́ны?
b. Почему́?

303

Интервью́ 2

a. Како́е люби́мое вре́мя го́да Ната́льи?

b. Почему́?

2) Conduct similar interviews with your classmates or other Russian speakers. Write down their answers and report the results in class.

Interview form

Questions	Person 1	Person 2	Person 3
1. Как тебя́ /вас зову́т?			
2. Како́е твоё/ва́ше люби́мое вре́мя го́да?			
3. Почему́?			

@ Complete the exercise on the Web site.

Chapter 22: 22-8.

Дава́йте послу́шаем и почита́ем!

Запо́мните! Memorize!

КАК? *Adverbs*	КАКО́Й? *Adjectives*
хо́лодно	холо́дный
тепло́	тёплый
жа́рко	жа́ркий

22-15. 🎧 **Кли́мат на Байка́ле. Listen to the text and choose the correct answer. There may be more than one correct answer.**

1. **Како́й кли́мат на Байка́ле?**

    a. Зимо́й хо́лодно, а ле́том жа́рко.

    b. Тёплая зима́ и холо́дное ле́то.

    c. Зимо́й тепло́, а ле́том жа́рко.

2. **Кака́я температу́ра на Байка́ле зимо́й?**

    a. -12°C

    b. от -20° до -30°C

    c. от -10° до -20°C

3. **Кака́я температу́ра на Байка́ле ле́том?**

    a. днём от +25° до +30°C

    b. но́чью +10°C

    c. но́чью +12°C

4. **Кака́я пого́да на Байка́ле о́сенью и весно́й?**

    a. О́сенью и весно́й хо́лодно.

    b. О́сенью и весно́й тепло́.

    c. Мно́го со́лнечных дней.

    d. О́сенью и весно́й иду́т си́льные дожди́.

22-16. **Расскажи́те. Talk about the climate on Lake Baikal, using the questions in 22-15 as an outline.**

22-17. Чте́ние. Read the ФОРУМ below and give the English equivalent of each sentence.

Те́ма: Когда́ лу́чше е́хать на Байка́л?

ФОРУМ в ИНТЕРНЕТЕ

Ле́на

Кто был на Байка́ле? Когда́ лу́чше туда́ пое́хать?

Ко́ля

Я был ле́том на о́строве Ольхо́н. Пого́да была́ хоро́шая: со́лнце, тепло́, да́же жа́рко. Температу́ра днём была́ +25 гра́дусов, а но́чью +10 гра́дусов. Так что, кро́ме шо́ртов и футбо́лок обяза́тельно возьми́ с собо́й сви́тер, ку́ртку и джи́нсы.

Ле́на

Поня́тно! А купа́ться в Байка́ле мо́жно?

Ко́ля

Вода́ в о́зере была́ холо́дная, +15 гра́дусов, но мы купа́лись ка́ждый день! Никогда́ не забу́ду э́ту пое́здку! Мы о́чень хорошо́ отдохну́ли.

Све́та

В Ирку́тске то́же интере́сно. Мы бы́ли там в про́шлом году́, ходи́ли по музе́ям, посмотре́ли ста́рые це́ркви.

И́горь

Да, ле́том на Байка́ле хорошо́. Мы, дураки́, е́здили туда́ о́сенью. Э́то была́ оши́бка! Бы́ло о́чень хо́лодно, ча́сто шёл дождь. И ве́тер был се́верный, о́чень си́льный и холо́дный. У нас не́ было тёплой оде́жды, тёплой о́буви то́же не́ было. Так что сиде́ли в гости́нице.

Мари́на

А я хочу́ пое́хать на Байка́л зимо́й. В Сиби́рь на́до е́здить зимо́й!

И́горь

Не согла́сен! Зимо́й хо́лодно, идёт си́льный снег, се́верный ве́тер. Мари́на, заче́м тебе́ э́тот экстри́м?! Температу́ра –30 гра́дусов!

Но́вые слова́

да́же – *even*
дура́к – *fool*
заче́м – *why, what for*
кро́ме кого́? чего́? – *besides, in addition to*
купа́ться *impf.* – *to go swimming*
про́шлый, -ая, -ое, -ые – *past*
   в про́шлом году́ – *last year*
так что – *that's why, therefore*
туда́ – *there (indicating direction)*
экстри́м – *extreme conditions*

Лéна

А весно́й? Кака́я пого́да на Байка́ле весно́й?

Ко́стя

Весно́й на Байка́л не на́до е́здить. Хо́лодно, ве́тры...
Мои́м роди́телям не понра́вилось, они́ там бы́ли весно́й.

22-18. **Answer the following questions.**

1. Что спроси́ла Лéна?
2. Когда́ лу́чше е́хать на Байка́л? Почему́?
3. Каку́ю оде́жду на́до обяза́тельно взять с собо́й на Байка́л ле́том? Почему́?
4. Мо́жно ле́том купа́ться в о́зере Байка́л?
5. Что Свéта пи́шет об Ирку́тске?
6. Кто е́здил на Байка́л о́сенью? Понра́вилась поéздка? Почему́?
7. Кто хо́чет пое́хать на Байка́л зимо́й?
8. Почему́ лу́чше не е́хать на Байка́л зимо́й?
9. Кто е́здил на Байка́л весно́й? Им понра́вилась поéздка? Почему́?

22-19. Ситуа́ция. You work at the «Но́вая земля́» travel agency, which sells tours to Lake Baikal. A client has questions about the climate. Answer the following questions.

1. Како́й кли́мат на Байка́ле?
2. Когда́ (в како́е вре́мя го́да) лу́чше пое́хать на Байка́л? Почему́?
3. Каку́ю оде́жду на́до взять с собо́й?

22-20. Кака́я пого́да...? Расскажи́те, кака́я пого́да быва́ет у вас:

1) зимо́й   2) весно́й   3) ле́том   4) о́сенью

@ **Complete the exercises on the Web site.**

Chapter 22: 22-9, 22-10.

Дава́йте переведём!

22-21. Как сказа́ть по-ру́сски? Give Russian equivalents for the following questions. Take turns asking and answering the questions.

1. What is the climate like in Russia?
2. What is the weather like today?
3. What is the temperature of the Pacific Ocean in the summer?
4. What is the temperature of the Atlantic Ocean in the winter?
5. Is it snowing outside?
6. Is it going to rain tomorrow?
7. What (kind of) clothing should I take on the trip?

22-22. Кли́мат Росси́и. Give an English rendition.

Кли́мат Росси́и на бо́льшей ча́сти страны́ континента́льный и́ли уме́ренно континента́льный с дли́нной (*long*) холо́дной зимо́й и коро́тким (*short*) нежа́рким ле́том. Са́мый холо́дный регио́н – э́то Сиби́рь, где в райо́не го́рода Верхоя́нск нахо́дится «по́люс хо́лода» – сре́дняя температу́ра зимо́й здесь о́коло -60°С. В европе́йской ча́сти Росси́и, в Москве́, наприме́р, сре́дняя температу́ра зимо́й от -16° до -19°С, а ле́том от +15° до +23°С.

22-23. Пого́да в Ю́жной Калифо́рнии. Give a Russian rendition.

Canyon Country Weather
- **Tonight:** Rain. Low 43F.
- **Tomorrow:** Rain. High near 65F. Wind W.
- **Tomorrow night:** Shower. Low 44F. Wind N.
- **Monday:** Sunny. High 69F.
- **Tuesday:** Sunshine. High 70F.

Ци́фры и фа́кты

22-24. Review of numbers. Listen to the speaker and complete the information below. Then read it out loud.

1. Шарф сто́ит _____ рубле́й.
2. Пла́тье сто́ит _____ рубле́й.
3. Костю́м сто́ит _____ рубле́й.
4. Шо́рты сто́ят _____ рубле́й.
5. Ша́пка сто́ит _____ рубле́й.
6. Ку́ртка сто́ит _____ рубле́й.
7. Футбо́лка сто́ит _____ рубле́й.

22-25. Ци́фры и фа́кты.1) Look at the graph and discuss the responses. 2) Conduct a similar survey among your classmates or ask other people and report the results in class.

Результа́ты опро́са: Ва́ше люби́мое вре́мя го́да?		
Зима́	▬▬▬	10 %
Весна́	▬▬▬▬▬	33 %
Ле́то	▬▬▬▬▬▬	50 %
Осень	▬▬	7 %

@ Complete the exercises on the Web site.

Chapter 22: 22-11, 22-12.

22-26. Слова́рь. Vocabulary.

весна́ – *spring*
ве́т|е|р – *wind*
взять *pfv.,* брать *impf.* что? – *to take*
    Fut: я возьму́, ты возьмёшь, они́ возьму́т;
    Past: взял, взяла́, взя́ли
вре́мя го́да – *season*
да́же – *even*
дождь *(m.)* – *rain*
дура́к – *fool*
жа́рко – *hot (adv.)*
заче́м – *why, what for*
зима́ – *winter*
зимо́й – *in the winter*
кли́мат – *climate*
купа́ться *impf.* – *to bathe, go swimming*
    Pres: я купа́юсь, ты купа́ешься, они́ купа́ются
ле́то – *summer*
но́чью – *at night*
о́сень *(f.)* – *fall, autumn*
о́сенью – *in the fall*
пого́да – *weather*
прогно́з (пого́ды) – *weather forecast*
про́шлый, -ая, -ое, -ые – *past*
    в про́шлом году́ – *last year*
снег – *snow*
со́лнечно – *sunny (adv.)*
со́лнечный, -ая, -ое, -ые – *sunny (adj.)*
со́лнце – *sun*
та́к что – *that's why, therefore*
тепло́ – *warm (adv.)*

тёплый, -ая, -ое, -ые – *warm (adj.)*
туда́ – *there, that way (indicating direction)*
хо́лодно – *cold (adv.)*
холо́дный, -ая, -ое, -ые – *cold (adj.)*
экстри́м – *extreme conditions (coll.)*

Оде́жда – *Clothes*

джи́нсы (*only pl.*) – *jeans*
костю́м – *suit*
ку́ртка – *jacket*
пальто́ (*neut. indecl.*) – *coat*
пла́тье – *dress*
руба́шка – *shirt*
сви́тер – *sweater*
футбо́лка – *T-shirt*
ша́пка – *cap, hat*
шарф – *scarf*
шо́рты (*only pl.*) – *shorts*

Цвета́ – *Colors*

бе́лый, -ая, -ое, -ые – *white*
голубо́й, -а́я, -о́е, -ы́е – *blue (sky-blue)*
жёлтый, -ая, -ое, -ые – *yellow*
зелёный, -ая, -ое, -ые – *green*
кори́чневый, -ая, -ое, -ые – *brown*
кра́сный, -ая, -ое, -ые – *red*
све́тлый, -ая, -ое, -ые – *light-colored*
се́рый , -ая, -ое, -ые – *gray*
тёмный, -ая, -ое, -ые – *dark-colored*
чёрный, -ая, -ое, -ые – *black*

Themes
- Russian holidays
- holiday greetings

Intonation
- more uses of Intonation type 2

Communicative situations
- wishing someone happy holidays
- writing greeting cards

Grammar
- months and dates
- more about the Instrumental case Instrumental case plural forms for nouns and their modifiers
- complex sentences; 'if' and 'when' clauses with future tense

Но́вые слова́

день рожде́ния – *birthday*
Но́вый год – *the New Year, New Year's*
отмеча́ть *impf. что?* – *to celebrate, to observe*
поздравля́ть *impf.* – *to wish a happy holiday*
    Pres: я поздравля́ю, ты поздравля́ешь, они́ поздравля́ют
пра́здник – *holiday*
Рождество́ – *Christmas*

Како́е сего́дня число́?
Сего́дня...

Date (ordinal number) число́		Month (Gen. case) ме́сяц
пе́рвое	17-ое	января́
второ́е	18-ое	февраля́
тре́тье	19-ое	ма́рта
четвёртое	20-ое	апре́ля
пя́тое	21-ое	ма́я
6 -ое	22-ое	ию́ня
7-ое	23-ое	ию́ля
8-ое	24-ое	а́вгуста
9-ое	25-ое	сентября́
10-ое	26-ое	октября́
11-ое	27-ое	ноября́
12-ое	28-ое	декабря́
13-ое	29-ое	
14-ое	30-ое	
15-ое	31-ое	
16-ое		

23-1. 🎧 🎥 **Интервью́. Listen to the interviews and summarize them.**

Интервью́ 1

— Андре́й Ива́нович, каки́е пра́здники вы отмеча́ете в семье́?

— Мы отмеча́ем Но́вый год, Рождество́, дни рожде́ния.

— А 23 февраля́[1]?

— Обы́чно нет, но дочь поздравля́ет меня́ по телефо́ну.

[1] Defenders of the Homeland Day

Интервью́ 2

— Ле́на, како́й твой люби́мый пра́здник?

— Люби́мый? Но́вый год!

— А почему́?

— Ну, не зна́ю. Всегда́ ве́село, гуля́ем с друзья́ми всю ночь.

23-2. 🎧 **Интона́ция. More uses of Intonation type 2.**
1) Use Intonation type 2 when addressing someone. Repeat after the speaker.

Ви́ктор Ива́нович

Ви́ктор Ива́нович, ‖ вы когда́-нибудь бы́ли в Аме́рике?

Ира   Ира, ‖ ты когда́-нибудь была́ на восто́ке Росси́и?

Са́ша   Ве́ра Па́вловна

Ири́на Серге́евна   дороги́е друзья́

2) Use Intonation type 2 in greetings, neutral requests, expressions of gratitude, and congratulations. Repeat after the speaker.

Здра́вствуйте!   До́брый день.   Говори́те!

Спаси́бо.   С Но́вым го́дом.

До свида́ния.
До́брое у́тро.
Спаси́бо большо́е.
Скажи́те, пожа́луйста, ‖ где здесь метро́?
Говори́те по-ру́сски!

3) Pronounce ИЛИ-questions as two syntagmas: Intonation type 3 in the first part and Intonation type 2 in the second. Repeat after the speaker.

Они́ у́чатся ‖ и́ли рабо́тают?   Ты пойдёшь с на́ми ‖ и́ли нет?

Они́ приду́т сего́дня и́ли за́втра?
Они́ живу́т в Ита́лии и́ли в Испа́нии?
Они́ говоря́т по-че́шски и́ли по-по́льски?

Ле́ксика и грамма́тика

23-3. 🎧 Пра́здники. 1) Listen to the list of Russian holidays and number them in the order they are given. 2) Read the sentences out loud. 3) Which of these holidays are observed in your country?

В Росси́и отмеча́ют:

___ Но́вый год	*New Year*
___ Рождество́	*Christmas*
___ Междунаро́дный же́нский день	*International Women's Day*
___ Пра́здник весны́ и труда́	*Holiday of Spring and Labor*
___ День Побе́ды	*Victory Day*
___ День Росси́и	*Russia Day*
___ День Конститу́ции	*Constitution Day*
___ День студе́нта	*Student's Day*
___ День дурака́	*April Fool's Day*
___ День ма́тери	*Mother's Day*
___ День защи́тника Оте́чества	*Defenders of the Homeland Day*

Но́вое сло́во

отмеча́ть что? *impf. – to celebrate, to observe*

я отмеча́ю — мы отмеча́ем
ты отмеча́ешь — вы отмеча́ете
он/она́ отмеча́ет — они́ отмеча́ют

311

Grammar comment 23-1
Months and Dates

Use **B** and the Prepositional case to tell in what month something occurs. The months **сентя́брь** through **февра́ль** are stressed on the ending in all forms. The other months are stressed on the stem.

сентя́брь – в сентябре́
октя́брь – в октябре́
ноя́брь – в ноябре́
дека́брь – в декабре́
янва́рь – в январе́
февра́ль – в феврале́

март – в ма́рте
апре́ль – в апре́ле
май – в ма́е
ию́нь – в ию́не
ию́ль – в ию́ле
а́вгуст – в а́вгусте

When answering the question **Како́е сего́дня число́?** *What's today's date?* use the Nominative case of the calendar date **пя́тое, шесто́е, пе́рвое**, and the Genitive case of the month **апре́ля, сентября́**, etc.

— Како́е сего́дня число́?
— Сего́дня **пя́тое сентября́.**
"What day is it today?" / "What's today's date?"
"Today's September fifth (the fifth of September)."

Use the Genitive case with no preposition to answer the question **Когда́?** and indicate the calendar date on which something occurs.

— Когда́ у вас день рожде́ния?
— **Пя́того сентября́.**
"When is your birthday?"
"On the fifth of September."

23-4. Когда́ отмеча́ют? Ask and answer following the example. See Grammar comment 23-1.

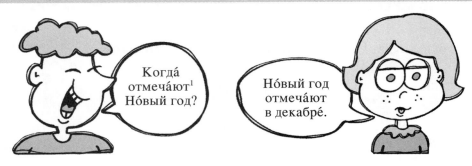

Когда́ отмеча́ют[1] Но́вый год?

Но́вый год отмеча́ют в декабре́.

1. Рождество́ — дека́брь
2. День защи́тника Оте́чества — февра́ль
3. Междунаро́дный же́нский день — март
4. Пра́здник весны́ и труда́ — май
5. День Побе́ды — май
6. День Росси́и — ию́нь
7. День Конститу́ции — дека́брь
8. День студе́нта — янва́рь
9. День дурака́ — апре́ль
10. День ма́тери — ноя́брь
11. Твой день рожде́ния – ?

[1]**Note** that a third-person plural form without the pronoun **они́** is used to indicate "people in general."

23-5. Когда́? Ask and answer questions following the example.

Example: три́дцать пе́рвое декабря́ – Но́вый год
— Когда́ отмеча́ют Но́вый год?
— Три́дцать пе́рв**ого** декабря́.

1. седьмо́е января́ — Рождество́
2. два́дцать тре́тье февраля́ — День защи́тника Оте́чества
3. восьмо́е ма́рта — Междунаро́дный же́нский день
4. пе́рвое ма́я — Пра́здник весны́ и труда́
5. девя́тое ма́я — День Побе́ды
6. двена́дцатое ию́ня — День Росси́и
7. двена́дцатое декабря́ — День Конститу́ции
8. два́дцать пя́тое января́ — День студе́нта
9. пе́рвое апре́ля — День дурака́
10. ? — мой день рожде́ния

@ **Complete exercises on the Web site.**

Chapter 23: 23-1, 23-2, 23-3.

23-6. 👥 **Как вы отмеча́ете пра́здник? 1) Check the statements that apply to you. Say them out loud. 2) Tell how you spent your birthday last year.**

1. **Обы́чно свой день рожде́ния**
   - ❏ я отмеча́ю
     - ___ до́ма с роди́телями
     - ___ до́ма с семьёй
     - ___ до́ма с друзья́ми
     - ___ с друзья́ми в рестора́не
     - ___ на приро́де с друзья́ми
   - ❏ я не отмеча́ю

2. **Обы́чно на мой день рожде́ния**
   - ❏ я приглаша́ю друзе́й в ночно́й клуб
   - ❏ друзья́ приглаша́ют меня́ в кафе́/рестора́н
   - ❏ друзья́ да́рят мне пода́рки
   - ❏ друзья́ да́рят мне цветы́
   - ❏ я получа́ю откры́тки от друзе́й

3. **На Но́вый год я обы́чно**
   - ❏ поздравля́ю с пра́здником
     - ___ роди́телей
     - ___ бра́тьев и сестёр
     - ___ ба́бушку и де́душку
     - ___ дете́й
     - ___ жену́/му́жа
   - ❏ дарю́ пода́рки
     - ___ роди́телям
     - ___ де́тям
     - ___ сёстрам и бра́тьям
     - ___ ба́бушке и де́душке
     - ___ жене́/му́жу
   - ❏ посыла́ю откры́тки
   - ❏ не рабо́таю
   - ❏ отдыха́ю
   - ❏ приглаша́ю госте́й
   - ❏ хожу́ в го́сти
   - ❏ ничего́ не де́лаю

4. **На День ма́тери я обы́чно**
   - ❏ поздравля́ю ма́му с пра́здником
   - ❏ приглаша́ю ма́му в рестора́н
   - ❏ приглаша́ю ма́му в кино́
   - ❏ дарю́ ма́ме пода́рок
   - ❏ дарю́ ма́ме цветы́
   - ❏ посыла́ю ма́ме откры́тку
   - ❏ ничего́ не де́лаю

Но́вые слова́

дари́ть/подари́ть что? кому́? – *to give (a gift)*
откры́тка – *postcard, greeting card*
пода́р|о|к (*pl.* пода́рки) – *present, gift*
получа́ть/получи́ть что? от кого́? – *to receive*
посыла́ть/посла́ть что? кому́? – *to send*
приглаша́ть/пригласи́ть кого́? – *to invite*
приро́да (на приро́де) – *nature (outdoors)*
цвет|о́|к (*pl.* цветы́) – *flower*

Grammar comment 23-2
More about the Instrumental Case

Use the Instrumental case with:

1. the past and future tense forms of the verb **быть** *to be*

   Кем был твой де́душка?
   What was your grandfather?

2. the verbs **стать** *to become* and **рабо́тать** *to work*

   Она́ ста́нет **врачо́м**.
   She's going to become a doctor.

3. the preposition **С** and the verb **поздравля́ть** to indicate why you are congratulating someone.

   — Поздравля́ю вас с **Но́вым го́дом**.
   — Вас то́же.
   "Happy New Year." (lit. I congratulate you with the New Year.)
   "Same to you." (lit: You too.)

Instrumental Plural Endings for Nouns and Modifiers

Masculine nouns with a Nominative singular form ending in a hard consonant, feminine nouns ending in **-A**, and neuter nouns ending in **-O** all take the ending **-АМИ** in the Instrumental plural. All nouns with stems ending in a husher also take the ending **-АМИ**.

NOM	INSTR PL
пра́здник	пра́здник-**ами**
подру́г-**а**	подру́г-**ами**
письм-**о́**	пи́сьм-**ами**
учи́лищ-**е**	учи́лищ-**ами**

Masculine and feminine nouns ending in **-Ь** in the Nominative singular as well as feminine nouns ending in **-Я** and neuter nouns ending in **-E** take the ending **-ЯМИ** in the Instrumental plural.

(CONTINUED ON PAGE 314)

(CONTINUED FROM PAGE 313)
Grammar comment 23-2

NOM	INSTR PL
мать	матер-**я́ми**
писа́тель	писа́тел-**ями**
пе́сн-**я**	пе́сн-**ями**
зда́ни-**е**	зда́ни-**ями**

Instrumental Case Endings for Possessives and the Demonstrative э́тот (э́то, э́та)

Possessives and the Demonstrative э́тот (э́то, э́та) take the ending **-ИМИ** in the Instrumental plural.

NOM PL	INSTR PL
мо-**й**	мо-**и́ми**
тво-**й**	тво-**и́ми**
на́ш-**и**	на́ш-**ими**
ва́ш-**и**	ва́ш-**ими**
э́т-**и**	э́т-**ими**

Они́ рабо́тают с мои́ми бра́тьями и твои́ми сёстрами.
They work with my brothers and your sisters.

Instrumental Plural Endings for Adjectives

Adjectives that qualify nouns in the Instrumental plural take the endings **-ЫМИ/-ИМИ**. Remember spelling rule #1: **ы > и** after hushers (ш, ж, ч, щ) and velars (к, г, х).

NOM PL	INSTR PL
но́в-**ые**	но́в-**ыми**
больш-**и́е**	больш-**и́ми**
ру́сск-**ие**	ру́сск-**ими**

Я обы́чно отмеча́ю Рождество́ с мои́ми ста́рыми роди́телями.
I usually spend Christmas with my elderly parents.

Grammar Comment 23-3
Complex Sentences

Many of the interrogative words you know are also used as conjunctions to introduce clauses after the verbs **знать, ду́мать, говори́ть/сказа́ть, спра́шивать/спроси́ть, писа́ть/написа́ть.**

— Где они́ живу́т?
— Я не зна́ю, **где** они́ живу́т.
"I don't know where they live."

— Куда́ они́ иду́т?
— Я не зна́ю, **куда́** они́ иду́т.
"I don't know where they're going."

(CONTINUED ON PAGE 315)

23-7. Read the following sentences. Circle the words in the Instrumental case plural. Explain the endings. Give English equivalents. See Grammar comment 23-2.

1. Обы́чно я отмеча́ю день рожде́ния с друзья́ми.
2. Я отмеча́ю Рождество́ с роди́телями.
3. Мои́ роди́тели рабо́тают врача́ми.
4. Андре́й всегда́ поздравля́ет сестру́ с пра́здниками.
5. Когда́ мы бы́ли ма́ленькими детьми́, роди́тели дари́ли нам мно́го пода́рков на Рождество́.
6. Роди́тели хотя́т, чтобы де́ти бы́ли здоро́выми и у́мными.
7. Мои́ бра́тья ста́ли учителя́ми.
8. Когда́ мы бы́ли студе́нтами, мы всегда́ отмеча́ли День студе́нта.
9. Я ча́сто говорю́ по телефо́ну с мои́ми сёстрами.
10. Я подари́л ма́ме кни́гу Толсто́го, потому́ что она́ интересу́ется ру́сскими писа́телями.
11. На свой день рожде́ния я пошла́ в рестора́н со свои́ми подру́гами.

23-8. Что подари́ть? Ask and answer questions as in the example. See Grammar comment 23-2.

Example: кни́ги
— Я не зна́ю, что подари́ть бра́ту на Но́вый год.
— Чем он интересу́ется?
— Он интересу́ется **кни́гами**.

1. стихи́
2. ру́сские фи́льмы
3. компью́теры
4. спорти́вные маши́ны
5. компью́терные и́гры
6. моби́льные телефо́ны
7. ру́сские пе́сни
8. актёры кино́
9. иностра́нные языки́
10. ру́сские худо́жники
11. америка́нские писа́тели
12. ру́сские спортсме́ны
13. англи́йские поэ́ты
14. неме́цкие компози́торы
15. брази́льские футболи́сты

@ Complete exercises on the Web site.

Chapter 23: 23-4, 23-5.

23-9. Ask and answer questions following the example. See grammar comment 23-3.

Example:

— Как его́ зову́т?
— Я не зна́ю, как его́ зову́т.

1. Как у него́ дела́? — Я не зна́ю, _____.
2. Когда́ у него́ день рожде́ния? — Я не зна́ю, _____.
3. Ско́лько ему́ лет? — Он не говори́л, _____.
4. Как его́ брат? — Он не сказа́л, _____.
5. Где он живёт? — Я не зна́ю, _____.
6. Где он у́чится? — Я не по́мню, _____.
7. Как он у́чится? — Я не зна́ю, _____.
8. Куда́ он хо́дит ка́ждый день? — Я не зна́ю, _____.
9. Како́й у него́ но́мер телефо́на? — Я забы́л/а, _____.
10. Почему́ он не пришёл на день рожде́ния? — Я не зна́ю, ____
_____.
11. Чей э́тот пода́рок? — Я не зна́ю, _____.
12. Заче́м он купи́л цветы́? — Он не сказа́л, _____.

23-10. Когда́/е́сли – clauses. Give Russian equivalents. See Grammar comment 23-3.

1. Когда́ Андре́й (arrives) _____ домо́й с рабо́ты, мы его́ (will congratulate) _____ с днём рожде́ния.
2. Если она́ (is) _____ в Москве́, она́ (will come) _____ к нам на Но́вый год.
3. Мы (will go) _____ в Петербу́рг на Рождество́, е́сли (we have) _____ де́ньги.
4. Если в гора́х (is) _____ снег, мы (will go) _____ туда́ на Но́вый год.
5. Когда́ Ни́на (graduates) _____ университе́т, она́ (will work) _____ в ба́нке.
6. Если она́ (graduates) _____ университе́т с хоро́шими оце́нками, она́ (will enroll) _____ в аспиранту́ру.

(CONTINUED FROM PAGE 314)
Grammar comment 23-3

Use the conjunction **что** *that* to introduce someone's statement or thought. The conjunction *that* is often omitted in English, but **что** cannot be omitted in Russian.

Он говори́т, **что** не зна́ет, где они́ живу́т.
He says (that) he doesn't know where they live.

Conjunctions	Equivalents
что	*that*
где	*where*
когда́	*when*
куда́	*where*
как	*how*
чей (чья, чьё, чьи)	*whose*
како́й (кака́я, како́е, каки́е)	*which, what*
почему́	*why*
потому́ что	*because*
чтобы + Infinitive	*in order to*
заче́м	*why*
ско́лько	*how many, how much*
е́сли	*if*

'If' and 'When' Clauses with the Future Tense

In English we use the present tense in 'if' and 'when' clauses when the verb in the main clause is in the future tense:

If it's nice on Saturday, I'll have my birthday outdoors with my friends.

When mom comes home, we'll wish her a Happy Mother's Day.

Russian sentences must be 'balanced.' If you use the future tense in the main clause, be sure to use the future tense in the 'if' or 'when' clause:

Если в суббо́ту **бу́дет** хоро́шая пого́да, я **буду́ отмеча́ть** свой день рожде́ния на приро́де с друзья́ми.

Когда́ ма́ма **придёт** домо́й, мы её **поздра́вим** с Днём ма́тери.

23-11. Сою́зы. Complete the sentences below. See Grammar comment 23-3.

У меня́ есть друг И́горь. Я по́мню, (that) _____ у И́горя за́втра день рожде́ния. Я не зна́ю, (where) _____ и (how) _____ И́горь бу́дет отмеча́ть свой день рожде́ния. Ду́маю, (that) _____ до́ма. Но, мо́жет быть, (if) _____ бу́дет хоро́шая пого́да, он бу́дет отмеча́ть свой день рожде́ния на приро́де с шашлыка́ми!

Я не зна́ю, (who) _____ бу́дет у И́горя на дне рожде́ния. Зна́ю, (why) _____ И́ра не пойдёт к нему́ на день рожде́ния. И́ра не пойдёт на день рожде́ния, (because) _____ И́горь ей не нра́вится. А Ни́на больна́, (that's why) _____ она́ то́же не пойдёт на день рожде́ния.

Я не зна́ю, (when) _____ и (what) _____ пода́рок я куплю́ И́горю?! Ду́маю, (that) _____ пое́ду по́сле университе́та в магази́н, (in order to) _____ купи́ть пода́рок.

Но́вое сло́во
шашлыки́ – *shish kebabs*

@ **Complete exercises on the Web site.**

Chapter 23: 23-6, 23-7.

Дава́йте послу́шаем и поговори́м!

23-12. 🎧 👤👤 **Listen to the conversations and circle the words you hear. Then practice them using "Material for practice – Пра́ктика."**

Разгово́р 1
— Алло́, ма́ма/па́па?
— Да, И́ра!
— Ма́ма, поздравля́ю тебя́ **с Но́вым го́дом/с Восьмы́м ма́рта**!
— Спаси́бо! Тебя́ то́же **с Но́вым го́дом/с Восьмы́м ма́рта**.

Material for practice – Пра́ктика
Take turns. Call your Russian friends and wish them a happy holiday!

1. New Year – Но́вый год
2. Christmas – Рождество́
3. Defenders of the Homeland Day – 23 февраля́
4. International Women's Day – 8 ма́рта
5. Holiday of Spring and Labor – 1 ма́я
6. Victory Day – День Побе́ды
7. Russia Day – День Росси́и
8. Student's Day – День студе́нта
9. Mother's Day – День ма́тери
10. Birthday – День рожде́ния

Разгово́р 2

— Что ты пода́ришь ма́ме на **8 ма́рта/День ма́тери**?

— Я ещё не зна́ю. А ты?

— Я хочу́ купи́ть **цветы́/торт**.

— Да, э́то са́мый хоро́ший пода́рок!

Material for practice – Пра́ктика
Take turns asking and answering.

1. брат – на день рожде́ния – компью́тер
2. сестра́ – на Восьмо́е ма́рта – моби́льный телефо́н
3. муж – на Но́вый год – ку́ртка
4. сын – на 23 февраля́ – но́вый фотоаппара́т
5. дочь – на Рождество́ – пла́тье
6. друг – на день рожде́ния – кни́га
7. жена́ – на Восьмо́е ма́рта – маши́на
8. роди́тели – на Но́вый год – тур по Евро́пе

Но́вое сло́во
фотоаппара́т – *camera*

23-13. Listen to the following conversation and fill in the missing words. Then practice it.

— Как вы отме́тили _____?

— Очень хорошо́. Бы́ло о́чень _____!

— А что тебе́ _____?

— Ма́ма с па́пой подари́ли мне но́вый _____, а сестра́ – но́вый фильм «Остров».

23-14. Интервью́. Listen to the interviews in 23-1 again. 1) Summarize them in Russian and give the following information in the form of a narrative:

Интервью́ 1
a. Каки́е пра́здники отмеча́ет Андре́й Ива́нович?
b. С каки́м пра́здником его́ обы́чно поздравля́ет дочь?

Интервью́ 2
a. Како́й люби́мый пра́здник Ле́ны?
b. Почему́ ей нра́вится э́тот пра́здник?

2) Conduct similar interviews with your classmates or other Russian speakers. Write down their answers and report the results in class.

Interview form

Questions	Person 1	Person 2	Person 3
1. Как тебя/вас зовут?			
2. Какие праздники ты отмечаешь? Какие праздники вы отмечаете?			
3. Какой твой/ваш любимый праздник?			

@ **Complete the exercise on the Web site.**

Chapter 23: 23-8.

Давайте послушаем и почитаем!

23-15. 🎧 **Праздники в России. Listen to the text and choose the correct answer. There may be more than one correct answer.**

Новые слова

век – *century*
парад – *military parade*
каникулы – *holidays*
окончание – *end*
принят, -а, -о, -ы – *accepted, instituted, adopted*
шумно – *noisy*
шутить *impf.* – *to joke, play a joke*
    Pres: я шучу, ты шутишь, они шутят
шутка – *joke*

1. **Сколько дней не работают на Новый год?**
    a. три дня
    b. пять дней
    c. один день

2. **Как обычно отмечают Новый год?**
    a. дарят подарки друг другу
    b. идут в гости
    c. приглашают гостей
    d. спят целую ночь

3. **8 марта – это день**
    a. женщин
    b. детей
    c. мужчин
    d. родителей

4. **В каких странах празднуют День дурака?**
    a. в России
    b. во Франции
    c. в Китае

5. **Какие из этих праздников новые в России?**
    a. День Победы
    b. День Конституции
    c. Новый год
    d. День России

23-16. 📖 **Чтение. Read the text below and give the English equivalent of each sentence.**

Праздники в России

ЯНВАРЬ

Самый любимый праздник в России – это Новый год. Его отмечают 31-го декабря. В этот день все дарят друг другу подарки, приглашают гостей или идут в гости к друзьям. На Новый год не работают 5 дней: каникулы начинаются 1-го января, а заканчиваются 5-го января. А 7-го января празднуют русское Рождество.

В январе празднуют также День студента. Уже три века 25-го января студенты отмечают в России свой праздник шумно и весело!

ФЕВРАЛЬ

В феврале отмечают День защитника Отечества. 23-е февраля в России – это праздник всех мужчин. В этот день им дарят подарки или просто поздравляют с праздником.

МАРТ

8-го марта отмечают Международный женский день. Это праздник женщин – матерей, жён, бабушек, сестёр, дочерей, подруг. В этот день мужчины дарят женщинам цветы и подарки, готовят завтрак или обед, приглашают в ресторан.

АПРЕЛЬ

Первого апреля в России празднуют День дурака. Этот праздник также отмечают, например, в Италии, во Франции, в Англии, в США и.т.д. В этот день все шутят! В России День дурака обычно начинается с шутки: «Вставай! Уже 12 часов! На работу опоздал/а!»

МАЙ

Первого мая отмечают Праздник весны и труда. Раньше этот праздник называли «Международный день солидарности трудящихся»[1].

9-го мая отмечают День Победы. Это день окончания Великой Отечественной войны[2]. В этот день бывает военный парад.

[1] International Workers' Solidarity Day
[2] The Great Patriotic War or World War II, 1941–1945

ИЮНЬ

Сейчас в России есть новые праздники. Так, например, 12-го июня – День России. В этот день была принята декларация о государственном суверенитете Российской Федерации[3].

[3] The Declaration of Sovereignty of the Russian Federation

ДЕКАБРЬ

12-е декабря – это День Конституции. 2-го декабря 1993 года была принята Конституция Российской Федерации.

23-17. Отве́тьте на вопро́сы. Answer the following questions.

1. **Каки́е пра́здники отмеча́ют в Росси́и…?**

   a. в январе́   c. в ма́рте   e. в ма́е   g. в декабре́
   b. в феврале́   d. в апре́ле   f. в ию́не

2. **Как отмеча́ют в Росси́и…?**

   a. Но́вый год   c. 23 февраля́   e. 1 апре́ля
   b. День студе́нта   d. 8 ма́рта

23-18. 1) **Вы прие́хали в Росси́ю, и ва́ши ру́сские друзья́ про́сят рассказа́ть, когда́ и каки́е пра́здники отмеча́ют в ва́шей стране́. 2) Как обы́чно отмеча́ют день рожде́ния в ва́шей стране́? 3) Спо́йте "Happy Birthday" по-ру́сски.**

С днём рожде́ния тебя́/вас, с днём рожде́ния тебя́/вас, с днём рожде́ния, дорого́й/дорога́я, _____ с днём рожде́ния тебя́/вас!

Но́вые слова́

дорого́й, -а́я, -о́е, -и́е – *dear*
господи́н (*pl.* господа́) – *Mr., gentleman*
госпожа́ – *Miss, Mrs., Ms.*

жела́ть *impf.* чего́? кому́? – *to wish smth. to smb.*

я жела́ю   мы жела́ем
ты жела́ешь   вы жела́ете
он/она́ жела́ет   они́ жела́ют

23-19. Откры́тка. Postcard. Using the words in parentheses, finish writing the cards. Write a card to your friend and wish him/her Happy Holidays.

Господи́н Смирно́в!
Поздравля́ем Вас
(Но́вый год)

_____

Жела́ю (Вы, здоро́вье
и сча́стье, любо́вь)

_____
_____
_____

Дорога́я Ни́на!
Поздравля́ю тебя́
(день рожде́ния)

_____

Тебе́ уже́ 20 лет!
Жела́ю (ты, большо́е
сча́стье, любо́вь)

@ **Complete exercises on the Web site.**

Chapter 23: 23-9, 23-10.

Дава́йте переведём!

23-20. 👩 👨 🗣 **Как сказа́ть по-ру́сски? Give Russian equivalents for the following questions. Take turns asking and answering the questions.**

1. What Russian holidays do you know?
2. When is Victory Day observed in Russia?
3. How is Women's Day observed in Russia?
4. When is Student's Day celebrated in Russia?
5. Do you celebrate Christmas?
6. When is Constitution Day?
7. What did you get (were you given) for your birthday?
8. What will you give your father (mother, sister, brother) for his/her birthday?
9. When do you celebrate Mother's Day and Father's Day?
10. How are you going to celebrate New Year's Eve?

23-21. День студе́нта в Петербу́рге. Give an English rendition.

День студе́нта в Петербу́рге

25 января́ наш го́род бу́дет пра́здновать День студе́нта.

В 19.00 пе́рвый Санкт-Петербу́ргский **Студе́нческий бал**. Этот бал организо́ван фи́рмой «МА́СТЕР КЛАСС» при подде́ржке (*with the support of*) Прави́тельства Санкт-Петербу́рга. Ме́сто проведе́ния: Санкт-Петербу́ргская госуда́рственная худо́жественно-промы́шленная акаде́мия Дресс-код: ба́льные пла́тья, фра́ки.

В 20.00 гуля́ние в Соляно́м переу́лке. Всех ждёт феериче́ское шо́у с уча́стием Dj's NIL, выступле́ние Брейк-кома́нды, цирковы́е номера́, MadStyle, FIRE SHOW! Адрес: Соляно́й переу́лок д.13.

В 23.00 фейерве́рк.

23-22. День рожде́ния. Give a Russian rendition.

Wendy's Surprise 35th Birthday Party

I organized a SURPRISE 35th birthday party for my lovely wife Wendy this year. Wendy has traveled all over the world, including to all seven continents, so I figured a world theme was in order with food and wine from everywhere; although wine from Antarctica wasn't available, so I substituted with ice (лёд). The cake was decorated with a world map (ка́рта ми́ра), and there was a video of Wendy's life.

Ци́фры и фа́кты

23-23. 🎧 **Review of numbers. Listen to the speaker and complete the information below, then read it out loud.**

Когда́ день рожде́ния...

1. ба́бушки? _____ февраля́.
   Ей бу́дет _____ лет в э́том году́.
2. де́душки? _____ ию́ня.
   Ему́ бу́дет _____ лет в э́том году́.
3. ма́мы? _____ октября́.
   Ей бу́дет _____ год в э́том году́.
4. па́пы? _____ а́вгуста.
   Ему́ бу́дет _____ год в э́том году́.
5. сестры́? _____ декабря́.
   Ей бу́дет _____ лет в э́том году́.
6. бра́та? _____ ма́я.
   Ему́ бу́дет _____ лет в э́том году́.
7. сы́на? _____ ма́рта.
   Ему́ бу́дет _____ лет в э́том году́.
8. до́чери? _____ ию́ня.
   Ей бу́дет _____ го́да в э́том году́.

23-24. Ци́фры и фа́кты. 1) Look at the graph and discuss the responses. 2) Conduct a similar survey among your classmates or ask other people and report the results in class.

Вопро́с: «Како́й твой люби́мый пра́здник?»

Результа́ты опро́са:

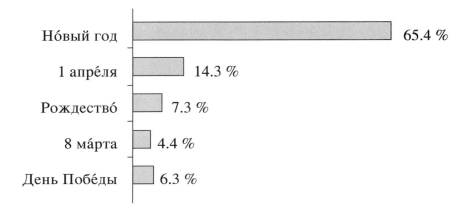

Но́вый год	65.4 %
1 апре́ля	14.3 %
Рождество́	7.3 %
8 ма́рта	4.4 %
День Побе́ды	6.3 %

@ **Complete exercises on the Web site.**

Chapter 23: 23-11, 23-12.

23-25. Слова́рь. Vocabulary.

век – *century*

господи́н (*pl.* господа́) – *Mr., gentleman, sir*

госпожа́ – *Miss, Mrs., Ms.*

дари́ть/подари́ть что? кому́? – *to give as a present*
    Pres: я дарю́, ты да́ришь, они́ да́рят;
    Fut: я подарю́, ты пода́ришь, они́ пода́рят

дорого́й, -а́я, -о́е, -и́е – *dear, expensive*

жела́ть *impf.* чего́? кому́?– *to wish someone something*
    Pres: я жела́ю, ты жела́ешь, они́ жела́ют

кани́кулы – *vacation*

конститу́ция – *constitution*

оконча́ние – *end*

откры́тка – *postcard*

отме́тить *pfv.* – *see* отмеча́ть

отмеча́ть/отме́тить что? – *to celebrate, to observe*
    Pres: я отмеча́ю, ты отмеча́ешь, они́ отмеча́ют;
    Fut: я отме́чу, ты отме́тишь, они́ отме́тят

пара́д – *military parade*

подари́ть *pfv.* – *see* дари́ть

пода́р|о|к (*pl.* пода́рки) – *present/s*

поздра́вить *see* поздравля́ть

поздравля́ть/поздра́вить кого́? с чем? –
    to congratulate; wish a happy holiday
    Pres: я поздравля́ю, ты поздравля́ешь, они́
    поздравля́ют;
    Fut: я поздра́влю, ты поздра́вишь, они́ поздра́вят

получа́ть/получи́ть что? от кого́? – *to receive*
    Pres: я получа́ю, ты получа́ешь, они́ получа́ют;
    Fut: я получу́, ты полу́чишь, они́ полу́чат

получи́ть *pfv.* – *see* получа́ть

посла́ть *pfv.* – *see* посыла́ть

посыла́ть/посла́ть что? кому́? – *to send*
    Pres: я посыла́ю, ты посыла́ешь, они́ посыла́ют;
    Fut: я пошлю́, ты пошлёшь, они́ пошлю́т

пра́здник – *holiday*

пра́здновать *impf.* что? с кем? – *to celebrate*
    Pres: я пра́здную, ты пра́зднуешь, они́
    пра́зднуют

пригласи́ть *pfv.* кого́? – *see* приглаша́ть

приглаша́ть/пригласи́ть кого́? – *to invite*
    Pres: я приглаша́ю, ты приглаша́ешь, они́
    приглаша́ют;
    Fut: я приглашу́, ты пригласи́шь, они́ приглася́т

при́нят, -а, -о, -ы – *accepted, instituted, adopted*

приро́да (на приро́де) – *nature (outdoors)*

рожде́ние (день рожде́ния) – *birth (birthday)*

стать *pfv.* кем? – *to become*
    Pres: я ста́ну, ты ста́нешь, они́ ста́нут;
    Past: стал, ста́ла, ста́ли

студе́нческий, -ая, -ое, -ие – *student (adj.)*

фотоаппара́т – *camera*

цвет|о́|к (*pl.* цветы́) – *flower*

целова́ть *impf.* кого́? – *to kiss*
    Pres: я целу́ю, ты целу́ешь, они́ целу́ют

шу́мно – *noisy (adv.)*

шути́ть *impf.* – *to joke, be joking; play a joke, prank on*
    Pres: я шучу́, ты шу́тишь, они́ шу́тят

шу́тка – *joke; prank*

Пра́здники – *Holidays*

Пра́здник весны́ и труда́, 1 ма́я – *Holiday of Spring
    and Labor; May Day*

День Побе́ды, 9 ма́я – *Victory Day*

День дурака́ – *April Fool's Day*

День защи́тника Оте́чества, 23 февраля́ – *Defenders
    of the Homeland Day*

День Конститу́ции – *Constitution Day*

День ма́тери – *Mother's Day*

День рожде́ния – *a birthday*

День Росси́и – *Russia Day*

День студе́нта – *Student's Day*

Междунаро́дный же́нский день, 8 ма́рта –
    International Women's Day

Но́вый год – *New Year*

Рождество́ – *Christmas*

Themes
- things to do on your vacation
- places to see and where to stay

Pronunciation
- direct quotations and complex sentences with the verbs **знать, ду́мать, спра́шивать/спроси́ть**
- sentences containing enumerations

Communicative situations
- small talk: Where will you go on your vacation?
- small talk: How did you spend your vacation?

Grammar
- the relative pronoun **кото́рый** (кото́рая, кото́рое, кото́рые)
- answering the question **Когда́?** – this (last, next) year/month/week
- comparative forms for some adjectives and adverbs

Но́вые слова́

кани́кулы *(only pl.)* – *vacation, school holidays*

о́тпуск – *leave, time off, vacation*

Како́е сего́дня число́?
Сего́дня…

Date (ordinal number) число́		Month (Gen. case) ме́сяц
пе́рвое	17-ое	января́
второ́е	18-ое	февраля́
тре́тье	19-ое	ма́рта
четвёртое	20-ое	апре́ля
пя́тое	21-ое	ма́я
6 -ое	22-ое	ию́ня
7-ое	23-ое	ию́ля
8-ое	24-ое	а́вгуста
9-ое	25-ое	сентября́
10-ое	26-ое	октября́
11-ое	27-ое	ноября́
12-ое	28-ое	декабря́
13-ое	29-ое	
14-ое	30-ое	
15-ое	31-ое	
16-ое		

24-1. 🎧 🎥 **Интервью́. Listen to the interviews and summarize them.**

Интервью́ 1
— Ната́ша, как ты обы́чно прово́дишь ле́тние кани́кулы?
— Обы́чно я е́зжу к ба́бушке в дере́вню.
— И что ты там де́лаешь?
— Ем, сплю, е́зжу на о́зеро купа́ться, чита́ю…
— Тебе́ нра́вится так отдыха́ть?
— Да, э́то норма́льный о́тдых!

Интервью́ 2
— Андре́й Ива́нович, как вы обы́чно прово́дите о́тпуск?
— Если о́тпуск зимо́й, то е́зжу в го́ры с друзья́ми.
— А е́сли ле́том?
— Езжу на мо́ре с семьёй.

24-2. 🎧 **Произноше́ние. 1) Pronounce sentences with the verbs знать, ду́мать, спра́шивать/спроси́ть as well as direct quotations as one intonational unit. Repeat after the speaker.**

— Каки́е пра́здники вы отмеча́ете в семье́? — спроси́ли они́ меня́.

Они́ спроси́ли, каки́е пра́здники мы отмеча́ем в семье́.

Она́ спроси́ла, како́й мой люби́мый пра́здник.

— Ты не зна́ешь, когда́ у неё день рожде́ния?

— Я не зна́ю, когда́ у неё день рожде́ния.

Я не зна́ю, где они́ живу́т.
Она́ спроси́ла, куда́ мы идём.
Я зна́ю, что они́ прие́хали из Москвы́.

2) Sentences with enumerations can be pronounced in different ways. Read the following sentences after the speaker.

Я говорю́ по-ру́сски, ‖ по-англи́йски, ‖ по-францу́зски

‖ и по-неме́цки.

Я говорю́ по-ру́сски, ‖ по-англи́йски, ‖ по-францу́зски

‖ и по-неме́цки.

Я говорю́ по-ру́сски, ‖ по-англи́йски, ‖ по-францу́зски

‖ и по-неме́цки.

3) Repeat after the speaker.

Мы отмеча́ем Но́вый год, Рождество́, Междунаро́дный
  же́нский день и дни рожде́ния.

Мы отмеча́ем Но́вый год, Рождество́, Междунаро́дный
  же́нский день и дни рожде́ния.

Мы отмеча́ем Но́вый год, Рождество́, Междунаро́дный
  же́нский день и дни рожде́ния.

Мы путеше́ствовали по Шотла́ндии, Англии и Ирла́ндии.
Мы путеше́ствовали по Шотла́ндии, Англии и Ирла́ндии.
Мы путеше́ствовали по Шотла́ндии, Англии и Ирла́ндии.

Она́ говори́ла по-япо́нски, по-кита́йски и по-коре́йски.
Она́ говори́ла по-япо́нски, по-кита́йски и по-коре́йски.
Она́ говори́ла по-япо́нски, по-кита́йски и по-коре́йски.

Ле́ксика и грамма́тика

Но́вые слова́

весе́нние кани́кулы – *spring break*
зи́мние кани́кулы – *winter break*
ле́тние кани́кулы – *summer break*
осе́нние кани́кулы – *fall break*

Note:
на кани́кулы (на + *Acc.*) – *during break*
во вре́мя о́тпуска (во вре́мя + *Gen.*) – *during vacation*

24-3. 🎧 **Кани́кулы. 1) Listen to the sentences and number them in the order they are given. 2) Read the sentences out loud and give English equivalents. 3) Answer the questions.**

a) ___ Когда́ у тебя́ ле́тние кани́кулы? ___ Ле́тние кани́кулы начина́ются в ию́не. ___ Ле́тние кани́кулы зака́нчиваются в сентябре́.

b) ___ Когда́ у вас весе́нние кани́кулы? ___ Весе́нние кани́кулы бу́дут в ма́рте. ___ На весе́нние кани́кулы я пое́ду к роди́телям.

c) ___ Зи́мние кани́кулы бу́дут в декабре́. ___ Что ты бу́дешь де́лать на зи́мние кани́кулы? ___ На зи́мние кани́кулы я пое́ду в го́ры.

d) ___ У вас есть осе́нние кани́кулы? ___ У нас нет осе́нних кани́кул. ___ У нас ско́ро бу́дут зи́мние кани́кулы.

e) Когда́ у вас о́тпуск? ___ У меня́ нет о́тпуска в э́том году́. ___ У меня́ о́тпуск в ию́не. ___ Куда́ вы пое́дете в о́тпуск?

24-4. 👥 **Мои́ кани́кулы. 1) Check the statements that apply to you. Say them out loud. 2) Take turns telling your partner how you spent your last winter and summer vacations.**

Как ты провёл/провела́ ле́тние кани́кулы?

Как вы провели́ ле́тний о́тпуск?

❏ Путеше́ствовал/а
___ с друзья́ми.
___ с роди́телями.
___ сам/сама́.

❏ Ездил/а
___ к роди́телям.
___ в го́сти к ба́бушке
и де́душке.
___ в го́сти к дру́гу
подру́ге/друзья́м.
___ в Евро́пу.
___ друго́е

❏ Был/а́ до́ма, никуда́ не
е́здил/а.
❏ Спал/спала́ и ел/е́ла.
❏ Чита́л/а.
❏ Сиде́л/а в Интерне́те.
❏ Смотре́л/а телеви́зор.
❏ Гуля́л/а с друзья́ми.
❏ Ходи́л/а в кино́.
❏ Ходи́л/а на дискоте́ки и
в ночны́е клу́бы.
❏ Ходи́л/а по музе́ям и
теа́трам.

❏ Отдыха́л/а
___ на мо́ре.
___ на о́зере.
___ на океа́не.
___ в гора́х.
___ на реке́.
___ в дере́вне.

❏ Рабо́тал/а
___ в кафе́.
___ в рестора́не.
___ в магази́не.
___ в библиоте́ке.
___ в о́фисе.
___ в фи́тнес-клу́бе.
___ друго́е

❏ Ходи́л/а по магази́нам.
❏ Занима́лся/занима́лась
спо́ртом.
❏ Ходи́л/а на пляж.
❏ Купа́лся/купа́лась
___ в мо́ре.
___ в о́зере.
___ в океа́не.
___ в реке́.

Но́вые слова́
друго́е – *other*
никуда́ – *nowhere*
пляж – *beach*

24-5. Что ты бу́дешь де́лать на ле́тние кани́кулы?
Talk about your plans for summer vacation this year. Use the expressions in 24-4 that apply to your plans.

@ **Complete exercises on the Web site.**

Chapter 24: 24-1, 24-2, 24-3.

Grammar comment 24-1
The Relative Pronoun кото́рый
(кото́рая, кото́рое, кото́рые)

The relative pronoun **кото́рый** means *who, which, that*. **Кото́рый** is declined as an adjective. It agrees with the noun it refers to in gender and number, but its case depends on its use in its own clause. Note that clauses with **кото́рый** are always set off by commas.

Это мой друг **Ко́ля**.
 Ко́ля живёт в Ялте.
Это мой друг Ко́ля, **кото́рый**
 (~~Ко́ля~~) живёт в Ялте.
This is my friend Kolya who lives in Yalta.

Это дом. Я живу́ в до́ме.
Это дом, **в кото́ром** (в ~~до́ме~~) я живу́.
This is the house (that) I live in.

24-6. Кото́рый and кото́рая. Read the following sentences and determine the case of кото́рый and кото́рая. Give the English equivalent of each sentence. See Grammar comment 24-1.

1. Это мой друг Игорь. Игорь живёт в Москве́.
   Это мой друг Игорь, **кото́рый** живёт в Москве́. *Case:* ____
2. Это мой друг Игорь. У Игоря вчера́ был день рожде́ния.
   Это мой друг Игорь, **у кото́рого** вчера́ был день рожде́ния. *Case:* ____
3. Это мой друг Игорь. Игорю роди́тели подари́ли маши́ну.
   Это мой друг Игорь, **кото́рому** роди́тели подари́ли маши́ну. *Case:* ____
4. Это мой друг Игорь. Игоря я давно́ зна́ю.
   Это мой друг Игорь, **кото́рого** я давно́ зна́ю. *Case:* ____
5. Это мой друг Игорь. С Игорем я е́здил в Крым на кани́кулы.
   Это мой друг Игорь, **с кото́рым** я е́здил в Крым на кани́кулы. *Case:* ____
6. Это мой друг Игорь. Об Игоре я тебе́ расска́зывал.
   Это мой друг Игорь, **о кото́ром** я тебе́ расска́зывал. *Case:* ____
7. Это моя́ подру́га Ира, **кото́рая** живёт в Крыму́. *Case:* ____
8. Это моя́ подру́га Ира, **у кото́рой** есть дом в Ялте. *Case:* ____
9. Это моя́ подру́га Ира, **к кото́рой** я е́зжу на кани́кулы ка́ждый год. *Case:* ____
10. Это моя́ подру́га Ира, **кото́рую** я давно́ зна́ю. *Case:* ____
11. Это моя́ подру́га Ира, **с кото́рой** я пое́ду отдыха́ть. *Case:* ____
12. Это моя́ подру́га Ира, **о кото́рой** я тебе́ говори́ла. *Case:* ____

24-7. Кото́рые. Read the following sentences and determine the case of кото́рые. Give the English equivalent of each sentence.

1. Мой друзья́, **кото́рые** жи́ли в Ки́еве, е́здили отдыха́ть на мо́ре. *Case:* ____
2. Мой друзья́, **у кото́рых** есть ма́ленький ребёнок, е́здили отдыха́ть на мо́ре. *Case:* ____
3. Мой друзья́, **кото́рых** я о́чень люблю́, е́здили отдыха́ть на мо́ре. *Case:* ____
4. Мой друзья́, **кото́рым** я вчера́ звони́ла, е́здили отдыха́ть на мо́ре. *Case:* ____
5. Мой друзья́, **о кото́рых** я тебе́ уже́ расска́зывал, е́здили отдыха́ть на мо́ре. *Case:* ____
6. Мой друзья́, **с кото́рыми** я учи́лась в университе́те, е́здили отдыха́ть на мо́ре. *Case:* ____

24-8. 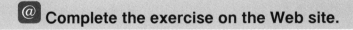 **Мои пла́ны на ле́тние кани́кулы. Complete the sentences.**

В э́том году́ я пое́ду на кани́кулы к подру́ге, (кото́рая) _____ живёт в Ялте. У неё в Ялте есть дом, (кото́рый) _____ нахо́дится недалеко́ от мо́ря. В до́ме есть ку́хня, гости́ная и две спа́льни, (кото́рые) _____ нахо́дятся на второ́м этаже́. Около до́ма есть парк, в (кото́рый) _____ мо́жно игра́ть в те́ннис. Недалеко́ от до́ма есть ры́нок, на (кото́рый) _____ мо́жно покупа́ть о́вощи и фру́кты. У мое́й подру́ги есть друзья́, с (кото́рые) _____ мы бу́дем ходи́ть на пляж и игра́ть в те́ннис. А у вас есть друг и́ли подру́га, к (кото́рые) _____ вы мо́жете пое́хать на кани́кулы?

@ Complete exercises on the Web site.

Chapter 24: 24-4, 24-5.

24-9. Когда́? Use the words in parentheses to complete the following sentences. Don't forget to use the correct prepositions and case. See Grammar comment 24-2.

1. Мой о́тпуск начина́ется (сле́дующая неде́ля).
2. Ва́дик не был в о́тпуске (про́шлый год).
3. У Ни́ны зако́нчились весе́нние кани́кулы (про́шлая неде́ля).
4. У Андре́я день рожде́ния (сле́дующий ме́сяц).
5. У мое́й ба́бушки день рожде́ния бу́дет (next week).
6. Сестра́ была́ в Ло́ндоне (last year).
7. (This year) на ле́тние кани́кулы брат был в дере́вне, а в (next year) он хо́чет пое́хать путеше́ствовать по Евро́пе.
8. У ма́мы день рожде́ния (next month), а у ба́бушки был (last month).

@ Complete the exercise on the Web site.

Chapter 24: 24-6.

Grammar comment 24-2
Answering the question Когда́? – this (last, next) month, week, year

Use the preposition **В** and the Prepositional case with the nouns **год** and **ме́сяц**:

в э́том году́ – *this year*
в про́шлом году́ – *last year*
в сле́дующем году́ – *next year*
в э́том ме́сяце – *this month*
в про́шлом ме́сяце – *last month*
в сле́дующем ме́сяце – *next month*

Use the preposition **НА** and the Prepositional case with the noun **неде́ля**:

на э́той неде́ле – *this week*
на про́шлой неде́ле – *last week*
на сле́дующей неде́ле – *next week*

Grammar comment 24-3
Comparative Forms for Some Adjectives and Adverbs

Many adjectives have non-changing comparative forms ending in **-EE** that are used as predicate adjectives.

> Он у́мный, но его́ брат **умне́е**.
> *He's smart, but his brother's smarter.*

Use **чем** in comparative constructions.

> Его́ сестра́ умне́е, **чем** он.
> *His sister is smarter than him (than he is).*

You can use the same comparative forms as adverbs:

> Слу́шайте **внима́тельнее**!
> *Listen more attentively!*
> *(Pay more attention!)*

The stress in adjectives that consist of two syllables shifts to the ending **-ÉE**. In most adjectives that consist of three or more syllables, the stress does not change.

но́вый	нове́е
тру́дный	трудне́е
интере́сный	интере́снее
краси́вый	краси́вее
But: весёлый	весел**е́**е

Remember the following non-changing comparative forms:

1.	хоро́ший хорошо́ }	лу́чше – *better*
2.	плохо́й пло́хо }	ху́же – *worse*
3.	большо́й мно́го }	бо́льше – *bigger, more*
4.	ма́ленький ма́ло }	ме́ньше – *smaller, less*
5.	дешёвый	деше́вле – *cheaper*
6.	дорого́й	доро́же – *more expensive*

24-10. 1) Give the comparative forms for the following adjectives and adverbs. 2) Compare two things following the example. See Grammar comment 24-3.

Example: ста́рый (дом) — Этот дом ста́рый, а тот старе́е.
бы́стро (бе́гать) — Я бе́гаю бы́стро, а Ма́ша быстре́е.

1. гря́зная (кварти́ра)
2. весёлый (челове́к)
3. у́мный (студе́нт)
4. симпати́чная (де́вушка)
5. интере́сный (уро́к)
6. до́брая (же́нщина)
7. краси́вая (страна́)
8. удо́бный (дива́н)
9. ста́рый (го́род)
10. но́вый (райо́н)
11. тру́дный (предме́т)
12. вку́сный (борщ)
13. ме́дленно (чита́ть, писа́ть)
14. бы́стро (чита́ть)
15. бе́дный (челове́к)
16. популя́рный (писа́тель)
17. тала́нтливый (поэ́т)
18. хоро́ший (го́род)
19. пло́хо (говори́ть по-неме́цки)
20. дорого́й (рестора́н)
21. дешёвый (магази́н)
22. большо́й (университе́т)
23. ма́ленькая (шко́ла)
24. мно́го (чита́ть)
25. ма́ло (занима́ться)

24-11. Где лу́чше? Complete the following sentences using the comparative forms for adjectives and adverbs in parentheses.

В про́шлом году́ я хорошо́ провёл ле́тние кани́кулы, но в э́том году́ я провёл свои́ кани́кулы ещё (хорошо́)!

В про́шлом году́ я е́здил в Со́чи, а в э́том году́ был в Ялте, в Украи́не. Го́род Ялта (ма́ленький), чем Со́чи, но (краси́вый). Пого́да была́ (хоро́шая), чем в Со́чи. Бы́ло (со́лнечно) и (тепло́), чем бы́ло в Со́чи в про́шлом году́.

Кварти́ру я снял то́же (хоро́шая), чем в про́шлом году́: (больша́я) и (удо́бная). И она́ была́ (дешёвая), чем кварти́ра в Со́чи.

В Со́чи о́чень хоро́шие рестора́ны, кафе́, но в Ялте (хоро́шие) и (дёшево). И гото́вят в Ялте (вку́сно).

Ле́том люде́й в Ялте мно́го, но в Со́чи (мно́го). Лю́ди в Со́чи о́чень симпати́чные, но в Ялте (симпати́чные и до́брые).

@ Complete the exercise on the Web site.

Chapter 24: 24-7.

Дава́йте послу́шаем и поговори́м!

24-12. 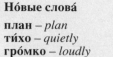 Listen to the conversations and circle the words you hear. Then practice the conversations out loud, using your personal information.

Но́вые слова́
план – *plan*
ти́хо – *quietly*
гро́мко – *loudly*
экза́мен – *exam, test*

Разгово́р 1
— Куда́ ты пое́дешь **на кани́кулы/в о́тпуск** в э́том году́? Каки́е пла́ны?
— Пое́ду в **Ялту/Со́чи**. А ты?
— Ещё не зна́ю. Хочу́ пое́хать в **Ита́лию/в Испа́нию**.
— Куда́? Я не по́нял, ты **ти́хо/гро́мко** говори́шь. Говори́ **ти́ше/гро́мче**!
— **В Ита́лию/в Испа́нию**.
— Поня́тно! Ну, пока́. Я до́лжен идти́, у меня́ сейча́с **ле́кция/экза́мен**.

Разгово́р 2
— Как ты провела́ **зи́мние/ле́тние** кани́кулы?
— Ездила отдыха́ть **на мо́ре/в го́ры** с друзья́ми.
— Хорошо́ отдохну́ли?
— Бы́ло **ве́село/ску́чно**. А ты?
— А я должна́ была́ рабо́тать в **магази́не/в рестора́не**.

24-13. 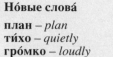 Listen to the following conversation and fill in the missing words. Then practice it.

— Что ты де́лала на _____ кани́кулы?
— В ию́ле рабо́тала, а в _____ е́здила на мо́ре.
— А где ты рабо́тала?
— Официа́нткой в _____ рестора́не.
— Хорошо́ _____?
— Непло́хо.

24-14. Интервью́. Listen to the interviews in 24-1 again. 1) Summarize them in Russian and give the following information in the form of a narrative:

Интервью́ 1
a. Где Ната́ша обы́чно прово́дит ле́тние кани́кулы?
b. Что она́ обы́чно де́лает в дере́вне?

Интервью́ 2
a. Где Андре́й Ива́нович обы́чно прово́дит о́тпуск зимо́й?
b. Где Андре́й Ива́нович прово́дит о́тпуск ле́том?

2) Conduct similar interviews with your classmates or other Russian speakers. Write down their answers and report the results in class.

Interview form

Questions	Person 1	Person 2	Person 3
1. Как тебя́/вас зову́т?			
2. Когда́ у тебя́/у вас кани́кулы/о́тпуск?			
3. Где ты прово́дишь ле́тние кани́кулы/о́тпуск Где вы прово́дите ле́тние кани́кулы/о́тпуск?			
4. Что ты де́лаешь на кани́кулы/во вре́мя о́тпуска? Что вы де́лаете на кани́кулы/во вре́мя о́тпуска?			

@ **Complete the exercise on the Web site.**

Chapter 24: 24-8.

Дава́йте послу́шаем и почита́ем!

24-15. 🎧 **Блог Андре́я Буне́нко. Listen to the text and choose the correct answer. There may be more than one correct answer.**

1. **Кто тако́й Андре́й Буне́нко?**
   a. студе́нт
   b. преподава́тель
   c. шко́льник
2. **Как зову́т дру́га Андре́я?**
   a. Ко́стя
   b. Се́ва
   c. И́горь
3. **Что Андре́й де́лал на ле́тние кани́кулы?**
   a. е́здил в Крым, в Ялту
   b. е́здил к дру́гу
   c. е́здил к ба́бушке и де́душке
4. **Где рабо́тали Андре́й и Се́ва?**
   a. в рестора́не
   b. в фи́тнес-клу́бе
   c. в магази́не оде́жды
5. **На каки́х языка́х говоря́т Андре́й и Се́ва?**
   a. по-кита́йски и по-неме́цки
   b. по-англи́йски и по-францу́зски
   c. по-ру́сски и по-испа́нски

Но́вые слова́

ботани́ческий сад – *botanical garden*
вспо́мнить *pfv.* – *to remember*
друго́й, -а́я, -о́е, -и́е – *another; other*
заво́д – *factory*
запо́мнить *pfv.* что? – (*here*) *to remember*
иностра́нец – *foreigner*
мир (*sing. only*) – *world*
продолжа́ть *impf.* что? – *to continue*
рабо́та – *work*
сам, -а́, -о́, -ми – *by oneself*
сдать се́ссию *pfv.* – *to pass one's exams*
ту́т же – *right away*
хозя́ин – *landlord*
хоро́шее (*noun*) – *good things*

24-16. 📖 Чте́ние. 1) Read the text below and give an English rendition. 2) Underline the кото́рый clauses and explain the case, gender, and number of кото́рый.

Блоги@mail.ru

Ле́тние кани́кулы в Крыму́

Приве́т всем! Как и всё хоро́шее в э́том ми́ре, мои́ ле́тние кани́кулы бы́стро зако́нчились. Я уже́ в Москве́, и за́втра начина́ются заня́тия в университе́те. Хорошо́, что есть что вспо́мнить и рассказа́ть друзья́м.

Расска́зываю… Снача́ла я сдал ле́тнюю се́ссию, кото́рая была́ в э́том году́ трудне́е, чем в про́шлом. На́до бы́ло сдать 5 экза́менов: хи́мию, матема́тику, фи́зику, исто́рию и эконо́мику. Всё сдал норма́льно! А на сле́дующий день я уже́ е́хал в по́езде с мои́м дру́гом Се́вой. Куда́? В Крым, коне́чно, на Чёрное мо́ре! Е́хали до Симферо́поля су́тки. Е́ли, пи́ли, гро́мко пе́ли, спа́ли.

И вот мы в Крыму́. Крым я люблю́ давно́: краси́вая приро́да, го́ры, мо́ре… Я е́здил в Крым ка́ждое ле́то с роди́телями и сестро́й. Вот на э́той фотогра́фии я, кото́рому 4 го́да, и Лю́да, кото́рой 10 лет. Э́то мы в Гурзу́фе.

В э́том году́ мы с Се́вой пое́хали в Я́лту. До Я́лты из Симферо́поля мы дое́хали на авто́бусе. О́чень бы́стро! И тут же на автовокза́ле сня́ли ко́мнату в до́ме, кото́рый находи́лся недалеко́ от мо́ря. Хозя́ин до́ма, Вале́рий Петро́вич, о́чень весёлый, у́мный челове́к и мно́го зна́ет о Кры́ме.

Ка́ждый день мы ходи́ли на пляж и купа́лись в мо́ре. Вода́ была́ тёплая (+25 гра́дусов!) и о́чень чи́стая. По́сле пля́жа мы шли на ры́нок и покупа́ли о́вощи, фру́кты, ры́бу, а пото́м до́ма гото́вили обе́д. А ве́чером, коне́чно, мы ходи́ли на дискоте́ки в ночны́е клу́бы, кото́рых сейча́с в Я́лте о́чень мно́го. Е́ли, пи́ли и танцева́ли до утра́.

Что мы ещё де́лали? Где мы ещё бы́ли? Мы е́здили в Ники́тский ботани́ческий сад, кото́рый нахо́дится о́коло Я́лты. Посмотре́ли Воронцо́вский дворе́ц в го́роде Алу́пка, Ла́сточкино гнездо́[1] и заво́д вин в Масса́ндре. После́дняя экску́рсия была́ са́мой интере́сной!

Де́ньги, как вы са́ми понима́ете, о́чень бы́стро зако́нчились, и мы нашли́ рабо́ту в рестора́не в це́нтре го́рода.

Рабо́тали мы официа́нтами, и нам хорошо́ плати́ли, потому́ что Се́ва говори́т по-францу́зски, а я по-англи́йски. А в Я́лте ле́том иностра́нцев бо́льше, чем украи́нцев и́ли ру́сских. Рабо́тали мы то́лько в воскресе́нье, во вто́рник и в пя́тницу, а в други́е дни продолжа́ли акти́вно отдыха́ть.

Так мы провели́ с Се́вой на́ши ле́тние кани́кулы в Крыму́! Э́ти кани́кулы я не забу́ду… запо́мню на всю жизнь, потому́ что в Я́лте я познако́мился с Христи́ной.

Note
В Крыму́: Several masculine nouns, including **Крым**, have a special Prepositional case ending in stressed **-у́** that is used to show location.

[1]**The Swallow's Nest** is a mock-medieval castle near Yalta, in Crimea, Ukraine. It was built in 1911–1912 on top of the 130 ft.-high Aurora Cliff.

24-17. Ка́рта Кры́ма. Look at the map of Crimea, mark the places Андре́й visited, and answer the following questions.

1. Как называ́ются города́, в кото́рых Андре́й был?
2. Где э́ти города́ нахо́дятся в Крыму́? (се́вер, юг, за́пад, восто́к)
3. Как он туда́ дое́хал?
4. Что он де́лал в э́тих города́х, что посмотре́л?

24-18. Отве́тьте на вопро́сы. **Answer the following questions.**

1. Как Андре́й сдал ле́тнюю се́ссию?
2. Каки́е экза́мены Андре́й сдал?
3. Ско́лько су́ток Андре́й и Се́ва е́хали до Симферо́поля?
4. Что они́ де́лали в по́езде?
5. Почему́ Андре́й лю́бит Крым?
6. Где Андре́й и Се́ва жи́ли в Ялте?
7. Кто тако́й Вале́рий Петро́вич? Како́й он челове́к?
8. Что Андре́й и Се́ва де́лали ка́ждый день у́тром, днём и ве́чером?
9. Где Андре́й и Се́ва бы́ли в Крыму́, что они́ ви́дели?
10. Почему́ они́ должны́ бы́ли рабо́тать?
11. Где они́ нашли́ рабо́ту?
12. Когда́ (В каки́е дни) они́ рабо́тали?
13. Почему́ им хорошо́ плати́ли?
14. Почему́ Андре́й надо́лго запо́мнит э́ти кани́кулы?

24-19. Ваш коммента́рий. **Write your comments on Andrej's summer vacation.**

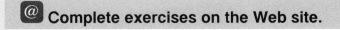

@ **Complete exercises on the Web site.**

Chapter 24: 2-9, 24-10.

Дава́йте переведём!

24-20.  **Как сказа́ть по-ру́сски? Give Russian equivalents for the following questions. Take turns asking and answering the questions.**

1. When do you have your vacation?
2. Where will you go for spring break?
3. What are you going to do over the summer vacation?
4. How did you spend your fall break?
5. Where did you go for your winter break?
6. Where do you like to go on vacations?
7. How many days is your vacation?
8. When does summer vacation begin?
9. When does summer vacation end?

24-21. Куда́ пое́хать на кани́кулы? Translate into English.

Куда́ пое́хать на ма́йские кани́кулы
Люблю́ я Рим в нача́ле ма́я...
Зака́зывать ту́ры лу́чше сейча́с!

Консульта́цию даёт Наде́жда Лива́нова, аге́нт компа́нии «Интури́ст».

Весно́й лу́чше всего́ путеше́ствовать по Евро́пе. В э́то вре́мя в Евро́пе о́чень хоро́шая пого́да, ма́ло тури́стов и не так до́рого. Из европе́йских ту́ров лу́чше всего́ в э́том году́ скандина́вские стра́ны – Шве́ция, Норве́гия, Да́ния (о́коло 550 е́вро, экскурсио́нная пое́здка на неде́лю). Э́то се́верные стра́ны, но в ма́е там уже́ не хо́лодно. Са́мая недорога́я, пожа́луй, По́льша – неде́ля путеше́ствия бу́дет сто́ить ма́ксимум 300 е́вро. Че́хия – 410 е́вро. Хорошо́ то, что в э́ти стра́ны мо́жно легко́ дое́хать на по́езде.

24-22. Пла́ны на ле́то. Translate ideas, not words.

I know exactly what I'm going to do for my summer vacation. First, I want to relax.

I'm going to have a weeklong weekend. I will sleep in. I will watch TV and eat. But that's only the first week of my summer break.

In the second week of my summer vacation, I will go scuba-diving (занима́ться подво́дным пла́ванием)! My uncle Todd teaches it (in the picture). I'll probably do that every day for one week. My cousins, my aunt, and uncle live in Florida. We go to the beach every day! We get to surf and swim. I'm going to have a great time!

Ци́фры и фа́кты

24-23. 🎧 **Review of numbers. Listen to the speaker and complete the information below. Then read it out loud.**

1. Ско́лько сто́ит пое́здка в Пра́гу на три дня?
   _____ éвро.
2. Ско́лько сто́ит пое́здка в Пари́ж на выходны́е?
   _____ éвро.
3. Ско́лько сто́ит неде́ля на Гава́йях?
   _____ до́лларов.
4. Ско́лько сто́ит пое́здка на де́сять дней в Испа́нию?
   _____ éвро.
5. Ско́лько сто́ит пое́здка на неде́лю в Австрию?
   _____ éвро.
6. Ско́лько сто́ит пое́здка на неде́лю в Ита́лию?
   _____ éвро.

24-24. Ци́фры и фа́кты. 1) Look at the graph and discuss the responses. 2) Conduct a similar survey among your classmates or ask other people and report the results in class.

Вопро́с: Как вы провели́ ле́тние кани́кулы?
Мы за́дали э́тот вопро́с студе́нтам Моско́вского госуда́рственного университе́та. Вот результа́ты, кото́рые мы получи́ли.

Результа́ты опро́са:

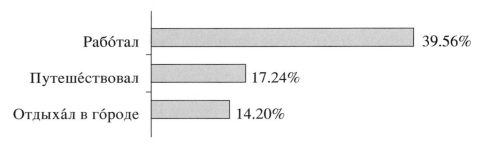

На вопро́с отве́тили 70 челове́к

@ **Complete the exercise on the Web site.**

Chapter 24: 2-11, 24-12.

24-25. Слова́рь. Vocabulary.

ботани́ческий сад – *botanical garden*

во вре́мя (+ *Gen.*) – *during*

вспо́мнить *pfv.* – *to remember*
> *Pres*: я вспо́мню, ты вспо́мнишь, они́ вспо́мнят

гро́мко – *loudly*

друго́й, -а́я, -о́е, -и́е – *another; other*

заво́д – *factory*

запо́мнить *pfv.* что? – *to remember; to memorize*
> *Pres*: я запо́мню, ты запо́мнишь, они́ запо́мнят

иностра́н|е|ц – *foreigner*

кани́кулы – *vacation (for students)*
> на кани́кулы (на + *Acc.*) – *during vacation*
> весе́нние кани́кулы – *spring break*
> зи́мние кани́кулы – *winter break*
> ле́тние кани́кулы – *summer vacation*
> осе́нние кани́кулы – *fall break*

мир (*sing. only*) – *world*

никуда́ – *nowhere*

о́тпуск – *vacation (for working people)*

план – *plan*

пляж – *beach*

продолжа́ть *impf.* что? – *to continue*
> *Pres*: я продолжа́ю, ты продолжа́ешь, они́ продолжа́ют

про́шлый, -ая, -ое, -ые – *past*

рабо́та – *work*

сам, -а́, -о́, -и – *(by) oneself*

сдать (се́ссию, экза́мены) *pfv.* – *to pass exams*
> *Fut*: я сдам, ты сдашь, они́ сдаду́т;
> *Past*: сдал, сдала́, сда́ли

сле́дующий, -ая, -ее, -ие – *next*

ти́хо – *quietly*

ту́т же – *right away*

хозя́ин (*pl.* хозя́ева) – *landlord*

хоро́шее (*noun*) – *good things*

экза́мен – *exam, test*

APPENDIX I: GRAMMAR TERMINOLOGY

Adjectives are words that describe nouns: *но́вая кни́га, ма́ленький го́род*. If an adjective precedes a noun, it **modifies (describes)** that noun and agrees with it in **gender**, **number,** and **case**. If an adjective that describes the subject is in the predicate of a sentence after the verb **быть**, which is not expressed in the present-tense, it is called a **predicate adjective**: **Её де́ти — *большие***. See: *predicates.*

Adverbs are words that describe the action of a verb: **вы *хорошо́* говори́те по-ру́сски**. Adverbs can also *modify (describe)* another adverb: **вы *о́чень* хорошо́ говори́те по-ру́сски** or an adjective: **на́ша кварати́ра *о́чень* ма́ленькая**. Words that indicate place and answer the questions **где? куда́?**— **здесь, до́ма, там, домо́й, туда́** — as well as words that indicate time and answer the question **когда́? — сего́дня, у́тром, весно́й** — are also adverbs.

Aspect See: *verbs.*

Cardinal numbers See: *numbers.*

Case refers to the form of a noun, pronoun or an adjective (modifier)-noun combination and shows the role of that noun or pronoun in the sentence. [and shows the relationship of that noun or pronoun to the other words in the sentence.] There are six cases in Russian, and each case has one main function: the *Nominative* case indicates the subject of a verb; the *Accusative* case indicates the direct object of a transitive verb; the *Dative* case indicates an indirect object; the *Genitive* case indicates possession; the *Instrumental* case shows the instrument used to do something; and the *Prepositional* case, which is always used with prepositions to show location or the object of conversation.

Clauses are groups of words with a subject and a verb: **мы говори́м по-ру́сски**. A group of words with a subject and a verb that can stand alone — **Я говорю́ о студе́нтах** — is called an *independent clause.* A group of words with a subject and a verb — **кото́рые прие́хали из Росси́и** — that depends on another part of the sentence to make sense is called a dependent or subordinate clause: **Я говорю́ о студе́нтах, *кото́рые прие́хали из Росси́и*.**

Complements are words that complete a thought. See: *verbs, transitive.*

Complex sentences See: *sentences.*

Compound sentences See: *sentences.*

Conjugate and Conjugation refer to the changing of endings on verbs to indicate who is doing the action. See: *verbs; aspect.* See also: *person.*

Conjunctions are connecting words like *и, а, и́ли* or *но. Subordinating conjunctions* introduce *dependent clauses:* **Я зна́ю, *что* они́ прие́хали из Росси́и.**

Consonants are sounds that you pronounce by blocking the flow of air from your mouth with your tongue, your tongue and teeth, your teeth and lips, your lips, etc. The consonant letters in Russian are **б, в, г, д, ж, з, й, к, л, м, н, п, р, с, т, ф, х, ц, ч, ш, щ,** See also: *vowels.*

Decline and Declension refer to the changing of endings on nouns and their modifiers to indicate their case. See: *case.*

Demonstratives (demonstrative pronouns) are words that point something out: **э́тот** (**э́та**, **э́то**, **э́ти**) and **тот** (**та**, **то**, **те**). See: *special modifiers*.

Direct object See: *verbs, transitive*.

Endings See: *Stems*.

Fill vowels occur in the last syllable of the Genitive plural form of feminine and neuter nouns when there is a consonant cluster that is hard to pronounce. The Genitive plural forms **студе́нток**, **де́вушек**, **о́кон** and **ло́жек** contain fill vowels.

Fleeting vowels are vowels in the last syllable of a word that disappear when endings are added to the word. They are indicated in vocabulary by a straight vertical line "|" on either side of the vowel. Words like **от|е́|ц**, **америка́н|е|ц**, and **ребён|о|к** contain fleeting vowels in the Nominative singular form. See: *fill vowels*.

Government refers to the case that follows a verb or a preposition. We always use the Dative case after the verb **помога́ть**, so we say that this verb governs the Dative case. We always used the Genitive case after the preposition **от**, so we say that this preposition governs the Genitive case.

Gender indicates whether something is masculine, feminine, or neuter. The endings on nouns and their modifiers, some pronouns, and past-tense singular verb forms indicate gender. When used as the English equivalent of *"it,"* **он** refers to masculine nouns, **она́** refers to feminine nouns, **оно́** refers to neuter nouns.

Hushers are consonants that are pronounced with a *"sh"* sound — **ш**, **ж**, **ч**, and **щ**. The letter **ц** is *not* a husher.

Imperative forms of verbs (**Скажи́те! Повтори́те!**) are used to tell someone to do something. Imperatives have a *ты*-form (**Посмотри́**) and a *вы*-form (**Посмотри́те**).

Impersonal sentences are sentences that do not have a grammatical subject in the Nominative case — **Сего́дня хо́лодно.** In the past tense, the neuter form **бы́ло** is used: **Вчера́ бы́ло хо́лодно.**

Indirect object: See: *verbs, transitive*.

Nouns are words for *people*, *places* and *things*. The words **студе́нтка**, **го́род**, **общежи́тие** are nouns. The term **proper noun** refers to the name of a person, place or a thing. Words like **Ма́ша**, **Москва́**, **Макдо́нальдс** are proper nouns and are written with capital letters. If an noun that describes the subject is in the predicate of a sentence after the verb **быть**, which is not expressed in the present-tense, **Моя́ мать — *врач*,** - it is called a **predicate noun**. See: *predicates*.

Number indicates whether a noun, pronoun, adjective, or verb form is **singular** or **plural**.

Numbers used in counting, **оди́н**, **два**, **три**, **четы́ре** etc., are called **cardinal numbers**. Numbers that indicate order, **пе́рвый**, **второ́й**, **тре́тий** etc., are called **ordinal numbers**.

Ordinal numbers See: *numbers*.

Person indicates who is doing the action denoted by a verb. The **я** and **мы** forms are called first-person forms, the **ты** and **вы** forms are called second-person forms, and the **он**, **она́**, **оно́**, and **они́** forms are called third-person forms.

Phrases are groups of words without a subject or a verb: **центр го́рода, учи́ться в университе́те, на́ше обжежи́тие.**

Possessives *(also called possessive pronouns)* are words that show possession or ownership: **мой, твой, его, её, наш, ваш,** and **их.**

Predicates of a sentence or clause are the verb with its modifiers, objects, complements, etc. The predicate can be:
    1) a simple verb: Мы **понима́ем.**
    2) a verb and its modifiers: Вы **хорошо́ говори́те по-ру́сски.**
    3) a noun or adjective after the the verb **быть.** Remember that the present tense of this verb is usually not expressed [sometimes a dash (—) is used between the subject and predicate of these sentences to avoid confusion]: Моя́ ма́ма — **врач,** Их кварти́ра **больша́я.**

Prefixes precede the root of a word (See: *roots*) and are used to form new words: **при**хо́д *(arrival)*, **вы́**ход *(exit)*, **пере**хо́д *(transfer, crossing)*. See also: *stems*.

Prepositions are words that relate one word to another. Some of the most common Russian prepositions are **в, на, о, у, с (кни́га на столе́, дом в Москве́, кни́га о Пу́шкине** *etc.*) As the word "pre-position" indicates, prepositions are used before nouns or pronouns.

Pronouns are words that take the place of nouns. **Я, ты, он, она́, оно́, мы, вы,** and **они́** are called ***personal pronouns***. The words **мой, твой, его, её, наш, ваш,** and **их** are called ***possessive pronouns***. **Этот (э́та, э́то, э́ти)** is called a ***demonstrative pronoun*** because it points something out, and **кото́рый** is called a ***relative pronoun*** because it relates back to another noun.

Roots are that part of a word which give you the basic meaning. Some roots like **дом, стол** are actual words, while other roots like **кни́г-а, е́зд-ить** are just part of a word. The basic meanings of roots are often modified with prefixes (**по**-езд – train) or suffixes (кни́ж-н-), (**по**-езд-к-), and a grammatical ending is often necessary to give full meaning to a new word: **кни́жный магази́н, пое́здка.**

Sentences consist of a word or words that express a complete thought. According to their structure sentences can be classified as:
    Simple sentences, which consist of one independent clause.
    Compound sentences, which consist of two or more independent clauses joined by the conjunctions **и, а,** or **но.**
    Complex sentences, which consist of an independent and a dependent clause. See also: *clauses.*

Simple sentences. See: *sentences.*

Special modifiers are modifiers that are declined like adjectives in the singular and plural except for the Nominative case, the feminine Accusative case, and the masculine Accusative when modifying a masculine inanimate noun. The demonstrative pronouns **э́тот (э́та, э́то, э́ти)** and **тот (та, то, те),** the possessive pronouns (**мой, твой, наш, ваш**), the numeral **оди́н (одна́, одно́, одни́),** and the pronoun **весь (вся, всё, все)** are considered special modifiers.

Stems are the part of a word that precedes an ending: ***жив+ книг+, нов+***, and ***принес+*** are stems. Stems give you the meaning of an entire word. Endings (**жив+ём**, книг+у, нов+**ые**, принес+**ý**) indicate the grammatical function of the entire word in a sentence. A stem can consist of a root (**дом** – house), a root plus a suffix (**дóм-ик** – a small house), a prefix plus a root (**пó-езд** – train), or a prefix, root, and suffix (**по-éзд-к+а** – *trip*). Nouns and their modifiers well as verb forms consist of stems plus endings.

Subjects indicate who or what is doing the action in a sentence or clause. Subjects can be
  1) nouns or pronouns: **Мáша** хорошó говори́т по-англи́йски.
  　　　　　　　Мы у́чим ру́сский язы́к.
  2) not stated, but indicated by the ending of a verb.
  　　　　Знá**ю**. *(I know.)*
A ***simple subject*** is just the person or thing doing the action denoted by the verb:
  Все мои́ **друзья́** говоря́т по-ру́сски.
A ***complete subject*** is the simple subject and the words that pertain to it:
  Все мои́ друзья́ говоря́т по-ру́сски.

Subordinating conjunctions See: *conjunctions.*

Suffixes follow the root of a word (See: *roots*) and are used to form new words: (дом-**ик** – *a small house*, стол-**ик** – *a small table*, моск-ов-**ск**+ий – *pertaining to Moscow*). See also: *stems.*

Tense shows when an action takes place, took place, or will take place. In Russian there is a *present, past,* and *future tense.*

Velars are consonants that are pronounced in the back of your mouth — **к, г, х.**

Verbs are words that show action (**рабóтать, писáть**) or being (**быть**).

  Transitive verbs denote a concrete action - **они́ снимáют** - and often need an object (sometimes called a ***complement***) to make sense - **они́ снимáют** *нóвую квартúру.* The object is called a ***direct object***. Some transitive verbs can have a direct object and an ***indirect object*** which shows to whom or for whom something is done: **Мы написáли** *бáбушке* **письмó.**

  Intransitive verbs denote being (**быть**) or action that does not (cannot) take a direct object (**рабóтать, учи́ться, идти́**) and are often used with words that tell where something takes place: **Мы бы́ли на концéрте; я учу́сь в университéте.**

  First and Second Conjugation refers to the conjugation pattern of Russian verbs. All Russian verbs, except **бежáть, есть, дать** and **хотéть**, are first or second conjugation verbs.

  Aspect: Verbs that denote concrete actions are categorized according to ***imperfective and perfective aspect***. The imperfective aspect of a verb (**дéлать, писáть, читáть**) emphasizes "doing something." The perfective aspect of a verb (**сдéлать, написáть, прочитáть**) focuses on "getting something done." Conjugated forms (forms that indicate who is doing the action) of imperfective verbs indicate an action that is going on at the present time and are called *present tense forms*. Conjugated forms of perfective verbs are called *future tense forms* because they indicate action that will take place in the future and produce a result.

Vowels are sounds you pronounce without blocking the flow of air from your mouth. In Russian, ten letters represent six stressed vowel sounds: **а – я [á]**, **э – е [é]**, **и [í]**, **ы [í]**, **о – ё [ó]**, **у – ю [ú]**. See also: *consonants*.

Word order in Russian sentences is often different from that of English sentences. In Russian sentences, the new information is usually at the end of a sentence, so you must read a sentence to the end in order to understand it correctly. A simple sentence like **"На столé кнúга"** *(There is a book on the table)* tells you what's on the table, but a change in word order to **"Кнúга на столé"** *(The book is on the table)* tells you where the book is.

APPENDIX II: DECLENSION TABLES

Singular forms for
    Masculine nouns
    Neuter nouns
    Feminine nouns that end in **-а/-я**
    Feminine nouns that end in **-ь**
Plural forms for
    Inanimate nouns
    Animate nouns
Special nouns

Pronouns
    Interrogatives and personal pronouns
Special modifiers
    Demonstratives
    Possessives
Adjectives
    Hard-stem adjectives
    Soft-stem adjectives

MASCULINE NOUNS

Masculine nouns have no ending in the Nominative singular.
1. Masculine nouns end in a hard or soft consonant (including **-й**) in the Nominative singular.
2. Inanimate masculine nouns have the same form in the Nominative and Accusative singular.
3. Animate masculine nouns have the same form in the Genitive and Accusative singular.
4. In the Instrumental case, **-ом** → **-ем** (when unstressed) or **-ём** (when stressed) after **-й** and other soft consonants.
5. First names that end in a consonant are declined like animate nouns.
6. Shaded cells indicate similar forms.

	Inanimate Hard Stem	Animate Hard Stem	Inanimate Soft Stem	Animate Soft Stem	Inanimate -Й Stem	Animate -Й Stem	Basic Sound
N	стол	Пётр	портфéль	Игорь	музéй	Евгéний	
A	стол	Петрá	портфéль	Игоря	музéй	Евгéния	[-a]
G	столá	Петрá	портфéля	Игоря	музéя	Евгéния	[-a]
P	столé	Петрé	портфéле	Игоре	музéе	Евгéнии[1]	[-e] [-i]
D	столý	Петрý	портфéлю	Игорю	музéю	Евгéнию	[-u]
I	столóм	Петрóм	портфéлем	Игорем	музéем	Евгéнием	[-om]

[1]**-и** is written instead of **-е** if it is preceded by **-и**.

NEUTER NOUNS

Neuter nouns end in **-o** or **-e** in the Nominative singular.
1. Remember that unstressed **o** is written as **e** after hushers [**ж, ш, ч, щ**] and soft consonants (including **-й**).
2. All neuter nouns are inanimate and have the same form in the Nominative and Accusative singular.

The nouns **и́мя** and **вре́мя** are also neuter, and they have their own special declension pattern.

	Hard Stem	Husher Stem	Soft Stem	-Й stem	Basic Sound		Special Declension
N	письмо́	учи́лище	мо́ре	общежи́тие	[-o]		и́мя
A	письмо́	учи́лище	мо́ре	общежи́тие	[-o]		и́мя
G	письма́	учи́лища	мо́ря	общежи́тия	[-a]		и́мени
P	письме́	учи́лище	мо́ре	общежи́тии[1]	[-e] [-i]		и́мени
D	письму́	учи́лищу	мо́рю	общежи́тию	[-u]		и́мени
I	письмо́м	учи́лищем	мо́рем	общежи́тием	[-om]		и́менем

[1]**-и** is written instead of **-e** if it is preceded by **-и**.

FEMININE NOUNS THAT END IN -A/-Я

1. All feminine nouns that end in **-a** or **-я** take the ending **-y** or **-ю** in the Accusative singular.
2. In the Instrumental case, **-ой** → **-ей** (when unstressed) or **-ёй** (when stressed) after **-й** and other soft consonants.
3. Nouns or names that end in **-a** or **-я** and refer to male persons (**па́па, дя́дя, Ва́ня**) decline like feminine nouns, but they take masculine agreement (**мой па́па, наш де́душка**, *etc.*).

	Hard Stem	Hard Stem	Soft Stem	Soft Stem	Soft Stem	Soft Stem	Basic Sound
N	шко́ла	Гали́на	неде́ля	Ната́лья	ле́кция	Мари́я	[-a]
A	шко́лу	Гали́ну	неде́лю	Ната́лью	ле́кцию	Мари́ю	[-u]
G	шко́лы	Гали́ны	неде́ли	Ната́льи	ле́кции	Мари́и	[-i]
P	шко́ле	Гали́не	неде́ле	Ната́лье	ле́кции[1]	Мари́и[1]	[-e] [-i]
D	шко́ле	Гали́не	неде́ле	Ната́лье	ле́кции[1]	Мари́и[1]	[-e] [-i]
I	шко́лой	Гали́ной	неде́лей	Ната́льей	ле́кцией	Мари́ей	[-oj]

[1]**-и** is written instead of **-e** if it is preceded by **-и**.

FEMININE NOUNS THAT END IN -Ь

Animate feminine nouns that end in **-ь** in the Nominative singular (**мать**, **дочь**) have the same form in the Accusative singular.

			мать and дочь add -ер- before all endings		Proper name	Basic sound
N	мéбель	ночь	дочь	мать	Любóвь	--
A	мéбель	ночь	дочь	мать	Любóвь	--
G	мéбели	нóчи	дóчери	мáтери	Любóви	[i]
P	мéбели	нóчи	дóчери	мáтери	Любóви	[i]
D	мéбели	нóчи	дóчери	мáтери	Любóви	[i]
I	мéбелью	нóчью	дóчерью	мáтерью	Любóвью	[ju]

PLURAL FORMS FOR NOUNS

Gender does not exist in the plural. All nouns share the same endings, but the Nominative and Genitive plural forms depend on the Nominative singular forms.

Nominative Plural Forms

1. Most masculine nouns have the ending **-ы** or **-и** in the Nominative plural (**университéты**, **пáрки**), but some have the ending **-á** or **-я́** (**городá**, **учителя́**).

2. All nouns that end in **-а** or **-я** in the Nominative singular have the ending **-ы** or **-и** in the Nominative plural (**газéты**, **кни́ги**, **дя́ди**). Be sure to always spell **и** instead of **ы** after hushers [**ж, ш, ч, щ**] and velars [**к, г, х**]. Feminine nouns that end in a soft sign (**-ь**) also have the ending **-и**.

3. Neuter nouns have the ending **-а** or **-я** in the Nominative plural (**пи́сьма**, **óкна**, **словá**, **учи́лища**, **моря́**, **здáния**).

Genitive Plural Forms

1. Feminine and neuter nouns that end in **-а/-я**, **-о/-е** have **NO** ending in the Genitive plural (**книг**, **газéт**, **мест**, **учи́лищ**). There are a few exceptions to this rule, and **морéй** is one of them.

2. All nouns with a Nominative singular form ending in a soft sign (**ь**) or a husher [**ж, ш, ч, щ**] have the ending **-ей**.

3. Masculine nouns with a Nominative singular form ending in a hard consonant other than a husher have the ending **-ов** (**столóв**, **журнáлов**), which is spelled **-ев** for nouns with a Nominative singular form ending in **-й** (**музéев**, **кафетéриев**).

4. Nouns that have a Nominative singular form ending in **-ие** or **-ия** (**здáние**, **лéкция**) have stems ending in **-й** [-*j*-]: [zdáņij+, ļéktsij+]. The vowel sound is dropped in the Genitive plural but the [-*j*-] sound remains and is spelled **-й**: **здáний**, **лéкций**.

In the plural, **ALL** inanimate nouns have the same form in the Nominative and Accusative cases. **ALL** animate nouns have the same form in the Genitive and Accusative cases.

Inanimate Nouns

	Hard Stem	Soft Stem	й-Stem	Hard Stem	й-Stem	Velar Stem	Soft Stem
NS	стол	портфéль	музéй	мéсто	лéкция	кнúга	недéля
NP	столы́	портфéли	музéи	местá	лéкции	кнúги	недéли
A	столы́	портфéли	музéи	местá	лéкции	кнúги	недéли
G	столóв	портфéлей	музéев	мест	лéкций	кнúг	недéль[1]
P	столáх	портфéлях	музéях	местáх	лéкциях	кнúгах	недéлях
D	столáм	портфéлям	музéям	местáм	лéкциям	кнúгам	недéлям
I	столáми	портфéлями	музéями	местáми	лéкциями	кнúгами	недéлями

[1]-ь is spelled to show softness of consonant

Animate nouns

	Hard Stem	Husher Stem	Soft Stem	Velar Stem	Hard Stem
NS	студéнт	врач	писáтель	студéнтка	учúтельница
NP	студéнты	врачú	писáтели	студéнтки	учúтельницы
A	студéнтов	врачéй	писáтелей	студéнток	учúтельниц
G	студéнтов	врачéй	писáтелей	студéнток	учúтельниц
P	студéнтах	врачáх	писáтелях	студéнтках	учúтельницах
D	студéнтам	врачáм	писáтелям	студéнткам	учúтельницам
I	студéнтами	врачáми	писáтелями	студéнтками	учúтельницами

Note: Masculine nouns with a Nominative singular form ending in **-ец** (**отéц, америкáнец**) lose the **-е-** when adding endings (**отцы́, америкáнцы**). This type of vowel is called a "fleeting vowel." Nouns like **студéнтка** and **дéвушка** don't have an ending in the Genitive and Accusative plural forms, and they add the "fill-vowel" **-о-** (or **-е-** when unstressed after a husher) so that it's easier to pronounce the final consonant cluster: **студéнток, дéвушек**.

SPECIAL NOUNS

The plural of **человéк** (*person*) is **лю́ди** (*people*), and the plural of **ребён|о|к** (*child*) is **дéти** (*children*).

N	человéк	лю́ди
A	человéка	людéй
G	человéка	людéй, человéк[1]
P	человéке	лю́дях
D	человéку	лю́дям
I	человéком	людьмú

N	ребёнок	дéти
A	ребёнка	детéй
G	ребёнка	детéй
P	ребёнке	дéтях
D	ребёнку	дéтям
I	ребёнком	детьмú

[1]The Genitive plural form **человéк** (*persons*) is used in counting and after **нéсколько**. The Genitive plural form **людéй** (*people*) is used after **мнóго** and **мáло**.

PRONOUNS
INTERROGATIVES AND PERSONAL PRONOUNS

N	кто	что	я	ты	он оно́	она́	мы	вы	они́	N
A	кого́	что	меня́	тебя́	его́	её	нас	вас	их	A
G	кого́	чего́	меня́	тебя́	его́	её	нас	вас	их	G
P	о ко́м	о чём	обо мне́	о тебе́	о нём	о не́й	о на́с	о ва́с	о ни́х	P
D	кому́	чему́	мне	тебе́	ему́	ей	нам	вам	им	D
I	кем	чем	мной	тобо́й	им	ей	на́ми	ва́ми	и́ми	I

SPECIAL MODIFIERS: DEMONSTRATIVES

ЭТОТ (ЭТА, ЭТО, ЭТИ) – *this or that*

N	э́тот │ э́то	э́та	э́ти
A	N or G[1]	э́ту	N or G
G	э́того	э́той	э́тих
P	э́том	э́той	э́тих
D	э́тому	э́той	э́тим
I	э́тим	э́той	э́тими

ТОТ (ТА, ТО, ТЕ) – *that (that one vs. this one)*

тот то	та	те	N
N or G	ту	N or G	A
того́	той	тех	G
том	той	тех	P
тому́	той	тем	D
тем	той	те́ми	I

[1]Modifiers for inanimate nouns take the Nominative form, modifiers for inanimate nouns take the Genitive form.

ВЕСЬ (ВСЯ, ВСЁ, ВСЕ) – *all, the whole*

N	весь │ всё	вся	все
A	N or G	всю	N or G
G	всего́	всей	всех
P	всём	всей	всех
D	всему́	всей	всем
I	всем	всей	все́ми

SPECIAL MODIFIERS: POSSESSIVES

МОЙ (МОЯ́, МОЁ, МОЙ́) – *my*
ТВОЙ (ТВОЯ́, ТВОЁ, ТВОЙ́) – *your*
СВОЙ (СВОЯ́, СВОЁ, СВОЙ́) – *one's own (refers to the doer of the action)*
НАШ (НА́ША, НА́ШЕ, НА́ШИ) – *our*
ВАШ (ВА́ША, ВА́ШЕ, ВА́ШИ) – *your*

N	мой | моё твой | твоё свой | своё	моя́ твоя́ своя́	мой твой свой
A	N or G	мою́ твою́ свою́	N or G
G	моего́ твоего́ своего́	мое́й твое́й свое́й	мои́х твои́х свои́х
P	моём твоём своём	мое́й твое́й свое́й	мои́х твои́х свои́х
D	моему́ твоему́ своему́	мое́й твое́й свое́й	мои́м твои́м свои́м
I	мои́м твои́м свои́м	мое́й твое́й свое́й	мои́ми твои́ми свои́ми

наш | на́ше ваш | ва́ше	на́ша ва́ша	на́ши ва́ши	N
N or G	на́шу ва́шу	N or G	A
на́шего ва́шего	на́шей ва́шей	на́ших ва́ших	G
на́шем ва́шем	на́шей ва́шей	на́ших ва́ших	P
на́шему ва́шему	на́шей ва́шей	на́шим ва́шим	D
на́шим ва́шим	на́шей ва́шей	на́шими ва́шими	I

ОДИ́Н (ОДНА́, ОДНО́) – *one*

N	оди́н | одно́	одна́
A	N or G	одну́
G	одного́	одно́й
P	одно́м	одно́й
D	одному́	одно́й
I	одни́м	одно́й

ADJECTIVES
HARD-STEM ADJECTIVES

1. When the Nominative singular ending of masculine adjectives is stressed, it is **-ой** (*see below:* **но́вый, ру́сский, плохо́й, большо́й, хоро́ший**).

2. It is essential to remember spelling rules when writing adjective endings.
   a. Write **и** (not **ы**) after hushers (**ж, ш, ч, щ**) and velars (**к, г, х**).
   b. Unstressed **о → е** after hushers (**ж, ш, ч, щ**) except for the masculine singular nominative form in which unstressed **-ой → -ий** (*see below*: **большо́й, хоро́ший**).

	HARD STEMS AND VELAR STEMS				HUSHER STEMS			
	MASC	NEUT	FEM	PL	MASC	NEUT	FEM	PL
N	но́вый ру́сский плохо́й	но́вое ру́сское плохо́е	но́вая плоха́я	но́вые плохи́е	большо́й хоро́ший	большо́е хоро́шее	больша́я хоро́шая	больши́е хоро́шие
A	N or G		но́вую плоху́ю	N or G	N or G		большу́ю хоро́шую	N or G
G	но́вого ру́сского плохо́го		но́вой плохо́й	но́вых плохи́х	большо́го хоро́шего		большо́й хоро́шей	больши́х хоро́ших
P	но́вом ру́сском плохо́м		но́вой плохо́й	но́вых плохи́х	большо́м хоро́шем		большо́й хоро́шей	больши́х хоро́ших
D	но́вому ру́сскому плохо́му		но́вой плохо́й	но́вым плохи́м	большо́му хоро́шему		большо́й хоро́шей	больши́м хоро́шим
I	но́вым ру́сским плохи́м		но́вой плохо́й	но́выми плохи́ми	большо́му хоро́шему		большо́й хоро́шей	больши́м хоро́шим

SOFT-STEM ADJECTIVES

1. Adjectives with a stem ending in a soft **-н-** (**сре́дний**) are called "soft-stem adjectives."

2. When writing endings for soft-stem adjectives you must show that the final **-н** of the stem is soft.
   a. Write **и** instead of **ы**.
   b. Write **я** instead of **а**.
   c. Write **ю** instead of **у**.
   d. Write **е** instead of **о**.

	MASC NEUT	FEM	PL
N	сре́дний | сре́днее	сре́дняя	сре́дние
A	N or G	сре́днюю	N or G
G	сре́днего	сре́дней	сре́дних
P	сре́днем	сре́дней	сре́дних
D	сре́днему	сре́дней	сре́дним
I	сре́дним	сре́дней	сре́дними

APPENDIX III: USING THE CASES

Use the Nominative case

1. after the introductory word **э́то**:

> Это **наш дом**.   Это **мои́ друзья́**.
> *That's our house. These are my friends.*

2. to show the subject of a sentence or a clause:

> **Ма́ша** живёт в Теха́се, а **Ми́тя** в Калифо́рнии.
> *Masha lives in Texas, and Mitya in California.*

3. in the predicate of a sentence to indicate who a person is or what a person does:

> Это **мой оте́ц**. Он **врач**.
> *This is my father. He's a physician.*

4. in the predicate of a sentence to indicate what a person or something is like:

> Наш университе́т о́чень **большо́й**.
> *Our university is very big.*

Use the Accusative case

1. to show the direct object of a transitive verb:

> Где вы учи́ли **ру́сский язы́к**?   Я не зна́ю **Ма́шу** и **Ми́тю**.
> *Where did you study Russian?   I don't know Masha and Mitya.*

2. with the prepositions **в** and **на** and an inanimate noun to show the destination of motion:

> Я хожу́ **в библиоте́ку** ка́ждый день.
> *I go to the library every day.*

3. with the adjective **ка́ждый (ка́ждое, ка́ждая)** to indicate the frequency of an action:

> **Ка́ждую пя́тницу** мы игра́ем в баскетбо́л.
> *We play basketball every Friday.*

4. with the preposition **в** + a time word after the noun **раз** to indicate the frequency of an action:

> Они́ игра́ют в футбо́л три ра́за **в неде́лю**.
> *They play football three times a week.*

Use the Genitive case

1. to indicate possession:

> Это маши́на **моего́ дру́га**.
> *This is my friend's car.*

2. to describe other nouns:

> Где мой уче́бник **ру́сского языка́**?
> *Where's my Russian textbook?*

3. to indicate absence or lack of something or someone:

> Здесь нет **телефо́на**.
> *There's no telephone here.*

> Сего́дня ве́чером **нас** до́ма не бу́дет.
> *We won't be home tonight.*

4. with words denoting quantity and with numerals other than **оди́н (одна́, одно́)**:

> Э́та кни́га сто́ит **пять до́лларов**.
> *This book costs five dollars.*

5. to indicate the date on which something occurs:

> — Когда́ у вас день рожде́ния?
> — **Пя́того сентября́**.
> *"When is your birthday?"*
> *"On the fifth of September."*

6. with the preposition **y** in "to have" constructions:

> **У меня́** два бра́та и три сестры́.
> *I have two brothers and three sisters.*

7. with the prepositions **из, с,** and **от** to indicate the origin of a motion:

> Когда́ они́ прие́хали **из Москвы́**?
> *When did they arrive from Moscow?*

> Я приду́ **с конце́рта** в оди́ннадцать часо́в.
> *I'll get back from the concert at 11 o'clock.*

Use the Prepositional case

1. with the preposition **о (об)** to show who or what you are talking, thinking, or writing about:

> Я ка́ждый день ду́маю **о свои́х друзья́х** в Москве́.
> *I think about my friends in Moscow every day.*

2. with the prepositions **в** and **на** to show where someone or something is located or something is happening:

> Я хочу́ учи́ться в **Санкт-Петербу́рге**.
> *I want to study in St. Petersburg.*

3. with the preposition **в** to indicate the month or year in which something occurs:

> Я роди́лся/родила́сь **в ма́рте**.
> *I was born in March.*

> **В како́м году́** вы роди́лись?
> *What year were you born?*

Use the Dative case

1. to show an indirect object (to whom or for whom something is done):

> Роди́тели купи́ли **ей** но́вую маши́ну.
> *Her parents bought her a new car.*

2. to show someone's age:

> — Ско́лько лет **твое́й сестре́**?
> — **Ей** два́дцать.
> *"How old is your sister?"*
> *"She's 20."*

3. with the verb **нра́виться/понра́виться** to indicate the person who likes or dislikes something:

> **Вам нра́вится** така́я му́зыка?
> *Do you like this kind of music?*

4. with the words **на́до, ну́жно, мо́жно, нельзя́** to show necessity, possibility, impossibility, or prohibition.

> **Мне нельзя́** пить во́дку.
> *I can't (am not supposed to) drink vodka.*

> **Вам на́до (ну́жно)** учи́ться в Росси́и.
> *You need to study in Russia.*

5. with the preposition **к** and a noun denoting a person to show whose residence or office is the destination of a motion:

> Вы вчера́ ходи́ли **к врачу́**?
> *Did you go see your doctor yesterday?*

Use the Instrumental case

1. with the past and future tense forms of the verb **быть**:

> **Кем был** твой де́душка?
> *What was your grandfather?*

2. with the verbs **стать, рабо́тать, занима́ться, интересова́ться**:

> Она́ **ста́нет врачо́м**.
> *She's going to become a doctor?*

> Вы **занима́етесь спо́ртом**?
> *Do you go in for any sports?*

> Они́ о́чень **интересу́ются америка́нскими писа́телями**.
> *They're very interested in American writers.*

3. with the verb **поздравля́ть** and the preposition **с** to indicate why you are congratulating someone:

> **Поздравля́ю с днём рожде́ния!**
> *Happy Birthday!* (lit. *I congratulate you on your birthday.*)

4. with the preposition **с (со)** to show accompaniment:

> Вчера́ ве́чером мы ходи́ли в кино́ **с Ма́рком и Анной**.
> *We went to the movies last night with Mark and Anna.*

Verbal Government: Questions that show the case used with verbs.

Questions	Cases
кто? что?	Nominative Case
кого́? что?	Accusative Case
кого́? чего́?	Genitive Case
о ком? о чём?	Prepositional Case
кому́? чему́?	Dative Case
кем? чем? с кем? с чем?	Instrumental Case

APPENDIX IV: VERBS

Most verbs have imperfective and perfective forms. The present tense is expressed by conjugated forms of imperfective verbs. Conjugated forms of perfective verbs indicate future action. All Russian verbs, except a few, are classified as first or second conjugation verbs.

1. First-conjugation verbs have the endings *-у (-ю)*, *-ёшь (-ешь)*, *-ёт (-ет)*, *-ём (-ем)*, *-ёте (-ете)*, *-ут (-ют)*.
2. Second-conjugation verbs have the endings *-ю (-у)*, *-ишь*, *-ит*, *-им*, *-ите*, *-ят (-ат)*.
3. The actual spelling and pronunciation of these endings depends on stress and spelling rules.
4. Stress can be on the ending, on the stem, or shifting (on the ending in the *я*-form and on the stem in all other forms).

FIRST CONJUGATION

		Present Tense			*Future Perfective Tense*
	идти́	**писа́ть**	**чита́ть**	**прочита́ть**	**сказа́ть**
я	ид-у́	пиш-у́	чита́-ю	прочита́-ю	скаж-у́
ты	ид-ёшь	пиш-ешь	чита́-ешь	прочита́-ешь	ска́ж-ешь
он/а́	ид-ёт	пиш-ет	чита-ет	прочита́-ет	ска́ж-ет
мы	ид-ём	пиш-ем	чита́-ем	прочита́-ем	ска́ж-ем
вы	ид-ёте	пиш-ете	чита́-ете	прочита́-ете	ска́ж-ете
они́	ид-у́т	пиш-ут	чита́-ют	прочита́-ют	ска́ж-ут
	ending stress	*shifting stress*	*stem stress*	*stem stress*	*shifting stress*

SECOND CONJUGATION

		Present Tense			*Future Perfective Tense*
	говори́ть	**ходи́ть**	**гото́вить**	**купи́ть**	**посмотре́ть**
я	говор-ю́	хож-у́	гото́вл-ю	купл-ю́	посмотр-ю́
ты	говор-и́шь	хо́д-ишь	гото́в-ишь	ку́п-ишь	посмо́тр-ишь
он/а́	говор-и́т	хо́д-ит	гото́в-ит	ку́п-ит	посмо́тр-ит
мы	говор-и́м	хо́д-им	гото́в-им	ку́п-им	посмо́тр-им
вы	говор-и́те	хо́д-ите	гото́в-ите	ку́п-ите	посмо́тр-ите
они́	говор-я́т	хо́д-ят	гото́в-ят	ку́п-ят	посмо́тр-ят
	ending stress	*shifting stress*	*stem stress*	*shifting stress*	*shifting stress*

	учи́ться
я	уч-у́-сь
ты	у́ч-ишь-ся
он/а́	у́ч-ит-ся
мы	у́ч-им-ся
вы	у́ч-ите-сь
они́	у́ч-ат-ся

Some verbs (**учи́ться**, **занима́ться**, *etc.*) have the particle **-ся** which is spelled **-ся** after a consonant and **-сь** after a vowel.

Consonant alternations: Some verbs have consonant alternations in their conjugations.

If a first-conjugation verb (**писа́ть, сказа́ть**) has a consonant alternation, it occurs before all personal endings:

First-conjugation verbs
писа́ть *impf.* (and all prefixed forms): **с → ш** before all personal endings.
сказа́ть *pfv.* (and all prefixed forms): **з → ж** before all personal endings.

If a second-conjugation verb (**ходи́ть, купи́ть**) has a consonant alternation, it occurs only in the first-person singular form. The following consonant alternations occur in second-conjugation verbs:

Second-conjugation verbs (in the first-person singular)
д → ж (ви́жу, ви́дишь) *impf.*, (сижу́, сиди́шь) *impf.*, (хожу́, хо́дишь) *impf.*
т → ч (отве́чу, отве́тишь) *pfv.*, (плачу́, пла́тишь) *impf.*, (шучу́, шу́тишь) *impf.*
с → ш (спрошу́, спро́сишь) *pfv.*
б → бл (люблю́, лю́бишь) *impf.*
в → вл (гото́влю, гото́вишь) *impf.*
п → пл (куплю́, ку́пишь) *pfv.*
м → мл (знако́млю, знако́мишь) *impf.*

SPECIAL FIRST CONJUGATION VERBS

1. Some first-conjugation verbs conjugate from a stem that is not readily evident from the infinitive form. It is helpful to learn the **я** and **они́** forms for these verbs.

брать – беру́, беру́т *impf.*
взять – возьму́, возьму́т *pfv.*
ехать – е́ду, е́дут *impf.*
ждать – жду, ждут *impf.*
жить – живу́, живу́т *impf.*

звать – зову́, зову́т *impf.*
нести́ – несу́, несу́т *impf.*
откры́ть – откро́ю, откро́ют *pfv.*
петь – пою́, пою́т *impf.*
писа́ть – пишу́, пи́шут *impf.*
пить – пью, пьют *impf.*
посла́ть – пошлю́, пошлю́т *pfv.*
снять – сниму́, сни́мут *pfv.*

быть – бу́ду, бу́дут *impf.*
забыть – забу́ду, забу́дут *pfv.*

сказа́ть – скажу́, ска́жут *pfv.*
заказа́ть – закажу́, зака́жут *pfv.*

стать – ста́ну, ста́нут *pfv.*
встать – вста́ну, вста́нут *pfv.*
устать – уста́ну, уста́нут *pfv.*
начаться – начнётся, начну́тся *pfv.*
одеться – оде́нусь, оде́нутся *pfv.*

2. Verbs ending in **-овать: ова → у** before present-future endings.

интересова́ться – интересу́юсь, интересу́ются *impf.*
пра́здновать – пра́здную, пра́зднуют *impf.*
путеше́ствовать – путеше́ствую, путеше́ствуют *impf.*
рисова́ть – рису́ю, рису́ют *impf.*
танцева́ть – танцу́ю, танцу́ют *impf.*
фотографи́ровать – фотографи́рую, фотографи́руют *impf.*

целова́ть – целу́ю, целу́ют *impf.*
чу́вствовать – чу́вствую, чу́вствуют *impf.*

3. Verbs ending in **-авать: ава → а** before present-future endings.

вставáть – встаю́, встаю́т *impf.*   дава́ть – даю́, даю́т *impf.*

4. Verbs with infinitives ending in **-чь:**

мочь *impf.*		**помо́чь** *pfv.*		**лечь** *pfv.*	
могу́	мо́жем	помогу́	помо́жем	ля́гу	ля́жем
мо́жешь	мо́жете	помо́жешь	помо́жете	ля́жешь	ля́жете
мо́жет	мо́гут	помо́жет	помо́гут	ля́жет	ля́гут

VERBS WITH IRREGULARITIES IN THEIR CONJUGATIONS

1. The conjugations for verbs **ДАТЬ, ЕСТЬ, ХОТЕ́ТЬ, БЕЖА́ТЬ** must be memorized.

	ДАТЬ *pfv.*	**ЕСТЬ** *impf.*	**ХОТЕ́ТЬ** *impf.*	**БЕЖА́ТЬ** *impf.*
я	дам	ем	хочу́	бегу́
ты	дашь	ешь	хо́чешь	бежи́шь
он/á	даст	ест	хо́чет	бежи́т
мы	дади́м	еди́м	хоти́м	бежи́м
вы	дади́те	еди́те	хоти́те	бежи́те
они́	даду́т	едя́т	хотя́т	бегу́т
	дал, дала́, да́ли	ел, е́ла, е́ли	хоте́л, -а, -и	бежа́л, -а, -и

2. The Past Tense.
   To form the past tense for most verbs, remove the **-ть** of the infinitive and add **-л** if the subject is masculine singular, **-ла** if the subject is feminine singular, **-ло** if the subject is neuter singular, or **-ли** if the subject is plural. The particle **-ся** is spelled **-сь** after a vowel.

	MASC	FEM	NEUT	PLURAL
чита́ ~~ть~~	чита́л	чита́ла	чита́ло	чита́ли
говори́ ~~ть~~	говори́л	говори́ла	говори́ло	говори́ли
учи́ ~~ть~~ ся	учи́лся	учи́лась	учи́лось	учи́лись

Some verbs (**нести́, помо́чь, лечь**) do not have -л in the masculine past tense form. These verbs need to be memorized.

нести́	нёс	несла́	несло́	несли́
помо́чь	помо́г	помогла́	помогло́	помогли́
лечь	лёг	легла́	легло́	легли́

The verb **идти́** and its prefixed forms have an irregular past tense which should also be memorized:

идти́	шёл	шла	шло	шли
прийти́	пришёл	пришла́	пришло́	пришли́

APPENDIX V: NUMERALS

оди́н	пе́рвый, -ая, -ое
два	второ́й, -а́я, -о́е
три	тре́тий, тре́тья, тре́тье
четы́ре	четвёртый, -ая, -ое
пять	пя́тый, -ая, -ое
шесть	шесто́й, -а́я, -о́е
семь	седьмо́й, -а́я, -о́е
во́семь	восьмо́й, -а́я, -о́е
де́вять	девя́тый, -ая, -ое
де́сять	деся́тый, -ая, -ое
оди́ннадцать	оди́ннадцатый, -ая, -ое
двена́дцать	двена́дцатый, -ая, -ое
трина́дцать	трина́дцатый, -ая, -ое
четы́рнадцать	четы́рнадцатый, -ая, -ое
пятна́дцать	пятна́дцатый, -ая, -ое
шестна́дцать	шестна́дцатый, -ая, -ое
семна́дцать	семна́дцатый, -ая, -ое
восемна́дцать	восемна́дцатый, -ая, -ое
девятна́дцать	девятна́дцатый, -ая, -ое
два́дцать	двадца́тый, -ая, -ое
три́дцать	тридца́тый, -ая, -ое
со́рок	сороково́й, -а́я, -о́е
пятьдеся́т	пятидеся́тый, -ая, -ое
шестьдеся́т	шестидеся́тый, -ая, -ое
се́мьдесят	семидеся́тый, -ая, -ое
во́семьдесят	восьмидеся́тый, -ая, -ое
девяно́сто	девяно́стый, -ая, -ое
сто	со́тый, -ая, -ое
ты́сяча	ты́сячный, -ая, -ое
две ты́сячи	двухты́сячный, -ая, -ое

In compound ordinal numerals (e.g. 143rd "one hundred forty-third"), only the last word is an ordinal numeral; the first part is a cardinal numeral.

25th	два́дцать **пя́тый**
199th	сто девяно́сто **девя́тый**
в 2000 году	в двухты́сячном году́
в 2010 году	в две ты́сячи **деся́том** году́

Ру́сско-англи́йский слова́рь | Russian-English Vocabulary

[Numbers indicate the chapter(s) in which words occur for active use.]

A 2 – *and, but*
а́вгуст – *August*
Австра́лия 20 – *Australia*
авто́бус 8, 19 – *bus*
а́втор 17 – *author, writer*
а́дрес (*pl.* **адреса́**) 8 – *address*
азиа́тский 20 – *Asian*
Азия 20 – *Asia*
акаде́мия 3 – *academy*
актёр, актри́са 13 – *actor, actress*
акти́вный, -ая, -ое, -ые 14 – *active*
алло́ 6 – *Hello (when answering the telephone)*
Аме́рика – *America (can also stand for USA)*
америка́н|е|ц, америка́нка 2 – *American*
англича́нин, англича́нка, англича́не – *English, British*
Англия – *England*
апре́ль – *April*
апте́ка 1 – *drugstore*
ара́бский язы́к – *Arabic*
аре́нда 8 – *rent*
арти́ст, арти́стка 2 – *actor, actress*
архите́ктор – *architect*
аспира́нт, аспира́нтка 2 – *graduate student*
аспири́н 15 – *aspirin*
Атланти́ческий океа́н 20 – *Atlantic Ocean*
аудито́рия 4 – *classroom*
аэропо́рт (*Prep:* где? **в аэропорту́**) 13 – *airport*

Ба́бушка – *grandmother*
ба́бушка и де́душка – *grandparents*
бале́т 17 – *ballet*
бассе́йн 4 – *swimming pool*
бе́гать *impf.* 16 – *to run around*
 Pres: я бе́гаю, ты бе́гаешь, они́ бе́гают;
 Past: бе́гал, бе́гала, бе́гали
бе́дный, -ая, -ое, -ые 14 – *poor*
бежа́ть *impf.* 15 – *to run (in one direction)*
 Pres: я бегу́, ты бежи́шь, он/она́ бежи́т,
 мы бежи́м, вы бежи́те, они́ бегу́т;
 Past: бежа́л, бежа́ла, бежа́ли
бе́лый -ая, -ое, -ые 18 – *white*
библиоте́ка 2 – *library*
биле́т 19 – *ticket*

бли́зко (*ant.* далеко́) 19 – *near*
бога́тый, -ая, -ое, -ые 14 – *rich*
бо́лен, больна́, больны́ 15 – *sick, to be ill*
боле́ть *impf.* (боли́т, боля́т) 15 – *to hurt, ache*
больни́ца 2 – *hospital*
бо́льше всего́ 20 – *most of all*
большо́й, -а́я, -о́е, -и́е 3 – *large*
ботани́ческий сад 24 – *botanical garden*
брат 1 – *brother;* **ста́рший/мла́дший брат** – *younger/ older brother*
брать/взять что? 15, 16, 22 – *to take*
 Pres: я беру́, ты берёшь, они́ беру́т;
 Past: брал, брала́, бра́ли;
 Fut: я возьму́, ты возьмёшь, они́ возьму́т;
 Past: взял, взяла́, взя́ли
бу́ква 2 – *letter (of the alphabet)*
быва́ть *impf.* где? 4 – *to frequent; to go or be somewhere often*
 Pres: я быва́ю, ты быва́ешь, они́ быва́ют
бы́стро 15 – *fast*
быть *impf.* 6 – *to be*
 Fut: я бу́ду, ты бу́дешь, они́ бу́дут;
 Past: был, была́, бы́ло, бы́ли

В, во +*Acc.* 5 – *to; in, into;* **в(о)** + *Prep.* – *in, at*
ваго́н 21 – *(train) car*
ва́жно 14 – *important (adv.)*
ва́жный, -ая, -ое, -ые 16 – *important*
ва́нная 6 – *bathroom*
ваш, ва́ша, ва́ше, ва́ши 6 – *your*
век 23 – *century*
вели́кий, -ая, -ое, -ие 12 – *great*
ве́село: Мне ве́село 14 – *I'm having fun (a good time)*
весёлый, -ая, -ое, -ые 14 – *cheerful, good-natured*
весна́ 22 – *spring;* **весно́й** 18 – *in the spring*
весь, вся, всё, все 12 – *all, the entire*
ве́т|е|р 22 – *wind*
ве́чер 5 – *evening,* **ве́чером** 5 – *in the evening (time before midnight)*
вечери́нка 17 – *party*
ви́деть/уви́деть что? кого? 18, 21 – *to see/catch sight of*
 Pres: я ви́жу, ты ви́дишь, они́ ви́дят;
 Fut: я уви́жу, ты уви́дишь, они́ уви́дят
ви́лка 10 – *fork*
витами́ны (*pl.*) 15 – *vitamins*

вку́сный, -ая, -ое, -ые 10 – *tasty, delicious; (adv.)* вку́сно

вме́сте 11 – *together*

внима́тельный, -ая, -ое, -ые 14 – *attentive; (adv.)* внима́тельно

во вре́мя (+ *Gen.*) 24 – *during*

води́тель 19 – *driver*

вое́нный врач 12 – *army doctor*

война́ 12 – *war*

войти́ *pfv.* куда́? 15 – *to enter*
Past: вошёл, вошла́, вошли́

вокза́л 18 – *train station*

во́лосы *(pl.)* 13 – *hair*

вон 2 – *there is*

вообще́ 16 – *in general*

вопро́с 3 – *question*

воскресе́нье – *Sunday*

восто́к – *east*

восто́чный, -ая, -ое, -ые 20 – *east(ern)*

Восто́чная Евро́па – *Eastern Europe*

вот 2 – *here is*

врач 2 – *physician, doctor*

вре́мя *(neut.)* (*Gen.* вре́мени) 16 – *time;* вре́мя го́да 22 – *season*

все 13 – *everybody*

всё 9 – *everything, all;* всё хорошо́ 6 – *everything is fine, OK*

всегда́ 9 – *always*

встава́ть/встать 16 – *to get up, stand up*
Pres: я встаю́, ты встаёшь, они́ встаю́т;
Past: встава́л, встава́ла, встава́ли;
Fut: я вста́ну, ты вста́нешь, они́ вста́нут;
Past: встал, вста́ла, вста́ли

встать *pfv. see* встава́ть

встре́тить *pfv.* кого́? где? 13 – *to meet*
Fut: я встре́чу, ты встре́тишь, они́ встре́тят

встре́ча 21 – *meeting*

встреча́ться *impf.* с кем? 17 – *to meet with*
Pres: я встреча́юсь, ты встреча́ешься, они́ встреча́ются

вто́рник – *Tuesday*

вход 8 – *entrance*

вчера́ 9 – *yesterday*

вы 2 – *you*

вы́брать *pfv.* что? кого́? 11 – *to choose*
Fut: я вы́беру, ты вы́берешь, они́ вы́берут

вы́глядеть *impf.* 13 – *to look like*
Pres: я вы́гляжу, ты вы́глядишь, они́ вы́глядят

вы́езд 21 – *departure*

вы́пить *pfv.* что? *see* пить

вы́расти *pfv.* где? 12 – *to grow up*
Fut: я вы́расту, ты вы́растешь, они́ вы́растут;
Past: вы́рос, вы́росла, вы́росли

высо́кий, -ая, -ое, -ие 13 – *tall*

вы́ставка чего́? 17 – *exhibit (of)*

вы́учить *pfv.* что? *see* учи́ть

вы́ход 8 – *exit*

выходно́й 4 – *day off, free day;* выходны́е 5 – *days off, weekend*

Газе́та 4 – *newspaper*

галере́я 18 – *gallery*

гастроно́м 18 – *delicatessen; grocery store*

где 2, 3 – *where*

Герма́ния – *Germany*

гимна́зия 3 – *special school*

гита́ра 17 – *guitar;* игра́ть на гита́ре – *to play the guitar*

гла́вный, -ая, -ое, -ые 18 – *main*

глаз *(pl.* глаза́) 13 – *eyes*

говори́ть *impf.* 2 – *to speak*
Pres: я говорю́, ты говори́шь, они́ говоря́т

год 9, 11 – *year;* в год – *per year*

голова́ – *head*

го́лоден, голодна́, голодны́; (*ant.* сыт, сыта́, сы́ты) 10 – *hungry*

голубо́й, -а́я, -о́е, -ы́е – *blue*

гора́ 20 – *mountain*

го́род 2 – *city;* городско́й, -а́я, -о́е, -и́е 18 – *city (adj.)*

господи́н *(pl.* господа́) 23 – *Mr., gentleman, sir*

госпожа́ 23 – *Miss, Mrs., lady*

гости́ная 6 – *living room*

гости́ница 18 – *hotel*

гость *(m.)* (*pl.* го́сти) 6, 10 – *guest*

госуда́рственный, -ая, -ое, -ые 3 – *state, federal (adj.)*

госуда́рство 20 – *state, country*

гото́в, -а, -о, -ы 10 – *ready*

гото́вить/пригото́вить что? 10 – *to fix, prepare food*
Pres: я гото́влю, ты гото́вишь, они́ гото́вят;
Fut: я пригото́влю, ты пригото́вишь, они́ пригото́вят

грани́чить *impf.* с чем? 20 – *to share a border with*
Pres: грани́чит, грани́чат

грипп 15 – *the flu*

гро́мко 24 – *loud(ly)*

гру́ппа 4 – *group*

гря́зный, -ая, -ое, -ые 6 – *dirty*

гуля́ть *impf.* 9 – *to go for a walk, stroll*
Pres: я гуля́ю, ты гуля́ешь, они́ гуля́ют

гуманита́рный, -ая, -ое, -ые 13 – *pertaining to the humanities;* Гуманита́рный университе́т *University for the Humanities*

Да 1 – *yes*

дава́ть/дать 10 – *to give*
Pres: я даю́, ты даёшь, они́ даю́т;
Past: дава́л, дава́ла, дава́ли;
Fut: я дам, ты дашь, он/она́ даст, мы дади́м, вы дади́те, они́ даду́т;
Past: дал, дала́, да́ло, да́ли;
Imperative: дай (ты), да́йте (вы)

давно́ 7 – *a long time ago; for a long time*

да́же 22 – *even*

далеко́ 11 – *far*

дари́ть/подари́ть что? кому́? 23 – *to give as a present*
Pres: я дарю́, ты да́ришь, они́ да́рят;
Fut: я подарю́, ты пода́ришь, они́ пода́рят

дать *pfv.* **что? кому́?** 10 – *see* дава́ть

дверь (*f.*) 15 – *door*

двор|е́|ц 18 – *palace*

двухко́мнатная (кварти́ра) 8 – *two-room (apartment)*

де́вочка 13 – *little girl*

де́вушка 13 – *teenage girl, young lady*

де́душка (*m.*) – *grandfather*

дека́брь – *December*

декана́т 4 – *dean's office*

де́лать/сде́лать 5 – *to do; to make*
Pres: я де́лаю, ты де́лаешь, они́ де́лают;
Fut: я сде́лаю, ты сде́лаешь, они́ сде́лают

д|е|нь 1 – *day;* день рожде́ния – *birthday*

де́ньги (*Gen.* нет де́нег) 9 – *money*

дере́вня 15 – *country, village*

детекти́в 5 – *detective (novel); crime story*

де́ти (*pl.*) – *childen*

деше́вле (дешёвый *adj.*) 9 – *cheaper (cheap)*

дёшево *adv.* (*ant.* до́рого) 9 – *inexpensive, cheap*

джаз – *jazz, pop music of the 1960s, 1970s*

дива́н – *sofa, couch*

дие́та 9 – *diet;* на дие́те – *on a diet*

дикта́нт 2 – *dictation*

дипло́м 16 – *diploma; senior thesis*

ди́ско 5 – *disco*

дискоте́ка 5 – *discotheque*

дли́нный, -ая, -ое, -ые 18 – *long*

днём 5 – *during the day*

до + *Gen.* 16, 19 – *till, until, as far as*

до́брый, -ая, -ое, -ые 1, 14 – *kind, good*

дое́хать *pfv.* **до чего́? до кого́?** 19 – *to get to*

дождь (*m.*) 22 – *rain*

докуме́нт 21 – *(official) paper*

до́лго 13 – *for a long time*

до́лжен, должна́, должны́ + *inf.* 7 – *must, should (implies obligation)*

до́ллар 8 – *dollar*

дом (где? до́ма) 5 – *home (at home)*

дом 1 – *house, home; (adj.)* дома́шний, -яя, -ее, -ие; дома́шнее зада́ние – *homework assignment*

до́ма (*adv.*) 5 – *at home, home;* домо́й (*adv.*) 15 – *home (in answer to* куда́?)

до́рого (*ant.* дёшево) 9 – *expensive*

дорого́й, -а́я, -о́е -и́е 15, 23 – *dear, expensive*

доска́ 1 – *blackboard*

дочь (*f.*) 11 – *daughter*

друг 2 – *friend (male)*

друго́й, -а́я, -о́е, -и́е 24 – *another; other*

ду́мать *impf.* **о чём?** 12 – *to think*
Pres: я ду́маю, ты ду́маешь, они́ ду́мают

дура́к 22 – *fool*

дя́дя (*m.*) 11 – *uncle*

Евре́й (евре́йка, евре́и) – *Jewish*

е́вро (*neut. indecl.*) 8 – *euro*

Еги́пет – *Egypt*

его́ 6 – *his*

еда́ 9 – *food*

её 6 – *her*

е́здить *impf.* **куда́?** 10, 21 – *to go (drive, ride) repeatedly by some sort of vehicle*
Pres: я е́зжу, ты е́здишь, они́ е́здят

е́сли 17 – *if*

есть 4 – *there is/are*
у меня́ есть – *I have*

есть/съесть что? 9 – *to eat/to eat up*
Pres: я ем, ты ешь, они́ едя́т; *Past:* ел, е́ла, е́ли;
Fut: я съем, ты съешь, они́ съедя́т

е́хать *impf.* **куда́?** 10 – *to go (drive, ride) by some sort of vehicle*

Pres: **я е́ду, ты е́дешь, они́ е́дут**

ещё 3 – *in addition, still*

Жаль: **Мне жаль (кого́?)** 14 – *I feel sorry for*

жа́рко 22 – *hot (adv.)*

ждать *impf.* **что? кого́?** 16 – *to wait for*

Pres: **я жду, ты ждёшь, они́ ждут;**

Past: **ждал, ждала́, жда́ли**

жела́ть *impf.* **чего́? кому́?** – *to wish someone something*

Pres: **я жела́ю, ты жела́ешь, они́ жела́ют**

жена́ – *wife*

жена́т 12 – *married (for a man)*; **жена́ты** 11 – *married (for two persons)*

же́нский 19 – *women's*

же́нщина 13 – *woman*

жи́вопись *(f.)* 17 – *painting*

живо́тное 19 – *animal, pet*

жизнь *(f.)* 12 – *life*; **всю жизнь** – *(my) whole/entire life*

жить *impf.* 2 – *to live*

Pres: **я живу́, ты живёшь, они́ живу́т;**

Past: **жил, жила́, жи́ли**

журна́л 5 – *magazine*

журнали́ст – *journalist*

Забы́ть *pfv.* **что?** 21– *to forget*

Fut: **я забу́ду, ты забу́дешь, они́ забу́дут;**

Past: **забы́л, забы́ла, забы́ли**

заво́д 24 – *factory*

за́втра 10 – *tomorrow*

за́втрак 9 – *breakfast*

за́втракать/поза́втракать 9 – *to have (eat) breakfast*

Pres: **я за́втракаю, ты за́втракаешь, они́ за́втракают**

зада́ние (дома́шнее зада́ние) 5 – *see домашний*

зака́з 21 – *order*

заказа́ть *pfv.* **что?** *see* **зака́зывать**

зака́зывать/заказа́ть что? 10 – *to order*

Pres: **я зака́зываю, ты зака́зываешь, они́ зака́зывают;**

Fut: **я закажу́, ты зака́жешь, они́ зака́жут**

зако́нчиться *pfv.* 21 – *to end, be over (for things)*

Fut: **зако́нчится, зако́нчатся**

закры́т, -а, -о, -ы 19 – *closed*

за́мужем 12 – *married (for a woman)*

занима́ться где? 5 – *to do one's homework;* **занима́ться в спортза́ле** 5 – *to exercise in a gym;* **занима́ться спо́ртом** *impf.* 17 – *to play (engage in) sports*

Pres: **я занима́юсь, ты занима́ешься, они́ занима́ются**

за́нят, занята́, за́няты (*ant.* **свобо́ден, -а, -о, -ы**) 16 – *busy, occupied*

заня́тие 16 – *class, lecture, lessons; pastime*

за́пад – *west*

за́падный, -ая, -ое, -ые 20 – *west(ern)*

За́падная Евро́па – *Western Europe*

заплати́ть *pfv. see* **плати́ть**

запо́мнить *pfv.* **что?** 24 – *to remember; to memorize*

Pres: **я запо́мню, ты запо́мнишь, они́ запо́мнят**

зачём 22 – *why, what for*

звони́ть/позвони́ть кому́? 13 – *to telephone, call*

Pres: **я звоню́, ты звони́шь, они́ звоня́т**

Fut: **я позвоню́, ты позвони́шь, они́ позвоня́т**

звук 2 – *sound*

зда́ние 18 – *building*

здесь 6 – *here*

здоро́в, -а, -ы 15 – *well; healthy*

зелёный, -ая, -ое, -ые – *green*

земля́ 21 – *earth, ground*

зе́ркало 7 – *mirror*

зима́ 22 – *winter*; **зимо́й** 22 – *in the winter*

знать *impf.* **что?** 11 – *to know*

Pres: **я зна́ю, ты зна́ешь, они́ зна́ют**

зоопа́рк 19 – *zoo*

зуб (*pl.* **зу́бы**) – *tooth*

И 2 – *and*

игра́ 2 – *play*

игра́ть *impf.* 13 – *to play*; **игра́ть во что?** 17 – *to play a game*; **игра́ть на чём?** – *to play an instrument*

Pres: **я игра́ю, ты игра́ешь, они́ игра́ют**

идеа́льный, -ая, -ое, -ые 14 – *perfect, ideal*

идти́ — ходи́ть в го́сти *impf.* **куда́?** 10 – *to go visiting*

идти́ *impf.* **куда́?** 10 – *to go by foot (in one direction)*

Pres: **я иду́, ты идёшь, они́ иду́т**

Imperative: **иди́ (ты), иди́те (вы)**

из 15 – *from*

изве́стный, -ая, -ое, -ые 3 – *well known*

извини́ть *pfv.* 10 – *to excuse*
 Imperative: извини́ *(ты)*, извини́те *(вы)*
изуча́ть что? 4 – *to study something*
 Pres: я изуча́ю, ты изуча́ешь, они́ изуча́ют
и́ли 2 – *or*
имéйл 5 – *e-mail*
и́мени кого́? *(Gen.)* 18 – *in the name of*
и́мя *(neut.)* 8 – *first name*
Индия – *India*
инженéр – *engineer*
иногда́ 16 – *sometimes*
иностра́н|е|ц, иностра́нка 24 – *foreigner*
иностра́нный, -ая, -ое, -ые 4 – *foreign;*
 иностра́нный язы́к – *foreign language*
институ́т 3 – *institute*
интерéсный, -ая, -ое, -ые 3 – *interesting;* интерéсно
 14 – *interesting (adv.)*
интересова́ться *impf.* чем? 17 – *to be interested in*
 Pres: я интересу́юсь, ты интересу́ешься, они́
 интересу́ются
интерéсы 17 – *interests*
иску́сство 17 – *art*
испа́н|е|ц (испа́нка, испа́нцы) – *Spanish, Spaniard*
Испа́ния – *Spain*
испа́нский, -ая, -ое, -ие 4 – *Spanish*
истори́ческий, -ая, -ое, -ие 9 – *historical*
Ита́лия – *Italy*
италья́н|е|ц (италья́нка, италья́нцы) – *Italian*
италья́нский язы́к – *Italian*
их 6 – *their*
июль – *July*
июнь – *June*

К, ко 15 – *to*
кабинéт 6 – *study, office*
ка́ждый, -ая, -ое, -ые 9 – *every;* ка́ждый день –
 every day
како́й, кака́я, како́е, каки́е 2, 3, 5 – *What kind of?
 What? Which?*
кани́кулы 23, 24 – *vacation (for students);* на
 кани́кулы (на+*Acc.*) 24 – *during vacation;*
 весéнние кани́кулы 24 – *spring break;* зи́мние
 кани́кулы 24 – *winter break;* лéтние кани́кулы
 24 – *summer vacation;* осéнние кани́кулы 24 – *fall
 break*
каранда́ш 2 – *pencil*
ка́рий: ка́рие глаза́ – *brown (eyes)*

ка́рта 20 – *map*
карти́на 7 – *picture, painting*
ка́сса 19 – *ticket office*
кастрю́ля 10 – *pot*
кафé *(neut. indecl.)* 4 – *café*
кварти́ра 6 – *apartment*
кино́ *(neut. indecl.)* 5 – *movie, movie theater*
кио́ск 19 – *kiosk, newsstand*
кита́|е|ц (китая́нка, кита́йцы) – *Chinese*
Кита́й – *China*
кита́йский язы́к – *Chinese*
класс 11 – *grade (in K-12 school)*
кла́ссика 5 – *classical music or literature*
кли́мат 22 – *climate*
клуб 8 – *club*
кни́га 5 – *book*
кни́жный 7 – *book (adj.);* кни́жный шкаф –
 bookcase
когда́ 4 – *when;* когда́-нибудь 20 – *ever*
ко́лледж 3 – *college*
коллекционéр 19 – *collector*
комéдия 5 – *comedy*
ко́мната 1, 6 – *room*
композ́итор 17 – *composer*
компью́тер – *computer*
конéц 15 – *end*
конéчно 6 – *certainly*
консерва́тория 16 – *conservatory*
конститу́ция 23 – *constitution*
континéнт 20 – *continent*
концéрт *(Prep:* где? на концéрте) 5 – *concert*
концéртный зал 18 – *concert hall*
копéйка 9 – *kopeck*
корé|е|ц (корея́нка, корéйцы) – *Korean*
корéйский язы́к – *Korean*
Корéя – *Korea*
коридо́р 6 – *hall(way)*
космéтика 19 – *cosmetics*
кот, ко́шка 1, 11 – *cat (male), (female)*
краси́вый, -ая, -ое,-ые 6 – *beautiful, nice*
кра́сный, -ая, -ое, -ые 15, 18 – *red*
крéсло 7 – *easy chair, armchair*
крова́ть *(f.)* 7 – *bed*
кро́ме + *Gen.* 18 – *besides*
кру́пный, -ая, -ое, -ые 20 – *large*
кто? 1 – *who*
куда́ 5 – *where to;* куда́-нибудь 13 – *somewhere,
 anywhere*

купа́ться *impf.* 22 – *to bathe, go swimming*
   Pres: **я купа́юсь, ты купа́ешься, они́ купа́ются**
купи́ть *pfv.* **что?** 7 *see* **покупа́ть**
кури́ть *impf.* 9 – *to smoke*
   Pres: **я курю́, ты ку́ришь, они́ ку́рят**
курс 16 – *year in college; course*
ку́хня 6 – *kitchen*

Лаборато́рия 4 – *laboratory*
ла́мпа 7 – *lamp, light (fixture)*
лёгкий, -ая, -ое, -ие 3 – *easy, not hard; light*
лека́рство 15 – *medicine*
ле́кция 14 – *lecture*
лета́ть *impf.* 21 – *to fly (repeatedly)*
   Pres: **я лета́ю, ты лета́ешь, они́ лета́ют**
лете́ть *impf.* 21 – *to fly (in one direction)*
   Pres: **я лечу́, ты лети́шь, они́ летя́т**
ле́то 22 – *summer*
лечь спать *pfv. see* **ложи́ться**
Литва́ 12 – *Lithuania*
лифт 8 – *elevator*
лицо́ (*pl.* **ли́ца**) – *face*
ложи́ться/лечь спать 16 – *to go to bed*
   Pres: **я ложу́сь, ты ложи́шься, они́ ложа́тся;**
   Fut: **я ля́гу, ты ля́жешь, они́ ля́гут;**
   Past: **он лёг, она́ легла́, они́ легли́**
ло́жка 10 – *spoon*
лу́чше 9 – *better*
люб|о́|вь (*f.*) 14 – *love*
люби́мый, -ая, -ое, -ые 3 – *favorite*
люби́ть *impf.* **что? кого́?** 5 – *to love, like*
   Pres: **я люблю́, ты лю́бишь, они́ лю́бят**
лю́ди 13 – *people*

Магази́н 4 – *store*
магнитофо́н – *tape recorder*
май 1 – *May*
ма́ленький, -ая, -ое, -ие 6 – *small*
ма́ло + *Gen.* 18 – *little, not enough*
ма́льчик 13 – *(little) boy*
ма́ма 1 – *mom, mother*
март – *March*
маршру́тка 19 – *fixed route minibus/van*
мать (*f.*) (**ма́ма**) – *mother*
маши́на 19 – *car*
ме́бель (*f.*) 7 – *furniture*

медици́нский, -ая, -ое, -ие 3 – *medical*
ме́дленно (*ant.* **бы́стро**) 16 – *slow(ly)*
медсестра́ 2 – *nurse*
Ме́ксика – *Mexico*
меню́ (*neut. indecl.*) 10 – *menu*
ме́сто – *place;* **ме́сто рабо́ты** 8 – *workplace;* **ме́сто в ваго́не** 21 – *seat, berth number*
ме́сяц 8, 9 – *month;* **в ме́сяц** – *per month*
метро́ (*neut. indecl.*) 8 – *metro, subway*
мечта́ть *impf.* **о чём?** 12 – *to dream (about)*
   Pres: **я мечта́ю, ты мечта́ешь, они́ мечта́ют**
микроволно́вка – *microwave*
мили́ция 8 – *police*
миллио́н 18 – *million*
мину́та 16 – *minute*
мир (*sing. only*) 24 – *world*
мла́дший, -ая, -ие 11 – *younger*
мно́го 12 – *much, a lot, many*
многонациона́льный, -ая, -ое, -ые 20 – *multinational*
мо́жет быть 15 – *maybe*
мо́жно + *inf.* 9, 14 – *one can; one may; it is permitted, may I, can I*
мой, моя́, моё, мои́ 1, 22 – *my*
молод|е́|ц (*m. only; pl.* **молодцы́**) 17 – *Great! Good job! Well done!*
молодо́й, -а́я, -о́е, -ы́е 11 – *young*
мо́ре 1, 20 – *sea*
морско́й, -а́я, -о́е, -и́е 12 – *naval*
москви́ч, москви́чка 7 – *Muscovite*
моско́вский, -ая, -ое, -ие 3 – *Moscow (adj.)*
мочь *impf.* 13 – *can; to be able*
   Pres: **я могу́, ты мо́жешь, он/она́ мо́жет, мы мо́жем, вы мо́жете, они́ мо́гут;**
   Past: **мог, могла́, могли́**
муж – *husband*
мужско́й 19 – *men's*
мужчи́на 13 – *man*
музе́й 2 – *museum*
му́зыка 5 – *music*
музыка́льная шко́ла 16 – *school of music*
музыка́нт 2 – *musician*
мультфи́льм 5 – *cartoon*
мы 1 – *we*
мэ́рия 18 – *city hall; mayor's office*
мяч 1 – *ball*

На 5 – *at; to; on*

на когда́? 21 – *for when?*

на́бережная 18 – *(river) embankment*

на́до + *inf.* 9, 14 – *it is necessary (to), one has (needs) to*

наза́д 11 – *ago;* **два го́да наза́д** – *two years ago*

называ́ться *impf.* 18 – *to be called*

  Pres: **называ́ется, называ́ются**

найти́ *pfv.* **что? кого́?** 13 – *to find*

  Fut: **я найду́, ты найдёшь, они́ найду́т;**

  Past: **нашёл, нашла́, нашли́**

нале́во 19 – *to the left*

напра́во 19 – *to the right*

наприме́р 18 – *for example*

наро́д 20 – *people, nation*

населе́ние 20 – *population*

научи́ться *pfv.* 17 *see* **учи́ться**

находи́ться *impf.* 18 – *to be located, situated*

  Pres: **я нахожу́сь, ты нахо́дишься, они́ нахо́дятся**

национа́льность *(f.)* 20 – *nationality*

нача́ться *pfv.* 21 – *to begin, start (for things)*

  Fut: **начнётся, начну́тся;** *Past:* **начался́,**

  начала́сь, начало́сь, начали́сь

наш, на́ша, на́ше, на́ши 6 – *our*

не 1 – *not*

неда́вно 7 – *recently*

недалеко́ от + *Gen.* 8 – *not far from*

неде́ля 4, 9 – *week*

недо́рого 9 – *not expensive*

нельзя́ + *inf.* 14, 9 – *impossible, forbidden, one can't, one shouldn't, you can't*

не́м|е|ц (не́мка, не́мцы) – *German*

неме́цкий, -ая, -ое, -ие 4 – *German*

непло́хо 2 – *all right*

не́сколько 18, 20 – *several, a few*

нести́ *impf.* **что? кому́?** 15 – *to carry (in one direction)*

  Pres: **я несу́, ты несёшь, они́ несу́т;**

  Past: **нёс, несла́, несли́**

нет 1 – *no, not*

никогда́ 9 – *never*

никогда́ (не) 16 – *never*

никуда́ 24 – *nowhere*

ничего́ 17 – *nothing*

но 3 – *but, however*

но́вость *(f.)* 10 – *(a piece of) news*

но́вый, -ая, -ое, -ые 3 – *new*

нога́ *(pl.* **но́ги)** – *leg, foot*

нож 10 – *knife*

но́мер *(pl.* **номера́)** 3 – *number;* **но́мер в гости́нице** 21 – *hotel room*

норма́льно *(adv.)* 7 – *OK, fine*

ночно́й клуб 16 – *nightclub*

ночь *(f.)* 16 – *night;* **но́чью** 22 – *at night*

ноя́брь – *November*

нра́виться/понра́виться кому́? 13 – *to like*

  Pres: **нра́вится, нра́вятся;**

  Fut: **понра́вится, понра́вятся**

ну́жно + *inf.* 14 – *it is necessary*

О, об(о) 12 – *about*

обе́д 9 – *dinner*

обе́дать/пообе́дать 9 – *to have (eat) dinner*

  Pres: **я обе́даю, ты обе́даешь, они́ обе́дают;**

  Fut: **я пообе́даю, ты пообе́даешь, они́ пообе́дают**

обнима́ть *impf.* **что? кого́?** 15 – *to embrace, hug*

  Pres: **я обнима́ю, ты обнима́ешь, они́ обнима́ют;**

  Past: **обнима́л, обнима́ла, обнима́ли**

о́бувь *(f.)* 19 – *footwear*

общежи́тие 4, 6 – *dorm*

обы́чно 5, 9 – *usually*

обяза́тельно 18 – *without fail*

одева́ться/оде́ться 16 – *to dress yourself, get dressed*

  Pres: **я одева́юсь, ты одева́ешься, они́ одева́ются;**

  Fut: **я оде́нусь, ты оде́нешься, они́ оде́нутся;**

  Past: **оде́лся, оде́лась, оде́лись**

оде́жда *(sg. only)* 19 – *clothing; clothes*

оде́ться *pfv. see* **одева́ться**

оди́н, одна́, одно́ 6 – *one*

одна́жды 15 – *once*

однокóмнатная (кварти́ра) 8 – *one-room (studio) apartment*

о́зеро *(pl.* **озёра)** 20 – *lake*

океа́н 20 – *ocean*

окно́ 1 – *window*

о́коло + *Gen.* 8 – *near, not far*

оконча́ние 23 – *end*

око́нчить *pfv.* **что?** 12 – *to finish*

  Fut: **я око́нчу, ты око́нчишь, они́ око́нчат**

октя́брь – *October*

он, она́, оно́, они́ 1, 2 – *he, she, it, they*

опа́здывать/опозда́ть куда́ ? 16 – *to run late/to be late*

  Pres: **я опа́здываю, ты опа́здываешь, они́ опа́здывают;**

  Fut: **я опозда́ю, ты опозда́ешь, они́ опозда́ют**

о́пера 17 – *opera*

опозда́ть *pfv. see* опа́здывать

опро́с 3 – *survey*

орке́стр 2 – *orchestra*

о́сень (*f.*) 22 – *fall, autumn;* о́сенью 22 – *in the fall*

остано́вка 8 – *bus stop*

осторо́жно 19 – *careful(ly)*

о́стров (*pl.* острова́) 20 – *island*

от 15 – *from*

от|е́|ц (па́па) – *father (papa)*

отве́т 13 – *answer*

отве́тить *pfv.* кому́? 15 – *to answer*

о́тдых 21 – *vacation, rest*

отдыха́ть *impf.* 4 – *to rest, relax, take it easy*

   Pres: я отдыха́ю, ты отдыха́ешь, они́ отдыха́ют

откры́т, -а, -о, -ы 19 – *open*

откры́тка 23 – *postcard*

откры́ть *pfv.* что? – *to open*

   Fut: я откро́ю, ты откро́ешь, они́ откро́ют

отку́да 15 – *from where*

отме́тить *pfv. see* отмеча́ть

отмеча́ть/отме́тить что? 23 – *to celebrate, to observe*

   Pres: я отмеча́ю, ты отмеча́ешь, они́ отмеча́ют;

   Fut: я отме́чу, ты отме́тишь, они́ отме́тят

о́тпуск 24 – *vacation from a job*

о́тчество 8 – *patronymic*

отъе́зд 21 – *departure*

официа́нт 10 – *waiter, server*

официа́нтка 10 – *waitress, server*

о́чень 3 – *very*

очки́ (*pl. only*) 13 – *glasses*

оши́бка 10 – *fault, mistake*

Па́мятник кому́? 18 – *statue (of); monument, memorial (to)*

па́па 1 – *dad*

па́р|е|нь 13 – *fellow, lad, guy*

па́ра 16 – *90-minute lecture class*

пара́д 23 – *military parade*

парк 2 – *park*

парла́мент 18 – *parliament*

па́спорт (*pl.* паспорта́) 21 – *passport*

пе́нсия: на пе́нсии 11 – *retired (lit. on a pension)*

пе́р|е|ц – *pepper*

Пе́рвая мирова́я война́ 12 – *World War I*

перево́дчик – *translator, interpreter*

перее́хать *pfv.* куда́? 12 – *to move*

   Fut: я перее́ду, ты перее́дешь, они́ перее́дут

переры́в 4 – *break*

пе́сня 17 – *song*

петь *impf.* что? 17 – *to sing*

   Pres: я пою́, ты поёшь, они́ пою́т;

   Past: пел, пе́ла, пе́ли

пешко́м 19 – *by foot*

пиани́но (*neut. indecl.*) 17 – *piano;* игра́ть на пиани́но – *to play the piano*

писа́тель 12 – *writer*

писа́ть *impf.* что? 5 – *to write*

   Pres: я пишу́, ты пи́шешь, они́ пи́шут

письмо́ 2 – *letter*

пить/вы́пить что? 9 – *to drink /to drink up*

   Pres: я пью, ты пьёшь, они́ пьют;

   Past: пил, пила́, пи́ли

   Fut: я вы́пью, ты вы́пьешь, они́ вы́пьют;

   Past: вы́пил, вы́пила, вы́пили

пла́вать *impf.* 17 – *to swim*

план 24 – *plan*

плати́ть/заплати́ть за что? 8 – *to pay for*

   Pres: я плачу́, ты пла́тишь, они́ пла́тят;

   Fut: я заплачу́, ты запла́тишь, они́ запла́тят

плохо́й, -а́я, -о́е, -и́е 3 – *bad;* (*adv.*) пло́хо 2 – *badly, poorly*

пло́щадь (*f.*) 18 – *square*

пляж 24 – *beach*

по-англи́йски 2 – *in English*

по-ру́сски 2 – *in Russian*

побежа́ть *pfv.* 15 – *to take off running*

   Fut: я побегу́, ты побежи́шь, они́ побегу́т

повтори́ть *pfv.* что? 6 – *to repeat*

   Imperative: повтори́ (*ты*), повтори́те (*вы*)

пого́да 22 – *weather*

пода́р|о|к 23 – *present*

подари́ть *pfv. see* дари́ть

подру́га 2 – *friend (female)*

по́езд (*pl.* поезда́) 21 – *train*

пое́здка 21 – *trip*

пое́сть *pfv.* 18 – *to eat (a bit)*

пое́хать *pfv.* куда́? 15 – *to go, to set out for, to take off*

   Fut: я пое́ду, ты пое́дешь, они́ пое́дут;

   Past: пое́хал, пое́хала, пое́хали

пожа́луйста 4, 6 – *please; you're welcome*

пожени́ться *pfv.* 12 – *to get married (for two persons)*

   Fut: мы поже́нимся, вы поже́нитесь, они́ поже́нятся

поза́втракать *pfv. see* за́втракать

позва́ть *pfv.* кого́? 14 – *to summon, call (someone's name)*

Imperative: позови́ *(ты)*, позови́те *(вы)* кого́? 14 – *May I speak to*

позвони́ть *see* звони́ть

по́здно 16 – *late*

поздра́вить *see* поздравля́ть

поздравля́ть/поздра́вить кого́? с чем? 23 – *to congratulate; wish a happy holiday;* поздравля́ю 7 – *congratulations!*

Pres: я поздравля́ю, ты поздравля́ешь, они́ поздравля́ют;

Fut: я поздра́влю, ты поздра́вишь, они́ поздра́вят

познако́миться *pfv.* с кем? где? 13 – *to get acquainted, to meet*

пойти́ *pfv.* куда́? 15 – *to go, set out (for) by foot*

Fut: я пойду́, ты пойдёшь, они́ пойду́т

Past: пошёл, пошла́, пошли́

пока́ 1 – *bye, so long, see you later (informal, for friends)*

показа́ть *pfv.* что? кому́? 21 – *to show*

Fut: я покажу́, ты пока́жешь, они́ пока́жут

покупа́ть/купи́ть что? 9 – *to buy*

Pres: я покупа́ю, ты покупа́ешь, они́ покупа́ют;

Fut: я куплю́, ты ку́пишь, они́ ку́пят

поликли́ника 4 – *health service, infirmary*

получа́ть/получи́ть что? от кого́? 23 – *to receive*

Pres: я получа́ю, ты получа́ешь, они́ получа́ют;

Fut: я получу́, ты полу́чишь, они́ полу́чат

получи́ть *pfv. see* получа́ть

По́льша – *Poland*

по́мнить/вспо́мнить что? 14, 24 – *to remember, recall*

Pres: я по́мню, ты по́мнишь, они́ по́мнят;

Fut: я вспо́мню, ты вспо́мнишь, они́ вспо́мнят

помога́ть/помо́чь кому́? 14, 15 – *to help*

Pres: я помога́ю, ты помога́ешь, они́ помога́ют;

Fut: я помогу́, ты помо́жешь, они́ помо́гут;

Past: помо́г, помогла́, помогли́

помо́чь *pfv. see* помога́ть

понеде́льник – *Monday*

понима́ть/поня́ть что? кого́? 6, 17 – *to understand*

Pres: я понима́ю, ты понима́ешь, они́ понима́ют;

Fut: я пойму́, ты поймёшь, они́ пойму́т;

Past: по́нял, поняла́, по́няли

понра́виться *pfv. see* нра́виться

Поня́тно! 14 – *I see, it's clear!*

пообе́дать *pfv. see* обе́дать

популя́рный, -ая, -ое, -ые 18 – *popular*

португа́льский язы́к – *Portuguese*

посёл|о|к 21 – *village, settlement*

посеще́ние чего́? – *visit*

посла́ть *pfv. see* посыла́ть

по́сле 16 – *after*

после́дний, -яя, -ее, -ие 17 – *last*

посмотре́ть *pfv. see* смотре́ть

постро́ен, постро́ена, постро́ено, постро́ены 18 – *built*

поступа́ть/поступи́ть куда́? 16 – *to apply for /to enroll in*

Pres: я поступа́ю, ты поступа́ешь, они́ поступа́ют;

Fut: я поступлю́, ты посту́пишь, они́ посту́пят

посыла́ть/посла́ть что? кому́? 23 – *to send*

Pres: я посыла́ю, ты посыла́ешь, они́ посыла́ют;

Fut: я пошлю́, ты пошлёшь, они́ пошлю́т

потеря́ть *pfv.* что? 13 – *to lose*

Pres: я потеря́ю, ты потеря́ешь, они́ потеря́ют

пото́м 5 – *then; after that*

потому́ что 11 – *because*

поу́жинать *pfv. see* у́жинать

похо́ж, похо́жа, похо́жи на что? на кого́? 18 – *similar to*

почему́ 12 – *why*

по́чта 1 – *post office*

почти́ 7 – *almost*

поэ́т, поэте́сса – *poet, poetess*

прав, права́, пра́вы 16 – *right, correct*

пра́вда 18 – *truth*

пра́вильно 4 – *that's right, correct*

прави́тельство 18 – *government*

пра́здник 23 – *holiday*

пра́здновать *impf.* что? с кем? 23 – *to celebrate*

Pres: я пра́здную, ты пра́зднуешь, они́ пра́зднуют

предме́т 3 – *subject*

преподава́тель 3 – *instructor (male, usually college-level)*

преподава́тельница 3 – *instructor (female, usually college-level)*

прибежа́ть *pfv.* куда́? 15 – *to come (running)*

Fut: я прибегу́, ты прибежи́шь, они́ прибегу́т;

Past: прибежа́л, прибежа́ла, прибежа́ли

приглаша́ть/пригласи́ть кого́? 21, 23 – *to invite*
  Pres: я приглаша́ю, ты приглаша́ешь, они́ приглаша́ют;
  Fut: я приглашу́, ты пригласи́шь, они́ приглася́т
приготóвить *pfv.* **что?** *see* готóвить
приéзд 21 – *arrival*
приéхать *pfv.* **кудá? откýда?** 15 – *to come back, to arrive*
  Fut: я приéду, ты приéдешь, они́ приéдут;
  Past: приéхал, приéхала, приéхали
прийти́ *pfv.* **кудá?** 10 – *to come, arrive (by foot)*
  Fut: я приду́, ты придёшь, они́ приду́т;
  Past: пришёл, пришлá, пришли́
прилетéть *pfv.* **кудá? откýда?** 21 – *to arrive (by plane)*
  Fut: я прилечу́, ты прилети́шь, они́ прилетя́т;
  Past: прилетéл, прилетéла, прилетéли
прилёт 21 – *arrival*
принести́ *pfv.* **что? кому́?** 15 – *to bring*
  Fut: я принесу́, ты принесёшь, они́ принесу́т;
  Past: принёс, принеслá, принесли́
принимáть душ/приня́ть душ 16 – *to take a shower*
  Pres: я принимáю, ты принимáешь, они́ принимáют;
  Fut: я приму́, ты при́мешь, они́ при́мут;
  Past: при́нял, приняла́, при́няли
при́нят, -а, -о, -ы 23 – *accepted, instituted, adopted*
приня́ть душ *pfv. see* принимáть душ
прирóда 23 – *nature;* **на прирóде** – *outdoors*
прия́тный, -ая, -ое, -ые 14 – *pleasant, nice*
проблéма 13 – *problem*
проводи́ть/провести́ что? 21 – *to spend;* **проводи́ть вре́мя с кем? где?** 17 – *to spend time with*
  Pres: я провожу́, ты провóдишь, они́ провóдят;
  Fut: я проведу́, ты проведёшь, они́ проведу́т;
  Past: провёл, провелá, провели́
прогнóз погóды 22 – *weather forecast*
прогрáмма 21 – *program, schedule*
прогу́ливать *impf.* **что?** 16 – *to skip (classes)*
  Pres: я прогу́ливаю, ты прогу́ливаешь, они́ прогу́ливают
продав|é|ц – *salesperson*
продолжáть *impf.* **что?** 24 – *to continue*
  Pres: я продолжáю, ты продолжáешь, они́ продолжáют
продолжáться *impf.* 21 – *to continue (for things)*
  Pres: продолжáется; *Past:* продолжáлся, продолжáлась, продолжáлись

продýкты 9 – *groceries*
профéссор (*pl.* профессорá) 2 – *professor*
прочитáть *pfv. see* читáть
прóшлый, -ая, -ое, -ые 24 – *past*
  в прóшлом гóду – *last year*
пря́мо 19 – *straight ahead*
публи́чный, -ая, -ое, -ые 19 – *public*
путеводи́тель (*m.*) 18 – *guidebook*
путешéствие 21 – *trip, journey (usually long)*
путешéствовать *impf.* 21 – *to travel, to journey*
  Pres: я путешéствую, ты путешéствуешь, они́ путешéствуют
пя́тница – *Friday*

Рабóта 24 – *work*
рабóтать *impf.* 2 – *to work*
  Pres: я рабóтаю, ты рабóтаешь, они́ рабóтают
рабóчий: рабóчий телефóн 8 – *business phone*
рад, рáда, рáды 14 – *glad, happy*
рáдио (*neut. indecl.*) 5 – *radio*
раз 9 – *once*
разговáривать *impf.* 13 – *to talk, converse*
  Pres: я разговáриваю, ты разговáриваешь, они́ разговáривают
разговóр 2 – *conversation*
рáзный, -ая, -ое, -ые 20 – *various, different*
райóн 8 – *neighborhood*
ракéтка 16 – *tennis racquet*
рáно 16 – *early*
рáньше 6 – *before*
расписáние 4 – *schedule*
расскáз 17 – *story, tale*
рассказáть *pfv. see* расскáзывать
расскáзывать/рассказáть о чём? 12 – *to tell about (in more than one sentence)*
  Fut: я расскажу́, ты расскáжешь, они́ расскáжут; *Imperative:* расскажи́ (*ты*), расскажи́те (*вы*)
ребён|о|к (*pl.* дéти) – *child*
региóн 20 – *region*
регистрáция 21 – *registration*
рéдко (*ant.* чáсто) 4 – *seldom*
результáт 3 – *result*
рекá 18 – *river*
рентгéн 15 – *x-ray*
ресторáн 2 – *restaurant*
рецéпт 15 – *prescription*

рисова́ть *impf.* что? 17 – *to draw*
  Pres: я рису́ю, ты рису́ешь, они́ рису́ют
роди́тели *(pl. only)* – *parents*
роди́ться *pfv.* где? 12 – *to be born*
  Past: роди́лся, родила́сь, роди́лись
родно́й, -а́я, -о́е, -ы́е 18 – *native, home*
рожде́ние 23 – *birth;* день рожде́ния – *birthday*
рок – *rock music*
рома́н 13 – *novel*
Росси́я 3 – *Russia*
рост 13 – *height*
рубль *(m.)* 8 – *ruble*
рука́ *(pl.* ру́ки) – *hand, arm*
ру́сский, ру́сская 2 – *Russian (m.), (f.)*
ру́чка 1 – *pen*
ры́н|о|к *(Prep:* где? на ры́нке) 9 – *market (at, in the market)*

С, со + *Instr.* 17 – *with;* с(о) + *Gen.* 16 – *from, off*
С удово́льствием! – *With pleasure!*
сад 8 – *garden*
салфе́тка – *napkin*
сам, -а́, -о́, -и 24 – *(by) oneself*
самолёт 21 – *airplane*
са́мый, -ая, -ое, -ые 13 – *the most;* са́мый высо́кий, са́мая высо́кая, са́мые высо́кие 13 – *the tallest*
са́хар 10 – *sugar*
све́тлый, -ая, -ое, -ые – *light haired, blond*
свобо́ден, -а, -о, -ы *(ant.* за́нят, -а́, -ы) 16 – *free, vacant*
свобо́дный, -ая, -ое, -ые 17 – *free;* свобо́дное вре́мя 17 – *free, spare time;* свобо́дный но́мер в гости́нице 21 – *vacant room*
свой, своя́, своё, свои́ 17 – *one's own, my, your, his, her, their*
сдава́ть *impf.* что? 7 – *to rent out (to someone)*
  Pres: я сдаю́, ты сдаёшь, они́ сдаю́т;
  Past: сдава́л, сдава́ла, сдава́ли
сдать (се́ссию, экза́мены) *pfv.* 24 – *to pass exams*
  Fut: я сдам, ты сдашь, они́ сдаду́т;
  Past: сдал, сдала́, сда́ли
сде́лать *pfv.* что? 9 – *to accomplish, get done*
  Fut: я сде́лаю, ты сде́лаешь, они́ сде́лают
себя́ 15 – *one's self (myself, yourself, ourselves, etc.)*
се́вер – *north*
се́верный, -ая, -ое, -ые 20 – *north(ern);* Се́верный Ледови́тый океа́н 20 – *Arctic Ocean*

сего́дня 4 – *today*
седо́й, -а́я, -о́е, -ы́е – *gray haired*
сейча́с 4 – *(right) now*
секре́т 1 – *secret*
семе́йный, -ая, -ое, -ые 12 – *family (adj.)*
семина́р 16 – *seminar*
семья́ 1 – *family*
сентя́брь – *September*
се́рый, -ая, -ое, -ые – *gray*
серьёзный, -ая, -ое, -ые 14 – *serious*
се́ссия 16 – *exam period, finals week*
сестра́ *(pl.* сёстры) 1 – *sister;* мла́дшая/ста́ршая сестра́ – *younger/older sister*
сиде́ть *impf.* где? 17 – *to sit*
  Pres: я сижу́, ты сиди́шь, они́ сидя́т
си́льный, -ая, -ое, -ые 14 – *strong*
симпати́чный, -ая, -ое, -ые 13 – *nice*
си́ний, -яя, -ее, -ие 20 – *dark blue*
сказа́ть *pfv.* что? 11 – *to tell, say*
  Fut: я скажу́, ты ска́жешь, они́ ска́жут;
  Imperative: скажи́ *(ты),* скажи́те *(вы)*
ско́лько 8 – *how much*
ску́чно: Мне ску́чно 14 – *I'm bored.*
ску́чный, -ая, -ое, -ые 14 – *boring*
сле́дующий, -ая, -ее, -ие 19, 24 – *next*
слова́рь *(m.)* 2 – *here: vocabulary*
сло́во 2 – *word*
слу́шать *impf.* что? 5 – *to listen (to)*
  Pres: я слу́шаю, ты слу́шаешь, они́ слу́шают
слы́шать *impf.* что? кого́? 15 – *to hear*
  Pres: я слы́шу, ты слы́шишь, они́ слы́шат
сме́лый, -ая, -ое, -ые 14 – *daring, willing to take risks*
смотре́ть/посмотре́ть что?, на кого́?, на что? 5, 16, 18, 21 – *to look (at); to watch;* смотре́ть/посмотре́ть телеви́зор 10 – *to watch (TV)*
  Pres: я смотрю́, ты смо́тришь, они́ смо́трят;
  Fut: я посмотрю́, ты посмо́тришь, они́ посмо́трят
СМС (эс эм эс) 10 – *SMS*
снача́ла 15 – *at first*
снег 22 – *snow*
снима́ть/снять что? 6 – *to rent (from)*
  Pres: я снима́ю, ты снима́ешь, они́ снима́ют;
  Fut: я сниму́, ты сни́мешь, они́ сни́мут;
  Past: снял, сняла́, сня́ли
снять *pfv. see* снима́ть
соба́ка 1 – *dog*
собо́р 18 – *cathedral*

совреме́нный, -ая, -ое, -ые 18 – *contemporary*

согла́сен, -а, -ы 14 – *agreed*

со́лнечный, -ая, -ое, -ые 22 – *sunny (adj.);* **со́лнечно** 22 – *sunny (adv.)*

со́лнце 20, 22 – *sun*

соль (*f.*) – *salt*

социа́льный, -ая, -ое, -ые 3 – *social*

социологи́ческий, -ая, -ое, -ие 4 – *sociological*

спа́льня 6 – *bedroom*

спаси́бо (за что? +Acc.) 10 – *thank you (for)*

спать *impf.* 16 – *to sleep*
Pres: я сплю, ты спишь, они́ спят;
Past: спал, спала́, спа́ли

специа́льность (*f.*) 4 – *major, field of specialization*

споко́йный, -ая, -ое, -ые 14 – *calm*

спорт (*sg. only*) 17 – *sport, sports*

спортза́л 4 – *gym*

спортсме́н 17 – *sportsman*

спра́шивать/спроси́ть кого́? о чём? 13, 14 – *to ask (for)*
Pres: я спра́шиваю, ты спра́шиваешь, они́ спра́шивают;
Fut: я спрошу́, ты спро́сишь, они́ спро́сят

спроси́ть *pfv. see* **спра́шивать**

среда́ – *Wednesday*

сре́дний (сре́дняя, сре́днее, сре́дние) 3 – *middle*

стадио́н (*Prep:* где? на стадио́не) 4 – *stadium*

стака́н 10 – *a glass*

ста́нция 8 – *station;* **ста́нция метро́** – *subway (metro) station*

ста́рший, -ая, -ие 11 – *older, elder*

ста́рый, -ая, -ое, -ые 3 – *old*

стать *pfv.* кем? – *to become*
Pres: я ста́ну, ты ста́нешь, они́ ста́нут;
Past: стал, ста́ла, ста́ли

статья́ 12 – *article*

стира́льная маши́на – *washer, washing machine*

стихи́ *pl.* 13 – *verse, poetry*

сто́ить (кварти́ра сто́ит) 8 – *to cost (an apartment costs)*

стол – *table; desk*

столи́ца 18, 20 – *capital*

столо́вая (*Prep:* где? в столо́вой) 4 – *dining hall, cafeteria*

стоя́нка 19 – *(taxi) stand*

стоя́ть где? 7 – *to stand*
Pres: я стою́, ты стои́шь, они́ стоя́т

страна́ 20 – *country*

страни́ца 4 – *page*

строи́тельный, -ая, -ое, -ые 11 – *construction (adj.)*

студе́нт, студе́нтка 1 – *student*

студе́нческий, -ая, -ое, -ие 23 – *student (adj.)*

стул (*pl.* сту́лья) – *chair*

суббо́та – *Saturday*

сувени́р 19 – *souvenir*

суперма́ркет 9 – *supermarket*

су́тки (в су́тки) 21 – *day, 24 hr (per day)*

сча́стье 14 – *happiness*

счёт 10 – *bill, restaurant check*

США (Соединённые Шта́ты Аме́рики) – *USA (United States of America)*

сын (*pl.* сыновья́) – *son*

сыт (она́ сыта́, они́ сы́ты; *ant.* го́лоден, голодна́, голодны́) 10 – *full (after a meal)*

сюда́ 12 – *here; this way (in answer to the question* куда́?)

Так 16, 19 – *so, like this, that's why;* **так что** 22 – *therefore*

та́кже 4 – *in addition to that; also*

тако́е: Что тако́е…? 18 – *What is…?*

такси́ (*neut. indecl.*) 19 – *taxi*

тала́нтливый, -ая, -ое, -ые 14 – *talented*

там 1, 2 – *(over) there*

танцева́ть *impf.* 17 – *to dance*
Pres: я танцу́ю, ты танцу́ешь, они́ танцу́ют

таре́лка – *plate*

тата́ры 20 – *Tatars*

твой, твоя́, твоё, твои́ 2 – *your*

теа́тр 2 – *theatre*

текст 9 – *text*

телеви́зор 5 – *TV*

телепереда́ча 17 – *TV program*

телефо́н 5 – *telephone*

те́ма 13 – *theme*

тёмный, -ая, -ое, -ые – *dark*

температу́ра 15 – *temperature, fever*

те́ннис 5 – *tennis*

те́ннисный корт 16 – *tennis court*

тепе́рь (*ant.* ра́ньше) 10, 13 – *now, presently (as opposed to previously or then)*

тёплый, -ая, -ое, -ые 22 – *warm (adj.);* **тепло́** 22 – *warm (adv.)*

террито́рия 20 – *territory*

тётя 11 – *aunt*

Ти́хий океа́н 20 – *Pacific Ocean*

ти́хо 24 – *quietly*

то́же 6 – *also, too*

то́лько 6 – *only*

торго́вый центр 19 – *shopping center, mall*

трамва́й 19 – *streetcar*

тра́нспорт 19 – *transportation*

тре́тий, тре́тье, тре́тья[1] – *third;* **на тре́тьем этаже́** – *on the third floor*

трёхко́мнатная (кварти́ра) 8 – *three-room (apartment)*

тролле́йбус 19 – *trolleybus*

тру́дный, -ая, -ое, -ые 3, 4 – *difficult;* **тру́дно** 14 – *difficult, hard (adv.)*

туале́т 6 – *bathroom, restroom*

туда́ 22 – *there, that way (indicating direction)*

тури́стический, -ая, -ое, -ие 21 – *tourist (adj.)*

тут 2 – *here;* **ту́т же** 24 – *right away*

ты 1 – *you*

ты́сяча 7 – *thousand*

У + *Gen.* (кого́?) 6 – *at, by*

У меня́ есть... 6 – *I have*

уви́деть *pfv. see* **ви́деть**

удо́бный, -ая, -ое, -ые 6 – *comfortable, convenient*

удово́льствие 17 – *pleasure*

уе́хать *pfv.* **куда́? отку́да?** 21 – *to leave (for), depart (from to); go (away) to (by vehicle)*
Fut: **я уе́ду, ты уе́дешь, они́ уе́дут;**
Past: **уе́хал, уе́хала, уе́хали**

уже́ 9 – *already*

у́жин 9 – *supper*

у́жинать/поу́жинать 9 – *to have (eat) supper*
Pres: **я у́жинаю, ты у́жинаешь, они́ у́жинают;**
Fut: **я поу́жинаю, ты поу́жинаешь, они́ поу́жинают**

уйти́ *pfv.* **куда́? отку́да?** 21 – *to leave, go away/off (by foot)*
Fut: **я уйду́, ты уйдёшь, они́ уйду́т;**
Past: **ушёл, ушла́, ушли́**

украи́н|е|ц (украи́нка, украи́нцы) – *Ukrainian*

улёт 21 – *departure*

улете́ть *pfv.* **куда́? отку́да?** 21 – *to leave, depart (by plane)*

Fut: **я улечу́, ты улети́шь, они́ улетя́т**

у́лица (*Prep:* **где? на у́лице**) 8 – *street*

умере́ть *pfv.* 11 – *to die*
Past: **у́мер, умерла́, у́мерли**

уме́ть *impf. + impf. inf.* – *to know how to*
Pres: **я уме́ю, ты уме́ешь, они́ уме́ют**

у́мный, -ая, -ое, -ые 14 – *smart, clever*

универма́г 19 – *department store*

университе́т 2 – *university*

уро́к 1 – *lesson*

уста́ть *pfv.* 16 – *to get tired*
Past: **уста́л, уста́ла, уста́ли**

у́тро 1, 5 – *morning;* **у́тром** 5 – *in the morning*

у́хо (*pl.* **у́ши**) 15 – *ear*

уче́бник 5, 9 – *textbook*

учёный (*masc. only*) 12 – *scientist*

учи́лище 3 – *college*

учи́тель (*pl.* **учителя́**), **учи́тельница** 3 – *teacher*

учи́ть/вы́учить что? 3 – *to study/learn, memorize*
Pres: **я учу́, ты у́чишь, они́ у́чат;**
Fut: **я вы́учу, ты вы́учишь, они́ вы́учат**

учи́ться *impfv. only* **где?** 2, 3 – *to study; to be a student*
Pres: **я учу́сь, ты у́чишься, они́ у́чатся**

учи́ться/научи́ться + *impf. inf.* 17 – *to learn how to do something*
Pres: **я учу́сь, ты у́чишься, они́ у́чатся;**
Fut: **я научу́сь, ты нау́чишься, они́ нау́чатся**

Факульте́т 4 – *university department*

фами́лия 8 – *last name*

февра́ль – *February*

физкульту́ра 4 – *physical education*

филиа́л 7 – *branch of an office*

фильм 5 – *movie*

фи́рма 2 – *firm, company*

фотоальбо́м 12 – *photo album*

фотоаппара́т 23 – *camera*

фотографи́ровать *impf.* **что?** 17 – *to photograph, take a picture of*
Pres: **я фотографи́рую, ты фотографи́руешь, они́ фотографи́руют**

фотогра́фия – *picture, photograph*

Фра́нция – *France*

францу́з (францу́женка, францу́зы) – *French*

францу́зский, -ая, -ое, -ие 4 – *French*

футбо́л 5 – *football, soccer;* **футболи́ст** 17 – *football (soccer) player*

---

[1]remember the soft sign (**ь**) in all forms except **тре́тий**

Хара́ктер 14 – *personality*

хи́мик 12 – *chemist*

ходи́ть *impf.* **куда́?** 5 – *to go somewhere (on a regular basis)*
   Pres: я хожу́, ты хо́дишь, они́ хо́дят

хозя́ин (*pl.* **хозя́ева**) 24 – *landlord*

холоди́льник – *refrigerator*

холо́дный, -ая, -ое, -ые 22 – *cold (adj.);* **хо́лодно** 22 – *cold (adv.)*

хоро́шее (*noun*) 24 – *good things*

хоро́ший, -ая, -ее, -ие 3 – *good (adj.);* **хорошо́** 2 – *fine, well*

хоте́ть *impf.* 3 – *to want, to wish*
   Pres: я хочу́, ты хо́чешь, он хо́чет, мы хоти́м, вы хоти́те, они́ хотя́т

худо́жник 17 – *artist*

Цвет (*pl.* **цвета́**) – *color*

цвет|о́|к (*pl.* **цветы́**) 23 – *flower*

целова́ть *impf.* **кого́?** 23 – *to kiss*
   Pres: я целу́ю, ты целу́ешь, они́ целу́ют

цена́ 9 – *price*

центр 2 – *center, downtown*

центра́льный, -ая, -ое, -ые 18 – *central;* **центра́льный о́фис** 7 – *headquarters*

це́рк|о|вь (*f.*) 18 – *church*

Ча́йник 10 – *teapot, kettle*

час 1 – *hour;* **в 6 часо́в** 10 – *at 6 o'clock;* **часы́** (*pl.*) 7 – *clock; watch*

ча́стный, -ая, -ое, -ые 3 – *private*

ча́сто (*ant.* **ре́дко**) 4 – *often*

часть (*f.*) 20 – *part*

ча́титься *impf.* **с кем?** 17 – *to chat*
   Pres: я ча́тюсь, ты ча́тишься, они́ ча́тятся

ча́шка – *cup*

чей, чья, чьё, чьи 6 – *whose*

челове́к (*pl.* **лю́ди**) 7 – *person (people)*

че́стный, -ая, -ое, -ые 14 – *honest*

четве́рг – *Thursday*

число́ 12 – *date*

чи́стый, -ая, -ое, -ые 6 – *clean*

чита́ть/прочита́ть что? 5, 9 – *to read*
   Pres: я чита́ю, ты чита́ешь, они́ чита́ют;
   Fut: я прочита́ю, ты прочита́ешь, они́ прочита́ют

что́-нибудь 10 – *something, anything*

что? 1 – *what?*

что́бы (+ *infinitive*) 15 – *in order to*

чу́вство 14 – *feeling, sense;* **чу́вство ю́мора** – *sense of humor*

чу́вствовать себя́ *impf.* 15 – *to feel*
   Pres: я чу́вствую, ты чу́вствуешь, они́ чу́вствуют

Ша́почка 15 – *small hat*

Швейца́рия – *Switzerland*

шкаф – *cupboard, closet*

шко́ла 2 – *school*

шко́льник 3 – *schoolboy*

шко́льница 3 – *schoolgirl*

шу́мно 23 – *noisy*

шути́ть *impf.* 23 – *to joke, be joking; play a joke, prank on*
   Pres: я шучу́, ты шу́тишь, они́ шу́тят

шу́тка 23 – *joke; prank*

Экза́мен 24 – *exam, test*

экономи́ст 2 – *economist*

экономи́ческий, -ая, -ое, -ие 4 – *economic*

экску́рсия 21 – *tour, excursion*

экскурсово́д 21 – *tour guide*

экстри́м 22 – *extreme conditions (coll.)*

электро́нное сообще́ние 5 – *e-mail*

эта́ж (*Prep:* **где? на этаже́**) 6 – *floor*

э́то 1 – *this is, that is, it is, these are, those are*

э́тот, э́та, э́то, э́ти 6 – *this, these*

Юг 20 – *south*

ю́жный, -ая, -ое, -ые 20 – *south(ern)*

ю́мор 14 – *humor*

юри́ст 2 – *lawyer*

Я 1 – *I*

язы́к 3 – *language*

янва́рь – *January*

япо́н|е|ц (**япо́нка, япо́нцы**) – *Japanese*

Япо́ния – *Japan*

япо́нский язы́к – *Japanese*

Англо-ру́сский слова́рь | English-Russian Vocabulary

About – о, об(о)

academy – акаде́мия

accomplish; get done – сде́лать *pfv.* что?

ache – боле́ть *impf.* (боли́т, боля́т)

acquainted: to become acquainted, meet –
   познако́миться *pfv.* где?

active – акти́вный, -ая, -ое, -ые

actor – актёр, арти́ст

actress – актри́са, арти́стка

address – а́дрес (*pl.* адреса́)

Africa – Áфрика

after – по́сле

afternoon, in the – днём

ago – наза́д; *two years ago* – два го́да наза́д

agreed – согла́сен, -а, -ы

airplane – самолёт

airport – аэропо́рт (*Prep:* где? в аэропорту́)

all (of) – весь (*m.*), всё (*n.*), вся (*f.*), все (*pl.*)

all right – хорошо́, норма́льно, непло́хо

almost – почти́

already – уже́

also, too – то́же; та́кже

always – всегда́

America – Аме́рика

American – америка́нец, америка́нка

and – и; (*indicating contrast*) – а

animal, pet – живо́тное

answer – отве́т

answer – отве́тить *pfv.* что? кому́?

apartment – кварти́ра; *one-, two-, three-room
   apartment* – однокóмнатная, двухкóмнатная,
   трёхкóмнатная кварти́ра

apply for/enroll in – поступа́ть/поступи́ть куда́?

April – апре́ль

Arabic – ара́бский язы́к

architect – архите́ктор

arrival – прие́зд, прилёт

arrive (by foot) – прийти́ *pfv.* куда́?

arrive (by transportation) – прие́хать

arrive (by plane) – прилете́ть *pfv.* куда́? отку́да?

art – иску́сство

article – статья́

artist – худо́жник

Asia – А́зия

Asian – азиа́тский

ask, ask (for), inquire about – спра́шивать/спроси́ть
   кого́? о чём?

aspirin – аспири́н

at – на, в +*Prep.*

at first – снача́ла

at home – до́ма

at, by – у + *Gen.* (кого́?)

attentive – внима́тельный, -ая, -ое, -ые; *attentively* –
   внима́тельно

August – а́вгуст

aunt – тётя

Australia – Австра́лия

author, writer – а́втор

Bad – плохо́й, -а́я, -о́е, -и́е

ball – мяч

ballet – бале́т

bank – банк

bathe, go swimming – купа́ться *impf.*

bathroom – ва́нная; *bathroom, restroom* – туале́т

be – быть *impf*

beach – пляж

beautiful, nice – краси́вый, -ая, -ое, -ые

because – потому́ что

become – стать *pfv.* кем?

bed – крова́ть (*f.*)

bedroom – спа́льня

before – ра́ньше

begin, start (for things) – нача́ться *pfv.*

besides – кро́ме + *Gen.*

better – лу́чше

big – большо́й, -а́я, -о́е, -и́е

bill, restaurant check – счёт

birth – рожде́ние; *birthday* – день рожде́ния

black – чёрный, -ая, -ое, -ые

blackboard – доска́

blue (sky-blue) – голубо́й, -а́я, -о́е, -ы́е; *dark blue,
   indigo* – си́ний, -яя, -ее, -ие

blues – блюз

book – кни́га; (*adj.*) – кни́жный
   bookcase – кни́жный шкаф

bored: I'm bored. – Мне ску́чно.

boring – ску́чный, -ая, -ое, -ые; (*adv.*) ску́чно

born: to be born – роди́ться *pfv.* где?

boy – ма́льчик

branch of an office – филиа́л

break – переры́в; *spring break* – весе́нний переры́в

breakfast – за́втрак, *to eat breakfast* – за́втракать/
   поза́втракать

bring – принести́ *pfv.* что? кому́?

brother – **брат**

brother (younger/older) – **брат (ста́рший/мла́дший)**

brown – **кори́чневый, -ая, -ое, -ые**; *brown (eyes)* – **ка́рие (глаза́)**

building – **зда́ние**

built – **постро́ен, постро́ена, постро́ено, постро́ены**

bus – **авто́бус**

bus stop – **остано́вка**

busy – **за́нят, занята́, за́няты**

but, however – **но**

buy – **покупа́ть/купи́ть что?**

Café – **кафе́** *(neut. indecl.)*

call (by telephone) – **звони́ть/позвони́ть кому́?**

called: to be called – **называ́ться** *impf.*

calm – **споко́йный, -ая, -ое, -ые**

camera – **фотоаппара́т**

can: (to be able) – **мочь** + *inf.*

can: one can; one may; it is permitted – **мо́жно** + *inf.*

can't: one can't, it's not permitted – **нельзя́** + *inf.*

cap, hat – **ша́пка**

capital – **столи́ца**

car – **маши́на**; *train car* – **ваго́н**

careful(ly) – **осторо́жно**

carry – *(in one direction)* **нести́** *impf.* **что? кому́?**

cartoon – **мультфи́льм**

cat – **кот** *(m.)*, **ко́шка** *(f.)*

cathedral – **собо́р**

celebrate – **пра́здновать** *impf.* **что? с кем?**, **отмеча́ть/отме́тить что?**

center – **центр**

central – **центра́льный, -ая, -ое, -ые**

century – **век**

certainly – **коне́чно**

chair – **стул** *(pl.* **сту́лья)**

chat – **ча́титься** *impf.* **с кем?**

cheap – **дешёвый**; *cheaper* – **деше́вле**;

cheerful, good-natured – **весёлый, -ая, -ое, -ые**

chemist – **хи́мик**

child – **ребён|о|к** *(pl.* **де́ти)**

childen – **де́ти**

China – **Кита́й**

Chinese – **кита́|е|ц (китая́нка, кита́йцы)**

Chinese – **кита́йский язы́к**

choose – **вы́брать** *pfv.* **что? кого́?**

church – **це́рк|о|вь** *(f.)*

city – **го́род**; *(adj.)* **городско́й, -а́я, -о́е, -и́е**

city hall; mayor's office – **мэ́рия**

class (90-minute lecture) – **па́ра**

class, lecture, lessons – **заня́тие**

classical music or literature – **кла́ссика**

classroom – **аудито́рия**

clean – **чи́стый, -ая, -ое, -ые**

climate – **кли́мат**

clock; watch – **часы́** *(pl.)*

closed – **закры́т, -а, -о, -ы**

clothing; clothes – **оде́жда** *(sg. only)*

club – **клуб (ночно́й, спорти́вный)**

coat – **пальто́** *(neut. indecl.)*

cold (adj.) – **холо́дный, -ая, -ое, -ые**; *(adv.)* **хо́лодно**

collector – **коллекционе́р**

college – **ко́лледж, учи́лище**

color – **цвет** *(pl.* **цвета́)**

come, arrive (by foot) – **прийти́** *pfv.* **куда́?**

comedy – **коме́дия**

comfortable – **удо́бный, -ая, -ое, -ые**

computer – **компью́тер**

concert – **конце́рт** *(Prep. sg.:* **где? на конце́рте)**

concert hall – **конце́ртный зал**

congratulate; wish a happy holiday – **поздравля́ть/поздра́вить кого́? с чем?**; *congratulations!* – **поздравля́ю**

conservatory – **консервато́рия**

constitution – **конститу́ция**

construction (adj.) – **строи́тельный, -ая, -ое, -ые**

contemporary – **совреме́нный, -ая, -ое, -ые**

continent – **контине́нт**

continue – **продолжа́ть** *impf.* **что?**; *(for things)* – **продолжа́ться** *impf.*

convenient – **удо́бный, -ая, -ое, -ые**

conversation – **разгово́р**

correct – **пра́вильно**

cosmetics – **косме́тика**

cost – **сто́ить**; *an apartment costs...* – **кварти́ра сто́ит...**

country – **страна́**

country, village – **дере́вня**

course – **курс**

cup – **ча́шка**

cupboard, closet – **шкаф**

Dad – **па́па**

dance – **танцева́ть** *impf.*

daring – **сме́лый, -ая, -ое, -ые**

dark – **тёмный, -ая, -ое, -ые**

date – **число́**

daughter – **дочь** *(f.)*

day – **д|е|нь**; *24 hrs.* – **су́тки**: *per day* – **в су́тки**; *day off, free day* – **выходно́й**; *days off, weekend* – **выходны́е**

dean's office – **декана́т**

dear, expensive – **дорого́й, -а́я, -о́е, -и́е**

December – **дека́брь**

delicatessen; grocery store – **гастроно́м**

department store – **универма́г**

department: university department – **факульте́т**

departure – **вы́езд** *(at stations)*, **вы́лет** *(at airports)*, **отъе́зд** *(by vehicle)*, **улёт** *(by plane)*

desk – **стол**

detective (novel) – **детекти́в**

dictation – **дикта́нт**

die – **умере́ть** *pfv.*

diet – **дие́та**; *on a diet* – **на дие́те**

difficult – **тру́дный, -ая, -ое, -ые**; *(adv.)* **тру́дно**

dining hall, cafeteria – **столо́вая** *(Prep. sg.:* где? **в столо́вой**)

dinner – **обе́д**; *to eat dinner* – **обе́дать/пообе́дать**

diploma – **дипло́м**

dirty – **гря́зный, -ая, -ое, -ые**

disco – **ди́ско** *(neut. indecl.)*

discotheque – **дискоте́ка**

do one's homework – **занима́ться** *impf.* где?

do; make – **де́лать/сде́лать**

doctor – **врач**

dog – **соба́ка**

dollar – **до́ллар**

door – **дверь** *(f.)*

dorm – **общежи́тие**

downtown – **центр**

draw – **рисова́ть** *impf.* что?

dream (about) – **мечта́ть** *impf.* о чём?

dress – **пла́тье**

drink / drink up – **пить/вы́пить** что?

driver – **води́тель**

drugstore – **апте́ка**

during – **во вре́мя** *(+ Gen.)*

Ear – **у́хо** *(pl.* **у́ши**)

early – **ра́но**

earth, ground – **земля́**

east – **восто́к**

east(ern) – **восто́чный, -ая, -ое, -ые**

Eastern Europe – **Восто́чная Евро́па**

easy chair, armchair – **кре́сло**

easy, not hard; light – **лёгкий, -ая, -ое, -ие**

eat – **есть**/*(a bit)* **пое́сть**, *(eat up)* **съесть** что?

economic – **экономи́ческий, -ая, -ое, -ие**

economist – **экономи́ст**

Egypt – **Еги́пет**

elevator – **лифт**

e-mail – **име́йл, электро́нное сообще́ние**

embankment – **на́бережная**

embrace, hug – **обнима́ть** *impf.* что? кого?

end – **коне́ц, оконча́ние**

end, be over – **зако́нчиться** *pfv.*

engineer (technical) – **инжене́р**

England – **А́нглия**

English – **англи́йский, -ая, -ое, -ие**; *in English* – **по-англи́йски**

English, British – **англича́нин (англича́нка, англича́не)**

enter – **войти́** *pfv.* куда́?

entrance – **вход**

euro – **е́вро** *(neut. indecl.)*

Europe – **Евро́па**

even – **да́же**

evening (time before midnight) – **ве́чер**; *in the evening* – **ве́чером**

ever – **когда́-нибудь**

every (day) – **ка́ждый (день)**

everybody – **все**

everything, all – **всё**; *everything is fine, OK; all's well* – **всё хорошо́**

example: for example – **наприме́р**

excuse, pardon – **извини́ть** *pfv.*

exercise in a gym – **занима́ться в спортза́ле**

exhibit (of) – **вы́ставка** чего?

exit – **вы́ход**

expensive – **дорого́й, -а́я, -о́е, -и́е**; *(adv.)* **до́рого**

eyes – **глаз** *(pl.* **глаза́**)

Face – **лицо́** *(pl.* **ли́ца**)

factory – **заво́д**

fall – **о́сень** *(f.)*; *in the fall* – **о́сенью**; *fall break* – **осе́нние кани́кулы**

family – **семья́**; *(adj.)* **семе́йный, -ая, -ое, -ые**

far – **далеко́**

fast – **бы́стро**

father (dad) – **от|е́|ц (па́па)**

fault, mistake – **оши́бка**

favorite – **люби́мый, -ая, -ое, -ые**

February – **февра́ль**

feel – **чу́вствовать себя́** *impf.*

fellow, lad, guy – **па́р|е|нь**

find – **найти́** *pfv.* что? кого?

fine – **хорошо́**

finish – **око́нчить** *pfv.* что?

firm, company – **фи́рма**

fix, prepare food – **гото́вить/пригото́вить** что?

floor – **эта́ж** (*Prep. sg.:* где? **на этаже́**)

flower – **цвет|о́|к** (*pl.* **цветы́**)

flu – **грипп**

fly (in one direction) – **лете́ть** *impf.*; *(repeatedly)* – **лета́ть** *impf.*

food – **еда́**

fool – **дура́к**

foot – **нога́**; *by foot* – **пешко́м**

football – **футбо́л**; *football player* – **футболи́ст**

footwear – **о́бувь** (*f.*)

forbidden (one can't, one shouldn't, you can't) – **нельзя́** + *impf. inf.*

foreign (language) – **иностра́нный, -ая, -ое, -ые, (язы́к)**

foreigner – **иностра́н|е|ц, иностра́нка**

forget – **забы́ть** *pfv.* что? кого?

fork – **ви́лка**

France – **Фра́нция**

free – **свобо́дный, -ая, -ое, -ые**; *free, spare time* – **свобо́дное вре́мя**

French – **францу́з (францу́женка, францу́зы)**; *French* – **францу́зский, -ая, -ое, -ие**

frequent; go or be somewhere often – **быва́ть** где?

Friday – **пя́тница**

friend – **подру́га, друг**

from – **из, от, с**; *where from?* – **отку́да?**

full (after a meal) – **сыт, сыта́, сы́ты**

fun: we had fun – **нам бы́ло ве́село**

furniture – **ме́бель** (*f.*)

Gallery – **галере́я**

garden – **сад**; *botanical garden* – **ботани́ческий сад**

German – **не́м|е|ц (не́мка, не́мцы)**; *German* – **неме́цкий, -ая, -ое, -ие**

Germany – **Герма́ния**

get to – **дое́хать до**

get up, stand up – **встава́ть/встать**

girl, teenage – **де́вушка**; *little girl* – **де́вочка**

give – **дава́ть/дать** что? кому?

give as a present – **дари́ть/подари́ть** что? кому?

glad, happy – **рад, ра́да, ра́ды**

glass, drinking glass – **стака́н**

glasses – **очки́** (*pl. only*)

go (by foot in one direction) – **идти́** *impf.* куда?; *(repeatedly)* – **ходи́ть** *impf.* куда?

go (drive, ride) by some sort of vehicle – **е́хать** *impf.* куда?; *(repeatedly)* – **е́здить** *impf.* куда?

go to bed – **ложи́ться/лечь спать**

go, to set out for, to take off – **пое́хать** *pfv.* (*by transportation*), **пойти́** *pfv.* (*by foot*) куда?

go visiting, go out – **идти́ – ходи́ть в го́сти** *impf.*

good – **хоро́ший, -ая, -ее, -ие; до́брый, -ая, -ое, -ые**; *good things* – **хоро́шее** (*noun*)

good-bye, see you later (informal, for friends) – **пока́**

government – **прави́тельство**

grade (in school) – **класс**

graduate student – **аспира́нт, аспира́нтка**

grandfather – **де́душка** (*m.*)

grandmother – **ба́бушка**

grandparents – **ба́бушка и де́душка**

gray – **се́рый, -ая, -ое, -ые**

gray haired – **седо́й, -а́я, -о́е, -ы́е**

great – **вели́кий, -ая, -ое, -ие**

green – **зелёный, -ая, -ое, -ые**

groceries – **проду́кты**

group – **гру́ппа**

grow up – **вы́расти** *pfv.* где?

guest – **го́сть** (*m.*)

guidebook – **путеводи́тель** (*m.*)

guitar – **гита́ра**; *to play the guitar* – **игра́ть на гита́ре**

gym – **спортза́л**

Hair – **во́лосы** (*pl.*)

hall(way) – **коридо́р**

hand, arm – **рука́** (*pl.* **ру́ки**)

happiness – **сча́стье**

have, I have – **У меня́ есть…**

he – **он**

head – **голова́**

headquarters – **центра́льный о́фис**

health service, infirmary – **поликли́ника**

healthy – **здоро́в, -а, -ы**

hear – **слы́шать** *impf.* что? кого?

height – **рост**

Hello (when answering the telephone) – **алло́**

help – **помога́ть/помо́чь** кому́?

her – **её**

here – **здесь, тут;** *in answer to the question* куда́? – **сюда́**

here is – **вот**

his – **его́**

historical – **истори́ческий, -ая, -ое, -ие**

holiday – **пра́здник**

home – **дом;** *(adj.)* – **дома́шний, -яя, -ее, -ие;** *at home (in answer to* где?) – **до́ма;** *home (in answer to* куда́?) – **домо́й**

homework – **дома́шняя рабо́та**

honest – **че́стный, -ая, -ое, -ые**

hospital – **больни́ца**

hot (adv.) – **жа́рко**

hotel – **гости́ница**

hotel room – **но́мер** *(pl.* **номера́)**

hour – **час**

house – **дом**

how much – **ско́лько**

however – **но**

humanities: pertaining to the humanities – **гуманита́рный, -ая, -ое, -ые;** *University for the Humanities* – **Гуманита́рный университе́т**

humor – **ю́мор**

hungry – **го́лоден, голодна́, голодны́**

hurt, ache – **боле́ть** *impf.* **(боли́т, боля́т)**

I – **я**

ideal – **идеа́льный, -ая, -ое, -ые**

if – **е́сли**

important – **ва́жный, -ая, -ое, -ые;** *(adv.)* – **ва́жно**

impossible – **нельзя́** + *inf.*

in addition to that; also – **та́кже**

in general – **вообще́**

in order to – **что́бы** *(+ infinitive)*

India – **Индия**

inexpensive, cheap – **дёшево** *adv.*

institute – **институ́т**

instructor – **преподава́тель, преподава́тельница**

interested: to be interested in – **интересова́ться** *impf.* чем?

interesting – **интере́сный, -ая, -ое, -ые;** *(adv.)* **интере́сно**

interests – **интере́сы**

invite – **приглаша́ть/пригласи́ть** кого́? куда́?

island – **о́стров** *(pl.* **острова́)**

it – **он, она́, оно́**

it is necessary (to) – **на́до** + *inf.,* **ну́жно** + *inf.*

Italian – **италья́н|е|ц (италья́нка, италья́нцы);** *Italian* – **италья́нский язы́к**

Italy – **Ита́лия**

*J*acket – **ку́ртка**

January – **янва́рь**

Japan – **Япо́ния**

Japanese – **япо́н|е|ц (япо́нка, япо́нцы);** *Japanese* – **япо́нский язы́к**

jazz, pop music of the 1960s, 1970s – **джаз**

jeans – **джи́нсы** *(pl. only)*

Jewish – **евре́й (евре́йка, евре́и)**

joke, be joking; play a joke, prank on – **шути́ть** *impf.*

joke; prank – **шу́тка**

journalist – **журнали́ст**

July – **ию́ль**

June – **ию́нь**

*K*ind – **до́брый, -ая, -ое, -ые**

kiosk, newsstand – **кио́ск**

kiss – **целова́ть** *impf.* кого́?

kitchen – **ку́хня**

knife – **нож**

know – **знать** *impf.* что?

know how – **уме́ть** *impf.*

kopeck – **копе́йка**

Korea – **Коре́я**

Korean – **коре́|е|ц (коре́я́нка, коре́йцы);** *Korean* – **коре́йский язы́к**

*L*aboratory – **лаборато́рия**

lake – **о́зеро** *(pl.* **озёра)**

lamp, light (fixture) – **ла́мпа**

landlord – **хозя́ин** *(pl.* **хозя́ева)**

language – **язы́к**

large – **большо́й, -а́я, -о́е, -и́е; кру́пный, -ая, -ое, -ые**

last – **после́дний, -яя, -ее, -ие**

last year – **в про́шлом году́;** *last night* – **вчера́ ве́чером**

late – **по́здно**

lawyer – **юри́ст**

learn (how to do something) – учи́ться/научи́ться + impf. inf.

leave (for), depart (from, to); go (away) to (by vehicle) – уе́хать *pfv.* куда́? отку́да?

leave, depart (by plane) – улете́ть *pfv.* куда́? отку́да?

leave, go away/off (by foot) – уйти́ *pfv.* куда́? отку́да?

lecture – ле́кция

left, to the – нале́во

leg, foot – нога́ (*pl.* но́ги)

lesson – уро́к

letter – письмо́; (*of the alphabet*) – бу́ква

library – библиоте́ка

life – жизнь *f.*; (*my) whole/entire life* – всю жизнь

light colored, light haired, blond – све́тлый, -ая, -ое, -ые

like – нра́виться/понра́виться кому́?

listen (to) – слу́шать что?

Lithuania – Литва́

little, not enough – ма́ло + *Gen.*

live – жить

living room – гости́ная

located: be located – находи́ться *impf.*

long – дли́нный, -ая, -ое, -ые

long time (ago) – давно́

long time, for a – до́лго

look like – вы́глядеть *impf.*

look; watch – смотре́ть/посмотре́ть что?

lose – потеря́ть *pfv.* что?

loudly – гро́мко

love – люб|о́|вь (*f.*)

love, like – люби́ть *impf.*

Magazine – журна́л

main – гла́вный, -ая, -ое, -ые

major, field of specialization – специа́льность (*f.*)

make – де́лать/сде́лать

man – мужчи́на (*m.*)

map – ка́рта

March – март

market (at, in the market) – ры́н|о|к (*Prep:* где? на ры́нке)

married (for a man) – жена́т; (*for a woman)* – за́мужем; (*for two persons)* – жена́ты (они́ жена́ты); *to get married (for two persons)* – пожени́ться *pfv.*

May – май

maybe – мо́жет быть

medical – медици́нский, -ая, -ое, -ие

medicine – лека́рство

meet – встре́тить *pfv.* кого? где?; *to meet with* – встреча́ться *impf.* с кем?; *to meet (get acquainted)* – познако́миться *pfv.* где?

meeting – встре́ча

memorize – запо́мнить *pfv.* что?

men's – мужско́й

menu – меню́ (*neut. indecl.*)

metro – метро́ (*neut. indecl.*)

Mexico – Ме́ксика

microwave – микроволно́вка

middle – сре́дний (сре́дняя, сре́днее, сре́дние)

million – миллио́н

minibus/van (fixed route) – маршру́тка

minute – мину́та

mirror – зе́ркало

Miss, Mrs. – госпожа́

mom – ма́ма

Monday – понеде́льник

money – де́ньги (*Gen.* нет де́нег)

month – ме́сяц; *per month* – в ме́сяц

morning – у́тро; *in the morning* – у́тром

Moscow (adj.) – моско́вский, -ая, -ое, -ие

most of all – бо́льше всего́

most: – са́мый; *the tallest* – са́мый высо́кий

mother – мать (*f.*), (ма́ма)

mountain – гора́

move – перее́хать *pfv.* куда́?

movie – фильм

movie, movie theater – кино́ (*neut. indecl.*)

Mr., gentleman, sir – господи́н (*pl.* господа́)

much, a lot, many – мно́го

Muscovite – москви́ч, москви́чка

museum – музе́й

music – му́зыка

musician – музыка́нт

must, should (implies obligation) – до́лжен, должна́, должны́ + *inf.*

my – мой, моя́, моё, мои́

Name (first) – и́мя (*neut.*); *in the name of* – и́мени кого? (*Gen.*); *last name* – фами́лия

napkin – салфе́тка

nationality – национа́льность (*f.*)

native, home – родно́й, -а́я, -о́е, -ы́е

nature – приро́да

near – бли́зко; о́коло + *Gen.*

neighborhood – райо́н

never – никогда́ (не)

new – но́вый, -ая, -ое, -ые

news (a piece of) – но́вость (*f.*)

newspaper – газе́та

next – сле́дующий, -ая, -ее, -ие

nice – симпати́чный, -ая, -ое, -ые

night – ночь (*f.*); *at night* – но́чью

nightclub – ночно́й клуб

no – нет

noisy – шу́мно

north – се́вер

north(ern) – се́верный, -ая, -ое, -ые

not – не

not far from – недалеко́ от + *Gen.*

nothing – ничего́

novel – рома́н

November – ноя́брь

now (as opposed to previously) – тепе́рь

now, right away – сейча́с

nowhere – никуда́

number – но́мер (*pl.* номера́)

nurse – медсестра́

Observe (a holiday, occasion) – отмеча́ть/отме́тить что?

occupied – за́нят, занята́, за́нято, за́няты

ocean – океа́н

October – октя́брь

off (of) – с(о) + *Gen.*

often – ча́сто

OK, fine – норма́льно (*adv.*)

old – ста́рый, -ая, -ое, -ые; *older* – ста́рший, -ая, -ие

on – на

once – одна́жды; *once (one time)* – раз

one – оди́н (одна́, одно́)

one: one's own, my, your, his, her, their – свой, своя́, своё, свои́; *one's self (myself, yourself, ourselves, etc.)* – себя́; *(by) oneself* – сам, -а́, -о́, -и

only – то́лько

open – откры́т, -а, -о, -ы; *to open* – откры́ть *pfv.* что?

opera – о́пера

or – и́ли

orchestra – орке́стр

order – зака́з; *to order* – зака́зывать/заказа́ть что?

other – друго́й, -а́я, -о́е, -и́е

our – наш (на́ша, на́ше, на́ши)

outdoors – на приро́де

Page – страни́ца

painting – жи́вопись (*f.*)

palace – двор|е́|ц

paper (official) – докуме́нт

parade (military) – пара́д

parents – роди́тели (*pl. only*)

parliament – парла́мент

part – часть (*f.*)

party – вечери́нка

pass exams – сдать (се́ссию, экза́мены) *pfv.*

passport – па́спорт (*pl.* паспорта́)

past – про́шлый, -ая, -ое, -ые

pastime – заня́тие

patronymic – о́тчество

pay – плати́ть *impf.*

pen – ру́чка

pencil – каранда́ш

people – лю́ди

people, nation – наро́д

perfect, ideal – идеа́льный, -ая, -ое, -ые

person (people) – челове́к (*pl.* лю́ди)

personality – хара́ктер

photo album – фотоальбо́м

photograph, picture – фотогра́фия; *to photograph, take a picture of* – фотографи́ровать *impf.* что?

physical education – физкульту́ра

physician, doctor – врач

piano – пиани́но (*neut. indecl.*); *to play the piano* – игра́ть на пиани́но

picture, painting – карти́на

place – ме́сто; *workplace* – ме́сто рабо́ты

plate – таре́лка

play – игра́; *to play* – игра́ть *impf.*; *to play a game* – игра́ть во что?; *to play an instrument* – игра́ть на чём?; *to play (engage in) sports* – занима́ться спо́ртом

please – пожа́луйста

pleasant, nice – прия́тный, -ая, -ое, -ые

pleasure – удово́льствие; *With pleasure!* – С удово́льствием!

poet – поэ́т, поэте́сса

police – мили́ция

poor – бе́дный, -ая, -ое, -ые

pop music (of the 1960s, 1970s) – джаз

popular – **популя́рный**

population – **населе́ние**

Portuguese – **португа́льский**

possible, allowed, may I, can I – **мо́жно**

post office – **по́чта**

postcard – **откры́тка**

pot – **кастрю́ля**

prescription – **реце́пт**

present – **пода́р|о|к**

price – **цена́**

private – **ча́стный, -ая, -ое, -ые**

problem – **пробле́ма**

professor – **профе́ссор**

program, schedule – **програ́мма**

public – **публи́чный, -ая, -ое, -ые**

Question – **вопро́с**

quietly – **ти́хо**

Radio – **ра́дио** *(neut. indecl.)*

rain – **дождь** *(m.)*

read – **чита́ть/прочита́ть** что?

ready – **гото́в, -а, -о, -ы**

receive – **получа́ть/получи́ть** что? от кого?

recently – **неда́вно**

red – **кра́сный, -ая, -ое, -ые**

refrigerator – **холоди́льник**

region – **регио́н**

registration – **регистра́ция**

remember, recall – **по́мнить/вспо́мнить** что?

remember; memorize – **запо́мнить** *pfv.* что?

rent – **аре́нда**

rent (from) – **снима́ть/снять** что?

rent out (to) – **сдава́ть** *impf.* что?

repeat – **повтори́ть** *pfv.* что?

rest – **о́тдых**

rest, relax, take it easy – **отдыха́ть** *impf.*

restaurant – **рестора́н**

result – **результа́т**

retired (lit. on a pension) – **на пе́нсии**

rich – **бога́тый, -ая, -ое, -ые**

right, correct – **прав, права́, пра́вы;** *that's right* – **пра́вильно;** *to the right* – **напра́во**

river – **река́**

rock music – **рок**

room – **ко́мната**

ruble – **рубль** *(m.)*

run – **бе́гать** *impf.* *; (in one direction)* **бежа́ть** *impf.* куда́?

Russia – **Росси́я**

Russian – **ру́сский (ру́сская, ру́сские);** *Russian (person)* – **ру́сский, ру́сская;** *in Russian* – **по-ру́сски**

Salesperson – **продав|е́|ц**

salt – **соль** *(f.)*

Saturday – **суббо́та**

scarf – **шарф**

schedule – **расписа́ние**

school – **шко́ла;** *school of music* – **музыка́льная шко́ла**

schoolboy – **шко́льник**

schoolgirl – **шко́льница**

scientist – **учёный** *(m.)*

sea – **мо́ре**

season – **вре́мя го́да**

seat, berth number – **ме́сто (в ваго́не)**

secret – **секре́т**

see/catch sight of – **ви́деть/уви́деть** что? кого?; *I see, it's clear* – **Поня́тно!**

seldom – **ре́дко**

seminar – **семина́р**

send – **посыла́ть/посла́ть** что? кому́?

sense – **чу́вство;** *sense of humor* – **чу́вство ю́мора**

September – **сентя́брь**

serious – **серьёзный, -ая, -ое, -ые**

several, a few – **не́сколько**

she – **она́**

shirt – **руба́шка**

shopping center, mall – **торго́вый центр**

shorts – **шо́рты** *(pl. only)*

show – **показа́ть** *pfv.*

shower: to take a shower – **принима́ть душ/приня́ть душ**

sick, ill – **бо́лен, больна́, больны́**

similar to – **похо́ж, похо́жа, похо́жи** на что? на кого?

sing – **петь** *impf.* что?

sister – **сестра́** *(pl.* **сёстры);** *younger/older sister* – **ста́ршая/мла́дшая сестра́**

sit – **сиде́ть** *impf.* где?

skip (classes) – **прогу́ливать** *impf.* что? (ле́кции, семина́ры) *sleep* – **спать** *impf.*

slow(ly) – **ме́дленно**

small – **ма́ленький, -ая, -ое, -ие**

smart, clever – **у́мный, -ая, -ое, -ые**

smoke – **кури́ть** *impf.*

SMS – **СМС (эс эм эс)**

snow – **снег**

so, like this – **так**

social – **социа́льный, -ая, -ое, -ые**

sociological – **социологи́ческий, -ая, -ое, -ие**

sofa, couch – **дива́н**

some/any time, ever – **когда́-нибудь**

something, anything – **что́-нибудь**

sometimes – **иногда́**

son – **сын**

song – **пе́сня**

sorry – **жаль**; *I feel sorry for…* – **Мне жаль** (кого́?)

sound – **звук**

south – **юг**

south(ern) – **ю́жный -ая, -ое, -ые**

souvenir – **сувени́р**

Spain – **Испа́ния**

Spanish – **испа́нский, -ая, -ое, -ие**; *Spanish, Spaniard* – **испа́н|е|ц (испа́нка, испа́нцы)**

speak – **говори́ть** *impf.*; *May I speak to…* – *Imperative:* **позови́…** (ты), **позови́те…** (вы) кого́?

special school – **гимна́зия**

spend – **проводи́ть/провести́**; *to spend time* – **проводи́ть вре́мя** с кем? где?

spoon – **ло́жка**

sport, sports – **спорт** *(sg. only)*

sportsman – **спортсме́н**

spring – **весна́**; *in the spring* – **весно́й**; *spring break* – **весе́нние кани́кулы**

square – **пло́щадь** *(f.)*

stadium – **стадио́н** *(Prep. sg.:* где? **на стадио́не**)

stand – **стоя́ть** где?

state, country – **госуда́рство**; *(adj.)* – **госуда́рственный, -ая, -ое, -ые**

station – **ста́нция**; *metro, subway station* – **ста́нция метро́**

statue (of); monument – **па́мятник** кому́?

still, yet – **ещё**

store – **магази́н**

story, tale – **расска́з**

straight ahead – **пря́мо**

street – **у́лица** *(Prep:* где? **на у́лице)**

streetcar – **трамва́й**

strong – **си́льный, -ая, -ое, -ые**

student – **студе́нт, студе́нтка**; *(adj.)* – **студе́нческий, -ая, -ое, -ие**

student: to be a student, to study – **учи́ться** *impf. only* где?

study and learn something – **учи́ть/вы́учить** что?

study, office – **кабине́т**

study – **изуча́ть** *impf.* что?

subject – **предме́т**

subway – **метро́** *(neut. indecl.)*

sugar – **са́хар**

suit (slacks/skirt and a jacket) – **костю́м**

summer – **ле́то**; *summer vacation* – **ле́тние кани́кулы**

summon, call (someone's name) – **позва́ть** *pfv.* кого́?

sun – **со́лнце**

Sunday – **воскресе́нье**

sunny (adj.) – **со́лнечный**; *(adv.)* – **со́лнечно**

supermarket – **суперма́ркет**

supper – **у́жин**; *to eat supper* – **у́жинать/поу́жинать**

survey – **опро́с**

sweater – **сви́тер**

swim – **пла́вать** *impf.*

swimming pool – **бассе́йн**

Switzerland – **Швейца́рия**

Table; desk – **стол**

take – **брать/взять** что?

talented – **тала́нтливый, -ая, -ое, -ые**

talk, converse – **разгова́ривать** *impf.* с кем?

tall – **высо́кий, -ая, -ое, -ие**

tape recorder – **магнитофо́н**

tasty, delicious – **вку́сный, -ая, -ое, -ые**; *(adv.)* **вку́сно**

Tatars – **тата́ры**

taxi – **такси́** *(neut. indecl.)*

taxi stand – **стоя́нка**

teacher (school) – **учи́тель, учи́тельница**

teapot, kettle – **ча́йник**

telephone – **телефо́н**

television – **телеви́зор**; *to watch TV* – **смотре́ть телеви́зор**; *TV program* – **телепереда́ча**

tell (about - in more than one sentence) – **расска́зывать/рассказа́ть** о чём? кому́?

tell, say – **сказа́ть** *pfv.* что? кому́?

temperature, fever – **температу́ра**

tennis – **те́ннис**; *tennis court* – **те́ннисный корт**; *tennis racket* – **раке́тка**

territory – **террито́рия**

text – **текст**
textbook – **уче́бник**
thank you (for) – **спаси́бо** за что? *(Acc.)*
that's why, therefore – **вот почему́**
theatre – **теа́тр**
their – **их**
theme – **те́ма**
then; after that – **пото́м**
there – **там**
there (indicating direction) – **туда́**
there (is) – **вон**
therefore – **поэ́тому**
thesis (senior) – **дипло́мная рабо́та, дипло́м**
they – **они́**
think – **ду́мать** *impf.* о чём?
this – **э́тот, э́та, э́то**
this is, that is, it is, these are, those are – **э́то**
thousand – **ты́сяча**
Thursday – **четве́рг**
ticket – **биле́т**
ticket office – **ка́сса**
till, until, as far as – **до** + *Gen.*
time – **вре́мя** *(neut.) (Gen.* **вре́мени)**
tired: to get tired – **уста́ть** *pfv.*
to – **к(о)** + *Dat. (of an animate noun)*
to, into – **в(о)** + *Acc.*
today – **сего́дня**
together – **вме́сте**
tomorrow – **за́втра**
tooth – **зуб** *(pl.* **зу́бы)**
tour – **тур**
tour guide – **экскурсово́д**
tour, excursion – **экску́рсия**
tourist – **тури́ст**
tourist (adj.) – **туристи́ческий**
train – **по́езд** *(pl.* **поезда́)**
train station – **вокза́л**
translator, interpreter – **перево́дчик**
transportation – **тра́нспорт**
travel, journey – **путеше́ствовать** *impf.*
trip – **пое́здка**; *trip, journey (usually long)* – **путеше́ствие**
trolleybus – **тролле́йбус**
truth – **пра́вда**
T-shirt – **футбо́лка**
Tuesday – **вто́рник**
TV – **телеви́зор**; *TV program* – **телепереда́ча**

Ukrainian – **украи́н|е|ц (украи́нка, украи́нцы)**
uncle – **дя́дя**
understand – **понима́ть/поня́ть** что? кого?
university – **университе́т**
USA (United States of America) – **США (Соединённые Шта́ты Аме́рики)**
usually – **обы́чно**

Vacant, free – **свобо́дный, -ая, -ое, -ые**
vacation (for students) – **кани́кулы**; – *during vacation* – **на кани́кулы** (на + *Acc.*); *(for working people)* – **о́тпуск**
various, different – **ра́зный, -ая, -ое, -ые**
verse, poetry – **стихи́** *pl.*
very – **о́чень**
village, settlement – **посёл|о|к**
visit – **посеще́ние** чего?
vitamins – **витами́ны** *(pl.)*

Wait for – **ждать** *impf.* что? кого?
waiter, server – **официа́нт**
waitress, server – **официа́нтка**
want, wish – **хоте́ть**
war – **война́**
warm – **тёплый, -ая, -ое, -ые**; *(adv.)* – **тепло́**
washer, washing machine – **стира́льная маши́на**
watch, look – **смотре́ть/посмотре́ть** что?; *to watch TV* – **смотре́ть/посмотре́ть телеви́зор**
we – **мы**
weather – **пого́да**; *weather forecast* – **прогно́з пого́ды**
Wednesday – **среда́**
week – **неде́ля**
welcome: you're welcome – **пожа́луйста**
well known – **изве́стный, -ая, -ое, -ые**
well; healthy – **здоро́в, -а, -ы**
west – **за́пад**
west(ern) – **за́падный, -ая, -ое, -ые**
Western Europe – **За́падная Евро́па**
what – **что**
What kind of? What? Which? – **како́й, кака́я, како́е, каки́е**
when – **когда́**
where – **где**; *where to* – **куда́**
white – **бе́лый, -ая, -ое, -ые**
who – **кто**
whose – **чей, чья, чьё, чьи**

why – **почему́**; *why, what for* – **заче́м**

wife – **жена́** *(pl. жёны)*

wind – **ве́т|е|р**

window – **окно́**

winter – **зима́**; *in the winter* – **зимо́й**; *winter break* – **зи́мние кани́кулы**

wish someone something – **жела́ть** *impf.* чего́? кому́?

with – **с(о)**

without fail – **обяза́тельно**

woman – **же́нщина**

women's – **же́нский**

word – **сло́во**

work – **рабо́та**; *to work* – **рабо́тать** *impf.*

world – **мир** *(sing. only)*

write – **писа́ть** *impf.* что?

writer – **писа́тель**

X-ray – **рентге́н**

Year – **год**; *per year* – **в год**

yellow – **жёлтый, -ая, -ое, -ые**

yes – **да**

yesterday – **вчера́**

you – **ты** *(sg., familiar)*, **вы** *(pl., formal)*

you're welcome; please – **пожа́луйста**

young – **молодо́й, -а́я, -о́е, -ы́е**; *younger* – **мла́дший, -ая, -ые**

your – **твой, твоя, твоё, твои́; ваш ва́ша, ва́ше, ва́ши**

Zoo – **зоопа́рк**

Index